Henning Saß (Hrsg.)

Affektdelikte

Interdisziplinäre Beiträge zur Beurteilung von affektiv akzentuierten Straftaten

Springer-Verlag

Berlin Heidelberg New York London Paris
Tokyo HongKong Barcelona Budapest

Prof. Dr. med. Henning Saß
Klinikum der RWTH Aachen
Psychiatrische Klinik
Pauwelsstr. 30
D-52057 Aachen

ISBN-13: 978-3-540-57231-2   e-ISBN-13: 978-3-642-78514-6
DOI: 10.1007/978-3-642-78514-6

Die Deutsche Bibliothek - CIP-Einheitsaufnahme
Affektdelikte : Interdisziplinäre Beiträge zur Beurteilung von
affektiv akzentuierten Straftaten / Henning Saß (Hrsg.).-
Berlin : Heidelberg ; New York ; London ; Paris ; Tokyo ;
Hong Kong ; Barcelona ; Budapest : Springer, 1993
NE: Saß, Henning [Hrsg.]

Die Wiedergabe von Gebrauchsnamen, Handelsnamen, Warenbezeich-
nungen usw. in diesem Werk berechtigt auch ohne besondere Kennzeich-
nung nicht zu der Annahme, daß solche Namen im Sinne der Warenzei-
chen- und Markenschutz-Gesetzgebung als frei zu betrachten wären und
daher von jedermann benutzt werden dürften.
Produkthaftung: Für Angaben über Dosierungsanweisungen und Applika-
tionsformen kann vom Verlag keine Gewähr übernommen werden. Derartige Angaben müssen vom jeweiligen Anwender im Einzelfall anhand
anderer Literaturstellen auf ihre Richtigkeit überprüft werden.

Satz: FotoSatz Pfeifer GmbH, Gräfelfing/München
25-3130-543210 – Gedruckt auf säurefreiem Papier

Vorwort

Die Vorgeschichte dieses Bandes geht auf den Gedankenaustausch zurück, der im Juristischen Seminar der Universität Mainz über einen psychopathologischen Ansatz zur Beurteilung von Affektdelikten geführt wurde. Er war vom Herausgeber in Heidelberg entwickelt und 1983 im *Nervenarzt* vorgestellt worden. Fortgeführt wurde die Diskussion der Affektproblematik bei vielen Gelegenheiten, so 1988 in München auf einer Tagung der Arbeitsgemeinschaft für Forensische Psychiatrie, 1989 in Kiel bei einem Symposium der Gesellschaft für Forensische Psychopathologie und 1992 anläßlich einer interdisziplinären DFG-Tagung in Würzburg. Die meisten Autoren dieses Bandes haben sich aus unterschiedlichen wissenschaftlichen Perspektiven intensiv an dem jahrelangen Diskurs beteiligt. Eine Mitwirkung Hermann Witters, der in seiner Arbeit *Affekt, Bewußtseinsstörung und Abartigkeit* der vorgeschlagenen Konzeption zugestimmt hatte, wurde durch den Tod verhindert. Dank gebührt vor allem meinem Lehrer Werner Janzarik für geduldige Förderung des Vorhabens, den Herren Dr. Thiekötter und Kohl vom Springer-Verlag in Heidelberg, Herrn Schmidt in München, der die Herstellung besorgte, sowie Frau Houben von der Aachener Klinik für die Betreuung des Gesamtmanuskriptes.

Aachen, im Oktober 1993   *Henning Saß*

Inhaltsverzeichnis

Mitarbeiterverzeichnis

Hengesch, G.
Institut für Gerichtliche Psychologie und Psychiatrie
der Universität des Saarlandes
66424 Homburg (Saar)

Hoff, P., Dr. med. Dr. phil.
Psychiatrische Klinik der Technischen Universität
Nußbaumstr. 7, 80336 München

Hoffmann, W.
Institut für Gerichtliche Psychologie und Psychiatrie
der Universität des Saarlandes
66424 Homburg (Saar)

Horn, H. J., Prof. Dr. med.
Abt. für Forensische und Kriminalpsychiatrie der
Universitätskliniken
Martinistr. 52, 20251 Hamburg

Janzarik, W., Prof. Dr. med.
Psychiatrische Universitätsklinik
Voßstr. 4, 69115 Heidelberg

Joachim, H., Prof. Dr. med.
Abt. für Verkehrsmedizin der Universität Heidelberg
Bergheimer Str. 147, 69115 Heidelberg

Klasen, J.
Institut für Gerichtliche Psychologie und Psychiatrie
der Universität des Saarlandes
66424 Homburg (Saar)

Kröber, H.-L., Priv.-Doz. Dr. med.
Psychiatrische Universitätsklinik
Voßstr. 4, 69115 Heidelberg

Krümpelmann, J., Prof. Dr. jur.
Johannes-Gutenberg-Universität, Fachbereich Rechts-
und Wirtschaftswissenschaften
Postfach 3980, 55122 Mainz

Rauch, H.-J., Prof. Dr. med.
Abt. Forensische Psychiatrie der Universitätsklinik
Voßstr. 4, 69115 Heidelberg

Rösler, M., Prof. Dr. med.
Institut für Gerichtliche Psychologie und Psychiatrie
der Universität des Saarlandes
66424 Homburg (Saar)

Saß, H., Prof. Dr. med.
Psychiatrische Klinik der Medizinischen Einrichtungen
der RWTH Aachen
Pauwelsstr. 30, 52057 Aachen

Steller, M., Prof. Dr. med.
Institut für Forensische Psychiatrie
Limonenstr. 27, 12203 Berlin

Venzlaff, U., Prof. Dr. med.
Rosdorfer Weg 70, 37081 Göttingen

Ziegert, U., Dr. jur.
Kanzlei Bossi, Ufer, Brandl, Dr. Ziegert
Sophienstr. 3, 80333 München

Affektdelikte: die Kontroverse geht weiter

H. Saß

Was sind Affektdelikte, wie lassen sie sich zutreffend definieren? Hier schon, bei der allerersten Begriffsnennung beginnen die terminologischen und konzeptionellen Schwierigkeiten. Die für die eigene Auseinandersetzung mit dem Thema entwickelte und im nachfolgenden Schrifttum häufig zugrundegelegte Position (Saß 1983) enthielt 2 Definitionen: In einem weiteren Sinne gehören zu den Affektdelikten sehr unterschiedliche Formen, etwa impulsive Aggressionstaten reizbarer und rücksichtsloser Menschen, der rasche Schlagabtausch in der aufgeheizten Atmosphäre einer Wirtshausprügelei, „kopflose" Augenblicksreaktionen bei Katastrophen und in Paniksituationen, mehr „asthenische" Affekthandlungen bei Versagens- und Fluchtreaktionen, sexuelle Spontanentgleisungen, auto- und heteroaggressive Gewalthandlungen nach langandauernden Konfliktspannungen. Hinzu kommen in psychopathologischen Zusammenhängen jene Aggressionstaten, die aus einer gestörten Affektivität bei Schizophrenen, Manikern oder Epileptikern, bei Schwachsinnigen und bei hochgradig persönlichkeitsgestörten Patienten erwachsen, schließlich Gewalttaten aus toxisch veränderter Affektivität unter dem Einfluß von Alkohol und Rauschdrogen. Im engeren Sinne und unter Beachtung des in der Strafrechtsreform von 1975 geschaffenen Kategoriensystems der §§ 20, 21 StGB mit der dort neu aufgenommenen „tiefgreifenden Bewußtseinsstörung" gehören nur diejenigen Handlungen zu den Affektdelikten, die von psychisch nicht erheblich kranken bzw. abnormen Tätern impulsiv im Zustand hochgespannter Affekterregung begangen werden.

Einige Beiträge dieses Bandes setzen sich mit dieser Terminologie kritisch auseinander, so Kröber (s. S. 77 f.), der auf problematische Vorannahmen durch Begriffe wie „impulsiv" und „nicht vorsätzlich" hinweist und resignierend feststellt, eine exakte, nützliche Definition von „Affektdelikt" könne es wohl nicht geben. Krümpelmann (s. S. 18 f.) fordert den Abschied vom Begriff der Affekttat, ohne eine Alternative vorschlagen zu können. Janzarik (s. S. 57 f.) faßt die heterogenen Beobachtungen und Überlegungen zu diesem Problemkreis unter dem Begriff der „affektiv akzentuierten Delikte" zusammen, eine inhaltlich differenziertere Formel als der Begriff des Affektdelikts. Zweckdienlich erscheint Kröbers praxeologische Definition, es solle im folgenden um jene Taten gehen, bei denen an den Gutachter die Frage herangetragen wird, ob eine möglicherweise hohe affektive Erregung zum Tatzeitpunkt nicht an eine tiefgreifende Bewußtseinsstörung und eine Pflicht zur De- oder Exkulpierung denken lasse.

Der wesentliche, methodisch in dieser dezidierten Form neuartige Aspekt in der

Nervenarzt-Konzeption (Saß 1983) war die Formulierung zweier Kataloge von expliziten Merkmalen gewesen, die *für* oder *gegen* die Annahme einer „tiefgreifenden Bewußtseinsstörung" mit relevantem Ausmaß auf das Steuerungsvermögen zur Tatzeit sprechen können. Die Entstehung der Konzeption im Zusammenhang mit der psychiatrischen Diagnostikforschung wird im letzten Beitrag dieses Bandes dargestellt. Die Frage, ob die vorgestellten Merkmale als eigenständige „Kriterien" Beweiswert haben und Teil eines zwingenden diagnostischen Algorithmus sind, wurde bereits früh diskutiert (Saß 1983, 1985b; s. auch Foerster 1984; Glatzel 1986). Vor allem gegen den „Negativkatalog" richtete sich schon in einem ersten Kommentar von Foerster (1984) deutliche Kritik, die von Steller (s. S. 132 f.) unter der Devise fortgeführt wird, es handle sich um „Ausschlußkriterien". Allerdings ist bei sorgfältiger Lektüre aus keiner Stelle der eigenen Argumentation zu folgern, daß für sich allein genommen zum Ausschluß geeignete Kriterien formuliert werden sollen. Als wesentlicher Inhalt der eigenen Konzeption wurde vielmehr stets betont, daß alle vorgestellten Merkmale einen indiziellen Charakter tragen und nur vor dem Hintergrund des gesamten Materials eines Falles dazu dienen können, die Beurteilung mehr in diese oder jene Richtung zu lenken (s. Saß 1983, 1985a). Im Beitrag zu diesem Band (s. S. 214 f.) wird deshalb am Beispiel des gutachtlich kontrovers beurteilten „Armbrustschützenfalles" (BGH 4 StR 321/87) die Einbettung der Befundelemente in eine Gesamtbetrachtung verdeutlicht, wobei methodisch neben dem Ansatz der Merkmalskataloge – gerade wegen der Gefahr einer mißbräuchlich reduktionistischen Anwendung – stärker als bisher das Prinzip des psychopathologischen Referenzsystems betont wird.

Da die meisten Autoren dieses Bandes sich mit den wichtigsten seit 1983 erschienenen Publikationen auseinandersetzen, ist in dieser Einführung eine gesonderte Literaturübersicht entbehrlich. Auf rechtswissenschaftlichem Gebiet sind v. a. die Arbeiten von Ziegert (1987), Frisch (1989) und Bernsmann (1989) sowie Salgers (1989) Adaptation der vorgeschlagenen Merkmalskataloge (Saß 1983, 1985a) neu hinzugekommen, während im psychiatrisch/psychopathologischen Schrifttum außer Diskussionsbeiträgen von Foerster (1984), Glatzel (1986) und Schorsch (1988) die größere Arbeit von Witter (1987) zu nennen ist, die ebenso wie die Untersuchung von Rösler (1991) die Konzeption von 1983 unterstützte. Die jüngste Publikation von Rasch (1993) kritisiert – darin den eigenen Hinweisen folgend – reduktionistische Vorgehensweisen bei der Anwendung von Kriteriologien und fordert, wie andere Autoren vorher, eine gestalthafte Falldarstellung (s. hierzu Saß, 1994). Bei der gegenwärtigen Anwendung der Merkmalskataloge ist auch nach eigener Auffassung den Verkürzungstendenzen entgegenzutreten und der von Anfang an geäußerte Gesichtspunkt zu bekräftigen, daß es bei allen Bemühungen um eine Systematisierung der Materialerhebung stets um eine integrierende Gesamtanalyse jedes individuellen Affektdeliktes gehen muß.

Die Ausgangssituation für die in diesem Band enthaltenen Beiträge zum gegenwärtigen Stand des Affektdeliktproblems ist durch 3 Hauptlinien gekennzeichnet.

– Übereinstimmung besteht hinsichtlich des Ungenügens der „punktuellen", empirisch schwer zugänglichen Tatzeitverfassung als alleinige Beurteilungsgrundlage für die Schuldfähigkeit bei affektiv akzentuierten Straftaten, obwohl der Begriff „tiefgreifende Bewußtseinsstörung" und das Koinzidenzprinzip von Tatzeit und Schuld(fähigkeit) dies nahelegen. Die Ausdehnung der Perspektive auf Vorgeschichte und Beziehungshintergrund, die empirisch durch Rasch (1964) eingeleitet wurde, führt bei Krümpelmann (1972/1988, 1990 und S. 18 f.) zur Annahme des Verlustes der normalen Motivationsfähigkeit in der zermürbenden Tatanlaufzeit. Wenn für das eigentliche Tatgeschehen bei typischen Affektdelikten regelhaft Schuldunfähigkeit bestehen soll, werden Überlegungen zum Vorverschulden für das Hineingeraten in den tatbedingenden Affekt erforderlich, was stärker als heute eine Privilegierung des unverschuldeten Affekts ermöglichen würde (Krümpel-mann 1972/1988; Ziegert 1987).

– Der Lösungsvorschlag von Bernsmann (1989) strebt ebenfalls weg von der inneren Verfassung des Täters im Tatzeitpunkt und lenkt die Aufmerksamkeit unter vikti-mologischer Perspektive auf die Täter-Opfer-Konstellation. Danach wird eine Af-fektprivilegierung (allerdings nur im Rahmen des § 21 StGB) nur bei einem tatpro-vozierenden Opferverhalten nahegelegt, was nach der – empirisch allerdings nicht belegten und aus gutachterlicher Sicht zweifelhaften – Auffassung von Bernsmann juristisch-kriminologisch gut zu fassen sei.

– Eine vorwiegend psychopathologisch argumentierende Betrachtung des Affekt-problems wird vom Autor (1983, 1985a, 1985b) mit der Vorlage der Merkmalskata-loge und der Konzeption des psychopathologischen Referenzsystems vorgeschla-gen. Diese Betrachtung wurde von Witter (1972, 1987) in anderer Form mit einer Syndromlehre vertreten. Sie bemüht sich um eine gesamthafte Interpretation aller Informationen über Vorgeschichte, Persönlichkeit, Vorphase der Tat und Tatab-lauf, nutzt aber das psycho(patho)logische Wissen um Störungen der seelischen Verfassung als Orientierungsrahmen auch für die Beurteilung der Schwere und Re-levanz einer affektbedingten Bewußtseinsveränderung.

Die Arbeiten des vorliegenden Bandes gehen im wesentlichen von diesem Diskussi-onsstand aus. Insbesondere wird heute die Bedeutung der Vorgeschichte der Tat gese-hen und vielschichtig analysiert, etwa bei Janzarik (s. S. 57 f.), Kröber (s. S. 77 f.), Hoff (s. S. 95 f.) und im eigenen Beitrag (s. S. 214 f.) aus psychiatrisch-psychopatho-logischer Perspektive sowie bei Krümpelmann (s. S. 18 f.) und Ziegert (s. S. 43 f.) aus rechtswissenschaftlicher Sicht. Dabei wird allerdings Krümpelmanns seit 1972 ver-tretene zentrale Auffassung, daß der Zustand der Tatbereitschaft die Zerstörung des Motivationsgefüges mit Aufhebung des Steuerungsvermögens indiziert, nicht einhel-lig geteilt, vielmehr bringen differenziertere psychopathologische Überlegungen Ge-sichtspunkte dafür, daß die Entwicklung hin zur Defektlage wie auch die mögliche Tatentscheidung mit Entlassen in das Delikt viele Elemente individueller Verantwort-lichkeit enthalten kann. Nachfolgend sollen einige für den Gesamtzusammenhang we-sentliche Erträge der einzelnen Arbeiten hervorgehoben werden.

Im Beitrag von Krümpelmann, der als Rechtswissenschaftler seit Jahrzehnten (1972) besonders tief in die Problematik eingedacht ist, wird zunächst der gegenwärti-ge Wissensstand resümiert, dessen deskriptiver Anteil – allerdings noch ohne Bezug zur Schuldfähigkeitsfrage – von Rasch 1964 dargelegt und 1980 um die forensischen Aspekte ergänzt wurde. Krümpelmann sieht einen neuen Stand der Diskussion er-reicht, als aus einer Querschnittsbetrachtung der Literatur ein nach Pro- und Kon-traindikatoren geordnetes Diagramm der heute vertretenen Beurteilungsgesichts-punkte aus Persönlichkeit, Vorgeschichte, Tatausführung und Nachtatverhalten zusammengefaßt wurde (Saß 1983, 1985a). Zu Recht und im Unterschied zu polemisierenden Verkürzungen verweist Krümpelmann auf die klaren Aussagen in beiden Arbeiten, wonach es sich um die Auswahl geeigneter indizieller Merkmale, nicht jedoch um Regeln der Graduierung und Bewertung handelt, die den Charakter von strengen Ein- und Ausschlußkriterien tragen. Krümpelmann akzeptiert eine zentrale Bedeutung des vorgeschlagenen psychopathologischen Referenzsystems (Saß 1985b), diskutiert allerdings kritisch die Orientierung bei der Gewinnung von Maßstäben für die Schweregradbeurteilung an der Pathologie, vielmehr sei es möglich, daß schuldrelevante, nicht aber in die Kategorien des ersten, fälschlich biologisch genannten Stockwerkes einzuordnende Störungsbilder vorliegen könnten, eine Erwägung, deren einwandfreie Bestätigung durch Belege aus Literatur oder Rechtsprechung von hoher Bedeutung wäre.

Zwischen erster und zweiter Ebene der Schuldfähigkeitsuntersuchung herrscht nach Krümpelmann das Verhältnis eines hermeneutischen Zirkels, in dem Steuerungsfähigkeit und Störungsform in ihrer Wechselwirkung zu interpretieren sind. Schuldfähigkeit, auch zu bezeichnen als Fähigkeit zur Abwägung von Anreiz und Hemmung, sei ebenso ein Wertbegriff wie ein Dispositionsbegriff, bei dessen Ausfüllung es etwa um die Fähigkeit zur Abwägung von Anreiz und Hemmung geht. Aus diesem Grunde ist die Bezeichnung der Schuldfähigkeitsformel als „normative" Formel ebenso schlecht wie die als „psychologische", vielmehr geben erst beide Aspekte den wirklichen Funktionskreis an. Zutreffend sieht Krümpelmann im psychopathologischen Referenzsystem den Versuch zur graduierenden Ausfüllung des Schuldfähigkeitsdiagramms an einer von der Ätiologie der Geisteskrankheit befreiten, aber doch auf ihre Phänomene bezogenen Störungssymptomatik, wodurch in modernerer Weise die Führung des Krankheitsmaßstabes durchgehalten werden soll. Für ihn dagegen ist die nach dem Bewertungsgegenstand der Schuldunfähigkeit fragende Sachverhaltsdarstellung ausgerichtet auf Zerrüttungsformen des Motivationsgefüges und damit auf eine andere Zielvorstellung als die an klinischen Befunden orientierte Betrachtung. Dennoch sind für Krümpelmann der klinisch orientierte Rahmen des Referenzsystems und der Sachverhalt der gestörten Steuerungsfähigkeit im Kern identisch, wie ja auch für den Psychopathologen die Zerrüttungsform des Motivationsgefüges bei Affektdelikten durchaus in den empirischen Rahmen sonstwie pathologisch gestörter Motivationshintergründe eingeordnet werden kann.

Für die Bewertung der Schuldfähigkeit zentral ist laut Krümpelmann die Angabe des BGH (BGH GA 1962, 116), wonach der Sachverständige bei der Schilderung der inneren Verfassung des Täters nach den Erfahrungsregeln vorzugehen hat, die sich zu Verfassungen und Situationen wie derjenigen des Täters gebildet haben. Eine Erfahrungsregel, die den Sachverhalt vollständig erklärt, bildet ein bindendes Subsumtionsprogramm für den einzelnen Fall, etwa bei Einfluß eines schizophrenen Verfolgungswahns, der das klinische Bild eines Zustandes beschreibt, der mit der psychischen Verfassung zur Ausübung der Abwägung für oder gegen die Norm im psychologischen Widerspruch steht. An dieser Stelle sind zwei Bemerkungen aus psychiatrischer Sicht angezeigt. Zum einen ist die Frage nach der Fähigkeit eines paranoid schizophrenen Täters zur Abwägung keineswegs so eindeutig zu beantworten, wie Krümpelmann vermeint, da nach klinischer Kenntnis durchaus nicht immer Unfähigkeit besteht, sondern viele Schizophrene tatsächlich abwägen und sich gegen eine vom

Wahnsystem oder von imperativen Stimmen nahegelegte Handlung wehren können, was für eine graduell erhaltengebliebene Dispositionsfähigkeit spricht. Insofern ist die Zuerkennung der Steuerungsunfähigkeit eben doch Konvention und nicht Befund.

Der zweite diskussionsbedürftige Gesichtspunkt hängt hiermit eng zusammen. Wegen ihrer pointierenden Klärungsfunktion zu begrüßen, aber sachlich problematisch ist Krümpelmanns Aussage, daß bei voller Ausbildung des typischen Affektdeliktsyndroms die vom Recht vorausgesetzte Minimalfähigkeit zur Steuerung zwingend verneint werden muß, weil die Tat lediglich Komplettierung eines äußeren Wirkzusammenhangs darstellt (s. S. 28). Auch heißt es (S. 29), Schuldunfähigkeit werde geradezu die Bedingung der Unrechtstat. Wird nicht durch derartige Aussagen in verabsolutierender Weise eine Zwangsläufigkeit suggeriert? Eher handelt es sich doch bei den zugrundeliegenden psychischen Abläufen – wie übrigens auch bei manchen Psychosen – um starke Motive und Strebungen, die zwar Wirkrichtungen und erheblichen Einfluß haben können, nicht aber in kausalgesetzlicher Weise determinieren. Ähnliche Vorsicht erfordert eine Formel wie die „Vernichtung der Disposition zur Abwägung" (s. S. 33). Krümpelmann hat gleichsam einen Idealtypus unbezweifelbar aufgehobener Steuerungsfähigkeit hypostasiert, der dann unter Ausblendung der auch in solchen Fällen noch denkbaren Dispositionsmöglichkeiten gleichgesetzt wird mit der im Affektdeliktfall postulierten Zermürbung des Täters und der daraus nach Ansicht von Krümpelmann resultierenden Motivationsunfähigkeit. Damit werden die in den psychopathologischen Beiträgen dieses Bandes aufgezeigten Differenzierungsmöglichkeiten überdeckt.

Übrigens geht Krümpelmann, so sehr er sich empirisch auf Rasch (1964, 1980) stützt, in seinen Konsequenzen weiter als dieser, der auch bei klassischer Konstellation des Affektdeliktes keineswegs grundsätzlich von Schuldunfähigkeit ausgehen will. Zu Recht stellt Krümpelmann also fest, daß seine Schlußfolgerungen aus der empirischen Befundlage sich gegen die Intention der meisten Autoren einschließlich Rasch richten, die an der Herausarbeitung der typischen Affektdeliktkonstellation beteiligt waren.

Nun geriete allerdings das Affektdeliktproblem erst dann zur „schuldtheoretischen Antinomie", wenn tatsächlich mit Krümpelmann für das Stadium der Tatbereitschaft die absolute Defektlage aufgehobenen Motivationsvermögens postuliert wird. Dies geschieht jedoch nach den Beiträgen dieses Bandes keineswegs einhellig. Hier ist es zu einer bedeutsamen Erweiterung der Perspektive aus psychopathologischer Sicht gekommen. Die Bedeutung der Vorgeschichte der Tat wurde bislang v. a. unter dem Gesichtspunkt der progredienten Zermürbung mit Verlust des Steuerungsvermögens gesehen. Zunehmend waren aber auch bei den Juristen schon über die Vorverschuldensfrage Gesichtspunkte erwogen worden, wonach während dieser Zeit Anknüpfungspunkte für ein gewisses Mittun oder auch Verschulden des Täters erkennbar sind (Krümpelmann 1972/1988; Ziegert 1987). Die psychiatrischen Arbeiten von Janzarik, Kröber, Hoff und Saß in diesem Band ergänzen diese rechtswissenschaftlichen Überlegungen um psychopathologische Aspekte, die ebenfalls bei der beginnenden Inklination zur Tat Elemente des Eigenverantwortlichen erwägen lassen. Hierbei handelt es sich nicht nur um die mit der Defektlage verknüpfte Pflichtlage im Sinne von Krümpelmann (s. S. 29), die Anlaß zu konkreten Gegenmaßnahmen im sozialen Handeln sein kann, sondern auch um die in dieser Zeit bestehende Verantwortlichkeit für eine innere Entwicklung hin zur Tat, die etwas mit Gesichtspunkten wie reflektierender Stellungnahme, stillschweigender Akzeptanz und einem Gewährenlassen zu tun haben kann.

Mit dem Problem der Vorgestalten setzt Krümpelmann sich wegen ihrer indiziellen Bedeutung für eine zermürbende Tatvorgeschichte auseinander, aber auch wegen der seinen Intentionen zuwiderlaufenden Bewertungsmöglichkeit dieses Phänomens in den Merkmalskatalogen. Hier gibt es interessante Berührungspunkte mit der Vorverschuldensfrage. Die psychopathologischen und die forensisch-gutachtlichen Aspekte der Vorgestalten sind bei Hoff, Janzarik und Kröber in diesem Band subtil dargestellt. Wie bereits hervorgehoben, sind Vorgestalten in ihrer Bedeutung für die Entstehungsgeschichte einer Tat wie auch für die Schuldfähigkeitsfrage vieldeutig und können je nach Fallkonstellation eher für als auch eher gegen die Annahme einer relevanten Bewußtseinsstörung sprechen. Insofern ist ihre Position im „Negativkatalog" (Saß, s. S. 2, 216) möglicherweise im Einzelfall zu relativieren. Allerdings erscheint es verkürzt, wenn Krümpelmann für die Schuldfähigkeitsfrage kategorisch erklärt, Vorgestalten der Tat dürften für eine Beurteilung der Steuerungsfähigkeit nicht berücksichtigt werden. Aus psychopathologischer Sicht besitzen sie nicht nur Gewicht als möglicher Befund einer typischen Affektdeliktkonstellation, sondern auch als Hinweis auf die differentiellen psychischen Verfassungen, Einstellungen und Verhaltensbereitschaften, die sich im Vorfeld einer Tat entwickeln und jeweils unterschiedliche Bedeutungen für die Schuldfähigkeitsfrage haben.

Eine Auseinandersetzung mit dem Lösungsansatz Krümpelmanns für Affektdelikte über das Vorverschulden wäre aus juristischer Sicht zu leisten und kann hier nicht erfolgen. Hingewiesen sei auf die Schwierigkeiten, wiese man dem Sachverständigen die Aufgabe zu, die Vorgestalten als Anlaß der Sorge des Täters um die Erhaltung der Steuerungsfähigkeit zu bewerten (Krümpelmann, s. S. 18 f.). Ob das Opfer wirksame Maßnahmen der Konfliktbewältigung hätte ergreifen und einen Ausweg aus einer Progredienz hin zur Tat hätte finden können, etwa den Abbruch einer Partnerschaftsbeziehung, wird der Gutachter allenfalls spekulativ und nicht empirisch beantworten können. Ähnlich stünde es um die Frage der Voraussehbarkeit eines affektiven Zusammenbruchs und der Möglichkeit eines Deliktes, wie es der BGH (1 StR 498/87) zur Voraussetzung für ein strafbares Vorverschulden macht (vgl. Schlothauer 1988). Wenn überhaupt, so kann erst künftige Arbeit die hier von Krümpelmann gewünschte Typenbildung vorbereiten.

Im Beitrag von Ziegert (s. S. 43 f.) wird, darin sich an grundlegende Kritik Bernsmanns (1989) anlehnend, das Fehlen einer „Tiefenstruktur" für den Begriff des normalpsychologischen Affektes konstatiert und somit die Bezeichnung „Diagnose" für die „tiefgreifende Bewußtseinsstörung" der Schuldfähigkeitsparagraphen in Frage gestellt. Fehl leiten allerdings Ziegerts wie übrigens auch Blaus (1989) Aussagen, soweit sie mit den psychiatrischen Klassifikationssystemen argumentieren, da diese für die spezielle forensische Diskussion kaum Belang haben (vgl. hierzu Saß u. Wiegand 1990; Hoff 1992). Nur partiell ist auch der Auffassung zuzustimmen, daß die Affektkriterien in ihrer inhaltlichen Akzeptanz, Reliabilität und Validität weit von jenem Standard entfernt sind, der für die Beurteilung der übrigen Elemente der ersten Ebene des § 20 StGB gilt, da ähnliche Probleme sich zumindest bei der „schweren anderen seelischen Abartigkeit" stellen (vgl. Saß 1987).

Für die strafrechtlich bedeutsamen Fragen hat auch die von Ziegert angesprochene Psychologie bislang keine empirisch überprüfbaren Modellvorstellungen entwickelt, die der Orientierung am klinischen Erfahrungshintergrund über gestörte Affektivität überlegen wären. Die Darstellung von Steller (s. S. 132 f.) zeigt, daß eine psychologische Theorie der Affekthandlung, die die Beurteilung von Affekttaten in der forensischen Praxis tragen könnte, immer noch fehlt. Wenn Ziegert ähnliches für die forensisch-psychiatrische Wissenschaft behauptet, so wäre entgegenzuhalten, daß aus psychiatrisch-psychotherapeutischer Forschung und Therapie eingehende Kenntnisse über einen weitgespannten Bereich affektiver Störungen vorliegen, der sich von schwersten Affekterregungen im Rahmen von psychischen Erkrankungen und Ausnahmezuständen bis hin zu leichten affektiven Verschiebungen im Grenzbereich der Normalität und bei Gesunden erstreckt (vgl. Saß 1992). Dies gibt eine verläßliche empirische Basis ab zur Beurteilung aller Arten affektiver Auffälligkeiten in starken seelischen Belastungssituationen, wie sie ein Affektdelikt beinhaltet. Vor diesem Hintergrund wirkt die Auffassung Ziegerts recht wirklichkeitsfern, wonach der normalpsychologische Affekt in der Psychiatrie außerhalb der gerichtlichen Begutachtung nicht vorkomme (vgl. hierzu die Beiträge von Janzarik und Hoff).

Die einzelnen in den Merkmalskatalogen zusammengefaßten Gesichtspunkte zur Beurteilung der psychischen Verfassung und einer eventuellen Bewußtseinsstörung bei Affektdelikten hat Ziegert v. a. unter Berücksichtigung der strafrechtlichen Rahmenbedingungen analysiert und dabei gezeigt, daß eine Reihe der Merkmale auch in anderem Kontext als dem der Schuldfähigkeitsparagraphen eine Rolle spielen. Allein die Kriterien der Erinnerungsstörung, der Bewußtseinseinengung und der Besonderheiten der Persönlichkeit eröffneten den Seinswissenschaften einen fachspezifischen Zugang (s. S. 48). Allerdings bleibt zu prüfen, ob über die von Ziegert apostrophierte richterliche Alltagstheorie hinaus die differenzierende psychopathologische Beschreibung der psychischen Situation – z. B. bezüglich der affektiven Verfassung im Vorfeld der Tat oder der Vorgestalten – nicht doch einen empirischen Gewinn bringt, der für die strafrechtliche Beurteilung über die reine Schuldfähigkeitsfrage hinaus dienlich ist. Ziegerts Forderung einer Integration von Opferverhalten und Vorverschulden richtet sich zwar wesentlich an die rechtswissenschaftliche Kompetenz, doch könnte auch hier die subtile psychiatrisch-psychologische Aufhellung der Beziehungskonstellation einen empirischen Gewinn bedeuten.

Das von Bernsmann (1989) herausgestellte Opferverhalten besitzt aus psychopathologischer Sicht v. a. deshalb Bedeutung, weil es über eine Interaktion und Affektprovokation den psychischen Zustand des Täters erheblich beeinflussen kann. Ob allerdings die Schuldfähigkeitsfrage unter viktimologischer Perspektive gelöst werden kann, erscheint fraglich, solange es um die Beeinträchtigung des Einsichts- und Steuerungsvermögens durch eine seelische Störung beim Täter geht. Ziegerts Ausführungen zum Vorverschulden, die in engem Zusammenhang mit den Überlegungen Krümpelmanns (1972/1988) stehen, gehören in die strafrechtsdogmatische Auseinandersetzung. Aus psychopathologischer Sicht ist zur Beurteilbarkeit des Vorverschuldens auf die Mehrdeutigkeit vieler phänomenologischer Merkmale von Affektdelikten und die Notwendigkeit der kontextuellen Analyse hinzuweisen (s. Beitrag Saß, S. 214 f.). Darüber hinaus müßten psychiatrisch-psychopathologische Überlegungen zu möglichen Handlungsalternativen des potentiellen Täters bei Anwachsen der affektiven Spannung im Vorfeld einer Tat vorerst noch weitgehend spekulativen Charakter haben.

Alle Arten gestörter, normvarianter und normaler Affektivität stellen bei den meisten der in der Psychiatrie untersuchten und behandelten Krankheitsbilder einen zentralen psychopathologischen Gegenstand dar. Unbefriedigend wäre es also, mit Ziegert (s. S. 56) vorwiegend aus Gründen verengten Verstehens psychiatrisch-psychologischer und psychopathologischer Kompetenz den Rückzug auf eine normative Theorie der Affekthandlung anzutreten, obwohl aus anderen Überlegungen heraus durchaus Erwägungen dafür sprechen können (vgl. die Beiträge von Kröber, S. 77 f., und Rauch, S. 200 f.). Zumindest wird der Sachverständige durch die psycho(patho)-logische Aufklärung motivationaler Zusammenhänge zum Verständnis des Entstehungshintergrundes einer Affekttat beitragen, v. a. aber kann er empirisch den Entscheidungsrahmen zu konturieren helfen, in dem die richterliche Beurteilung von Steuerungsvermögen und Schuldfähigkeit erfolgt.

Der Versuch zur Integration forensisch-psychiatrischer und juristischer Systematik wird im Beitrag von Janzarik (s. S. 57 f.), der zwar von einer psychopathologischen Grundposition ausgeht, aber auch hohes rechtswissenschaftliches Problembewußtsein entfaltet, besonders weit vorangetrieben (s. Janzarik 1991a, b, 1992, 1993). Zugute kommt die breite, nach vielen Seiten offene, menschenkundliche Fundierung seiner Konzeption, die gleichermaßen für das Verständnis krankhafter, normvarianter und gesunder psychischer Verfassungen geeignet ist (vgl. Saß 1992). Zentral für die gesamte Affektdeliktdiskussion ist Janzariks Frage, ob wirklich psycho(patho)logische Empirie als (rechtswissenschaftliches) Fundament verläßlich ist, auf das die Dogmatik ihre Konstruktionen gründen kann. Zutreffend wird die Heterogenität von „affektiv akzentuierten Delikten" konstatiert, wobei insbesondere für die retrospektive Rekonstruktion des Affektgeschehens bei einer Tat ganz andere empirische Bedingungen gelten als in Feststellungen über Affektgenese und Affekt unter diagnostischen, experimentellen oder therapeutischen Bedingungen. Zu Recht wird deshalb auch die von einigen Autoren immer wieder ins Spiel gebrachte Analyse der Affektgenese von Dembo (1931) in ihrer Bedeutung für die Affekthandlung im forensischen Kontext relativiert.

Die im menschenkundlichen Ansatz von Janzarik (1991a) enthaltene Überzeugung von der Unentbehrlichkeit des lebensgeschichtlichen Gesamtzusammenhangs berührt sich mit der eigenen Auffassung von der Beurteilung der Affekttaten, die durch eine reduktionistische Anwendung der Merkmalskataloge, wie manche berechtigte Kritik zeigt, eher deformiert wird. Die ganzheitliche strukturdynamische Konzeption mit ihrer Unterscheidung zwischen Dynamik, repräsentativem Aspekt und seelischer Struktur, die Identität und Intentionalität begründet, dient zur Analyse der Entscheidungsvorgänge im psychischen Feld. Aus den beiden aktivischen Prinzipien der Autopraxis des biologischen Organismus und der willkürlich einsetzenden Aktivierung ergibt sich für Janzarik (1991a), daß für die Steuerung menschlicher Verhaltensweisen das Prinzip der Desaktualisierung die wichtigste Fähigkeit darstellt. Die Desaktualisierung bereitet in den unterschiedlichen Gerichtetheiten des Feldes die Entscheidung vor; hierin liegt ihre besondere Bedeutung für die forensischen Probleme.

Selbst bei den aktuellen Manifestationen hochgradigen Affekts geht es, insofern man sie als Teil von seelischen Verlaufsgestalten charakterisieren kann, um Kontinuität, die sich jedoch nicht in den emotionalen Regungen, sondern nur in den dahinterstehenden Strukturen äußert. Hier zeigt sich auch bei Janzarik die Bedeutung der Vorgeschichte, ähnlich wie bei Krümpelmann (1972/1988), Ziegert (s. S. 43), Rasch (1964, 1980), Saß (1983) u. a. Jedoch ist dabei, wie bereits hervorgehoben, aus psychopathologischer Perspektive nicht nur der Gesichtspunkt der Zermürbung seelischer Widerstandskräfte von Interesse. Die divergierenden, durch Autopraxis, Aktivierung und Desaktualisierung immer wieder bei Entscheidungssituationen im psychischen Feld geordneten Gerichtetheiten gehen in langwierigen inneren und äußeren Auseinandersetzungen dem eigentlichen Delikt voraus. Deshalb erschiene es in der Perspektive Janzariks als unzulässige Verkürzung, gäbe man sich lediglich mit dem dynamischen Aspekt und seinen Intensitäten, also der aktuellen Affekterregung zufrieden. Vielmehr gilt das menschenkundliche und psychopathologische Interesse v. a. auch den Entwicklungen hin zu einer bestimmten Handlungsdisposition, die von Gerichtetheiten des Feldes als strukturellem Aspekt gekennzeichnet sind.

Somit liegt eine wesentliche Neuerung in Janzariks Konzeption darin, das Augenmerk auf die im Vorfeld ablaufenden Umgestaltungen der Struktur zu lenken, während sonst das Interesse bei Affektdelikten vorwiegend dem dynamischen Aspekt gilt. Unter dieser Perspektive gewinnen auch die Vorgestalten noch einmal eine neue Bedeutung, bei Janzarik (1993) unterschieden in die imaginativen, verbal bekräftigten und handlungsbekräftigten Formen. Für Janzarik können sie v. a. ein Indiz für die Vorhersehbarkeit einer sich affektiv verdichtenden Konstellation darstellen. Sie besitzen aber m. E. auch eine wichtige Indikatorfunktion hinsichtlich des strukturellen Aspektes, kündigen sie doch Umstrukturierungen mit allmählicher Ausrichtung der Entscheidungsprozesse zum späteren Delikt an. Hier ergeben sich konzeptionelle Verbindungslinien zur Schuldfähigkeitsfrage im Deliktzeitpunkt, denn Umformungen im strukturellen Gefüge beeinträchtigen die – für das Steuerungsvermögen zentrale – Desaktualisierungsfähigkeit, insofern diese auf den funktionsfähigen Gesamtzusammenhang der seelischen Struktur angewiesen ist.

Eine weitere, für die künftige Entwicklung der forensischen Diskussion möglicherweise bedeutsame Überlegung läßt sich an das Auftreten devianter Strukturierungsprozesse anschließen. Ähnlich wie bei neurotischen Fehlentwicklungen und manchen Verlaufsweisen schizophrener und affektiver Erkrankungen durchaus eine Komponente einer Mitgestaltung, für die es Entscheidungsspielräume gibt, erwogen werden kann, so stellt sich in forensischem Kontext bei der devianten Strukturierung die Frage der Mitverantwortung. Dies gilt in besonderem Maße auch für die graduell ebenfalls eigener Mitgestaltung unterliegenden Abläufe bei den Persönlichkeits(fehl)entwicklungen (Saß 1994). Hier ergäben sich u. U. Berührungen mit den Überlegungen Krümpelmanns (1972/1988 und S. 18 f.) und Ziegerts (1987 und S. 43 f.) über die strafrechtsdogmatische Bedeutung der Vorphase. Mit der Wahl des nicht ganz wertfreien Begriffs der Selbstkorrumpierung ist bei Janzarik die Eigenverantwortlichkeit für manche Entscheidungsvorgänge und Einstellungsänderungen angedeutet, die schließlich zur Normenübertretung führen. In solchen Denkansätzen zu Problemen der Willens- und Steuerungsvorgänge sowie ihrer Grundlagen in einer auf eigene Leistungen sich aufbauenden Struktur liegt die künftige Bedeutung der Überlegungen Janzariks, nicht in schnellfertig zu handhabenden Gebrauchsanweisungen für die Schuldfähigkeitsfrage.

Der Beitrag von Kröber (s. S. 77 f.), der zunächst zutreffend die Schwierigkeiten bei der Definition von Affektdelikten diskutiert, konzentriert ähnlich wie in den Beiträgen von Krümpelmann, Ziegert und Janzarik die Analyse auf die im Vorfeld der eigentlichen Entscheidung ablaufenden Prozesse. Hervorgehoben wird der elementare Charakter des Tötungsverbotes, das so tief im Bewußtsein eines gesunden, nicht mit pathologischem Gewissensdefekt behafteten Menschen verankert ist, daß auch beim Affekttäter im Tatzeitpunkt ein aktuelles Unrechtsbewußtsein anzunehmen ist. Im unmittelbaren Entscheidungsvorgang mit Tatentschluß wird die aktuelle Gefühlswarnung – ein Betriff, der von Mezger u. Mikorey (1938) geprägt wurde – gegen ein Tötungsvorhaben vom vorherrschenden aggressiven Affekt suspendiert, wobei Kröber gerade an diesen Vorgang die Schuld geknüpft sieht, so daß eine Vorverlagerung nicht notwendig sei. Insofern spricht sich Kröber für ein Ende der Vorverschuldensdebatte aus, bei der die Analyse allzu früh von der psychologischen auf die juristische Ebene verschoben sei.

Die genauere Analyse von Persönlichkeitsstörung bzw. Persönlichkeitswandel im Vorfeld der Tat, auf deren Bedeutung auch Rasch (1980) hinweist, ist als wichtiger psychopathologischer Ertrag der letzten Jahre anzusehen. Bei Kröber führt dies in ähnlicher Weise wie in den strukturdynamischen Überlegungen Janzariks zu der Beobachtung, daß es im Vorfeld des aggressiven Deliktes häufig zu einer Umordnung des Wertgefüges kommt. Anhand von 4 Fallskizzen belegt er die unterschiedliche Interaktion von einerseits konstitutionell angelegten, überdauernden Persönlichkeitseigenschaften mit deliktischer Prädisponierung und von andererseits allmählicher Strukturverformung im Verlauf der konflikthaft zermürbenden Vorgeschichte. Gegenüber solchen psychopathologischen Gesichtspunkten von Persönlichkeitsartung und Persönlichkeitsdeformierung besitzt nach den von Kröber mitgeteilten empirischen Befunden die Gruppe sog. konstellativer Faktoren nur geringere Bedeutung. Allerdings stellt Kröber in kritischer Auseinandersetzung mit einem – vom BGH akzeptierten – Landgerichtsurteil fest, eine tatauslösende affektive Erregung und die narzißtische Wut eines kränkbaren Menschen seien nicht als einander ergänzende Faktoren zu addieren, sondern vielmehr identisch und würfen darüber hinaus die Frage auf, wodurch die narzißtische Wut vor der sonst geläufigen Wut privilegiert sei. Hier jedoch wäre die Problematik wieder von der psychopathologischen Begutachtungs- an die rechtswissenschaftliche Bewertungsinstanz zurückzuverweisen, weil sich beim seelisch nicht kranken und nicht schwerwiegend abnormen Menschen tatsächlich die von Rauch (s. S. 200 f.) sehr entschieden formulierte Grundsatzfrage stellen läßt, ob die einfühlbar aus lebenssituativer Zuspitzung entstandene affektive Erregung beim Fehlen weiterer Komplikationen überhaupt unter den Katalog der in § 20 StGB gemeinten „seelischen Störungen" zu fallen habe.

Der Beitrag von Hoff (s. S. 95 f.) bringt eine differenzierte Analyse von Problemgeschichte und gegenwärtigem Diskussionsstand für einen Begriff, der durch die Aufnahme in die Merkmalssammlungen von 1983 Gegenstand lebhafter Diskussion geworden war und auch in den Arbeiten dieses Buches eine detaillierte Berücksichtigung erfährt, etwa bei Krümpelmann, Ziegert, Steller, Janzarik und Kröber. Vorgestalten der Tat sind im Kontext von Affektdelikten in verschiedener Hinsicht bedeutsam. Zunächst einmal erweisen sie sich als psychopathologisch hochinteressant, wie Hoffs auf Conrad (1947) aufbauende Darstellung der Entstehungsdynamik von Vorgestalten zeigt. In der praktischen Schuldfähigkeitsbegutachtung geht es darum, ob es sich um Hinweise für oder gegen die Annahme einer tiefgreifenden Bewußtseinsstörung handeln kann, eine Frage, die offenbar auch an Voreinstellungen zu dieser Problematik rührt und insofern relativ heftige Reaktionen provoziert hat. In einer Nervenarzt-Arbeit (Saß 1983) waren Vorgestalten eher als Indiz dafür gesehen worden, daß eine schon vorauslaufende Beschäftigung mit der Möglichkeit aggressiver Konfliktlösung vorlag und deswegen ein Handeln aus einer neu aufgetretenen, wesentlich durch Bewußtseinsstörung gekennzeichneten Verfassung eher unwahrscheinlich gemacht wird. Allerdings war auch damals bereits die alternative Möglichkeit diskutiert worden, die Vorgestalten gerade als Hinweis für einen Verfall der Abwehrkräfte gegen aggressive Regungen zu verstehen, was zur Hypothese einer Zermürbung mit allmählichem Verlust der Motivationsfähigkeit im Sinne Krümpelmanns passen könnte. Diese janusköpfige Bedeutung des Begriffs hat Hoff klargelegt und ein tentatives Schema zur Lösung konkreter Fälle entworfen, in dem die einzelnen für oder gegen Bewußtseinsstörung sprechenden Aspekte von Vorgestalt geordnet sind. Entscheidend ist die von allen Sachkennern geteilte Erkenntnis, daß eine isolierte Betrachtung der einzelnen in der Affektdeliktfrage diskutierten Phänomene und auch der Vorgestalten unsinnig ist, vielmehr kommt es unter psychopathologischer Perspektive stets auf den kontextuellen Hintergrund an, in den die einzelnen Merkmale eingebettet sind und der ihnen erst eine Bedeutung in dieser oder jener Richtung verschafft.

Darüber hinaus lassen sich die Überlegungen zu Vorgestalten für weitere forensisch wesentliche Problemstellungen nutzbar machen, etwa für die Analyse des Übergangs von zunächst mehr unwillkürlich auftauchenden Phantasien und Denkfiguren in konkretere Formen des Wollens und schließlich in manifeste Handlung. Insofern bedeutet die Beschäftigung mit den Vorgestalten gleichzeitig eine Auseinandersetzung mit den psychopathologisch wie strafrechtsdogmatisch gewichtigen Problemen des Willens, Entscheidens und Handelns, bei Janzarik (1991a) unter dem Gesichtspunkt der Desaktualisierung betrachtet. Zu Recht verweist Hoff auf die psychologische und philosophische Analyse des Wollens in Arbeiten von Ricœur (1950) und Keller (1968) zurück, in denen für die forensische Diskussion v. a. die Figur des „limitativen Wollens" von Bedeutung ist. Es bezeichnet Verhalten von durchaus willentlichem Charakter, auch wenn eine zeitlich klar davor gelegene Vorsatzbildung nicht erweisbar ist. Sicherlich stoßen wir hier an die Grenze der empirisch feststellbaren Sachverhalte, zumal für die Entscheidungsabläufe in Situationen „limitativen Wollens" komplexe anthropologische Konstrukte wie die von Zutt (1943) apostrophierte „innere Haltung" bedeutsam werden. Willenspsychologische Phänomene lassen sich, wie Hoff zutreffend feststellt, naturgemäß nicht operationalisieren und sind insofern bei der durchschnittlichen Begutachtungssituation nur eingeschränkt zu berücksichtigen. Bei einer vertieften psychopathologischen Analyse im Einzelfall und für die grundsätzliche Betrachtung der Schuldfähigkeitsfrage beim Handeln unter dem Druck affektiver Erregung kann aber die Wollensproblematik nicht außer acht gelassen werden.

Nimmt man den erwähnten Begriff der „inneren Haltung" ernst, die ja ein Gesamt dauerhafter Einstellungen meint, so wird man die zeitliche Perspektive weiter in die Vorgeschichte ausdehnen müssen. Dies berührt erneut das Problem der in der Vergangenheit abgelaufenen Mitgestaltung dessen, was heute bzw. zur Tatzeit an psychopathologisch zu beschreibenden Verhaltensdispositionen vorliegt und was daran juristisch als Mitverantwortung zu bewerten ist. Allerdings besteht auch die Gefahr einer überdehnenden Interpretation mit moralisierenden und pejorativen Anteilen, wenn man der Genese der inneren Haltung nachspürt und damit in die Nähe belasteter Begriffe wie „Charakterschuld" und „Lebensführungsschuld" kommt, wie sie etwa im rechtswissenschaftlichen Schrifttum zur Zeit des Dritten Reiches verwandt und damit für die weitere Diskussion nahezu obsolet gemacht wurden.

Dessenungeachtet ist v. a. für die an der biographischen Entwicklung interessierten Beobachter unstrittig, daß es für allgemeine soziale Devianz wie auch für die – kriminologisch davon sehr verschiedenen – Affektdelikte Vorfeldentwicklungen geben kann, die sich über Monate und Jahre erstrecken. Der von Janzarik (s. S. 57 f.) benutzte Begriff der „Selbstkorrumpierung" bei manchen Deformierungen der Struktur im Vorfeld eines Deliktes trifft einen Teil dieser Problematik. Bei Verlängerung der Perspektive lassen sich diese Gedanken auch auf die Entstehung von Persönlichkeitsstörungen anwenden, die dann nicht allein als ein durch konstitutionelle Veranlagung oder zugefügtes Lebensschicksal entstandenes Produkt, sondern auch als Ergebnis eigenen, aktiv gelebten Lebens und der damit verbundenen Entscheidungsvorgänge zu verstehen sind (vgl. Saß 1994).

Im Kontext solcher Überlegungen konturiert sich als ein für die Grundsatzdiskussion bedeutsamer Ertrag dieses Bandes, daß die Überprüfung der Merkmalskataloge ergänzt werden muß durch die Analyse jener Entwicklungen, die hin zu dieser oder jener deliktisch prädisponierenden Ausgangsverfassung führen. Diese Diskussion hat psychopathologische, menschenkundlich-philosophische und rechtsdogmatische Aspekte. Sie führt von daher in Komplexitätsgrade, die entmutigend erscheinen können und vielleicht erneut das Verlangen nach knappen, universell handhabbaren Kriteriologien wecken können. Auf eine – die psychopathologische Perspektive einschließende, da auf seelische Störungen gerichtete – Auseinandersetzung mit Willenstheorie und Handlungslehren, aber auch der biographischen Entwicklung mit ihren Verantwortungsaspekten wird nicht verzichtet werden können, sollen Methodenpluralismus und Konzeptionslosigkeit, wie sie bislang kritisiert wurden (Bernsmann 1989; Ziegert, s. S. 44), überwunden werden.

Der folgende Beitrag Stellers analysiert zunächst unter Bezug auf testpsychologische Gütekriterien für psychodiagnostische Verfahren die Möglichkeiten kriteriengeleiteter Erfassung affektbedingter Bewußtseinsstörungen (s. a. Dannenberg 1988). Kritisch werden die einzelnen in der Literatur verwandten Begriffe und Merkmale kommentiert, etwa die Vorgestalten und insbesondere die zuweilen beschriebenen „typischen", aber eben doch unspezifischen Persönlichkeitseigenschaften des Affekttäters. Ebenso verhält es sich mit Provokationen, die als Auslöser fungieren können, jedoch stets in den Kontext ihrer individuellen Bedeutung im Einzelfall zu stellen sind. Steller konstatiert einen Mangel an rational und empirisch abgesicherten Urteilsstrategien zur Verknüpfung der einzelnen Merkmale untereinander und mit den konstellativen Faktoren sowie zur Erfassung ihrer Interaktion mit Persönlichkeitsfaktoren. Anstelle eines enumerativ verstandenen Merkmalslistenansatzes wird ein diagnostisches Strukturmodell zur Beurteilung von Affekttaten skizziert, das für die in den Merkmalskatalogen zusammengestellten Gesichtspunkte eine zeitliche Ordnung angibt, jedoch sicher nicht allgemeingültig für die vorkommenden Fallkonstellationen sein kann.

Dem von verschiedenen Seiten, so auch von Venzlaff (s. S. 147 f.) geäußerten Wunsch nach einer handlungstheoretischen Konzeption zur Beurteilung des Einsichts- und Steuerungsvermögens bei Affektdelikten versucht Steller mit einem Modell Rechnung zu tragen, dessen Herkunft aus der Arbeits- und Betriebspsychologie allerdings auch gleich die Grenzen dieses Ansatzes markiert. Dort nämlich wird zielorientiertes Abwägen alternativer Handlungsmöglichkeiten unter Kosten-Nutzen-Aspekten angenommen, also ein ausgesprochen ökonomisch und rational gesteuertes Vorgehen zugrundegelegt, das eigentlich nur als Kontrastmodell für Handlungen unter starkem Affekt tauglich ist. Auf den 5 Ebenen einer Erschließungs-, Bereichs-, Ziel- und Handlungsplanung sowie schließlich der Handlungsausführung wird ein hierarchisches Modell der Handlungsregulation entwickelt. Seine Anwendung auf ein – übrigens nur bedingt als Affektdelikt zu bezeichnendes – Fallbeispiel und auf zwei im Ergebnis diametral entgegengesetzte Schuldfähigkeitsgutachten durch unterschiedliche psychologische Lehrstuhlinhaber vermag den forensischen Nutzen dieses Handlungsmodells noch nicht zu belegen. Insofern liegt der Akzent der Arbeit Stellers darauf, erneut die von allen gesehene Bedeutung einer komplexen, auf strukturelle Zusammenhänge gerichteten Begutachtungsmethode herauszuarbeiten, wobei das unbefriedigende Ergebnis der arbeitspsychologischen Konzeption die Notwendigkeit weiterer theoretischer Bemühung unterstreicht.

Im Beitrag von Rösler et al. (s. S. 114 f.) werden die aus der Diagnostikforschung stammenden Methoden zur Beurteilung von Beurteilerübereinstimmung (Reliabilität) und Gültigkeit (Validität), die auch von Steller und Dannenberg (1988) für die Affektdiagnostik herangezogen wurden, bei einer empirischen Untersuchung zur syndromatologischen Diagnostik von tiefgreifenden Bewußtseinsstörungen angewandt. Dabei findet sich für den für die Annahme von relevanter Bewußtseinsstörung sprechenden Merkmalskatalog (Saß 1983) bei 6 von 12 Items eine gute Interrater-Reliabilität, 2 weitere Items zeigen befriedigende Verhältnisse, während schlechte Reliabilitätswerte bei 4 Merkmalen auffielen. Die entgegengerichtete Merkmalsgruppe ergibt bei 2 von 13 Items eine gute Übereinstimmung, befriedigende Werte bei 6 Items und ungenügende Werte bei 5 Items. Die Beurteilung dieser Ergebnisse geschieht in differenzierender Diskussion, bei der Rösler et al. u. a. auf die Bedeutung einer glossariellen Klärung und Rater-Schulung hinweisen und insgesamt akzeptable Reliabilitäten konstatieren.

Die von Rösler (1991) ebenfalls untersuchten Gesichtspunkte zur Validität zeigten für die Items der Merkmalskataloge typische Verteilungsmuster hinsichtlich der Schuldfähigkeitsbeurteilung, was ebenso wie die Resultate faktorenanalytischer Untersuchungen als Hinweis für ihre Gültigkeit gewertet wird. Das Verhältnis der kriteriengeleiteten Diagnostik und der syndromatologischen Betrachtungsweise als Vorstufe einer ganzheitlichen Erfassung aller Umstände des Einzelfalls sehen Rösler et al. nicht als Alternative, sondern als sich ergänzende Vorgehensweisen an. Rösler et al. betonen wie Steller die Notwendigkeit, beide Wege zur Diagnostik der tiefgreifenden Bewußtseinsstörungen konzeptionell weiterzuentwickeln.

Der Beitrag von Venzlaff (s. S. 147 f.) liefert mit der Differenzierung von einphasigen und zweiphasig ablaufenden Affekttaten Beispiele für zwei Prototypen unterschiedlicher Fallgestaltungen, die konsequenterweise unterschiedliche Beurteilungen der Schuldfähigkeit zur Folge haben. Zusätzlich zu äußeren Strukturmerkmalen des

Ablaufs werden handlungs- und wahrnehmungspsychologische Beobachtungen und Überlegungen zur Beurteilung der psychischen Verfassung und des Steuerungsvermögens herangezogen. Darüber hinaus behandelt Venzlaff das in der gerichtlichen Praxis zunehmend von der richterlichen auf die gutachterliche Beurteilung verlagerte Problem der Mordqualifikationen. Etwa das Vorliegen der Heimtückemerkmale oder einer Verdeckungstat muß natürlich in engem Rückbezug auf die psychische Verfassung des Täters und eine evtl. zu konstatierende tiefgreifende Bewußtseinsstörung diskutiert werden. Der BGH (BGH St 6.120) charakterisiert in diesem Zusammenhang solche Situationen, in denen der Täter infolge hoher Erregung die Lage des Opfers nur in einer äußerlichen, nicht in das Bewußtsein dringenden Weise wahrnehmen konnte, so daß es ihm an Bedeutungskenntnis fehlte und etwa das Ausnutzen einer wehrlosen Lage des Opfers und damit ein Heimtückemerkmal nicht gegeben war. Allerdings hat der BGH nicht gefordert, daß die das Tatbestandsmerkmal der Heimtücke ausschließende starke Erregung oder affektive Bewußtseinseintrübung bereits die Qualität einer tiefgreifenden Bewußtseinsstörung im Sinne der Schuldfähigkeitsparagraphen erfüllt haben muß, was als gewisse Inkonsequenz erscheint.

Venzlaff spricht hier von einer Entkoppelung zwischen Schuldfrage (oder Schuldfähigkeitsfrage, H. Saß) und Bejahung eines Mordmerkmals, weil der BGH trotz eines möglicherweise zur verminderten Schuldfähigkeit führenden Affekts in bestimmten Fällen doch ein heimtückisches Handeln und ein Ausnutzen der Arg- und Wehrlosigkeit des Opfers annehmen will. Gerade in solchen Fällen, wo eine verminderte Schuldfähigkeit durch starke affektive Erregung die Heimtücke des Vorgehens nicht ausschließt, hält Venzlaff wiederum wahrnehmungspsychologische Gesichtspunkte für geeignet, um nach der verhaltensdeterminierenden Funktion von Wahrnehmungseindrücken in der Täter-Opfer-Interaktion zu fragen.

Im Beitrag von Joachim (s. S. 180 f.) geht es unter Berücksichtigung der reichhaltigen rechtsmedizinischen Erfahrungen über den Zusammenhang zwischen Alkoholisierung und deliktischem Verhalten um Affektdelikte, die unter Alkoholeinfluß begangen werden. Zutreffend wird der geringe Zusammenhang zwischen der Höhe der Blutalkoholkonzentration (BAK) und der Stärke der Bewußtseinsstörung betont, was gerade wegen der Bedeutung der „affektiven Vorgeschichte" bei Affekttaten gilt. Als wesentliche Muster im Feld von Alkoholisierung und Affektstörung beschreibt Joachim zum einen die schwere alkoholbedingte Affektentgleisung, sodann als Kontrastbild das Affektgeschehen des Nüchternen und schließlich die Situation der mittleren Alkoholisierung mit einer sich gegenseitig akzentuierend-katalysierenden Auswirkung von Alkohol und Affektspannung.

Wegen ihrer Häufigkeit praktisch wichtiger als die v. a. theoretisch bedeutsamen Vorgestalten sind die im Rahmen von Affektdelikten angegebenen Amnesien, die im Beitrag von Horn (s. S. 163 f.) behandelt werden. Dabei werden von rechtswissenschaftlicher Seite und Rechtsprechung die diagnostischen Möglichkeiten des Gutachters bei der Beurteilung einer Amnesie im Ermittlungs- und Strafverfahren wohl eher überschätzt, etwa wenn der BGH in einem Urteil aus 1987 von einer *nachgewiesenen* Erinnerungslosigkeit spricht oder bestimmte Kennzeichen möglicher Erinnerungslücken in Regelaussagen faßt, was Rasch (1993) jüngst noch einmal zutreffend kritisiert hat. Demgegenüber liegen den Vorgängen des Speicherns und Wiederaufrufens von Erinnerungsmaterial sehr komplizierte, von Fall zu Fall unterschiedliche Einfluß-

größen zugrunde, die von hirnorganischen Faktoren bis zu sog. Verdrängungsmecha-
nismen und anderen motivationalen Einflüssen auf Erinnern und Vergessen reichen,
so daß angegebene Amnesien – wie alle in den Merkmalskatalogen enthaltenen Items
– stets der Stützung durch andere Befunde bedürfen. Im empirischen Material konnten in typisierender Vereinfachung die Merkmale der psychogenen Amnesie denjenigen der toxischen Form gegenübergestellt werden. Dazwischen lagen als differentialdiagnostische Problemzone solche Fälle von Amnesie bei Affektdelikten, in denen es
ähnlich wie bei Joachim um die Kombination von Alkoholisierung und konflikthafter
Vorgeschichte ging.

In den Thesen von Rauch (s. S. 200 f.) werden mit besonderer Entschiedenheit
noch einmal jene orthodoxen Auffassungen zur Frage von Bewußtseinsstörung und
Schuldfähigkeit vertreten, die einem somatologischen Krankheitsbegriff in der Psychiatrie folgen. Rauch kritisiert den ungenauen, widersprüchlichen Gebrauch des Bewußtseinsbegriffs und sieht die affektive Erregung eines psychisch gesunden Affekttäters als ein normales psychisches Phänomen an, bei dem die typischen Symptome
einer krankheitsbedingten Bewußtseinsstörung fehlen und kein Grund für die Annahme zu erkennen ist, der Täter habe die „Natur" seiner Handlung und seine Intention
nicht erkennen können. Die Möglichkeit eines aus dem Unbewußten und daher für
das Individuum nicht kontrollierbaren Bereichs der Persönlichkeit stammenden Antriebs wird als spekulativ verworfen, so daß die Schuldfähigkeit auch bei höchster affektiver Erregung eines psychisch gesunden Menschen nicht tangiert werde. Mit dieser prononcierten Haltung, die allerdings im Grunde durch die Ergebnisse der Straf-
rechtsreformdiskussion und die schon vorher einsetzende Linie obergerichtlicher
Urteile bereits überholt ist, arbeitet Rauch noch einmal deutlich jene Position heraus,
an der jede abweichende Sichtweise von Bewußtseinsveränderungen und Schuldfähigkeit bei affektiver Erregung mit empirisch und konzeptionell überzeugenden Argumenten anzusetzen hat. Rauchs Konsequenzen sind übrigens mutatis mutandis
auch bei Ziegert und Kröber enthalten, die in Affektdeliktfällen Gesunder für eine
weitgehende Rückverlagerung der Verantwortung auf die Beurteilungskompetenz
des Gerichtes plädieren.

Die Beurteilung der Affektdelikte bleibt kontrovers. Dies zeigt auch diese Übersicht, die nur die Hauptlinien hervorheben konnte und in die naturgemäß subjektive
Wertungen eingeflossen sind. Ihre Bestätigung oder Korrektur erfordert eigene Auseinandersetzung und weiteren Diskurs, ebenso wie der abschließende Lösungsvorschlag für einen atypischen Affektdeliktfall (s. S. 217), bei dem erneut über die Merkmalskataloge hinaus die Notwendigkeit einer gesamthaften Beurteilung in einem
psychopathologischen Orientierungsrahmen deutlich wird.

Literatur

Bernsmann HJ (1989) Affekt und Opferverhalten. NStZ 160–166

Blau G (1989) Methodologische Probleme bei der Handhabung der Schuldfähigkeitsbestimmungen des Strafgesetzbuches aus juristischer Sicht. Monatsschr Kriminol Strafrechtsreform 72:
71–77

Conrad K (1947) Über den Begriff der Vorgestalt und seine Bedeutung für die Hirnpathologie.
Nervenarzt 18: 289–293

Dannenberg U (1988) Kriterienorientierte Systematik für die forensische Begutachtung von Affekthandlungen – Entwicklung und Evaluation eines Merkmalssystems. Forschungsbericht zum DFG-Projekt Ste 313/2 II/45. Universität Kiel

Dembo T (1931) Ärger als dynamisches Problem. Psychol Forsch 15: 1–144

Foerster K (1984) Sind die Probleme bei der Beurteilung sog. „Affektdelikte" nun gelöst? Nervenarzt 55: 385

Frisch W (1989) Grundprobleme der Bestrafung „verschuldeter" Affekttaten. Z Ges Strafrechtswiss (ZStW) 101: 538 ff.

Glatzel J (1986) Bemerkungen zu den Arbeiten von Saß. Affektdelikte. Nervenarzt 57: 736–737

Hoff P (1992) Neuere psychiatrische Klassifikationssysteme und ihre Bedeutung für die forensische Psychiatrie. Gesundheitswesen 54: 244–250

Janzarik W (1991a) Desaktualisierung als Prinzip von Steuerung und Handlung. In: Schütz H, Kaatsch HJ, Thomsen H (Hrsg) Medizinrecht – Psychopathologie – Rechtsmedizin. Festschrift für Günter Schewe. Springer, Berlin Heidelberg New York, S 218–238

Janzarik W (1991b) Grundlagen der Einsicht und das Verhältnis von Einsicht und Steuerung. Nervenarzt 62: 423–427

Janzarik W (1992) Vorrechtliche Aspekte des Vorsatzes. Z Ges Strafrechtswiss 104: 65–81

Janzarik W (1993) Seelische Struktur als Ordnungsprinzip in der forensischen Anwendung. Nervenarzt 64: 782–800

Keller W (1968) Psychologie und Philosophie des Wollens, 2. durchgesehene Aufl. Reinhardt, München Basel (Erstauflage 1954)

Krümpelmann J (1972/1988) Affekt und Schuldfähigkeit. Freiburger Rechtswiss Habilitationsschr 1972. Unveränderte Wiedergabe 1988. Lendle, Wiesbaden

Krümpelmann J (1990) Die strafrechtliche Schuldfähigkeit bei Affekttaten. Recht Psychiat (R&P). 8: 150 ff.

Mezger E, Mikorey M (1938) Affekt und Zurechnungsfähigkeit. Monatsschr Kriminalbiol 29: 444–474

Rasch W (1964) Tötung des Intimpartners. Enke, Stuttgart

Rasch W (1980) Die psychologisch-psychiatrische Beurteilung von Affektdelikten. NJW 33: 1309 ff.

Rasch W (1993) Zweifelhafte Kriteriologien für die Beurteilung der tiefgreifenden Bewußtseinsstörung. NJW 1993: 757–761

Ricœur P (1950) Philosophie de la volonté. Le volontaire et l'involontaire. Aubier, Paris

Rösler M (1991) Zur kriteriengeleiteten Erfassung von Affektdelikten. Nervenarzt 62: 49–54

Salger H (1989) Zur forensischen Beurteilung der Affekttat im Hinblick auf eine erheblich verminderte Schuldfähigkeit. In: Jescheck HH, Vogler T (Hrsg) Festschrift für Herbert Tröndle zum 70. Geburtstag. De Gruyter, Berlin. S 201–218

Saß H (1983) Affektdelikte. Nervenarzt 54: 557–572

Saß H (1985a) Handelt es sich bei der Beurteilung von Affektdelikten um ein psychopathologisches Problem? Fortschr Neurol Psychiat 53: 55–62

Saß H (1985b) Ein psychopathologisches Referenzsystem zur Beurteilung der Schuldfähigkeit. Forensia 6: 33–43

Saß H (1987) Psychopathie – Soziopathie – Dissozialität. Zur Differentialtypologie der Persönlichkeitsstörungen. Monographien aus dem Gesamtgebiet der Psychiatrie, Bd 44. Springer, Berlin Heidelberg New York

Saß H (1992) Strukturelle und dynamische Persönlichkeitsvarianten im Vorfeld idiopathischer Psychosyndrome. In: Mundt C, Saß H (Hrsg) Für und wider die Einheitspsychose. Thieme, Stuttgart, S 37–48

Saß H (1994) Affekt und Schuldfähigkeit. Statt Kriteriologien ein psychopathologischer Lösungsansatz (in Vorbereitung)

Saß H, Wiegand C (1990) Operationalisierte Klassifikationssysteme in der forensischen Psychiatrie: Fortschritt oder Irrweg? In: Kerner HJ, Kaiser G (Hrsg) Kriminalität. Festschrift für Hans Göppinger. Springer, Berlin Heidelberg New York, S 349–358

Schlothauer R (1988) Anmerkung zu BGH 4 StR 321/87. Strafverteidiger 2: 59–60

Schorsch E (1988) Affekttaten und sexuelle Perversionstaten im strukturellen und psychodynamischen Vergleich. Recht Psychiat (R&P) 6: 10–19

Witter H (1972) Die Beurteilung Erwachsener im Strafrecht. In: Göppinger H, Witter H (Hrsg) Handbuch der forensischen Psychiatrie. Springer, Berlin Heidelberg New York, S 966 ff.

Witter H (Hrsg) (1987) Die Beurteilung der Schuldfähigkeit bei Belastungsreaktionen, Neurosen und Persönlichkeitsstörungen am Beispiel der Affektdelikte. In: Der psychiatrische Sachverständige im Strafrecht. Springer, Berlin Heidelberg New York, S 175 ff.

Ziegert U (1987) Vorsatz, Schuld und Vorverschulden. Duncker & Humblot, Berlin

Zutt J (1943) Über die polare Struktur des Bewußtseins. Nervenarzt 16: 145

Die strafrechtliche Beurteilung der sog. Affekttaten

J. Krümpelmann

Die gegenwärtige Situation

Die Rechtsprechung befindet sich bei der Beurteilung der sog. Affekttaten[1] in keiner beneidenswerten Lage. Die Maßstäbe sind in den Grundlagenwissenschaften wie in der Strafrechtswissenschaft umstritten und teilweise ungeklärt. So sind Unsicherheiten in der Anwendung des § 21 StGB und v. a. im Strafmaß nahezu unausweichlich. Die Uneinheitlichkeit der Rechtsprechung ist ein Anlaß ernster Sorge, wie aus berufenem Munde zu vernehmen ist.[2] Allerdings ist § 20 StGB nur noch von marginaler Bedeutung; nach BGHSt 11, 20 ist kein Freispruch mehr bekannt geworden, den das oberste Gericht bestätigt hätte.[3] Das Problem scheint nahezu ausschließlich bei § 21 StGB zu liegen; § 213 StGB wird zunehmend herangezogen.[4]

Bei den sog. Affekttaten handelt es sich, wie Diesinger[5] anhand umfangreichen Materials schlüssig begründet hat, nicht um einen einheitlichen Begriff. Ihre Typologie bewährt sich auch bei Durchsicht der veröffentlichten Rechtsprechung. Neben Affektausbrüchen, die sich an der Situation entzünden (vgl. BGH StV 1987, 414) oder erst während der Tat entstehen (vgl. BGHSt 7, 325), stehen Fälle, die durch einen Konflikt bestimmt sind, und zwar im „Konflikteinbruch" im engen zeitlichen Zusammenhang der Tat (vgl. BGH StV 1991, 18) sowie – und dies ist die weitaus größte Gruppe – im „spezifizierten Beziehungskonflikt", der sich allmählich bis zur Tatentladung entwickelt und der meist ein Partnerschaftskonflikt ist, wie ihn Rasch (1964) beschrieben hat. Er ist durch das „Hin und Her" zwischen Täter und späterem Opfer gekennzeichnet (vgl. Fall Howit bei Witter 1987, S. 187 ff.), oder der Ausbruch erfolgt nach „ständiger Bedrohung" durch den übermächtigen, oft tyrannischen Partner (vgl. BGH NStZ 1984, 20), oder es geht um die Entladung eines Spannungsprozesses im Binnenraum, wie bei manchen (versuchten) Mitnahmesuiziden (vgl. BGHSt 9, 385). Die Erscheinungsformen und vermutlich auch die Schuldrelevanz aller dieser Affekte sind unterschiedlich, so daß Autoren, die die Bezeichnung „Affekttat" als irreführend ansehen,[6] gute Gründe für sich haben. Schließlich hat Diesinger (1977, S. 136) auf Grenz- und Mischfälle hingewiesen; auch aus anderen Störungsgruppen, der Anoma-

---

1 Im folgenden werden nur Tötungsdelikte behandelt, wenngleich sich die Affektproblematik nicht darauf beschränkt.
2 Salger (Vizepräsident des BGH) (1989, S. 210, 214).
3 Mit Ausnahme vielleicht von BGH 5 StR 385/87 vom 22.9.1987; BGHR StGB § 20 Nr. 1.
4 Vgl. Eser (1986, S. 65 ff.); Glatzel (1987, S. 553 ff.).
5 Diesinger (1977, S. 173). Zur Konflikttypologie vgl. S. 106 ff.
6 Vgl. außer Diesinger etwa Rasch (1964, S. 61, 70); Glatzel (1982, S. 434).

lie (vgl. BGHSt 35, 143, 146), besonders der Alkoholintoxikation (vgl. BGH StV 1987, 341), und schließlich aus dem Bereich psychotischer oder psychosenaher Zustände (vgl. BGH NStZ 1991, 31) gibt es Einflußwirkungen.

Empirisch gesicherte Befunde haben wir nur für den spezifizierten Beziehungskonflikt und durch die Suizidforschung für zahlreiche Fälle des Mitnahmesuizids, die ähnliche Entwicklungsformen wie die Intimpartnerkonflikte zeigen.[7] Diese Fälle sind v. a. durch die „Tötung des Intimpartners" von Rasch (1964) beschrieben und bekanntgemacht worden.[8] Im folgenden wird der Kürze halber vom „Rasch-Syndrom" gesprochen.[9] Bei den Affektentladungen ohne Konflikthintergrund oder bei „Einbruchskonflikten" verfügen wir nicht über gesichertes Material. Das Schrifttum zu den spezifizierten Beziehungskonflikten nach Rasch ist zu einer Anreicherung[10] und Bestätigung, aber nicht eigentlich zu neuen empirisch begründeten Einsichten vorgedrungen, so daß die ein Vierteljahrhundert alte Schrift trotz vieler offener Fragen weitgehend noch immer den aktuellen Wissensstand bezeichnet.

Der Gesetzgeber der neuen Schuldfähigkeitsvorschriften der §§ 20, 21 StGB hat diese Erkenntnisse nicht wirklich auf ihre Schuldrelevanz abgeleuchtet, obwohl das Rasch-Syndrom der Sache nach im Hintergrund der bekannten Grundlagenentscheidungen des OGH und des BGH maßgebend war.[11] In der Rechtsprechung wird die Affekttat zwar zunehmend auch unter dem Gesichtspunkt der Tatanlaufzeit und der dynamischen Entwicklung, v. a. aber nach den Explosionssymptomen bei der Tatentladung beurteilt und an einen psychopathologischen Katalog höchster Erregungserscheinungen orientiert, dann aber für alle Typen der Affekthandlungen gemeinsam. Auch das strafrechtliche Schrifttum hat zum Rasch-Syndrom nur beiläufig Stellung genommen, die – naheliegende – Frage der Schuldrelevanz aber kaum bemerkt.[12]

Die Diskussion erreichte einen neuen Stand, als Saß aus einer Querschnittsbetrachtung der Literatur ein nach Pro- und Kontraindikatoren geordnetes Diagramm der heute vertretenen Beurteilungsgesichtspunkte aus Persönlichkeit, Vorgeschichte, Tatausführung und Nachtatverhalten zusammenfaßte.[13] Die Indikatoren sind unter sich nicht gewichtet; sie haben teils indiziellen, teils phänomenalen, teils dynamischen Charakter und liefern daher einen Argumentationsrahmen der Affekthandlung als Allgemeinbegriff; ein Ansatz zu Typenbildern ist nicht erstrebt. Es handelt sich um „die Auswahl geeigneter Kriterien, nicht jedoch um Regeln der Graduierung und Be-

---

7 Vgl. Ringel (1975, S. 135); vgl. auch Rasch (1964, S. 58 ff.).

8 Die Strukturen sind allerdings schon lange vorher von psychologischer, psychiatrischer und kriminologischer Seite unabhängig voneinander gezeigt worden. Insgesamt kann von einem gemeinsamen Kern in den Aussagen gesprochen werden, unabhängig von der Fachdisziplin und von Schulenunterschieden. Nachweise vgl. Saß (1983b, S. 563).

9 Damit ist der zeitlich-dynamische Gestaltzusammenhang von der Konfliktentwicklung über die „homizidale Tatbereitschaft" bis zur Tatentladung gemeint.

10 Vgl. besonders die nähere Erforschung der „Vorgestalten der Tat" (Stumpfl) durch Steigleder (1968, S. 107 ff.).

11 OGHSt 3, 19, 80; BGHSt 11, 20; den Durchbruch brachten bekanntlich psychologische Gutachter, besonders Undeutsch, Metzger und Thomae, vgl. de Boor (1966).

12 Vgl. aber Rudolphi (1974, S. 201 ff.); neuerdings Schild (1990, N. 147 ff. zu § 20).

13 Saß (1983b, abgewandelt 1985b).

terbeurteilung und bei Alkoholintoxikationen diesen Sachverhalt als die Fähigkeit, „Anreize zu einem bestimmten Handeln und Hemmungsvorstellungen" gegeneinander abzuwägen und danach seinen Willensentschluß zu bilden, bezeichnet (RGSt 57, 56; 67, 149, 150), und auch der BGH operiert bis heute mit diesem Hinweis auf die psychische Verfassung, die die Schuldfähigkeit begründet, beim Affekt (BGHSt 11, 20, 25) und bei anderen Störungsgruppen (Anomalie: BGH NStZ 1990, S. 384 f.; Alkoholrausch: BGHR § 21 BAK 6).

Die Fähigkeit zur Abwägung von Anreiz und Hemmung ist ein sog. Dispositionsbegriff. Über die Erscheinungsformen und die Funktionsweisen dieser Begriffe ist viel gestritten worden.[21] Hier genügen einige einfache Überlegungen. Ein Beispiel für einen Dispositionsbegriff ist die Zerbrechlichkeit eines Glases, mit der eine Struktur behauptet wird (Materialsprödigkeit, Materialspannung usw.), die das Zerbrechen ermöglicht oder bei Eintritt gewisser Bedingungen sogar sicher macht. Bei einem Sportler, dem die Fähigkeit zugeschrieben wird, 100 m in 12 s zu laufen, verweist der Dispositionsbegriff in verkürzter Form auf eine Person, die einen bestimmten Zustand körperlicher Fitness besitzt, ein gewisses Trainingsprogramm absolviert hat und vielleicht auch Leistungen der Zielvorgabe gezeigt hat. Dies ist je nach Zielvorgabe nicht einmal nötig: 100 m in 20 s wird jeder gesunde junge Mensch laufen können, ohne daß er es je gezeigt hat; seine gesunde Verfassung könnte also auch mit einer entsprechenden Dispositionsaussage bezeichnet werden, wenn irgendein Anlaß das zweckmäßig machte.

Die Fähigkeit zur Abwägung von Anreiz und Hemmung bezeichnet nicht nur die – auf den jeweiligen Pflichtinhalt bezogene – Leistungsvorgabe, sondern im Rückschluß auch eine psychische Verfassung ohne Rücksicht darauf, ob eine Reflexion des Pro und Kontra oder ein aktueller Kampf der Motive stattgefunden hat. Die Rechtsprechung hat ja immer Spontantaten, bei denen der Täter sich schnell bereit in die kriminelle Handlung entläßt, miterfaßt. Solche „limitativen Entscheidungen" enthält allerdings auch eine Spontantat, und so ist der Tatsache einer im Zustand der Schuldfähigkeit begangenen Straftat auch der Befund der Ausübung der Disposition immanent. Eine Straftat, die an der vorhandenen psychischen Verfassung zur Abwägung ohne ihre (wenigstens limitative) Ausübung vorbeiginge, dürfte nicht vorstellbar sein.

Der Dispositionsbegriff der Schuldfähigkeit ist hoch abstrakt und unterhalb der reichsgerichtlichen Formel nicht konkretisiert worden. Er wird als Regelerfahrung verstanden und unter dem Wertmesser des Schuldbegriffs zugrunde gelegt. Das bedeutet nun nicht, daß ein Idealmaß von „seelischer Ausgeglichenheit, Übersicht und Entscheidungsfreiheit markiert" werde,[22] an dem gemessen die Schuldfähigkeit der meisten Straftäter allerdings als defekt erscheinen müßte. Saß folgert dies zu Unrecht aus dem Vergleichsmaßstab des normalen Menschen in der konkreten Situation, den der „soziale Schuldbegriff" verwendet.[23] Gerade umgekehrt läßt dieser Maßstab alle Gradienten der Störung der Schuldfähigkeit zu; von Bedeutung sind sie nur bei der Strafzumessung und der später noch zu betrachtenden verminderten Schuldfähigkeit.

---

21 Vgl. Artikel „Dispositionsbegriff", Wörterbuch der philosophischen Begriffe, Bd. 2 (S. 266 ff.); anschaulich Ryle (1969, S. 51 ff., 153 ff.).
22 Vgl. Saß (1983a, S. 12).
23 Vgl. Jeschek (1988, S. 369 f.).

Die Sprache des psychischen Sachverhalts in der reichsgerichtlichen Formel läßt daher alle Spielräume möglicher Störung offen, aber nur bis zum Kontrastbild der Schuldunfähigkeit. Diese dagegen wird durch die sprachliche Wiedergabe von Figuren der Defektlage erfaßt, demnach als Negativform dem Schuldfähigkeitssachverhalt alternativ gegenübergestellt. Hier erst gewinnt die Sprache über die Wirklichkeit des psychischen Befunds enge, konkrete Gestalt. Unterhalb dieser Verneinungsgrenze interessieren etwa weitere Konkretisierungsformen und Gradienten nicht mehr. Am Beispiel: Läßt sich das Erlöschen der psychischen Verfassung der Schuldfähigkeit aus anderen Bedingungen der Affektentwicklung vollständig erklären, und ist der höchste „Affektsturm" (BGHSt 8, 113) mit den entsprechenden Ausdruckserscheinungen für die Erklärung nicht erforderlich, so ist der Eintritt oder das Ausbleiben dieser Steigerungsform irrelevant. Die Bedingungen einer Schuldunfähigkeitsregel müssen jedoch definitiv und ohne Spielraum wiedergegeben werden, der in die Schuldfähigkeit hineinreicht. Ist dies so, dann ist die Bewertung „schuldunfähig" zwingend, und eine „bewertende" Zurechnung, etwa mit der Begründung, der Rang des Rechtsguts gebiete sie, oder das Opfer sei am Konflikt unschuldig, ist nicht zulässig.

Die Schuldfähigkeitsformel ist daher als „normative" Formel ebensoschlecht bezeichnet wie als „psychologische". Beide Aspekte erst geben ihren wirklichen Funktionskreis an. Hier nun zeigt sich die Annäherung des Standpunkts von Saß und des Gegenstandpunkts. Erst durch die Beschreibung der Defektlage, also des Kontrastbildes, nicht erst durch die gar nicht einmal angestrebte Beschreibung der intakten Disposition, gelangt man zur psychischen Verfassung des Täters. Der methodische Ausgangspunkt beider Standpunkte ist daher nicht kontradiktorisch, sondern gemeinsam. Auch der Gegenstandpunkt bedient sich „klinischer" Befunde, wobei „klinisch" im weitesten Sinne zu fassen ist und nicht als psychiatrisch fachspezifisch verstanden werden kann. Theoretisch zeigen sich allerdings Distanzen. Saß bildet sein Referenzsystem zur graduierenden Ausfüllung des Diagramms an einer von der Ätiologie der Geisteskrankheit befreiten, aber doch auf ihre Phänomene bezogenen Störungssymptomatik und setzt damit in modernerer Weise die Führung des Krankheitsmaßstabes ebenfalls durch.[24] Die Sachverhaltsdarstellung, die nach dem Bewertungsgegenstand der Schuldunfähigkeit fragt, hat Zerrüttungsformen des Motivationsvermögens im Blick; sie sind daher nach anderer Zielvorstellung geformt, was die gemeinsame Wirklichkeit anders akzentuieren kann. Im Kern sind der „klinische" Sachverhalt der Störungsgruppen und der Sachverhalt der gestörten Steuerungsfähigkeit jedoch identisch; der Sachverhalt der erhaltenen Steuerungsfähigkeit wird durch sie im Kontrastbild und mit weiten Spielräumen bezeichnet. Das Kategoriensystem ist hier noch gemeinsam.

---

24 Unter diesem Aspekt allerdings ist der Grad der affektiven Ausnahmeverfassung nahezu zwangsläufig unterhalb der krankhaften Störungsbilder gelegen und die Schuldunfähigkeit zur Tatzeit durch die Eingabe eines rechtlich nicht konkretisierten medizinischen Skalenmessers praktisch ausgeschaltet. Das beschränkt die Aussagekraft des Referenzsystems vom immerhin denkbaren, aber nicht über ihn hinaus formulierbaren Einzelfall abgesehen, auf Fragen des § 21 StGB und kommt so der statistischen Regel des BGH vom seltenen Ausnahmefall der Schuldunfähigkeit entgegen. An der inhaltlichen Regel über die fehlende Fähigkeit zur Abwägung im Einzelfall kann es vorbeiführen. Kritisch zu dieser statistisch-normativen Distanz auch Rasch (1980, S. 1310), Krümpelmann (1990, S. 152).

3. Nun ist jüngst mit guten Gründen wieder darauf hingewiesen worden, die agnostische Schwelle hindere uns festzustellen, wie es zur Tatzeit „im Kopf des Täters aussah" (BGH GA 1962, 116), und daher sei die Bewertung des Juristen der einzige Ausweg aus dem Dilemma.[25] Dann allerdings hätten wir wirklich das Kategoriensystem diametraler Logik. In der zitierten Stelle, mit welcher der BGH die Aufgaben des Sachverständigen beschreibt, wird aber nur der erste problematische Satz wiedergegeben; der BGH fährt nämlich fort, der Sachverständige habe dabei nach Erfahrungsregeln zu verfahren, die sich zu Verfassungen und Situationen von derjenigen des Täters gebildet haben. Dieser Satz ist entscheidend. Nur wo wir solche Erfahrungsregeln besitzen, die den konkreten Sachverhalt vollständig beschreiben und erklären können, ist eine Aussage über die Steuerungsunfähigkeit möglich, wenn die Regel das Vorhandensein der psychischen Disposition zur Abwägung verneint. Im anderen Fall wird der Verbleib der Steuerungsfähigkeit wertend vorausgesetzt. Eine Erfahrungsregel, die den Sachverhalt vollständig erklärt, bildet ein bindendes Subsumtionsprogramm für den einzelnen Fall, der dann zwingend nach ihr beurteilt werden muß.[26] Für juristische Wertungsspielräume ist kein Raum mehr, weil darüber mit dem gesetzlichen Begriff der Steuerungsunfähigkeit, der jetzt konkretisiert angewendet wurde, vorentschieden ist. In der praktischen Anwendung gibt es dann keine Konträrlogik. Bei einer unter dem akuten Einfluß eines schizophrenen Verfolgungswahns begangenen Tat wird nicht exkulpiert, weil man sich bei solchen Befunden wertend über eine Konvention geeinigt hätte, sondern weil das klinische Bild einen Zustand beschreibt, der mit der psychischen Verfassung zur Ausübung der Abwägung für oder gegen die Norm im psychologischen Widerspruch steht. Unsicherheiten im tatsächlichen klinischen Befund wirken zugunsten des Täters, nicht aber Unsicherheiten im Anwendungsraum der Erfahrungsregel: Läßt sich eine Erfahrungsregel bilden, deren Spielräume nach Konkretisierung am Fall noch in die Schuldfähigkeit reichen, wirkt sich das im Sinne der wertend vorauszusetzenden Schuldfähigkeit aus (§ 21 StGB mag eröffnet sein).

4. Das Verhältnis von § 20 StGB zu § 21 StGB ist nicht quantitativ, sondern qualitativ bestimmt. § 21 StGB ist innerhalb des Spielraums gelegen, der für die Schuldfähigkeit kennzeichnend ist. Das Gesetz markiert den für die Anwendung entscheidenden Bereich mit der erheblichen „Verminderung" der Schuldfähigkeit und bedient sich also eines sog. Ordnungsbegriffs.[27]

Ordnungsbegriffe lassen sich bei der Einzelfallbeurteilung nicht präzise verwenden. Sie setzen vielmehr die gesamte Reihe des zu ordnenden Materials und den Aufweis eines steigerungsfähigen leitenden Gesichtspunkts voraus, nach dem die Ordnung gebildet werden soll. Die Steuerungsfähigkeit ist der leitende Gesichtspunkt, der im Bereich jenseits der Steuerungsunfähigkeit als psychischer Sachverhalt auch im unterschiedlichen Maße störungsfähig und damit graduierbar ist.

Die Sachverhalte sind durch den Verweis auf die „biologische" Fallgruppe des § 20 StGB bezeichnet, die im selben zirkulären Auslegungsmodus zur Steuerungsfähigkeit

25 Bernsmann (1989, S. 161).
26 Näher dazu Krümpelmann (1983, S. 348 f., 359).
27 Vgl. Hassemer (1968, S. 281 f.).

zu konkretisieren sind, wie das bei § 20 StGB erörtert wurde. Die Störungstypen ändern sich nicht. Beim Sachverhalt, welcher der verminderten Schuldfähigkeit entspricht, gelingt es jedoch nicht, die Spielräume in sprachlich-qualitative Formeln wie bei der Schuldunfähigkeit zur Verneinung der Disposition aufzulösen. Der Begriff der Schwere der Störung entzieht sich solchen Versuchen und gibt damit ein weiteres Ordnungsproblem ab, das präzise am Einzelfall nicht mehr festgelegt werden kann. Eine dezisionistische Festlegung des Schwerebereichs kann nicht ersetzt werden. Die Orientierung kann nur an Einschätzungstypen der Regelerfahrung erbracht werden. Das muß jedoch nach Maßstäben erfolgen, die dem leitenden Gesichtspunkt, der graduierbaren Steuerungsfähigkeit, entsprechen und ihn nicht durchkreuzen. Der Vergleich mit dem Extrempunkt der Skala einer ungestörten Steuerungsfähigkeit ist unergiebig, da er selbst nicht festliegt. Daher orientiert sich die Praxis mit Recht nicht am Normalverhalten, sondern nutzt die Nähe zu den konkretisierten Entschuldigungssachverhalten aus. Hier nun ist auch die Kumulation mehrerer, für sich betrachtet nicht genügend ausgeprägter Störungstypen denkbar, die sich zur verminderten Steuerungsfähigkeit vereinigen können.

Nicht anders als die Schuldunfähigkeit setzt die Verminderung der Schuldfähigkeit für die Bewertung einen Sachverhalt voraus; dieser allerdings kann nur in sprachlichen Spielräumen dargestellt werden. Daraus ergeben sich notwendig Beurteilungsspielräume, über die ein Streit nur in Grenzen möglich ist. Trotzdem dürfen sie nicht zu Bewertungsspielräumen durch Einbeziehung anderer Leitgesichtspunkte werden. Auch hier lassen sich eine Opferverantwortlichkeit, ein generalpräventives Postulat und prinzipiell auch ein Vorverschulden nicht einbeziehen. In den Grenzen des Beurteilungsspielraums ist die Annahme der verminderten Schuldfähigkeit bei entsprechendem Sachverhalt insoweit bindend – erst die fakultative Anordnung der Rechtsfolge (Strafrahmenänderung) mag andere Gesichtspunkte zulassen.

Die Bedeutung des Rasch-Syndroms für die Schuldfähigkeit

Es soll nun begründet werden, daß das hier als Rasch-Syndrom bezeichnete Geschehen in Erfahrungsregeln entwickelt worden ist, die den Dispositionsbegriff der Steuerungsunfähigkeit von der Seite des Wertungsobjekts her im Sinne der praktischen Anwendung zu formulieren gestatten. Das ist gewiß nicht einfach, denn es richtet sich gegen die Intention der meisten Autoren, die an der Ausarbeitung des Syndroms beteiligt waren.[28]

Das Rasch-Syndrom ist eine vergleichsweise neu entwickelte Störungsgruppe der Schuldfähigkeit. Dort, wo es der Sache nach oder auch ausdrücklich im Gerichtssaal von Bedeutung war, ist es mit anderen Störungsfaktoren oder gegenläufigen, ihm nicht immanenten Bedingungen vermischt und nicht selten mißverständlich verändert worden.

---

28 Rasch selbst hat das Syndrom bewußt unabhängig von Fragen der Schuldfähigkeit beschrieben (1964, S. 57) und führt für die Schuldunfähigkeit andere, engere Kriterien ein (Rasch 1986, S. 286). Stumpfl, Hallermann und Steigleder knüpfen an Vorgestalten und Voreinstellungen die Ableitung der Schuldfähigkeit (Nachweise vgl. Krümpelmann 1972/1988, S. 186 ff.).

Der Inhalt des Rasch-Syndroms darf hier vorausgesetzt werden.[29] Seine Strukturen (s. unten, 1), sein Bezug zur Schuldfähigkeit (s. unten, 2) sind aber darzulegen, und v. a. ist nach dem Wirklichkeitsgehalt zu fragen: Ist es ein Idealtypus oder enthält es eine praktisch anwendbare, genügend konkretisierte Regel für den einzelnen Fall (s. unten, 3)?

1) Strukturen des Rasch-Syndroms

A) Der *theoretische Rahmen* der jeweiligen Ausarbeitung braucht uns nicht zu beschäftigen. Ob es um eine dynamische Theorie der Motivation und Persönlichkeit wie bei den Psychologen, um eine Theorie zum Spannungsfeld von Motivation und Situation wie bei Rasch oder theoriefern einfach um die Schilderung eines Entwicklungsgangs geht, ist für die praktische Anwendung ohne Belang. Auch – noch so einleuchtende – Deutungen wie die Sinnverkehrung des Tötungsgeschehens bei den Geliebtentötungen sollen hier übergangen werden.[30]

B) Wichtig ist jedoch der *Darstellungstypus*. Alle Ausarbeitungen versuchen, die dynamischen Zusammenhänge der Affektspannung vom Beginn bis zur Entladung in den Griff zu bekommen und bedienen sich der idiographischen Wiedergabe längerer Entwicklungsstrecken. Innere Vorgänge werden präzise auf äußere bezogen.[31] Dies ist – wegen der agnostischen Schwelle bei der Tatzeitverfassung – für die Anwendung besonders wichtig. Allerdings wären die Anforderungen überspannt, wollte man unmittelbar äußere Symptome dieser Tatzeitverfassung erwarten. Es ist aber zu fordern, daß das Rasch-Syndrom einen bündigen Rückschluß auf diese Verfassung gebietet. Spielräume sind mit der Schuldunfähigkeitsregel nicht vereinbar.

C) *Notwendige Bedingung* für das Rasch-Syndrom, die seinen Anwendungsrahmen definiert, ist das Bestehen eines auf Dauer angelegten Beziehungskonflikts. Für Affektausbrüche außerhalb solcher Konflikte, also auch den Einbruchskonflikt, stellt es nichts zur Verfügung, mögen auch partielle Ähnlichkeiten in Einzelzügen vorhanden sein. Der Konflikt muß sich zum zentralen Erlebnisfeld gestalten, was nur durch den Längsschnittvergleich des Verhaltensstils gezeigt werden kann, und daraus muß sich der Aufbau einer Affektspannung ergeben, die aus solcher Veränderung zu folgern ist. Der Ausdruck „Affektspannung" soll hier nur ein Konstrukt sein, ein sprachlicher Hilfsbegriff für diese Veränderungen, die im einzelnen erst zu erfassen sind.

D) Häufig wiederkehrende Vorgänge des Konfliktgeschehens können die Stellung beliebiger oder auswechselbarer Einzelzüge haben und sind dann insignifikant, können aber auch, zwar nicht für sich, aber im dynamischen Gesamtzusammenhang, hohe indizielle Funktion erhalten und ihn für die Interpretation erst schlüssig machen. Zu den *beliebigen Variablen* gehört die Konfliktform. Ob es sich um das „Hin- und Hergeschehen", die eher linear steigende „ständige Bedrohung" oder andere Formen

---

29 Zusammenfassend Rasch (1986, S. 210 ff.).
30 Vgl. Rasch (1964, S. 48).
31 Das Maß, wieweit das gelingt, macht den jeweiligen Rang der Darstellung aus.

des speziellen Beziehungskonflikts handelt, ist nicht entscheidend. Der Konfliktgeg-
ner muß nicht ein „Intimpartner" sein. Auswechselbar, aber im vereinten oder auch
isolierten Auftreten besonders bezeichnend und damit *Indikatoren*, sind die Erscheinungsformen des fortschreitenden Verfalls, Isolierung, Abusus, Leistungsversagen,
Laufbahnabbruch und nicht zuletzt gegenläufiges Verhalten im Kontakt mit dem
Konfliktpartner. Solches Geschehen akzentuiert sich auch in den Konfliktformen anders, die darüber mittelbar doch wieder aufschlußreich sind. Der Interpretation sind
wegen der Ambivalenz der Vorgänge besondere Mühen bereitet: Gerade die vor der
Tat geleistete Beherrschung in tatähnlichen Situationen verbraucht das Beherr-
schungsvermögen mitunter rapide.[32] Eine auch äußerlich verlaufende lineare Entwicklung ist atypisch. Gerade die Wechselwirkung zwischen äußerer Spannung und
Entspannung („Hin und Her") ohne wirkliche Veränderung der Konfliktkonstella-
tion gehört zu den am besten gesicherten Nachweisgründen. Das Auftreten von Vorgestalten der Tat dürfte ebenfalls zu den Indikatoren gehören (näher s. unten, Vorgestalten der Tat); auch ihre Art, Häufigkeit und Ausprägung gewinnt hohe Bedeutung.
Der tatauslösende äußere Anlaß ist äußerst variabel und kann (z. B. beim Mitnahmesuizidversuch) sogar fehlen. Er kann nur aus dem gesamten Konfliktstoff nach seinem
Stellenwert bestimmt werden. Eine starke Provokation kann auch einen Einbruchskonflikt schaffen oder eine Kampfreaktion beschwören, kann aber gewiß auch die Affektlage zur Tat komplettieren (vgl. BGHSt 3, 194). Von hierher ist Trennschärfe
nicht zu erwarten. Das Tat- und Nachtatverhalten ist nur teilweise ergiebig. Der Tatausbruch erfolgt nicht notwendig im Höhepunkt der Erregung und als deren Ausdruck: Hier liegt eine der wichtigsten Aussagen des Rasch-Syndroms. Ob sich die Tat
in einer Serie von Messerstichen oder als eher gedämpft anmutender Einzelakt (wie
beim Mitnahmesuizidversuch) auswirkt, kann für die vorher eingetretene oder nicht
eingetretene Tatbereitschaft kein Kriterium sein.[33] Allerdings lassen kompliziertere
Handlungsvorgänge, die über eine primitive Ziel-Mittel-Technik hinausreichen,
Rückschlüsse auf eine Befindlichkeit des Täters zu, die das Rasch-Syndrom widerlegen. Den abrupten, aber nicht notwendig „Sturmstärke" erreichenden Tateinsatz,

---

32 Näher Krümpelmann (1972/1988, S. 111 ff.; 1976, S. 25).
33 Für solche Fragen können vielleicht neuere psychologische Lehren Hypothesen abgeben, die
auch für die klinische Forschung anregend sind. Atkinson hat die Hypothese entwickelt, daß bei
plötzlichem Freiwerden etwa einer Angstblockade ein „jäher Anstieg der Verwirklichungsener-
gie" entsteht (vgl. Kuhl 1983, S. 171). Könnte man damit nicht vielleicht den wilden Bewegungssturm vieler Affekttaten erklären? Kuhl zeigt, daß eine motivational wirksam gewesene Gegen-
tendenz gegen die Handlungsdurchführung auch das Verhaltensbild zu matten und gegenläufigen
Ausführungsbewegungen formen kann. Man denkt unwillkürlich an den vielzitierten Fall Bs. bei
Rasch (1964, S. 33), bei dem sich Aggressions- und Schonungstendenzen bis in die Tatausführung
hinein sonderbar mischen. Glatzel (1983, S. 339) hat solche vom landläufig geprägten Bild des Affektausbruchs abweichenden, mitunter sogar geordneten Tötungshandlungen in noch sehr vorläu-
figer Form aus interaktionalen Beziehungen zwischen Täter und Opfer gedeutet. Dies wäre alles
Forschungsaufgabe der empirischen Wissenschaft, die noch kaum in Angriff genommen worden ist
und für die forensische Beurteilung mindestens der Schuldunfähigkeit z. Z. nicht genügend Er-
kenntnissicherheit hat. Für die forensische Frage wäre solche Forschung von hoher Bedeutung,
denn sie könnte die vermutlich überbewertete Ausbruchssymptomatik weiter relativieren und wäre wohl besonders für die Konflikte „aus ständiger Bedrohung" und „stiller Spannung" (Diesinger) wichtig.

eine gewissermaßen rechtwinklig einsetzende Tat[34], wird man daher nach dem Rasch-Syndrom fordern müssen; das ist allerdings nicht von diesem selbst gefordert, sondern durch die Kontraindikation einer anderen Erfahrungsregel. Auch das Nachtatverhalten gewinnt indizielle verstärkende Bedeutung bei Aufweis von Verhaltensformen wie den physischen Zusammenbruch, den Suizidversuch, dessen Fehlen aber nicht signifikant ist. Letzteres gilt v. a. für die Amnesie, da die Tatentladung im Rasch-Syndrom keineswegs auf eine Extremverfassung angewiesen ist, bei der sich Amnesien einstellen. Der Persönlichkeitstypus des Täters ist besonders bedeutsam; er wird im Kern übereinstimmend als eher passiv, kontaktarm, starr, depressiv, labil, weichherzig, gutmütig beschrieben.[35]

E) Der Eintritt der *Tatbereitschaft* ist nicht an äußeren, für sich signifikanten Kriterien auszumachen, sondern nur im Interpretationszusammenhang des gesamten Syndroms. Sie ist aber nicht nur ein Konstrukt, sondern sachverhaltsbezogen; sie bezeichnet einen – freilich hochkomplexen und nur im Entwicklungslängsschnitt aufzuweisenden – defektiven Endzustand.[36] Ihre zeitliche Ausdehnung kann nicht unmittelbar einsichtig gemacht, ihr Eintritt in Vorstadien indessen in Grenzen ausgeschlossen werden. Die Tatbereitschaft setzt jedoch vor der raumzeitlichen Tatkonstellation ein und setzt auch nicht notwendig ihre unmittelbar zeitliche Nähe voraus. Sie ist v. a. bezüglich der Entladung keine innere Bereitschaft im Sinne vorher bestehender oder durchgehaltener Entschlossenheit. Diese eben ist durch das Rasch-Syndrom ausgeschlossen, das den Tatausbruch als Komplettierung eines vorher angelegten Geschehens aufzeigt. Äußere Zufallsfaktoren, die der Täter nicht mehr einordnen oder formen kann, bedingen den Ausbruch. Dieser Vorgang dürfte sich mit den zur Verfügung stehenden Mitteln der Sprache nicht unmittelbar erfassen lassen, ebensowenig wie die „Kraft" im Vorgang eines äußeren Kausalgeschehens. Läßt sich aber der Vorgang mit der vollen Ausprägung der greifbaren Progredienzen und Auswirkungen im Syndrom voll erschließen, dann ist für die Annahme eines psychischen Zustands, den das Reichsgericht mit der Fähigkeit zur Abwägung bezeichnet, kein Raum.

F) Das Rasch-Syndrom verlangt einen richterlichen und forensisch-psychiatrischen Aufweis, der gewiß aufwendiger ist als die Feststellung äußerer Entladungssymptomatik oder die Feststellungen im Zusammenhang einer Tatamnesie. Trotzdem sind die ausschlaggebenden Daten, da äußerlich gestützt, wohl sogar beweiszugänglicher als Erinnerungsstörungen. Die Tatbereitschaft allerdings muß aus ihnen durch Schlußfol-

---

34 Zu unterscheiden vom „rechtwinklig einsetzenden Affekt", der für Rasch die Exkulpationslage bedeutet. Meint er damit eine Tatentladung ohne vorhergehende Affektspannung, würde der spezifizierte Beziehungskonflikt und damit das Syndrom selbst nicht mehr erreicht. Meint er einen Affektausbruch mit Tatentladung nach „Ruhe vor dem Sturm", wird das Kriterium vieldeutig. Gemeint ist im übrigen nur die äußere Tatentladung, keineswegs sind Vorformen und Vorgestalten der Tat einzubeziehen (vgl. auch S. 33, Text bei Fußnote 54).
35 Dagegen ist, soweit ersichtlich, für bestimmte Persönlichkeitstypen, etwa die Explosiblen, das Rasch-Syndrom noch nicht aufgezeigt worden (vgl. auch Horn 1984, S. 454).
36 Sie wird freilich nicht in einem Referenzsystem anderer (krankhafter) Störungssymptomatik, jedoch nach sachlichen Indikatoren erschlossen. Daher ist sie auch, entgegen Saß (1983b, S. 563), nicht nur als motivationale Inklination zu bezeichnen, wie es für die meisten bevorstehenden Straftaten zu beobachten sei.

gerungen abgeleitet werden, meint aber nicht ein rhetorisches Argumentieren, sondern ein Sichtbarmachen von Daten im Aufweis ihres Entwicklungszusammenhangs. Die „Persönlichkeitsfremdheit", der „Affektsturm" bleiben Hypothese oder Metapher. Das Rasch-Syndrom hingegen arbeitet mit kompliziertem, aber umfangreichem gegenständlichen Material.

2) Juristische Bewertung: Schuldunfähigkeit

Das Rasch-Syndrom formuliert die Konsequenz für die Schuldfähigkeit mit einer sonst nicht anzutreffenden Schärfe, die es geradezu erlaubt, von einer schuldtheoretischen Antinomie zu sprechen. Indiziert die Unrechtstat im Regelfall den Schuldvorwurf, so ist es hier umgekehrt: Die Schuldunfähigkeit – als Steuerungsunfähigkeit – wird geradezu die Bedingung für das Zustandekommen der Unrechtstat. Dies ist der Unterschied zu anderen Spontantaten, die sich äußerlich in ähnlichen Formen abspielen können. Der Unterschied liegt in einem Zustand, der vor der eigentlichen Tatentladung erreicht wird, im Verlust der Disposition zur Gegensteuerung.

Da die Defektlage der Tatbereitschaft den äußeren Entstehungsbedingungen der Unrechtstat in einem zeitlich nicht genau bestimmbaren Umfang vorausgeht, verschärft sich dieses Dilemma. Sie ist schon vor der Handlungssituation entstanden, in der sich Täter und Tatgelegenheit zusammenfinden. Erst diese ist die Situation, in der das Verhaltensgebot, eben diese Tat zu unterlassen, dem Täter aufgegeben ist. Armin Kaufmann hat die Konkretisierung der zeitlich-situativen Grenzen der Tatmöglichkeit als Pflichtlage bezeichnet;[37] an ihrem Beginn frühestens läßt er die Zurechnungsvorgänge einsetzen.[38] Beim Syndrom der Tatbereitschaft indessen ist die Defektlage der Pflichtlage prinzipiell vorgelagert – das kann bis zu Tagen gehen. Schon dies verschafft der Zurechnungsproblematik eine besondere Schärfe und verlangt nach weiterer Absicherung.

Nun ist das Problem der zeitlichen Verschiebung der Defektlage vor die Pflichtlage nicht fremd, sondern sogar eher der Regelfall. Auch der deliktisch handelnde Psychotiker ist vor der jeweiligen Tatgelegenheit gestört. Aber bei der Tatbereitschaft ist die Verflochtenheit der Defektlage mit der Tat enger. Die Störung ergreift bei der Psychose, jedenfalls im Regelfall, das gesamte Handlungsfeld des Täters; bei der Tatbereitschaft bleibt bei allen Reduktionen der psychischen Verfassung und den daraus resultierenden Verengungen des tatsächlichen Aktionsfeldes ein Verhaltensraum frei, in dem der Täter geordnet schalten kann (ein Ladendiebstahl im Zustand der homizidalen Tötungsbereitschaft ist als von der Störung unbeeinflußt denkbar und würfe das Problem der Schuldunfähigkeit nicht einmal auf). Der Täter ist gestört und nur gestört für Taten eben der Zielrichtung, wie sie in der Tat selbst zum Ausdruck gekommen ist.[39]

---

37 „Gelegenheit macht nicht nur Diebe, sie schafft auch Pflichten für die Diebe" (Armin Kaufmann 1954, S. 140).

38 Über die selbst geschaffene Vorverlagerung der Pflichtlage in der actio libera in causa ist hier nicht zu sprechen; sie dürfte im Rasch-Syndrom keine Bedeutung erlangen, anders Behrendt (1983, S. 26 f., 102).

39 Vgl. auch Lenckner (1988, N. 31 zu § 20) – auch dies gilt nur in Grenzen eingeschliffener, reduzierter Verhaltensweisen. Innovative, gar kreative Tätigkeiten dürften dem Täter in seinem Zustand nicht mehr erreichbar sein.

3) Idealtypus oder Wirklichkeitsaussage?

Das Rasch-Syndrom ist in seinen wesentlichen Zügen durch frühere und spätere Arbeiten bestätigt worden und als klinisch gut ausgewiesenes Syndrom anerkannt. Auch von Forschern anderer theoretischer Ausgangspositionen ist es akzeptiert worden.[40] Es besteht jedoch ein besonders von Diesinger präzise formuliertes Bedenken, das die hier behauptete Bedeutung des Rasch-Syndroms für die Bestimmung fehlender Minimalanforderungen der Schuldfähigkeit nachdrücklich in Frage stellt. Im Bestreben Raschs und vergleichbarer Studien, das Überindividuelle, Schablonenhafte der Tötungssituationen darzustellen, werde ein idealtypischer Duktus sichtbar; bezweifelt wird der reale individuelle Aussagegehalt.[41] Handelt es sich beim Rasch-Syndrom um einen Idealtypus, ist schon begrifflich der Gegensatz zur Wirklichkeit festgelegt. Nur annäherungsweise könnte er auf den Sachverhalt angewendet werden; er wäre zu unbestimmt, um die Grenze zwischen § 20 StGB und § 21 StGB zu markieren.

Hier allerdings ist eine Grundfrage im Verhältnis strafjuristischer und psychiatrischer Betrachtung berührt, und hier zeigen sich auch Verschiedenheiten der Begriffs- und Kategoriensysteme. Der Sachverständige mißt sich Aussagekompetenz bis zur konkreten Wirklichkeit für die klinische Symptomatik seines Beurteilungssatzes zu. Der Richter kann die individuelle Wirklichkeit der psychischen Verfassung im Kopf des Täters nicht erreichen, sondern wartet auf die Darstellung, wie es in den Köpfen der Täter in vergleichbarer äußerer und innerer Verfassung des von ihm zu beurteilenden Angeklagten aussah.

Für die Frage der Schuldunfähigkeit scheint damit der Sachverständige mehr zu erbringen, als eigentlich gefordert werden kann, nämlich individuelle Wirklichkeit,[42] zum anderen aber weniger, nämlich keine Aussage über die individuelle Steuerungsfähigkeit. Der Ausweg wird mit der Bewertungsformel gebahnt.[43] Dies eben soll hier widerlegt werden.

Nach der oben (s. S. 23) entwickelten Betrachtungsweise entspricht der juristischen Bewertung „schuldunfähig" ein Sachverhalt, der unabhängig von einer psychopathologisch etwa erreichbaren weiteren Graduierung bestimmte Minimalanforderungen an die psychische Verfassung der Disposition zur Steuerung als unvereinbar verneint. Dann hat die Bewertung sich zwingend einer Sacheinsicht anzuschließen, die im Zugriff auf die individuelle Wirklichkeit, durch die erklärende Sprache in Form eines allgemeinen Erklärungssatzes, bezeichnet werden kann. Wird die Disposition zur Abwä-

---

40 Vgl. Witter (1972, S. 1072 f.; 1987, S. 187 ff.), dort ist der Sache nach die Darstellung eines Affektfalls im Sinne des Syndroms eindrucksvoll entwickelt worden; für die Beurteilung freilich zieht Witter ein Referenzsystem der anderen Störungsgruppen heran.

41 Diesinger (1977, S. 81 f.); ähnlich Saß (1985a, S. 39 ff.). Auch Rasch beansprucht gelegentlich idealtypische Darstellung und verbindet die von ihm 1964 entwickelten Erörterungen der Intimpartnertötung an anderer Stelle (Rasch 1975, S. 391 ff.) mit zahlreichen anderen Typen der vorsätzlichen Tötung, für die aber entsprechende Forschungen fehlen. Diesinger (S. 81) bemängelt, daß der Anteil der empirischen Grundlagen für die Schlußfolgerungen nicht immer klar erkennbar sei, da Beobachtung und Beschreibung sowie Interpretation, Deutung oder Bewertung oft ineinander übergingen. In der Strukturdarstellung (s. 1) wurde darauf Rücksicht genommen.

42 Bei der psychologischen Begutachtung dürften sich infolge der statistischen und experimentellen Fachmethode die Kategoriensysteme noch anders gegenüberstehen, vgl. Krümpelmann (1991).

43 Kritisch auch Rasch (1986, S. 286).

gerungen abgeleitet werden, meint aber nicht ein rhetorisches Argumentieren, sondern ein Sichtbarmachen von Daten im Aufweis ihres Entwicklungszusammenhangs. Die „Persönlichkeitsfremdheit", der „Affektsturm" bleiben Hypothese oder Metapher. Das Rasch-Syndrom hingegen arbeitet mit kompliziertem, aber umfangreichem gegenständlichen Material.

2) Juristische Bewertung: Schuldunfähigkeit

Das Rasch-Syndrom formuliert die Konsequenz für die Schuldfähigkeit mit einer sonst nicht anzutreffenden Schärfe, die es geradezu erlaubt, von einer schuldtheoretischen Antinomie zu sprechen. Indiziert die Unrechtstat im Regelfall den Schuldvorwurf, so ist es hier umgekehrt: Die Schuldunfähigkeit – als Steuerungsunfähigkeit – wird geradezu die Bedingung für das Zustandekommen der Unrechtstat. Dies ist der Unterschied zu anderen Spontantaten, die sich äußerlich in ähnlichen Formen abspielen können. Der Unterschied liegt in einem Zustand, der vor der eigentlichen Tatentladung erreicht wird, im Verlust der Disposition zur Gegensteuerung.

Da die Defektlage der Tatbereitschaft den äußeren Entstehungsbedingungen der Unrechtstat in einem zeitlich nicht genau bestimmbaren Umfang vorausgeht, verschärft sich dieses Dilemma. Sie ist schon vor der Handlungssituation entstanden, in der sich Täter und Tatgelegenheit zusammenfinden. Erst diese ist die Situation, in der das Verhaltensgebot, eben diese Tat zu unterlassen, dem Täter aufgegeben ist. Armin Kaufmann hat die Konkretisierung der zeitlich-situativen Grenzen der Tatmöglichkeit als Pflichtlage bezeichnet;[37] an ihrem Beginn frühestens läßt er die Zurechnungsvorgänge einsetzen.[38] Beim Syndrom der Tatbereitschaft indessen ist die Defektlage der Pflichtlage prinzipiell vorgelagert – das kann bis zu Tagen gehen. Schon dies verschafft der Zurechnungsproblematik eine besondere Schärfe und verlangt nach weiterer Absicherung.

Nun ist das Problem der zeitlichen Verschiebung der Defektlage vor die Pflichtlage nicht fremd, sondern sogar eher der Regelfall. Auch der deliktisch handelnde Psychotiker ist vor der jeweiligen Tatgelegenheit gestört. Aber bei der Tatbereitschaft ist die Verflochtenheit der Defektlage mit der Tat enger. Die Störung ergreift bei der Psychose, jedenfalls im Regelfall, das gesamte Handlungsfeld des Täters; bei der Tatbereitschaft bleibt bei allen Reduktionen der psychischen Verfassung und den daraus resultierenden Verengungen des tatsächlichen Aktionsfeldes ein Verhaltensraum frei, in dem der Täter geordnet schalten kann (ein Ladendiebstahl im Zustand der homizidalen Tötungsbereitschaft ist als von der Störung unbeeinflußt denkbar und würfe das Problem der Schuldunfähigkeit nicht einmal auf). Der Täter ist gestört und nur gestört für Taten eben der Zielrichtung, wie sie in der Tat selbst zum Ausdruck gekommen ist.[39]

---

37 „Gelegenheit macht nicht nur Diebe, sie schafft auch Pflichten für die Diebe" (Armin Kaufmann 1954, S. 140).

38 Über die selbst geschaffene Vorverlagerung der Pflichtlage in der actio libera in causa ist hier nicht zu sprechen; sie dürfte im Rasch-Syndrom keine Bedeutung erlangen, anders Behrendt (1983, S. 26 f., 102).

39 Vgl. auch Lenckner (1988, N. 31 zu § 20) – auch dies gilt nur in Grenzen eingeschliffener, reduzierter Verhaltensweisen. Innovative, gar kreative Tätigkeiten dürften dem Täter in seinem Zustand nicht mehr erreichbar sein.

keitsstruktur wird eine affektive Entwicklung vermutlich gar nicht zulassen, wohl aber Spannungen der Initialphase, die dann durch den Täter aktiv durchbrochen werden. Bei solchen Persönlichkeitsstrukturen haben wir zur Zeit keinerlei Befunde, die eine Schuldunfähigkeitsregel aufzustellen berechtigten.

Alkoholische Intoxikationen, gern als konstellative Begleitursachen ergänzend dem Rasch-Syndrom zugesellt, mögen auch sonst verborgene Persönlichkeitszüge und Aktivitäten im Täter freisetzen und gerade eine Tat vor dem Eintritt des Endzustandes heraufbeschwören. Nicht nur eine Kumulations-, sondern auch eine Interferenzwirkung ist denkbar.[47] Operaktionen mögen eine Situation erzeugen, die eher durch die Charakteristika eines eskalierenden Kampfes als durch die Durchbruchsphänomene des Rasch-Syndroms gekennzeichnet ist (vgl. BGH StV 1987, 434).

Die Affektfälle, auch im spezifizierten Beziehungskonflikt, zeigen jedenfalls oft zwar Approximationen an das Rasch-Syndrom, aber nicht seine volle Ausprägung; andere Störungs- oder Erklärungsansätze können eine Initialentwicklung in dieser Richtung abdrängen. Auch hier bietet das Rasch-Syndrom gewiß Beurteilungshilfen: Der Entwicklungsstand zeigt sich an äußeren Symptomen, und je nach dem Stand der Progression ist die Beurteilung nach § 21 StGB daran auszurichten.

Es gibt jedoch in der Praxis Fälle, in denen allein die Gegebenheiten des Rasch-Syndroms die Entwicklungs- und Tatstruktur kennzeichnen. Der Fall der Grundlagenentscheidung BGHSt 11, 20, läßt sich schwerlich anders erklären, auch und gerade wenn man die behauptete Überzeichnung der Opferbelastung oder die massiven Ausbruchsphänomene (Amnesie, massiver Suizidversuch nach der Tat) als insignifikant vernachlässigt. In Raschs Untersuchungsgut mögen – Kenntnis der Einzelheiten vorbehalten – u. a. die Fälle Kg. (1964, S. 23), Bs. (S. 33), Pt. (S. 38), Hl. (S. 39) eine volle Ausprägung des Wirklichkeitsgehalts beschreiben.[48] In diesem Sinne ist dann wirklich der Maßstab der einzelne Fall,[49] allerdings nicht derart, daß noch Spielräume aufzufüllen wären, sondern in der Weise, daß der Verlust der verlorenen Steuerungsdisposition nach Regeln aufgewiesen ist.

Abzuwehren ist allerdings der Bewertungssprung, es sei trotzdem eben noch Steuerungsfähigkeit vorhanden, oder die Aufwertung der für das Syndrom insignifikanten Ereignisse wie Amnesie, Dämmerzustand und Affektsturm. Hier – zusammen mit einer bedenklichen Funktionalisierung der Vorgestalten der Tat, die vielmehr Indikatoren im nahen Vorfeld der Tatbereitschaft sind (s. unten) – liegen wohl die Hauptgründe, die an einer angemessenen Berücksichtigung eines voll entwickelten Rasch-Syndroms in foro vorbeiführen. Vor allem dürfte auch die generalpräventiv motivierte Vorgabe, die Exkulpationslage komme sehr selten vor – sprich: praktisch nie –, dazu beitragen.[50]

---

47 Das wird hier nur als Vermutung geäußert; gerade hier dürfte eine psychopathologische Beurteilung der Intoxikationswirkung wichtiger sein als Promillewerte. An der meisten gegebenen Kulminationswirkung der Alkoholisierung ist gewiß nicht zu zweifeln.

48 Ebenso OGHSt 3, 19; vgl. auch den Fall Howit bei Witter (1987, S. 187); die Skizze des Falles Lienhard bei Krümpelmann (1972/1988, S. 70 N. 37, 93 f., 111 ff., 245 f.).

49 Rasch (1964, S. 54, 98).

50 Hier liegt auch der Anwendungsbereich deutender oder metaphorischer Vokabeln, der „Subjektverlust", der „verlorenen Freiheit", des „zertrümmerten Motivationsgefüges", die alle nicht falsch, aber eben auch weder verifizierbar noch falsifizierbar sind; vgl. auch Salger (1989, S. 214).

gung durch die am Fall konkretisierten Gegebenheiten des Rasch-Syndroms verneint, kreuzen sich juristische und psychiatrische Sprache und Methodik im selben Gegenstand. Psychiatrisch kann die Graduierung und Konkretisierung über das juristische Bestimmungsziel hinaus weitergetrieben werden;[44] jedoch sind dann schon Begriffsschnitte berührt, die die juristische Sprache qualitativ auf früheren Stadien des Konkretisierungsvorgangs erreicht. Die unter der Bezeichnung Rasch-Syndrom zusammengefaßten Aussagen (Erklärung der Tat aus dem Defekt durch Komplettierung) verneinen nicht nur die Abwägung pro und kontra, worauf es, wie zurechenbare Spontantaten zeigen, nicht ankäme, sondern zeigen im Reduktions- und Rückschlußverfahren eine psychische Verfassung, die schon die *Möglichkeit* (Disposition) zu solcher Abwägung aufhebt.

Dieser Zustand kann nun gewiß nicht durch ein weiteres begriffliches System beschrieben werden, das über Metaphern und Deutungsvokabulatur hinausginge. Die Grenzen sprachlicher Beschreibungsmöglichkeit dürften hier schlechthin erreicht sein. Die letzte verifizierbare Möglichkeit ist der Aufweis der Entwicklungsvorgänge, und daraus ergibt sich der Rückschluß auf die Verfassung zur Tatzeit – eben nicht als Ausübung einer Spielraumbewertung, sondern als zwingende Folgerung. So gesehen ergibt sich jedoch eine Regel, für die der Satz gilt: Ist das Syndrom voll ausgebildet, so ist die vom Recht vorausgesetzte Minimalfähigkeit zu verneinen. Ist der dynamische Vorgang bis zur vollzogenen Tatentladung nicht anders als mit den Phänomenen des Rasch-Syndroms zu belegen, dann ist der Übersetzungspunkt der beiden Kategoriensysteme erreicht und die Bewertung zwingend.

Die Frage ist allerdings, ob die Kulmination des Rasch-Syndroms in der Tatbereitschaft und der Tat als Komplettierung eines äußeren Wirkungszusammenhangs nicht selbst idealtypisch zu verstehen und eine letztlich rhetorische Zuspitzung eines in Wirklichkeit nur annäherungsweise erreichten Sachverhalts ist; dies würde an der Antinomie: Unrechtstat durch Schuldunfähigkeit vorbeileiten. Die Tatbereitschaft wäre dann selbst ein Gradientenbegriff, der in die Schuldfähigkeit hineinreicht und daher das alternativ Abzutrennende, den Verlust der Steuerungsfähigkeit, nicht abzutrennen gestattet. Die Praxis zeigt, daß es viele Fälle des spezifizierten Beziehungskonflikts gibt – es dürften die meisten sein –, die sich in den Bahnen des Rasch-Syndroms aufbauen, aber nicht in ihm enden und daher nicht allein damit erklärt werden können.[45]

Die Tatbereitschaft baut sich progredient auf. Andere Kräfte der Interaktion, des weiteren Umfeldes können, ohne daß dies präzise durch eine qualitative Schuldunfähigkeitsregel zu beschreiben wäre, die Tatentladung vor dem erreichten Endstadium herbeiführen. Eine sich anbahnende Konfliktentwicklung nach Rasch kann sich in einem Zeitpunkt vor dem Endzustand, in dem sich die Verfassung des Täters keineswegs schon strukturell geändert hat, mit einem Einbruchskonflikt kreuzen und zu Ausbruchserscheinungen äußerst massiver Art führen.[46] Eine explosible Persönlich-

---

44 Was die Rechtsprechung aber gern (unreflektiert) aufgreift, um die Schuldunfähigkeit auf die Marginallinie zu bringen.

45 Das zeigt auch der Blick auf nichtforensische Sachverhalte: Beziehungskonflikte, auch der im Rasch-Syndrom bezeichneten Anbahnung, dürfte es viele geben; die konfliktbefangenen Partner finden aber meistens ohne tiefgreifende Verformungsprozesse und kriminelle Tatentladung hinaus.

46 Vgl. BGH StV 1991, (S. 18); Glatzel (1987, S. 553 ff.), der die für § 213 StGB typische Form des Einbruchskonflikts oder des situationsbedingten Affekts den Konfliktentwicklungen, wie sie im Rasch-Syndrom begegnen, entgegenstellt.

keitsstruktur wird eine affektive Entwicklung vermutlich gar nicht zulassen, wohl aber Spannungen der Initialphase, die dann durch den Täter aktiv durchbrochen werden. Bei solchen Persönlichkeitsstrukturen haben wir zur Zeit keinerlei Befunde, die eine Schuldunfähigkeitsregel aufzustellen berechtigten.

Alkoholische Intoxikationen, gern als konstellative Begleitursachen ergänzend dem Rasch-Syndrom zugesellt, mögen auch sonst verborgene Persönlichkeitszüge und Aktivitäten im Täter freisetzen und gerade eine Tat vor dem Eintritt des Endzustandes heraufbeschwören. Nicht nur eine Kumulations-, sondern auch eine Interferenzwirkung ist denkbar.[47] Operaktionen mögen eine Situation erzeugen, die eher durch die Charakteristika eines eskalierenden Kampfes als durch die Durchbruchsphänomene des Rasch-Syndroms gekennzeichnet ist (vgl. BGH StV 1987, 434).

Die Affektfälle, auch im spezifizierten Beziehungskonflikt, zeigen jedenfalls oft zwar Approximationen an das Rasch-Syndrom, aber nicht seine volle Ausprägung; andere Störungs- oder Erklärungsansätze können eine Initialentwicklung in dieser Richtung abdrängen. Auch hier bietet das Rasch-Syndrom gewiß Beurteilungshilfen: Der Entwicklungsstand zeigt sich an äußeren Symptomen, und je nach dem Stand der Progression ist die Beurteilung nach § 21 StGB daran auszurichten.

Es gibt jedoch in der Praxis Fälle, in denen allein die Gegebenheiten des Rasch-Syndroms die Entwicklungs- und Tatstruktur kennzeichnen. Der Fall der Grundlagenentscheidung BGHSt 11, 20, läßt sich schwerlich anders erklären, auch und gerade wenn man die behauptete Überzeichnung der Opferbelastung oder die massiven Ausbruchsphänomene (Amnesie, massiver Suizidversuch nach der Tat) als insignifikant vernachlässigt. In Raschs Untersuchungsgut mögen – Kenntnis der Einzelheiten vorbehalten – u. a. die Fälle Kg. (1964, S. 23), Bs. (S. 33), Pt. (S. 38), Hl. (S. 39) eine volle Ausprägung des Wirklichkeitsgehalts beschreiben.[48] In diesem Sinne ist dann wirklich der Maßstab der einzelne Fall,[49] allerdings nicht derart, daß noch Spielräume aufzufüllen wären, sondern in der Weise, daß der Verlust der verlorenen Steuerungsdisposition nach Regeln aufgewiesen ist.

Abzuwehren ist allerdings der Bewertungssprung, es sei trotzdem eben noch Steuerungsfähigkeit vorhanden, oder die Aufwertung der für das Syndrom insignifikanten Ereignisse wie Amnesie, Dämmerzustand und Affektsturm. Hier – zusammen mit einer bedenklichen Funktionalisierung der Vorgestalten der Tat, die vielmehr Indikatoren im nahen Vorfeld der Tatbereitschaft sind (s. unten) – liegen wohl die Hauptgründe, die an einer angemessenen Berücksichtigung eines voll entwickelten Rasch-Syndroms in foro vorbeiführen. Vor allem dürfte auch die generalpräventiv motivierte Vorgabe, die Exkulpationslage komme sehr selten vor – sprich: praktisch nie –, dazu beitragen.[50]

---

47 Das wird hier nur als Vermutung geäußert; gerade hier dürfte eine psychopathologische Beurteilung der Intoxikationswirkung wichtiger sein als Promillewerte. An der meistens gegebenen Kulminationswirkung der Alkoholisierung ist gewiß nicht zu zweifeln.

48 Ebenso OGHSt 3, 19; vgl. auch den Fall Howit bei Witter (1987, S. 187); die Skizze des Falles Lienhard bei Krümpelmann (1972/1988, S. 70 N. 37, 93 f., 111 ff., 245 f.).

49 Rasch (1964, S. 54, 98).

50 Hier liegt auch der Anwendungsbereich deutender oder metaphorischer Vokabeln, der „Subjektverlust", der „verlorenen Freiheit", des „zertrümmerten Motivationsgefüges", die alle nicht falsch, aber eben auch weder verifizierbar noch falsifizierbar sind; vgl. auch Salger (1989, S. 214).

Allerdings ist die vollständige Ausprägung des Rasch-Syndroms zwar gewiß nicht der marginale Fall, den die Rechtsprechung heute allenfalls anerkennt, aber sie dürfte gegenüber den Initial-, Grenz- und Mischfällen deutlich in der Minderzahl sein; die frühere eigene Schätzung (25% der vorsätzlichen Tötungen) war deutlich verfehlt.[51] Sie beruhte auf der Gleichsetzung der Tötung im spezifizierten Beziehungskonflikt mit der vollen Ausprägung des Syndroms, was bei weitem nicht haltbar ist. Aber die Darstellung des Rasch-Syndroms ist eben nicht *nur* idealtypisch, sondern sie vermittelt auch die Möglichkeit der sprachlichen Erfassung eines Wirklichkeitszusammenhangs im einzelnen zu beurteilenden Fall, der dem Richter bei vollem Aufweis die Anerkennung einer gestörten Tatzeitverfassung und für diesen Zeitpunkt die Schuldunfähigkeit abnötigt.

Die größte praktische Schwierigkeit bei der Diagnose einer voll ausgeprägten Tatbereitschaft ist die verborgene Zeitdauer ihrer Erstreckung. Sie ist jedenfalls nicht mit dem unmittelbaren zeitlichen Umfeld der Tat gleichzusetzen.[52] Die Feststellung, ob es sich bei der Tat um ein Komplettierungsgeschehen aus dieser Verfassung handelt, ist daher v. a. beim gegenwärtigen Stand der Forschung auf den Rückschluß auf das Wirkungsgeschehen der Tat selbst angewiesen. Von einer Vorhersage aus der Diagnostizierung der Tatbereitschaft auf die nachfolgende Tat sind wir, wie Rasch (1975, S. 398) betont, weit entfernt. Die Tatbereitschaft wird als psychische Verfassung nur sehr selten unmittelbar, sondern erst im Rückschlußverfahren einsichtig. Aber Determinationsstrukturen lassen sich forensisch fast durchweg nur ex post begründen. Im unübersehbaren Feld der Wirklichkeit kreuzen sich zu viele Zufallsereignisse, als daß präzise Vorhersagen möglich wären. So ist der begründende Rückschluß aus der Tat auf die *Vernichtung* der Disposition zur Abwägung methodisch legitim, wenn deren *Erhaltung* nur theoretische, sachlich ungestützte Hypothese bliebe. In anderem Zusammenhang gebietet der BGH geradezu die Nichtberücksichtigung solcher Denkmöglichkeiten (BGHSt 11, 1, 7).

Nicht der rechtwinklig einsetzende Affekt, sondern die rechtwinklig einsetzende Tat[53] dürfte z. Z. als Beurteilungsgrundlage noch unverzichtbar sein, aber nur als notwendige, nicht trennscharfe Bedingung: Spontantaten gibt es auch ohne Verlust der Schuldfähigkeit. Allerdings wecken an der Notwendigkeit der Bedingung neuere Überlegungen Zweifel,[54] die sich z. Z. jedoch noch nicht zu einer Schuldunfähigkeitsregel verdichten.

Für die Grenz- und Mischfälle haben wir derzeit meist kein Material, das Regelaussagen im Sinne des § 20 StGB zuließe.[55]

---

51 Krümpelmann (1976, S. 26).

52 Deswegen schon ist die Anwendbarkeit der im sog. Blutrauschfall entwickelten Regel BGHSt 7, 325, bei einem aus der Tat entzündeten Affekt auf das Handeln im Rasch-Syndrom auszuschließen, wofür BGHSt 23, 133, und wohl schon BGHSt 8, 113, die Wege leider bereitet haben; vgl. Krümpelmann (1990, S. 153). Die Regel erlaubt bei Eintritt der Schuldunfähigkeit erst nach Erreichen des Versuchsstadiums die Zurechnung der vollendeten Tat.

53 Die von Steigleder (1968, S. 112 ff.) anerkannte protrahierte Tatentladung des Affekts, die sogar komplizierte mittäterschaftliche Kooperation umfassen soll, ist daher abzulehnen. Die Affektlage der Tatbereitschaft selbst ist dagegen immer „protrahiert".

54 Glatzel (1983), der Konsequenzen für § 20 StGB aber nicht behandelt.

55 Anders bei Einfluß entsprechender toxischer oder psychotischer Störungen.

Vorgestalten der Tat

Vorgestalten der Tat lassen sich nach der Verwirklichungsnähe aufreihen: aggressive Phantasien steigender Konkretheit, Drohungen, Tatankündigungen, Tätlichkeiten bis zu Tötungsversuchen. Außerdem finden sich Handlungen, die im Nachhinein als Vorbereitungshandlungen erscheinen, besonders die Beschaffung der späteren Tatwaffe, teils mit, teils ohne gedankliche Beschäftigung mit der späteren Tat.[56] Bei Saß zählen die Vorgestalten zu den Kontraindikatoren der Schuldrelevanz der Bewußtseinsstörung. Auch Stumpfl, Hallermann und besonders Steigleder knüpfen Zurechnungserwägungen daran. Saß hat mögliche Bedenken gegen die Kontraindikation der Vorgestalten selbst formuliert,[57] sie können „ein Indiz für den beginnenden Motivationsverfall bedeuten".[58] Juristisch ist ihre Verwendung im Zurechnungszusammenhang problematisch unter dem Gesichtspunkt der zeitlichen Koinzidenz von Tat und Schuld. Saß stützt seine Auffassung darauf, daß eine Beschäftigung des Täters mit der Aggressionsthematik in der Vorphase eine „Kontinuität des Bewußtseinsinhalts anzeige" und gegen eine Motivierung aus der Bewußtseinsstörung spreche. Er verweist auf das „Kriterium der Sinnkontinuität".[59]

Vorgestalten der Tat sind im spezifizierten Beziehungskonflikt überaus häufig[60] und besetzen das Erlebnisfeld im Verlauf steigender Spannung und Zentralisierung des Konflikts in immer stärkerem Maße. Auch wenn Saß seine Indikation nicht absolut verwendet wissen will, so ist zunächst einmal die forensisch wichtigste Gruppe schuldrelevanter Affektstörungen kontraindiziert, und der Blickwinkel wendet sich vermehrt jenen Affektausbrüchen im Einbruchskonflikt oder ohne Konflikthintergrund zu, bei denen ein Einfluß auf die psychische Disposition des Täters für sich allein nicht gesichert ist. Das Rasch-Syndrom selbst wird einer hochsignifikanten Leitsymptomatik entkleidet.

Allerdings ist die von Saß beschworene „Sinnkontinuität" eines motivationalen Zusammenhangs gewiß nicht von der Hand zu weisen. Eine „Motivierung der Tat aus der Bewußtseinsstörung" allerdings ist kaum ein brauchbarer Kontrastbegriff. Eine affektive Defektlage kann den unkontrollierten Durchbruch gebildeter Motivationskräfte zulassen, aber sie kann nicht selbst motivieren.[61] Dennoch liegt es nahe, Kontinuitäten eines Motivationsprozesses, der bis zur Tat wirkt, für Zurechnungsüberlegungen auszunutzen. Nun sind zwar die motivationale Entwicklung zum handlungssteuernden Vorsatz und die motivationale Steuerung im Normalfall miteinander verflochten, können aber im Störungsfall auseinandertreten, unter Verlust der Motivationskontrolle.[62]

---

56 Mit Recht werden die immer wieder beobachteten Suiziddrohungen und Suizidversuche in diesen Zusammenhang gebracht, aber bisher noch nicht für die im Text behandelte Kontraindikation ausgenutzt.

57 Saß (1985b, S. 61).

58 In diesem Sinne nachdrücklich Glatzel (1987, S. 53 ff.).

59 Saß (1985b, S. 61); vgl. auch (1983b, S. 568).

60 Nach Steigleder (1968, S. 108 f.) sind sie sogar ubiquitär.

61 Der höchste Zornaffekt, der spontan das Tötungsmotiv schafft – aus unvorbereiteter Gemütsverfassung – steckt als gesetzliches Leitbild hinter dem psychologisch antiquierten Gesetzestypus des § 213 StGB.

62 Dies hat Ziegert (1987, S. 38 ff.), gestützt auf neuere psychologische Studien für die Strafrechtsdogmatik, überzeugend fruchtbar gemacht.

Die in den Vorgestalten sich abzeichnende motivationale Entwicklung erlaubt dann keinen Rückschluß auf die Steuerungsfähigkeit zur Tatzeit. Darauf beruht auch die vom Reichsgericht betonte mögliche Distanz zwischen dem Vorhandensein einer „geordneten" Handlung und dem Verlust der Steuerungskontrolle.

Strafrechtlich nähert man sich den Vorgestalten am besten mit der Frage, wie sie sich zu den Erfordernissen verhalten, die juristisch an eine Entschlußbildung zu stellen sind. Die Ausbildung einer gesicherten und verfestigten Handlungsintention in Kontinuität zur späteren Verhaltenssteuerung könnte auch eine Zurechnungskontinuität begründen. Nun soll nicht ausgeschlossen werden, daß es lineare Entschlußbildungen gibt, die sich im spezifizierten Beziehungskonflikt im Sinne eines stetigen Prozesses im Täterbewußtsein ununterbrochen bis zum eigentlichen Tatakt fortsetzen. Wie den Bilanzselbstmord mag es in diesen Fällen auch die Bilanztötung geben.[63]

Die Unstetigkeit der psychischen Entwicklung wird jedoch in den klinischen Studien immer wieder hervorgehoben. Von den Phantasiegebilden distanziert sich der Täter eher erschreckt wie von einem fremdgesetzlichen Geschehen. Auch die Vorformen, selbst die Beschaffung des Tatwerkzeugs, sind meist mit einem nachfolgenden, durchaus gegenläufig gekennzeichneten Geschehen verbunden, das nicht für, sondern gegen die Ausbildung fester Intentionen spricht. Die voluntative Komponente erschöpft sich mit den Rudimentärverwirklichungen, mag es auch der Ankauf der Waffe sein, und wird nicht durchgehalten. Auch neuere dogmatische Richtungen, die möglicherweise im Anschluß an fachpsychologische Tendenzen[64] das Willenselement aus der Vorsatzdoktrin verbannen wollen, greifen hier zu funktional ähnlichen Flankenkategorien.[65]

Auf der anderen Seite ist nicht zu verkennen, daß entwickelte Vorgestalten und Vorformen der Tat besonders geeignet sind, dem Täter seine Zuständlichkeit deutlich zu machen. Darin liegt der berechtigte Kern der Vorschläge, hier und nicht bei den psychischen Vorgängen der Tatentladung und dem angeblich dort noch bestehenden Rest von Schuldfähigkeit die Zurechnung anzuknüpfen. „Vorgestalten der Tat" sind dann Anlaß und Signal für von Betroffenen einzuleitende Gegensteuerungen. Dies berührt jedoch schon die Thematik des Vorverschuldens (s. unten).

Das verschiedene Koordinatensystem der Empiriker und Juristen, auf das Rasch und Saß mit anderen verweisen, wird nicht in einer Verschiedenheit der zu beurteilenden Sachverhalte oder im Gegensatz Befund gegen Bewertung deutlich, tritt aber drastisch hervor unter dem Gesichtspunkt der zeitlichen Koinzidenz von Schuldfähigkeit und Tat. Hier findet der Bewertungsschnitt statt, der den Juristen zwingt, genetisch und dynamisch zusammengehörige Entwicklungen zu trennen. Auch die Trennung bloßer Zweck-Mittel-Steuerung von der Motivationsfähigkeit wird durch diesen Schnitt wertend gezogen. Diese Trennung hat im Kategoriensystem des Empirikers

---

63 Dem Verfasser ist allerdings im Rasch-Syndrom kein Fall bekannt, in dem das plausibel begründet worden wäre.

64 Burkhardt (1987, S. 319) im Beitrag zu einem von Heckhausen geleiteten Kolloquium, das sich aber um eine Renaissance des Willens im Sinne der Steuerungs- und Handlungskontrolle (Kuhl 1983) bemühte.

65 Frisch (1983, S. 192 ff.) als Wortführer dieser Bestrebungen verlangt eine persönliche Aneignung der möglichen Erfolgsvorstellung in einem „Für-sich-so-Sehen", was vielleicht nur eine Paraphrase der von Ziegert sonst als voluntativ bezeichneten Einstellungen ist und ebenfalls verhindert, solche Vorgänge als Vorsatzbildung zu betrachten.

keine annähernd vergleichbare Entsprechung und ist auch in der Strafrechtsanwendung immer wieder Grenzüberschreitungen ausgesetzt. Das Prinzip des Koinzidenzsatzes ist in erster Linie durch einen rechtsstaatlichen Wert bestimmt.

Auch dem Juristen sind ja die zahlreichen Verhaltenssequenzen im Vorfeld einer Tat nicht fremd, die weit über die im Rasch-Syndrom bezeichnete Tatanlaufzeit hinausgehen und tief in biographische Zusammenhänge hinabreichen. Es ist ein zentrales Anliegen, solche Rückgriffe, deren Substrat keineswegs ignoriert wird, für die strafrechtliche Haftung aus Gründen der Rechtsklarheit und Berechenbarkeit abzuschneiden, allenfalls mit Zulassung präzisierter Ausnahmen. Das Koinzidenzprinzip verlangt deshalb auch die Bezugnahme der psychischen Verfassung auf die Tat, so wie sie sich äußerlich historisch abgespielt hat. Für den empirisch Verfahrenden werden damit nicht selten Gestaltzusammenhänge zertrennt. So dürfen „Vorgestalten der Tat" denn auch, so wichtig sie für eine seinsgesetzliche Erklärung des Zustandekommens der Tat sein mögen, für eine Beurteilung der Steuerungsfähigkeit nicht berücksichtigt werden.[66] Dies gilt auch und gerade bei Vorbereitungshandlungen, deren Intention sich nicht bis zur Tat fortsetzt. Übrig bleibt ihr indizielles Gewicht für das Zustandekommen des Syndroms.

Vorverschulden an der Affekttat

Die Rechtsprechung hat das Vorverschulden an der Affekttat immer für berücksichtigungsfähig erklärt; sie hat dies allerdings bisher nur bei § 21 StGB, nicht bei der Schuldunfähigkeit zur Tatzeit praktiziert. Das Vorverschulden ist v. a. ein juristisches Problem und stellt schwierige Fragen der Legitimation und Ausgestaltung. Da es aber auf psychische Sachverhalte im Vorfeld der Tat zurückgreift, ist auch der Sachverständige betroffen. Beide Fragen können hier nur kurz skizziert werden.

1) Ist der Täter im Tatzeitpunkt schuldunfähig, so durchbricht der Rückgriff auf ein Vorverschulden das Koinzidenzprinzip.[67] Gegenstand des Vorverschuldens kann nur der Vorwurf sein, daß der Täter den Zerrüttungszustand in sich bis zur Tatbereitschaft hat anwachsen lassen. Bei der Tat fehlt dem Täter die Willensschuld, die Handeln mit Unrechtsbewußtsein in einer Entscheidung gegen das Recht verlangt. Vor derselben Situation stand der BGH, als er im Jahre 1952 seine heute in § 17 StGB verankerte Entscheidung zur Schuld beim Verbotsirrtum traf (BGHSt 2, 194): Auch hier fehlt die Willensschuld; wer das Recht nicht kennt, kann sich nicht dafür oder dagegen entscheiden.

Das Vorverschulden am Verlust der Steuerungsfähigkeit läßt sich heute am besten durch die Analogie zu § 17 Satz 2 StGB begründen[68], aber nur als Rechtsfolgeanalo-

---

66 Dies verkennt die frühe „Affektentscheidung" BGHSt 8, 113, die „Vorgestalten" schon ganz im Sinne der Kontraindikation einer Sinnkontinuität gegen den Schwund der Steuerungsfähigkeit auswertet und die dogmatischen Implikationen und psychisch alterierten Vorgänge nicht reflektiert.
67 Daher will die überwiegende Lehrmeinung ein Vorverschulden nicht berücksichtigen, vgl. Lenckner (1988, N. 15 zu § 20).
68 Kritisch Behrendt (1983, S. 59 ff.); Neumann (1985, S. 241 ff.); Frisch (1989b, S. 563); Schroth (1989, S. 112 ff.); wie hier Geilen (1972, S. 191 ff.); ähnlich Rudolphi (1974, S. 99 ff.); Ziegert (1987, S. 200 ff.); neuerdings Stratenwerth (1989, S. 485 ff.).

gie. Der BGH entwickelte die Pflicht des einzelnen, für die Kenntnis des Rechts zu sorgen, nicht aus einem liberal verstandenen, zur Haftungsbegrenzung eingesetzten Schuldprinzip, sondern aus einer Konkretisierung eines obersten Rechtssatzes zur Verpflichtung des einzelnen gegenüber der Gemeinschaft.[69] Dieser Rechtssatz gebietet aber nicht nur die Sorge für die Rechtskenntnis, sondern auch und nicht weniger die Sorge für die Möglichkeiten, die erkannte Pflicht durch Erhaltung des Steuerungsvermögens zu befolgen.

Erst bei der Ausgestaltung der gleich legitimierten Haftung ist der analoge Anschluß an die inzwischen gefundene Form bei der intellektuellen Defektlage erlaubt. Zwar sieht § 20 StGB keine Vermeidbarkeitshaftung vor; das spricht aber entgegen wiederholt geäußerter Ansicht nicht für eine Gegenentscheidung des Gesetzgebers, der das Problem bei der Steuerungsfähigkeit in seiner wirklichen Dimension gar nicht zur Kenntnis genommen hat. Die besseren Gründe sprechen für eine lückenhafte Regelung, wie sie Voraussetzung einer Analogie ist.

Dogmengeschichtlich ist erst spät entdeckt worden, daß man auch beim vermeidbaren Verbotsirrtum oft, wohl meistens, auf Versäumnisse im Vorfeld der Tat zurückgreift;[70] die Rechtsprechung hat hier keine Bedenken gehabt. Das Koinzidenzprinzip kann mit Strenge nur durchgehalten werden, wenn man die Entscheidung des Gesetzgebers für § 17 Satz 2 StGB revidiert und für die Schuld nur die positive Willensentscheidungsschuld anerkennt. Sieht man das Verschulden jedoch in der Unterlassung der Maßnahmen zur Vermeidung der Defektlage, dann muß es auf den Zeitpunkt bezogen werden, wann dergleichen möglich war.

Die Vermeidbarkeitsschuld durchbricht das Koinzidenzprinzip prinzipiell. Sie knüpft an ein Unterlassen im Vorfeld der Tat an. Auch dies unterstreicht den Charakter einer anderen, geringeren Schuldform. Die fakultative Strafrahmenmilderung trägt ihr bei weitem nicht genügend Rechnung. Der BGH hatte seinerzeit (1952) keine andere Verweisungsnorm zur Verfügung. Bei der Neuregelung des § 17 Satz 2 StGB hat man zu bedenkenlos darauf zurückgegriffen. Der Sache nach ist die Schuld bei Vermeidbarkeit der Defektlage auch mit Blick auf die Durchbrechung des Koinzidenzprinzips anders und geringer als die gleich geregelte Schuld bei verminderter Schuldfähigkeit, doch fehlt es an besseren Analogiebezügen als § 17 Satz 2 StGB.[71]

Allerdings ist das Koinzidenzprinzip nicht nur beim vermeidbaren Verbotsirrtum durchbrochen, sondern kennt auch andere Ausnahmen, deren bekannteste die actio libera in causa ist. Diese Durchbrechungen haben unterschiedliche geschichtliche Wurzeln und unterschiedlichen rechtlichen Zugriff erfahren. Eine einheitliche Theorie des Vorverschuldens bildet sich erst in Ansätzen,[72] und eine prinzipielle Regelung fehlt schlechthin. So gibt es Wertungswidersprüche zwischen den einzelnen Institu-

---

69 Sie wird in der neueren Literatur gern als „Obliegenheit" bezeichnet, aber unterschiedlich begründet. Anders Frisch (1989b, S. 568, „konkretisierende Ausstrahlung der Einzelpflicht im Vorfeld").

70 Wegweisend Rudolphi (1969, S. 254 ff.).

71 Gegen die von Frisch (1989b, S. 603) empfohlene Anknüpfung an die Fahrlässigkeit spricht, daß der Vorwurf nicht auf eine generelle Pflichtwidrigkeit zurückgeführt werden kann. Der Versuch, das Vorverschulden an Verhaltensnormen zu binden (1989b, S. 575), dürfte ebensowenig wie beim Verbotsirrtum gelingen, vgl. Krümpelmann (1983, S. 344).

72 Vgl. aber Behrendt (1983); Neumann (1985); Ziegert (1987).

ten,[73] die nur historisch zu erklären sind und dogmatisch nicht aufgelöst werden können.

Auch wenn das Koinzidenzprinzip nicht streng befolgt werden kann, so sind seine Wertmaßstäbe bei der Ausgestaltung des Vorverschuldens so weit wie möglich zur Geltung zu bringen. Die zeitliche Einbindung in die Tat ist durch Kriterien von der allgemeinen Lebensführungsschuld abzutrennen, deren Berücksichtigung das Koinzidenzprinzip nicht zuläßt. Beim vermeidbaren Verbotsirrtum verlangt die Lehre mit Recht einen konkreten Anlaß, der es dem Täter abverlangt, sich auf eine bevorstehende Tat und die damit verbundenen Rechtsfragen einzustellen. Nicht anders darf beim Vorverschulden an der Steuerungsunfähigkeit verfahren werden.

2) Als Anlaß der Sorge um die Erhaltung der Steuerungsfähigkeit sind nun die Vorgestalten der Tat geeignete Anknüpfungspunkte. Hier ist es jedoch eine sehr schwierige Aufgabe, die ohne sachverständige Hilfe nicht zu bewältigen ist, einerseits festzuhalten, welchen Grad der Verdichtung sie erlangen, so daß sie als Alarmsignale auch den Täter selbst erreichen müssen, zum anderen aber jene Formen auszuschalten, die bereits Ausdruckserscheinungen der Tatbereitschaft selbst sind.

Die Zurechnungsbedingungen eines Vorverschuldens wären am besten erfüllt, wenn der Täter den Steuerungsverlust und die spätere Tat als möglich vorausgesehen hätte, ihn also in seinen Vorsatz aufgenommen hätte, wie dies neuerdings Frisch fordert.[74] Diese Lösung ist bedenklich. Sie müßte zu fiktionalen Verzeichnungen der Vorsatzmaßstäbe oder zum praktischen Verzicht auf den Rückgriff zum Vorverschulden führen, was gewiß nicht vermehrte Freisprüche, sondern die heutige Verzerrung der Maßstäbe der Steuerungsfähigkeit nach sich zöge.

Im Rasch-Syndrom ist eine dauerhafte Vorsatzbildung schon im Vorfeld der Tatbereitschaft nicht zu erwarten. Bildet sich jedoch im Täter das Bewußtsein der Möglichkeit eines affektiven Zusammenbruchs und gewalttätigen Durchbruchs, dann ist gewiß ein Alarmzeichen zur Gegensteuerung gegeben. Es reicht dann nicht mehr aus, daß der Täter sich von etwa entstandenen Plänen und Vorbereitungshandlungen innerlich distanziert, wie dies fast durchweg klinisch beobachtet worden ist. Dann ist zu prüfen, ob er wirksame Maßnahmen der Konfliktbewältigung hätte ergreifen und einen Ausweg aus der Progredienz hätte finden können, wie etwa den Abbruch einer Partnerschaftsbeziehung. Ist ihm dies auch zuzumuten, ist der Vorwurf des Unterlassungsverschuldens begründet.[75] Gesichtspunkte der Vermeidbarkeit und Zumutbarkeit der Lösungswege gehören zusammen. Beim Unterlassungsverhalten, wie es in der Vermeidbarkeit vorgeworfen wird, ist die Prüfung normativer Zumutbarkeit der Lösungswege nicht nur legitim, sondern dogmatisch gefordert.[76]

---

73 Näher Frisch (1989b, S. 569 ff.).

74 Vgl. Frisch (1989a, S. 264).

75 Zur Struktur der Vermeidbarkeit als Unterlassungsverschulden treffend Behrendt (1983, S. 74); bedenklich aber die Annäherung an das unechte Unterlassungsdelikt durch eine (ausgeweitete) Ingerenzhaftung und an die actio libera „in omittendo" durch eine Ausweitung der Vorsatzbedingungen.

76 Hier nun, bei der Zumutbarkeit, ist es auch legitim, die Haftungsgrenze nach dem Maße der Mitbelastung des Opfers zu bestimmen, wie dies Bernsmann (1989, S. 160 ff.), im Ergebnis zu Recht, aber am unrichtigen Platz der Beurteilung der Steuerungsfähigkeit fordert.

Der BGH verlangt neuerdings die Voraussehbarkeit des affektiven Zusammenbruchs und der Möglichkeit eines Delikts von der Art der geschehenen Tat, also auch eines Tötungsdelikts (BGHSt 35, 135). Solche Voraussehbarkeit ist freilich ein vieldeutiger Begriff. Sie kann sich nicht auf die konkrete Tatsituation erstrecken, denn eben diese überfällt den Täter überraschend. Sie kann auch nicht als kontinuierliche psychische Verfassung angesehen werden. Letzten Endes kann sie ebenfalls nur auf psychische Alarmzeichen zurückgreifen und Gegensteuerung normativ verlangen. In diesem Sinne verstanden mag der Begriff der Voraussehbarkeit die normative Prägung des seelischen Bezugs zur Tat aus den Vorgestalten zum Ausdruck bringen. Rechtsprechung und Lehre stehen indessen vor neuen Fragen, und die Arbeit an Einzelfällen mag hier zu einer Typenbildung führen.[77]

Allerdings ist mit Nachdruck zu betonen, daß eine so begründete Vermeidbarkeitsschuld drastische Strafreduzierungen nach sich ziehen muß. Die Analogie zu § 17 Satz 2 StGB bedient sich mangels besserer Bezugspunkte eines viel zu weiten Rahmens, der ja auch dem unmittelbaren Regelungsgegenstand des vermeidbaren Verbotsirrtums nicht gerecht wird.[78] Erst recht ist davor zu warnen, eine Vermeidbarkeitsschuld zur Versagung der Strafrahmenänderung nach § 21 StGB anzuwenden. Ist der Täter überhaupt schuldfähig, wenn auch vermindert, dann hat er sich gegen das Tötungsverbot entschieden, und die Anknüpfung an das Gebot, sich die Entscheidungsgrundlage zu erhalten, greift ins Leere. Ein Vorverschulden kann nur im weiteren Rahmen einfacher Strafzumessung berücksichtigt werden. Hier allerdings, bei § 21 StGB, mögen actio-libera-in-causa-Formen der Vorsatzbildung möglich sein. Frisch ist daher zuzustimmen, wenn er darauf für § 21 StGB die Verweigerung der Strafrahmenänderung beschränken will.[79]

Abschied von der „Affekttat"?

Der Kritik Diesingers, bei der Affekttat handele es sich nicht um einen einheitlichen Begriff, ist in vollem Umfang zuzustimmen. Der Konfliktdurchbruch im Rasch-Syndrom hat andere Erscheinungsformen und andersgerichtete Auswirkungen auf die Steuerungsfähigkeit als Explosiventgleisungen.[80] Das Rasch-Syndrom ist ein neuer

---

77 Und zwar ähnlich wie beim Verbotsirrtum eher in Richtung auf Typen der Unvermeidbarkeit, vgl. Krümpelmann (1972/1988, S. 245 ff.; 1983, S. 355), wofür z. Z. aber keine Bereitschaft besteht.

78 Zu dem Mißverständnis, die Vermeidbarkeit der Defektlage bedeute deren Unbeachtlichkeit, vgl. Krümpelmann (1990, S. 154).

79 Frisch (1989a, S. 264; 1989b, S. 571 ff.).

80 Die hier anknüpfende Vermutung von Schorsch (1988, S. 10 ff.), es handele sich bei der Anerkennung der Schuldrelevanz des Affekttotschlags um den Niederschlag einer antifeministischen Tendenz, läßt sich leicht statistisch widerlegen, wenn man nicht absolut die Anzahl männlicher und weiblicher Affekttäter vergleicht, sondern beides auf die unterschiedliche Kriminalitätsbelastung durch Tötungsdelikte bei Männern und Frauen bezieht. Dennoch sollten die Bedenken von Schorsch ernstgenommen werden. Es ist gut denkbar, daß die Ausbrüche höchstgradigen Affektsturms, die die Rechtsprechung zu Unrecht so hoch wertet, bei Frauen, die im Rasch-Syndrom handeln, selten sind oder ausbleiben. So mag der Hinweis von Schorsch nützlich sein, die Insignifikanz dieses Phänomens noch stärker in den Vordergrund zu rücken und damit eine wichtige Aussage des Rasch-Syndroms zu stützen.

und in seiner Schuldrelevanz noch ungenügend gewerteter Störungsfall im Konkretisierungsfeld von § 20 StGB und, in der Aufbauphase und in Grenz- und Mischfällen, des § 21 StGB. Die hochgradigen Symptome des Affektausbruchs sind dafür nicht charakteristisch, und so ist vorgeschlagen worden, diese Störung aus der Zuordnung zur Bewußtseinsstörung zu lösen. Rasch möchte gern die „schwere Abartigkeit" – bei allen nur zu berechtigten Bedenken gegen den Mißgriff dieser Bezeichnung heranziehen.[81]

Die Anerkennung des Rasch-Syndroms dürfte indessen noch immer am besten gesichert sein, wenn man es bei der Bewußtseinsstörung beläßt. Die Orientierung am Anomalieschema oder an der Krankheit hat die Gefahr andersartiger Grenzverwischungen. Die Affekthandlung als solche ist nach dem Regelungswillen des Gesetzgebers (wenn man die Alkoholstörungen der Krankheit zuweist) der wichtigste Fall der Bewußtseinsstörung und daher auch dort am sichersten profilierbar.[82]

Bedenken bleiben jedoch beim Gebrauch des verbreiteten Terminus „Affekttat" bestehen. Zwar ist der Begriff nicht im wörtlichen Sinne falsch: Affekttat ist das Verhalten im Rasch-Syndrom aber nicht wegen der Affektsymptomatik seiner Entladung, sondern wegen der dynamischen Affektentwicklung in der Vorphase. Der gemeinsame Terminus jedoch begünstigt die Vermischung unterschiedlicher Fallgruppen mit unterschiedlich strukturierter Schuldrelevanz. Eine neue Bezeichnung für den Sachverhalt, der dem ja relativ neuen und ungewohnten Schuldfähigkeitsproblem zugrundeliegt, und folglich der Abschied vom allgemeinen Begriff der Affekttat, ist daher empfehlenswert.

Dringend wünschenswert sind neue Forschungen. Nicht nur das Rasch-Syndrom und die Frage seiner Stadien, auch seine Verbindung zu anderen Störungsgruppen (toxische Beeinflussungen, psychopathische Strukturen usw.) und natürlich auch anders begründete Affekterscheinungen dürften ein lohnender Untersuchungsgegenstand sein. Auch die Psychologie hat wichtige Erkenntnisse beizutragen. Dort deuten sich auch neuere Grundlagenforschungen an, die bei näherer Vermittlung durch Kriminologie und angewandte Psychologie vielleicht sogar Licht auf den noch sehr geheimnisvollen Zusammenhang von Tatbereitschaft und Tatentladung werfen könnten.[83] Vor allem aber muß der Jurist aus seiner wenig reflexionsgeneigten, aber allzu bereiten Rezeptionshaltung heraustreten und Bewertung und Befund in ihrer Wechselwirkung sorglicher bedenken.

Zu wünschen ist schließlich eine gemeinsame Arbeit. Es sollte nicht länger dem Zufall überlassen bleiben, ob die eine Seite den Fortschritt der anderen zur Kenntnis nimmt, so daß jahre- und jahrzehntelang an der empirischen Wirklichkeit oder an der normativen Fragestellung vorbei argumentiert wird. Auch für Rollenkämpfe zwischen Psychiatern und Psychologen ist angesichts der fruchtbaren gemeinsamen Aufgabe und mancher gemeinsamer Erkenntnisse die Zeit vorbei. All dies verbindet sich mit den schwierigen Aufgaben bei den anderen Störungsformen der Schuldfähigkeit. Ein Forschungsprojekt, an dem Strafjuristen aus Wissenschaft und Praxis, Psychiater

---

81 Rasch (1980, S. 1314); ähnlich wohl Schorsch (1988, S. 10 ff.). Glatzel (1982, S. 434) möchte die Bewußtseinsstörung, aber nicht die „Affekttat" beibehalten.
82 Gegen Bedenken zum Begriffsumfang treffend Schild (1990, N. 30 zu § 20).
83 Vgl. oben Fußnote 33.

und Kundige der theoretischen und forensischen Psychologie gleichermaßen beteiligt wären, sollte in einer Zeit, die interdisziplinäre Zusammenarbeit gern beschwört, nicht unvorstellbar sein.

Literatur

Behrendt HJ (1983) Affekt und Vorverschulden. Nomos, Baden-Baden

Bernsmann K (1989) Affekt und Opferverhalten. N Z Strafrecht (NStZ) 9: 160 ff.

Burkhardt B (1987) Der Wille als konstruktives Prinzip der Strafrechtsdogmatik. In: Heckhausen H, Gollwitzer PM, Weinert FE (Hrsg) Jenseits des Rubikon: der Wille in den Humanwissenschaften. Springer, Berlin Heidelberg New York, S 319 ff.

De Boor W (1966) Bewußtsein und Bewußtseinsstörungen. Springer, Berlin Heidelberg New York

Diesinger I (1977) Der Affekttäter. De Gruyter, Berlin New York

Eser A (1986) Renaissance des § 213 StGB: der „minder schwere Fall des Totschlags" im Lichte der Rechtsprechung. In: Kürzinger J, Müller E (Hrsg) Festschrift für Wolf Middendorf. Gieseking, Bielefeld, S 65 ff.

Frisch W (1983) Vorsatz und Risiko. Heymanns, Köln Berlin

Frisch W (1989a) Anmerkung zum Urteil des BGH vom 15.12.1987. N Z Strafrecht (NStZ) 9: 263 ff.

Frisch W (1989b) Grundprobleme der Bestrafung „verschuldeter" Affekttaten. Z Ges Strafrechtwiss (ZStW) 101: 538 ff.

Geilen G (1972) Zur Problematik des schuldausschließenden Affekts. In: Schroeder FC, Zipf H (Hrsg) Festschrift für Reinhart Maurach. Müller, Karlsruhe, S 173 ff.

Glatzel J (1982) Zur forensisch-psychiatrischen Problematik der tiefgreifenden Bewußtseinsstörung. Strafverteidiger (StV) 2: 434 ff.

Glatzel J (1983) Tiefgreifende Bewußtseinsstörung nur bei der sogenannten Affekttat? Strafverteidiger (StV) 3: 339 ff.

Glatzel J (1987) Privilegierung versus Dekulpation bei Tötungsdelikten. Strafverteidiger (StV) 7: 553 ff.

Haddenbrock S (1972) Strafrechtliche Handlungsfähigkeit und „Schuldfähigkeit" (Verantwortlichkeit); auch Schuldformen. In: Göppinger H, Witter H (Hrsg) Handbuch der forensischen Psychiatrie. Springer, Berlin Heidelberg New York, S 863 ff.

Hassemer W (1968) Die rechtstheoretische Bedeutung des gesetzlichen Strafrahmens. In: Kaufmann Arthur (Hrsg) Gedächtnisschrift für Gustav Radbruch. Vandenhoeck & Ruprecht, Göttingen, S 281 ff.

Historisches Wörterbuch der Philosophie (1972) Völlig neubearbeitete Ausgabe des „Wörterbuchs der philosphischen Begriffe" von Rudolph Eisler. Ritter J, Gründer K (Hrsg) Bd 2: D–F. Schwabe, Basel Stuttgart

Horn HJ (1984) Der Affekt und seine Beurteilung in der forensischen Psychiatrie. Ärztebl Rheinland-Pfalz 37: 386 ff., 453 ff.

Jescheck HH (1988) Lehrbuch des Strafrechts. Allgemeiner Teil, 4. Aufl. Duncker & Humblot, Berlin

Kaufmann Armin (1954) Lebendiges und Totes in Bindings Normentheorie. Schwartz, Göttingen

Kaufmann Armin (1961) Schuldfähigkeit und Verbotsirrtum. In: Bockelmann P, Gallas W (Hrsg) Festschrift für Eberhard Schmidt. Vandenhoeck & Ruprecht, Göttingen, S 319 ff.

Krümpelmann J (1972/1988) Affekt und Schuldfähigkeit. 1988 unverändert vervielfältigtes Manuskript der Freiburger Rechtswiss Habilitationsschr 1972

Krümpelmann J (1976) Die Neugestaltung der Vorschriften über die Schuldfähigkeit durch das Zweite Strafrechtsreformgesetz vom 4. Juli 1969. Z Ges Strafrechtwiss (ZStW) 88: 6 ff.

Krümpelmann J (1983) Dogmatische und empirische Probleme des sozialen Schuldbegriffs. Goltdammer's Arch Strafrecht (GA) 130: 337 ff.

Krümpelmann J (1990) Die strafrechtliche Schuldfähigkeit bei Affekttaten. Recht & Psychiat (R&P) 8: 150 ff.

Krümpelmann J (1991) Empirie und Normativität in den Rechtsbegriffen der Willenssteuerung. In: Hommers W (Hrsg) Perspektiven der Rechtspsychologie. Hogrefe, Göttingen Toronto Zürich, S 13 ff.

Kuhl J (1983) Motivation, Konflikt und Handlungskontrolle. Springer, Berlin Heidelberg New York

Kuhlen L (1987) Die Unterscheidung von vorsatzausschließendem und nichtvorsatzausschließendem Irrtum. Lang, Frankfurt Bern New York

Lenckner T (1988) Bearbeitung von §§ 20, 21 StGB. In: Schönke A, Schröder H (Hrsg) Strafgesetzbuch. Kommentar, 23 Aufl. Beck, München, S 275–299

Neumann U (1985) Zurechnung und „Vorverschulden". Duncker & Humblot, Berlin

Rasch W (1964) Tötung des Intimpartners. Enke, Stuttgart

Rasch W (1975) Tötungsdelikte, nicht-fahrlässige. In: Sieverts R, Schneider HJ (Hrsg) Handwörterbuch der Kriminologie, Bd 3, 2. Aufl. De Gruyter, Berlin New York, S 353 ff.

Rasch W (1980) Die psychologisch-psychiatrische Beurteilung von Affektdelikten. N Jur Wochenschr (NJW) 33: 1309 ff.

Rasch W (1986) Forensische Psychiatrie. Kohlhammer, Stuttgart Berlin Köln

Ringel E (1975) Selbstmord. In: Sieverts R, Schneider HJ (Hrsg) Handwörterbuch der Kriminologie, Bd 3, 2. Aufl. De Gruyter, Berlin New York, S 125 ff.

Rudolphi HJ (1969) Unrechtsbewußtsein, Verbotsirrtum und Vermeidbarkeit des Verbotsirrtums. Schwartz, Göttingen

Rudolphi HJ (1974) Affekt und Schuld. In: Roxin C (Hrsg) Grundfragen der gesamten Strafrechtswissenschaften. Festschrift für Heinrich Henkel. De Gruyter, Berlin New York, S 199 ff.

Ryle G (1969) Der Begriff des Geistes (The concept of mind, 1959). Dtsch Übers Baier, Patzig und Steinvorth. Reclam, Stuttgart

Salger H (1989) Zur forensischen Beurteilung der Affekttat im Hinblick auf eine erheblich verminderte S chuldfähigkeit. In: Jescheck HH, Vogler T (Hrsg) Festschrift für Herbert Tröndle. De Gruyter, Berlin New York, S 201 ff.

Saß H (1983a) Die „tiefgreifende Bewußtseinsstörung" gemäß den §§ 20, 21 StGB – eine problematische Kategorie aus forensisch-psychiatrischer Sicht. Forensia 4: 3 ff.

Saß H (1983b) Affektdelikte. Nervenarzt 54: 557 ff.

Saß H (1985a) Ein psychopathologisches Referenzsystem für die Beurteilung der Schuldfähigkeit. Forensia 6: 33 ff.

Saß H (1985b) Handelt es sich bei der Beurteilung von Affektdelikten um ein psychopathologisches Problem? Fortschr Neurol Psychiat 53: 55 ff.

Schild W (1990) Bearbeitung von §§ 20, 21 StGB. In: Wassermann R (Hrsg) Kommentar zum Strafgesetzbuch (AK), Bd 1, redaktionelle Bearbeitung: Seelmann K. Luchterhand, Neuwied, S 606–806

Schorsch E (1988) Affekttaten und sexuelle Perversionstaten im strukturellen und psychodynamischen Vergleich. Recht & Psychiat (R&P) 6: 10 ff.

Schroth U (1989) Der fahrlässige Verlust der Steuerungsfähigkeit mit nachfolgender doloser Unrechtsrealisierung. In: Philipps L, Scholler H (Hrsg) Jenseits des Funktionalismus. Arthur Kaufmann zum 65. Geburtstag. Decker & Müller, Heidelberg, S 109 ff.

Steigleder E (1968) Mörder und Totschläger. Enke, Stuttgart

Stratenwerth G (1989) Vermeidbarer Schuldausschluß. In: Dornseifer G, Horn E (Hrsg) Gedächtnisschrift für Armin Kaufmann. Heymanns, Köln Berlin Bonn, S 485 ff.

Stumpfl F (1961) Motiv und Schuld. Deuticke, Wien

Witter H (1972) Die Beurteilung Erwachsener im Strafrecht. In: Göppinger H, Witter H (Hrsg) Handbuch der forensischen Psychiatrie. Springer, Berlin Heidelberg New York, S 966 ff.

Witter H (Hrsg) (1987) Die Beurteilung der Schuldfähigkeit bei Belastungsreaktionen, Neurosen und Persönlichkeitsstörungen am Beispiel der Affektdelikte. In: Der psychiatrische Sachverständige im Strafrecht. Springer, Berlin Heidelberg New York, S 175 ff.

Ziegert U (1987) Vorsatz, Schuld und Vorverschulden. Duncker & Humblot, Berlin

Die Affekttat zwischen Wertung und Willkür

U. Ziegert

Einleitung

Bei der Beurteilung der Affekttat begegnet in foro Willkür. Der Befund ist nicht neu.[1] Jüngst hat Salger das Unbehagen des Revisionsrichters an der Unschärfe des wissenschaftlichen Instrumentariums und der Ermessensfreiheit der psychologischen und rechtlichen Zuordnung artikuliert.[2] Das Bild der Beliebigkeit gutachtlicher Stellungnahmen und ihnen folgender richterlicher Urteile erscheint jedoch in der Tatsacheninstanz weit eindrucksvoller. Denn über die Formeln, mit denen Affektdelikte auf den Begriff zu bringen und Urteile zu begründen sind, wurde ein gewisser Konsens hergestellt.

Die Auseinandersetzung konzentriert sich deshalb in der gerichtlichen Praxis auf die Frage, wie man den psychischen Sachverhalt zu subsumieren und die eingeführten Kriterien zu gewichten hat. Diese Urteilsbildung ist durch das Revisionsgericht jedoch nur z. T. nachvollziehbar, denn die Urteilsgründe geben lediglich einen geringen Teil der Beweisaufnahme wieder. Informationen, die – zu Recht oder zu Unrecht – nicht subsumiert oder nicht hinreichend gewichtet werden, gehen in aller Regel für die Revisionsinstanz verloren. Bei der Ratlosigkeit von Sachverständigen und Richtern, den Begriff des Affektdelikts und den korrespondierenden der tiefgreifenden Bewußtseinsstörung, die in den letzten Jahren vordergründig durchaus Gestalt angenommen haben, auszufüllen, verwundert es nicht, wenn bereits bei der Befunderhebung, den tatsächlichen Feststellungen, Unsicherheiten entstehen, die dazu führen, daß Sachverständige und Richter schon auf dieser Ebene willkürlich selektieren.

Das Unbehagen über den weiten Ermessensspielraum, den die Zuordnung des Affektdelikts zum Merkmal der tiefgreifenden Bewußtseinsstörung eröffnet, wird allseits formuliert, seine Ursache jedoch ganz unterschiedlich gesehen. So ist die Rede von Verständigungsschwierigkeiten zwischen Sachverständigen und Richtern,[3] von inkompatiblen Denksystemen der Psychiatrie und des Strafrechts,[4] wird einerseits Hoffnung in die Quantifizierbarkeit psychischer Phänomene gesetzt,[5] andererseits Psycho-

1 Den weiten Ermessensspielraum des Sachverständigen beklagen etwa Bernsmann, NStZ 1989, S. 160; Salger, Tröndle-Festschrift, S. 201; Rasch, NJW 1980, S. 1309; Haddenbrock in: Göppinger/Witter (Hrsg.), Hdb. d. forens. Psychiatrie, Bd. 2, 1972, S. 928; Witter, Kriminalbiologische Gegenwartsfragen 1962, S. 96.
2 Salger, a.a.O.
3 Salger, a.a.O.
4 Rasch, a.a.O. (Fußnote 1), S. 1309.
5 Mende in: Venzlaff (Hrsg.), Psychiatrische Begutachtung, 1986, S. 323.

logie und Psychiatrie der Zugang zum gesetzlichen Merkmal der tiefgreifenden Bewußtseinsstörung kategorial abgesprochen.[6]

Kein anderes Element der ersten Ebene des § 20 StGB bereitet vergleichbare Probleme,[7] was auch damit zusammenhängen mag, daß die Beurteilung des normalpsychologischen Affekts die Rekonstruktion eines psychischen Zustands verlangt, für den sich in der Person des Probanden zum Zeitpunkt der Begutachtung kein Äquivalent finden läßt. Zwar gilt das Prinzip der zeitlichen Koinzidenz von Tat und Schuld für alle „biologischen" Elemente des § 20 StGB. Doch wird sich eine Oligophrenie zu verschiedenen Zeitpunkten kaum unterschiedlich darstellen, und auch wo ein schizophrener Schub die Tat gekennzeichnet haben soll, sichern nach der akuten Exazerbation relativ eindeutige Symptome die Diagnose.

Die fehlende Tradition der Affekthandlung in den Seinswissenschaften

Die Schwierigkeit der Beurteilung von Affekthandlungen wird gleichwohl nicht so sehr durch die Veränderungen charakterisiert, die der psychische Zustand von der Tat bis in die Hauptverhandlung erfährt, als vielmehr durch den Umstand, daß von einer Diagnose, wie sie im Falle der Schizophrenie das Merkmal der krankhaften seelischen Störung ausfüllt, bei der Affekttat im Hinblick auf die tiefgreifende Bewußtseinsstörung nicht die Rede sein kann.

Zwar wurde inzwischen hinsichtlich der Determinanten eines Affekts, der als tiefgreifende Bewußtseinsstörung gelten kann, eine gewisse terminologische Übereinkunft erzielt, die zu einem nicht geringen Teil der repräsentativen Zusammenstellung von in der wissenschaftlichen Diskussion verwandten Kriterien durch Saß[8] zu danken ist. Doch fehlt dem Begriff des normalpsychologischen Affekts die „Tiefenstruktur"[9], die im Vergleich zu Psychosen, aber auch zu Neurosen – und anderen Zustandsbildern, die dem Merkmal der schweren anderen seelischen Abartigkeit zugeordnet werden – die Bezeichnung „Diagnose" am Platz erscheinen läßt. Die Affektkriterien sind in ihrer inhaltlichen Akzeptanz, Reliabilität und Validität weit von jenem Standard entfernt, der für die Beurteilung der übrigen Elemente der ersten Ebene des § 20 StGB gilt.[10] Rasch spricht von der Gefahr tautologischer Pseudodefinitionen, deren Auslegung weitgehend vom subjektiven Ermessen des Sachverständigen abhängt.[11]

Zweifel, ob verstärkte Bemühungen der Fachwissenschaften weiterführen, verläßliche Kriterien zu gewinnen[12], sind berechtigt, denn forensische Psychiatrie und forensische Psychologie haben mit dem Versuch, das Affektdelikt im Hinblick auf die tief-

6 Haddenbrock, Witter a.a.O. (Fußnote 1); zum Teil auch Rasch a.a.O. (Fußnote 1); aus juristischer Sicht etwa Bernsmann a.a.O. (Fußnote 1).
7 Maisch, MschrKrim, 1983, S. 347, 360, Salger, a.a.O. (Fußnote 1), S. 207.
8 Saß, Nervenarzt 54 (1983) S. 557 (vgl. auch ihre Verteidigung und teilweise Revision in: Fortschritte der Neurologie und Psychiatrie 53, 1985, S. 55).
9 Bernsmann, a.a.O. (Fußnote 1), S. 162.
10 Bernsmann, a.a.O., S. 161.
11 Rasch, a.a.O. (Fußnote 1), S. 1309.
12 Rasch, a.a.O.

greifende Bewußtseinsstörung zu gewichten, wenn nicht ihr Fachgebiet, so doch das eingeführte Begriffssystem ihrer Mutterwissenschaften verlassen. Die Psychiatrie versteht sich als „Wissenschaft von der Erkennung und Behandlung des krankhaft veränderten oder abnormen Seelenlebens".[13] Zwar wurde der enge, somatisch orientierte Krankheitsbegriff zugunsten einer Öffnung für weitere psychische und soziale Verhaltensstörungen aufgegeben. Der normalpsychologische Affekt bleibt gleichwohl außerhalb der Reichweite des wissenschaftlichen Selbstverständnisses.[14] Denn auch die erweiterte Zuständigkeit der Psychiatrie setzt Behandlungsbedürftigkeit voraus, die bei der Affekthandlung bereits wegen ihrer Einzigartigkeit in der Lebensgeschichte nicht plausibel erscheint. So verwundert es nicht, daß der dem Merkmal der tiefgreifenden Bewußtseinsstörung korrespondierende Affektbegriff in den meisten Standardwerken der Psychiatrie keine Erwähnung findet.[15] In den bekannten Diagnoseschlüsseln ICD und DSM III R[16] ist die Affekthandlung ebenfalls nicht erfaßt. Zwar begegnen dort „affektive Störungen", die jedoch mit der Affekthandlung, die der strafrechtlichen Beurteilung zugrundeliegt, keine Berührungspunkte aufweisen. Lediglich unter dem Stichwort „Störung der Impulskontrolle, nicht näher bezeichnet" findet sich im DSM III R[17] ein Auffangtatbestand, der allerdings nicht näher ausgeführt wird, von dem mithin keine nennenswerten Erfahrungen und Kenntnisse vorliegen.

Über dieses Defizit hilft auch ein weites Verständnis von Psychopathologie nicht hinweg.[18] Zwar mag es den normalpsychologischen Affekt umfassen, die fehlenden klinischen Erfahrungen der Psychiatrie mit den zugrundeliegenden Phänomenen ersetzt es nicht. Überdies ist fraglich, welche Funktion die begriffliche Klammer einer weitverstandenen Psychopathologie erfüllen soll, wenn krankhafte seelische Prozesse und normalpsychologischer Affekt kategorial nicht vergleichbar sind.[19]

Die Psychologie verfügt – nicht nur weil normalpsychologische Vorgänge ihren Forschungsgegenstand bilden – eher über einen wissenschaftlichen Zugang. Die Motivationslehre Kurt Lewins[20] bietet einen konstruktiven theoretischen Hintergrund, seine Schülerin Tamara Dembo[21] hat Affektverhalten, das strafrechtlich relevanten Mustern nahekommt, experimentell untersucht.[22] Neue motivationspsychologische Ar-

---

13 Peters, Wörterbuch der Psychiatrie und medizinischen Psychologie (1984), Stichwort „Psychiatrie".

14 Ziegert, Vorsatz, Schuld und Vorverschulden, 1987, S. 16.

15 Vgl. etwa Berner, Psychiatrische Systematik; Bleuler, Lehrbuch der Psychiatrie; Bostroem, Störungen des Wollens; Bräutigam, Reaktionen, Neurosen, Psychopathien; Ewald, Lehrbuch der Neurologie und Psychiatrie; Jaspers, Allgemeine Psychopathologie; Kretschmer, Medizinische Psychologie; Pauleikhoff/Mester, Abnorme Reaktionen und Entwicklungen; Weitbrecht, Psychiatrie im Grundriß.

16 Degkwitz et al. (Hrsg.) Diagnosenschlüssel und Glossar psychiatrischer Krankheiten 1989; Wittchen et al. (Hrsg.) Diagnostisches und statistisches Manual psychischer Störungen, Revision, 1989.

17 DSM III R 312.39 (S. 397).

18 Saß, a.a.O. (Fußnote 8), S. 1985.

19 Krümpelmann, ZStW 88 (1976) S. 6 ff.

20 K. Lewin, Vorsatz, Wille und Bedürfnis. Psychologische Forschung 1926, S. 330; Lewin, Feldtheorie in den Sozialwissenschaften 1963, S. 271.

21 T. Dembo, Psychologische Forschung 1931, S. 1.

22 Rezipiert von Undeutsch (etwa in Elter et al., Handwörterbuch der Kriminologie 1966) und Krümpelmann (v. a. Affekt und Schuldfähigkeit, 1988).

beiten[23] führen diese Tradition fort und erweisen sich als fruchtbar für die Strafrechts-dogmatik.[24] Dennoch fehlt bis heute eine psychologische Theorie der Affekthandlung, die auch nur annähernd das Auflösungsvermögen hat, die Beurteilung von Affekttaten in der forensischen Praxis zu tragen.

Die Fachwissenschaften, v. a. die Psychiatrie, deren Vertreter die Hauptlast der Begutachtung tragen, können demnach nicht auf eine gesicherte wissenschaftliche Tradition zurückgreifen. Während etwa der forensischen Beurteilung von Psychosen die ganze Breite der Erfahrungen zur Verfügung steht, die in der klinischen Psychologie gesammelt wurden, fehlt der Einschätzung von Affekttaten der Bezug zur Mutter-wissenschaft.[25] Die forensische Psychiatrie ist bei ihrer Begutachtung ganz auf sich selbst verwiesen, muß Begriffe entwickeln, ohne aus dem gesicherten Bestand der all-gemeinen Psychiatrie schöpfen zu können. Dies bedeutet nicht nur ein quantitatives (Fallzahlen), sondern auch ein qualitatives Defizit, denn weder läßt sich – im Gegen-satz zur klinischen Forschung – der Verlauf der relevanten psychischen Prozesse be-obachten, noch können Daten bei Probanden erhoben werden, die sich nicht mit dem verständlichen Interesse äußern, einen Strafprozeß möglichst unbeschadet zu über-stehen. An die Stelle empirisch abgestützter Krankheitsbilder treten so Erfahrungen, die allein forensisch tätige Psychiater im Rahmen ihrer Gutachtertätigkeit sammeln. Dieser Zugang zum Phänomen der Affekttat entspricht aber jenem eines Richters am Schwurgericht.[26]

Affektkriterien als alltagspsychologische Umschreibungen

Der Ertrag der fachwissenschaftlichen Bemühungen um das Affektdelikt wurde von Saß zusammengestellt und kritisch kommentiert.[27] Er führt 12 Kriterien an, mit de-nen Phänomenologie und Struktur des Affektdelikts beschrieben werden, die eine hochgradige affektive Erregung zum Zeitpunkt der Tat indizieren und somit die Ver-mutung einer tiefgreifenden Bewußtseinsstörung nahelegen:

1) spezifische Vorgeschichte und Tatanlaufzeit,
2) affektive Ausgangssituation mit Tatbereitschaft,
3) psychopathologische Disposition der Persönlichkeit,
4) konstellative Faktoren,
5) abrupter, elementarer Tatablauf ohne Sicherungstendenzen,
6) charakteristischer Affektauf- und -abbau,
7) Folgeverhalten mit schwerer Erschütterung,
8) Einengung des Wahrnehmungsfeldes und der seelischen Abläufe,

---

23 Heckhausen, Motivation und Handeln 1980; J. Kuhl, Motivation, Konflikt und Handlungs-kontrolle 1983.
24 Vgl. hierzu Ziegert a.a.O. (Fußnote 14), S. 56.
25 Bernsmann, a.a.O. (Fußnote 1), S. 161; Saß a.a.O. (Fußnote 8, 1983) S. 569; Ziegert a.a.O. (Fußnote 14) S. 18.
26 Wobei sich allerdings methodischer Ansatz und wissenschaftlicher Hintergrund beider Diszi-plinen grundlegend unterscheiden.
27 Wie Fußnote 8, 1983.

9) Mißverhältnis zwischen Tatanstoß und Reaktion,
10) Erinnerungsstörungen,
11) Persönlichkeitsfremdheit,
12) Störung der Sinn- und Erlebniskontinuität.

Ihnen werden 13 Merkmale gegenübergestellt, die gegen eine relevante Bewußtseinsstörung sprechen und die eine psychopathologische Analyse der Bewußtseinslage zur
Tatzeit leisten sollen:

1) aggressive Vorgestalten in der Phantasie,
2) Ankündigung der Tat,
3) aggressive Handlungen in der Tatanlaufzeit,
4) Vorbereitungshandlungen für die Tat,
5) Konstellierung der Tatsituation durch den Täter,
6) fehlender Zusammenhang Provokation-Erregung-Tat,
7) zielgerichtete Gestaltung des Tatablaufs vorwiegend durch den Täter,
8) lang hingezogenes Tatgeschehen,
9) komplexer Handlungsablauf in Etappen,
10) erhaltene Introspektionsfähigkeit bei der Tat,
11) exakte detailreiche Erinnerung,
12) zustimmende Kommentierung des Tatgeschehens,
13) Fehlen von vegetativen psychomotorischen und psychischen Begleiterscheinun-
    gen heftiger Affekterregung.

Schon ein erster Blick auf die Kriterien beider Gruppen zeigt, daß Definition und
Beurteilung der Affekttat weitgehend nicht auf Begriffen der Fachwissenschaften fu-
ßen, sondern überwiegend auf alltagssprachlich gefaßten Merkmalen, die gerade dem
im Strafprozeß tätigen Juristen geläufig sind und die auch außerhalb einer Affekthandlung im engeren Sinn häufig zur Charakterisierung eines deliktischen Geschehens herangezogen werden.

Die Analyse der Vorgeschichte einer Straftat unter dem Aspekt der Täter-Opfer-Beziehung ist Gegenstand gesetzlicher Regelungen, wie etwa in den §§ 213, 233, 199,
aber auch in § 33 StGB, und dort unabhängig vom Verdacht einer tiefgreifenden Bewußtseinsstörung aufklärungsbedürftig. Sie ist auch bei sonstigen Beziehungstaten
spätestens der Strafzumessung zugrundezulegen. Dasselbe gilt für das Kriterium der
affektiven Ausgangssituation vor der Tat, das ebenfalls bereits auf der Tatbestandsebe-
ne, etwa bei der Prüfung von Mordmerkmalen, Bedeutung erlangen kann. Der Af-
fektauf- und -abbau charakterisiert das deliktische Kerngeschehen und zählt daher zur
Domäne richterlicher Urteilsbildung. Das Folgeverhalten nach der Tat ist in § 46
Abs. 2 StGB ausdrücklich genannt. Die in der ersten Gruppe unter den Ziffern 9, 11
und 12 aufgeführten Kriterien werden in ihrer Bedeutung durch die extreme Subjektivität ihrer Beurteilung relativiert. Ebensowenig wie die zuvor genannten stellen sie
Störungen oder Symptome im psychopathologischen Sinn dar.[28] Sie begegnen in Strafurteilen aber häufig außerhalb der Prüfung von Affektdelikten – das Mißverhältnis

---

28 Saß, a.a.O. (Fußnote 8, 1983) S. 566.

zwischen Tatanstoß und Reaktion etwa als eine Determinante der Mordqualifizierung des „niedrigen Beweggrundes".[29]

Allein die Erinnerungsstörung, die Bewußtseinseinengung, konstellative Faktoren und Besonderheiten der Persönlichkeit können als Kriterien gelten, die den Seinswissenschaften einen fachspezifischen Zugang eröffnen. Im Rahmen der übrigen Merkmale werten die Sachverständigen auf einer Basis, die sich nicht grundlegend von jener der erfahrenen, allein juristisch vorgebildeten Prozeßbeteiligten unterscheidet. Zum Teil sprechen die Begriffe Bereiche an, in denen sich Richter, Staatsanwälte und Verteidiger auch in anderen Zusammenhängen argumentativ bewegen, die ihnen folglich näher liegen als Psychologen und Psychiatern.

Dies gilt – und hier fast ausnahmslos – auch für die zweite, die Begutachtung ausschlaggebend tragende Gruppe. Lediglich in Ziffer 13 und mit Einschränkung in Ziffer 10 werden Vorgänge thematisiert, zu deren Beurteilung fachspezifische Kenntnisse und Fertigkeiten hilfreich erscheinen. Aggressive Vorgestalten, aggressive Handlungen in der Tatanlaufzeit, die Ankündigung der Tat oder die zustimmende Kommentierung des Tatgeschehens entsprechen Kategorien richterlicher Wertung, die in Strafurteilen – etwa im Kontext der Strafzumessung – mannigfach vorkommen. Der Zusammenhang zwischen Provokation und Tat ist wiederum Gegenstand gesetzlicher Regelungen außerhalb der Schuldfähigkeitsnormen wie in den §§ 213, 233, 199 StGB. Die zielgerichtete Gestaltung und die Komplexität des Tatablaufs entsprechen neben den Ziffern 5 und 8 einer verbreiteten richterlichen Alltagstheorie erhaltener Schuldfähigkeit, die allerdings durch den Bundesgerichtshof im Rahmen der Beurteilung einer alkoholbedingten Beeinträchtigung kritisiert wird, mit der Folge, daß ihre Anwendung dort zur Aufhebung der instanzlichen Urteile führen kann.[30]

Die Frage liegt nahe, was die Erfahrungswissenschaften zur Aufklärung der Mehrzahl von Merkmalen beitragen können, die, wenn nicht strafrechtsdogmatischer, so doch richterlicher Begriffsbildung weit eher erwachsen scheinen als der eigenen Disziplin. Legt man wissenschaftliche Maßstäbe an, die in Psychologie und Psychiatrie gelten, zerbröckeln die meisten der angebotenen Begriffe, sobald man sich ihrer zu bedienen versucht.[31] In der psychiatrischen Literatur wurde deshalb schon früh darauf hingewiesen, daß die Beurteilung des normalpsychologischen Affekts nicht die Frage einer Diagnose impliziert, sondern jene der normativen Wertung, welche Anforderungen an die Beherrschung hochgradiger Erregungszustände zu stellen sind.[32] Der Sachverständige, der sich auf die eingeführten Kriterien einläßt, gerät in die Gefahr, diese normativen Wertungen durch pseudowissenschaftliche Argumente zu legitimieren.

29 BGH MDR 1975, S. 725; Schönke-Schröder-Eser, § 211 Rdnr. 19.
30 Salger, Pfeiffer-Festschrift, S. 388.
31 Rasch, a.a.O. (Fußnote 1), S. 1312.
32 Haddenbrock, a.a.O. (Fußnote 1), S. 934; Witter a.a.O. (Fußnote 1); ähnlich, allerdings mit Einschränkungen, Rasch, a.a.O. (Fußnote 1).

Die juristische Affekttheorie

Tatsächlich sind jene Wertungen, die das Bild der Affekthandlung in foro charakterisieren, allenfalls durch eine juristische Theorie des Affektdelikts zu rechtfertigen, die, von Sinn und Legitimation staatlichen Strafens ausgehend, die normativen Setzungen offenlegt und rational begründet. Eine Theoriebildung der Rechtswissenschaften ist hierzu aber nicht einmal im Ansatz erkennbar,[33] obgleich die stark normative Komponente in der Beurteilung von Affektdelikten stets betont wird.[34] Die Rechtsprechung hat immerhin Elemente benannt, läßt aber auch unbenannte Wertungen – offenbar systematisch – in ihre Entscheidungen einfließen.[35] Dieses Defizit kann hier nur festgestellt, nicht ausgeglichen werden. Tragende Bausteine einer normativen Theorie des Affektdelikts[36] sind gleichwohl in ihren Umrissen erkennbar:

1. Die eingeführten Affektkriterien

Einen zentralen Bestandteil werden die von Saß zusammengestellten, vorwiegend alltagspsychologisch konzipierten Affektmerkmale bilden, die allerdings einer weiteren Revision zu unterziehen sind.[37] Zu integrieren gilt es wenigstens 2 Themenkreise: Opferverhalten und Vorverschulden. Der erstgenannte klingt zwar bereits in den diskutierten Kriterien an, die den Beitrag des Opfers sowohl unter dem Gesichtspunkt der Affektgenese als auch jenem der unmittelbaren Tatprovokation thematisieren. Die Rechtsprechung scheint jedoch – wenn auch unbenannt – das Verhalten des Opfers im Sinn seiner Zuständigkeit für den Konflikt schlechthin zu werten.[38] Dagegen wurde die Vorstellung, daß nur der unverschuldete Affekt zur Exkulpation oder zu einer Strafrahmenverschiebung nach den §§ 21, 49 Abs. 1 StGB führen kann,[39] schon in den ersten höchstrichterlichen Entscheidungen zum Affekt ausgedrückt[40] und bis heute festgeschrieben,[41] wenn sich auch die Einschätzung der Qualität des anzurechnenden Verschuldens gewandelt hat.[42]

2. Opferverhalten

Beziehungstaten, denen ein meist langandauernder Konflikt zwischen den Partnern zugrundeliegt, stellen die bei weitem wichtigste Untergruppe des Affektdelikts dar. An ihren Beispielen wurde die höchstrichterliche Rechtsprechung entwickelt,[42] auf sie

---

33 Salger, a.a.O. (Fußnote 1) S. 204.
34 Bernsmann, Rasch, Salger, a.a.O. (jeweils Fußnote 1); Blau, Tröndle-Festschrift, S. 109.
35 Vgl. dazu unten 2).
36 Vgl. hierzu auch Blau, a.a.O. (Fußnote 34), S. 118 f.
37 Was im Rahmen einer alkoholbedingten Beeinträchtigung der Schuldfähigkeit obsolet ist, kann schwerlich beim Affektdelikt Validität reklamieren; vgl. oben, Fußnote 30.
38 Vgl. hierzu Bernsmann a.a.O. (Fußnote 1) sowie unten 2).
39 Hierzu unten 3).
40 OGHSt 3,19.
41 Etwa BGHSt 35,143.
42 Hierzu eingehend Ziegert a.a.O. (Fußnote 14), S. 173 ff.

konzentriert sich die wissenschaftliche Diskussion.[43] Die Rolle des Opfers wird daher auch in den Affektkriterien thematisiert. So kann die „spezifische Vorgeschichte" gerade durch den Beziehungskonflikt geprägt sein, bestimmt sich das „Mißverhältnis zwischen Tatanstoß und Reaktion" auch nach dem Opferverhalten. Gleiches gilt für die „affektive Ausgangssituation", die durch eine Verlagerung der Dynamik vom Täter auf die Feldkräfte der Handlungssituation gekennzeichnet ist. Wenn der Beziehungspartner diese beherrscht, steht auch bei der situativen Affektkomponente das Opfer im Vordergrund. In der zweiten Merkmalsgruppe wird die Provokation durch das Opfer in Ziffer 6 direkt angesprochen, während in den Ziffern 5 und 7 die Konstellierung der Tatsituation und die Gestaltung des Tatablaufs durch den Partner in Betracht zu ziehen ist.

Eine viktimologische Betrachtungsweise scheint Strafurteile aber, wie Bernsmann jüngst anhand überwiegend revisionsrechtlicher Rechtsprechung dargelegt hat,[44] weit stärker zu prägen, als es die Affektkriterien, die Opferverhalten als – keineswegs zentrales – Merkmal unter anderen erfassen, erwarten ließen.

Bereits in der die Affektrechtsprechung begründenden Entscheidung des OGH BrZ[45] wird das Opfer als seelischer Peiniger, der Hetze betreibt, in einem frühen Urteil des BGH[46] als Trinker, der zu Tätlichkeiten neigt, etikettiert. Im ersten Urteil des BGH, das die Affektproblematik grundlegend diskutiert, begegnet eine schon bald kritisierte[47] Schwarz-weiß-Malerei: Das Tatgericht hatte dem warmherzigen und gutherzigen, weichen, friedliebenden, gewissenhaften und arbeitsamen Angeklagten seine aktive, zielbewußte, selbstsüchtige, herrschsüchtige und überhebliche Frau nebst ebenso schrecklicher Schwiegermutter gegenübergestellt, die ihn durch jahrelange Gehässigkeiten an den Rand der Verzweiflung gebracht und zermürbt hätten.[48] Bernsmann zeigt, daß es sich hierbei nicht um sprachliche Entgleisungen handelt, sondern daß die veröffentlichte Rechtsprechung in erheblichem Umfang einer viktimologischen Betrachtungsweise verhaftet ist. Dies wird nicht nur durch die verbreitete Rechtfertigung von Rücknahme oder Abschwächung des Strafanspruchs gegenüber dem Affekttäter über die Zuschreibung von Verantwortung für die deliktische Katastrophe beim Opfer belegt, was in den Affektkriterien zumindest eine gewisse Stütze finden könnte. Das (Über-)Gewicht der Opferperspektive wird vielmehr deutlich, wenn sich umgekehrt die Entlastung durch einen rein[49] normalpsychologischen Affekt, für dessen Entstehen beim Opfer kein „Mitverschulden" gefunden werden kann, als Rarität erweist.[50]

Die Analyse überwiegend revisionsrechtlicher Entscheidungen entspricht der Erfahrung in der Tatsacheninstanz, die eine Viktimisierung des Opfers einer Vergewal-

---

43 Bernsmann, a.a.O. (Fußnote 1); Rasch, Tötung des Intimpartners, 1964; Venzlaff, Blau-Festschrift, S. 391.

44 a.a.O. (Fußnote 1); ihm folgend Blau, a.a.O. (Fußnote 34).

45 OGHSt 3,19.

46 BGHSt 3,194.

47 Geilen, Maurach-Festschrift, S. 185.

48 BGHSt 11,20.

49 Bei dem konstellierende Faktoren keine ausschlaggebende Bedeutung gewinnen.

50 Im Gegensatz hierzu aber BGH StV 1988, S. 58 (obwohl es sich nicht um einen rein normalpsychologischen Affekt im Sinne von Fußnote 48 handelt, fällt die Entscheidung aus dem Rahmen).

tigung in der Hauptverhandlung meist als Kunstfehler, die neuerliche Attacke auf das Ziel eines Affektdelikts aber häufig als aussichtsreichen und entscheidenden Schritt auf dem Weg zu einer affektbedingten Privilegierung erscheinen läßt.

Die Wertung des Affektdelikts unter dem Beziehungsaspekt der Zuständigkeit des Opfers für den Konflikt wird in den Urteilsgründen weder reflektiert noch auch nur benannt, sie fließt gleichsam unter der Hand ein.[51] Einer juristisch-normativen Theorie des Affektdelikts obläge es, die viktimologische Betrachtungsweise, die über das Verständnis für die Psychodynamik, die das Opferverhalten vermittelt,[52] hinausgehend, dem Opfer Verantwortung zuschreibt, zu analysieren und ggf. einzubinden. Für eine Integration viktimologischer Gesichtspunkte hat Bernsmann Argumente zusammengestellt, die nicht ohne weiteres zu widerlegen sind[53], zumal gesetzliche Regelungen eine Entlastung des Täters direkt (§ 213 StGB) oder indirekt (§§ 33, 34, 35 StGB) vom Verhalten des Opfers abhängig machen.[54]

3. Vorverschulden

Theorien des Vorverschuldens

Während eine normative Theorie des Affektdelikts für die erstgenannten Bausteine lediglich auf Beiträge der Psychowissenschaften (Ziffer 1.) und die Praxis der Rechtsprechung (Ziffern 1. und 2.) zurückgreifen kann, werden strafrechtsdogmatische Konzeptionen von Vorverschulden schon seit längerem diskutiert.[55] Dabei geht es zentral um die Frage, ob der Schuldvorwurf an Umstände, die außerhalb des eigentlichen Tatgeschehens liegen, geknüpft werden kann, wenn die Schuldfähigkeit zum Zeitpunkt der Tat aufgrund einer tiefgreifenden Bewußtseinsstörung aufgehoben war. Die Rechtsprechung hat die Antwort an ihrem Bemühen orientiert, die Privilegierung durch den normalpsychologischen Affekt einzuschränken und bereits in den ersten Entscheidungen betont, daß die §§ 20, 21 StGB nur Anwendung finden, wenn den Täter kein Verschulden an der Affektlage trifft.[56]

In der Literatur lassen sich neben den unterschiedlichsten Erklärungsversuchen zwei größere Gruppierungen ausmachen: Die Anhänger der „Tatbestandslösung" wollen Vorverschulden im Rahmen der actio libera in causa zurechnen.[57] Die Gegenansicht fußt auf einer Analogie zum Verbotsirrtum und leitet daraus die Regel ab, „daß der Täter (auch dann) wegen eines Vorsatzdelikts, das er im Zustand ausge-

---

51 Bernsmann sieht in Anlehnung an einen Begriff aus den Wirtschaftswissenschaften die „unsichtbare Hand" am Werk.

52 Nur unter diesem Gesichtspunkt, der allerdings das faktische Gewicht des Beziehungsaspekts in den Entscheidungen allein nicht erklären kann, wird Opferverhalten in den Urteilsgründen ausdrücklich gewertet.

53 Jedenfalls nicht durch die schlichten Einwände von Frisch, ZStW 101 (1989), Fußnote 68, die überdies die tatrichterliche Praxis gänzlich verfehlen.

54 Auch die Rechtsfolgenlösung in BGHSt 30,105 knüpft an Opferverhalten an.

55 Behrend, Affekt und Vorverschulden, 1985; Neumann, Zurechnung und „Vorverschulden", 1985; Stratenwerth, Armin Kaufmann-Festschrift, S. 485; Ziegert, a.a.O. (Fußnote 14), S. 189 ff.

56 OGHSt 3,19; 3,80; BGHSt 8,113; 11,20.

57 Jescheck, Allgemeiner Teil, S. 356; Roxin, Lackner-Festschrift S. 307; Schönke-Schröder-Lenckner § 20 Rdnr. 15.

schlossener Schuld begeht, haftbar wäre, wenn er diesen Zustand in vermeidbarer Weise herbeigeführt hat und dabei zumindest voraussehen konnte, daß er in ihm möglicherweise ein solches Delikt begehen werde"[58]. Die Tatbestandslösung stellt für eine normative Theorie der Affekthandlung keine Herausforderung dar, da sie bei Affekttaten praktisch keine Berücksichtigung von Umständen erlaubt, die außerhalb des eigentlichen Tatgeschehens liegen.[59] Behandelt man hingegen die vermeidbare Schuldunfähigkeit analog dem vermeidbaren Verbotsirrtum, so stellen sich vielfältige Probleme, die weitgehend ungeklärt sind.

Jede Theorie des Vorverschuldens setzt sich in Widerspruch zum Koinzidenzprinzip, zu der Regel, daß die Handlung, die rechtswidrig den Tatbestand erfüllt, gleichzeitig schuldhaft sein muß, um zu einer strafrechtlichen Haftung zu führen;[60] dies gilt grundsätzlich auch für die Tatbestandslösung. Die Berücksichtigung von Vorverschulden, die Nichtbeachtung eines Defekts im Sinne des § 20 StGB zum Zeitpunkt der Tat, stellt eine Lockerung des Koinzidenzprinzips dar. Somit ist eine Konzeption strafrechtlichen Vorverschuldens notwendig mit der Frage befaßt, wie eng das Schuldurteil auf die Unrechtstat bezogen bleiben muß.[61]

Die Antworten hierauf[62] sind über allgemeine Rahmenbedingungen nicht hinausgelangt. Überwiegend wird verlangt, daß der Täter zum Zeitpunkt, da ihn jene Sorgfaltpflichten oder Obliegenheiten treffen, die helfen sollen, das Delikt zu vermeiden und deren Verletzung Vorverschulden konstituiert, die Unrechtstat ihrer Art nach vorhersehen konnte.[63] Die Rechtsprechung hat diesem Gesichtspunkt zunächst keinerlei Beachtung geschenkt und isoliert mögliche Anknüpfungspunkte vorverlagerter Schuld erörtert. Ausdrücklich wurde der Tatbezug in einer Entscheidung des 1. Strafsenats 1976 thematisiert. Danach soll es nicht auf die Vorhersehbarkeit der konkreten Affekttat, wohl aber auf jene der Affektentladung ankommen.[64] Derselbe Senat hat nunmehr judiziert, daß der Täter die Möglichkeit gehabt haben muß, die im Affekt begangene Tat zu antizipieren.[65] Die Konkretisierung eines mittelbaren Tatbezugs stellt eine zentrale Aufgabe der normativen Theorie der Affekthandlung dar.

---

58 Stratenwerth, a.a.O. (Fußnote 55) S. 495; Ziegert a.a.O. (Fußnote 14) S. 212 ff.
59 Vgl. hierzu Ziegert, a.a.O. (Fußnote 14) S. 181.
60 Hierüber versucht Frisch (Fußnote 52, S. 607 ff.) durch ein terminologisches Vexierspiel hinwegzutäuschen, indem er ohne dogmatische Begründung, allein gestützt auf rechtspolitische Überlegungen, die Konkretisierung des Koinzidenzprinzips in § 20 StGB, den Bezug auf die Begehung der Tat, suspendiert: Tat sei in § 20 StGB nicht als Tatbestandsverwirklichung zu verstehen, sondern als historisches Ereignis, das jenes Verhalten umfaßt, das im Vorfeld der Vermeidung der Affekttat gelten soll. Charakteristisch für die Konzeption von Frisch ist auch, daß einerseits die Grenzen dieses „Tatbegriffs" praktisch unerörtert bleiben, andererseits sogar „der eigentlichen Affektgenese vorausgehende gefahrerhöhende Handlungen als schuldfundierende Pflichtverletzung" aufgefaßt werden (S. 583).
61 Vgl. Stratenwerth, a.a.O. (Fußnote 55) S. 485, 497; Ziegert, a.a.O. (Fußnote 14) S. 189 ff., 197, 210; verkannt von Frisch, a.a.O. (Fußnote 52) S. 556 Anm. 71. Vgl. auch zu einigen grundlegenden Mißverständnissen, die Frisch bei der Diskussion der Vorverschuldensproblematik unterlaufen: Krümpelmann, Recht und Psychiatrie 1990, S. 150.
62 Vgl. Stratenwerth, a.a.O. S. 497.
63 Rudolphi, Maurach-Festschrift, S. 211; Stratenwerth, a.a.O., S. 495; Ziegert, a.a.O. (Fußnote 14) S. 210.
64 Urteil vom 14.12.1976, 1 StR 568/76; z. T. abgedruckt bei Holz, MDR 1977, S. 458 ff.
65 BGHSt 35,143.

Ebenso klärungsbedürftig sind die Anknüpfungspunkte des Schuldvorwurfs im Vorfeld der Affektentladung. Im Schrifttum wird diese Fragestellung kaum thematisiert;[66] die Rechtsprechung wählt Gesichtspunkte unsystematisch, fallorientiert aus. Sorgfaltspflichten, die mit der Affektentladung in Zusammenhang stehen, lassen sich auf mindestens 4 Ebenen beschreiben: auf jener der zu hoher Erregung disponierenden Persönlichkeit, der des Konflikts, der des Anwachsens der affektiven Spannung sowie jener der Situation des Affektdurchbruchs. Einigkeit besteht – nach anfänglichen Unsicherheiten auch in der Rechtsprechung[67] –, daß „Charakterfehler" keinen geeigneten Bezugspunkt darstellen, möglicherweise aber Erfahrungen, die der Täter mit seinen Reaktionstendenzen in bestimmten Situationen macht.[68] Ebensowenig ist die Zuständigkeit für die Existenz eines Konfliktes geeignet, Vorverschulden zu tragen, denn der Konflikt ist eine Grunderfahrung menschlichen Lebens. Das Eingehen einer konfliktträchtigen Beziehung darf daher strafrechtlich keine Bedeutung haben.[69] Die Situation, die zum Delikt führt, wird häufig als nichtiger Anlaß beschrieben, dessen Folgen für den Täter nicht vorhersehbar waren.[70] Zentraler Bezug für die Vorverlagerung des Schuldvorwurfs ist daher das Anwachsen der affektiven Spannung.

Völlig ungeklärt erscheint indes, welche konkreten Pflichten oder Obliegenheiten bestehen, für den Erhalt der Schuldfähigkeit zu sorgen. Die Kontrolle der affektiven Erregung, auf die es entscheidend ankommt, wenn die Affekttat vermieden werden soll, kann auf unterschiedlichen Wegen erfolgen. So mag der Täter – seine Erregung erhöhende – Situationen meiden oder sich davor hüten, in diesen Affektlagen, etwa durch Genuß von Alkohol oder Führen von Waffen, zusätzliche Gefahren zu schaffen, er kann aus dem Feld gehen, beispielsweise eine problematische Beziehung abbrechen, aber er könnte auch an seiner Konfliktbereitschaft arbeiten[71] und mit oder ohne therapeutische Hilfe eine veränderte Einstellung zum Konflikt gewinnen.

Vorverschulden als „Rechtsfahrlässigkeit"

An dieser Stelle können die aufgeworfenen Fragen nach einer Konkretisierung von Vorverschulden nicht beantwortet werden. Der Lösungsweg ist jedoch vorgezeichnet: Vorverschulden wird, wie bereits dargelegt, in Analogie zum Verbotsirrtum erläutert.[72] Aus der Vermeidbarkeit des Verbotsirrtums wird ein Vorwurf abgeleitet, der die Struktur der Fahrlässigkeit aufweist:[73] Hätte der Täter sein Gewissen angespannt, notfalls Erkundigungen eingezogen, so wäre ihm bewußt geworden, daß er sich anschickt, ein Rechtsgut zu verletzen. Wie dem im vermeidbaren Verbotsirrtum Han-

---

66 Vgl. aber Frisch a.a.O. (Fußnote 52); Krümpelmann a.a.O. (Fußnote 22), S. 235 ff.; Ziegert a.a.O. (Fußnote 14) S. 207.
67 BGH NJW 1959, S. 2315 – vgl. dagegen aber OGHSt 3, 80; BGH NJW 1966, S. 1871.
68 Krümpelmann, a.a.O. (Fußnote 22) S. 236.
69 BGH NJW 1959, S. 2315.
70 Hat er sie hingegen im Hinblick auf die Tat konstelliert, wird regelmäßig die tiefgreifende Bewußtseinsstörung in Frage gestellt.
71 Dies meint der BGH offensichtlich mit der „Pflicht zur Selbstzügelung" (etwa BGH MDR 1977, S. 458).
72 Vgl. oben, Fußnote 58.
73 Hierzu eingehend Ziegert a.a.O. (Fußnote 14) S. 190 ff.

delnden somit vorgehalten wird, er habe dem Unrechtsbewußtsein, der intellektuellen Komponente der Schuld, nicht genügend Aufmerksamkeit gewidmet, soll den Täter, der im verschuldeten Affekt einen gesetzlichen Tatbestand verwirklicht hat, der Vorwurf treffen, er habe nicht ausreichend Sorge um den Erhalt der Steuerungsfähigkeit – die voluntative Seite der Schuld – getragen.

Die Aufrechterhaltung des Schuldvorwurfs trotz Fehlens von Unrechtseinsicht oder Steuerungsmöglichkeiten zum Zeitpunkt der Tat ist somit jeweils mit einem Vorhalt an den Täter verbunden, der die Struktur der Fahrlässigkeit aufweist.[74] Mithin bietet es sich an, die Fahrlässigkeitsdogmatik als Leitfaden zur Konkretisierung von Vorverschulden heranzuziehen. Eine zentrale Aufgabe der Fahrlässigkeitsdogmatik ist die Eingrenzung des tatbestandsmäßigen Verhaltens. Nicht jedes Verhalten ist verboten, das ein Risiko für Rechtsgüter mit sich bringt. Vielmehr haben Sorgfaltsregeln auch die Funktion, den Bereich des erlaubten Risikos zu umschreiben.[75] Daraus folgt, daß die Voraussehbarkeit einer Tat in affektiver Entgleisung allein Vorverschulden nicht zu begründen vermag. Sorgfaltsregeln sind aber auch Erfahrungssätze. „Sie bezeichnen die Techniken und Vorsichtsmaßregeln, die ein ,einsichtiger und besonnener Mensch' (Welzel, Das deutsche Strafrecht S. 132) anwendet, um unnötige Gefahren auszuschließen...“[76].

Dem Ansatz des erlaubten Risikos liegt eine Güterabwägung zugrunde: Dem sozialen Nutzen einer Handlung (zum Beispiel Teilnahme am Straßenverkehr) wird das Risiko der Rechtsgutbeeinträchtigung (Unfallverletzung) gegenübergestellt. Überträgt man diesen Gedanken auf Vorverschuldenssituationen, so wäre in einer sich konflikthaft zuspitzenden Beziehung etwa der weitere Verbleib eines Partners in der Familie mit dem Risiko einer Rechtsgutverletzung im Affekt zu vergleichen.

In weiten Bereichen des sozialen Lebens ist eine solche Kosten-Nutzen-Saldierung allerdings nicht möglich, da sich die einzelnen Determinanten der Rechnung nicht verbindlich bestimmen lassen. Das erlaubte Risiko durch Risikoabwägung wird daher ergänzt durch jenes per historische Legitimation.[77]

Die Frage, die sich damit stellt, welche Risiken seit jeher gesellschaftlich toleriert werden, hängt aber eng zusammen mit dem klassischen Verständnis von Sorgfaltsregeln: Wie verhält sich in der konkreten Situation ein besonnener und einsichtiger Mensch (im Straßenverkehr reduziert er etwa bei Nebel die Geschwindigkeit). Überträgt man diese Gesichtspunkte von allgemeiner Zurechnungslehre und Fahrlässigkeitsdogmatik auf Vorverschulden, so hätte eine normative Theorie der Affekthandlung zu untersuchen, welche Erfahrungssätze bestehen, die das Verhalten im Vorfeld einer Affektentladung regeln.

Angesichts der Ratlosigkeit des Täters, die häufig die Vorgeschichte eines Affektdelikts prägt,[78] erscheint es eher zweifelhaft, daß anerkannte und allgemein verfügbare Verhaltensmaximen für affekttypische Konfliktsituationen bestehen. Sicher läßt sich nicht jede ungenutzte Chance in Vorverschulden wenden. Es ist äußerst zweifelhaft, ob es in bestimmten Lebenssituationen Verhaltensregeln gibt, die etwa die Auf-

---

74 Nicht Tat- sondern Rechtsfahrlässigkeit (Ziegert a.a.O.).
75 Stratenwerth, Strafrecht Allgemeiner Teil, 1102.
76 Stratenwerth, a.a.O.
77 Jakobs, Strafrecht Allgemeiner Teil, 2. Aufl., 7/35 f.
78 Und mit dem Gefühl der Ausweglosigkeit beschrieben wird.

nahme einer Psychotherapie (neue Einstellung zum Konflikt) oder das Verlassen der Familie (aus dem Feld gehen) nahelegen.[79]

Der Bundesgerichtshof präzisiert in der bereits angesprochenen Entscheidung[80] Vorverschulden daher auch in Anlehnung an die Rechtsprechung zur Versagung der Strafmilderung nach den §§ 21, 49 Abs. 1 StGB bei durch Alkohol schuldhaft herbeigeführter erheblich verminderter Schuldfähigkeit. Trotz Vorliegens der Voraussetzungen des § 21 StGB wird dort die Strafe nicht gemildert, wenn der Angeklagte unter Alkoholeinfluß zu Verhaltensweisen neigt, die der begangenen Tat entsprechen, und er sich dieser Neigung bewußt war oder hätte bewußt sein können.[81] Angesichts des ubiquitären Alkoholmißbrauchs bestehen allgemein anerkannte Erfahrungssätze, die es Menschen, die ihr Verhalten unter Alkohol nicht kontrollieren können, nahelegen, nicht zu trinken. Die meisten Angeklagten hatten hier auch schon vor der Tat Gelegenheit, die eigene Reaktionstendenz in der kritischen Situation kennenzulernen. Auf diesem allgemeinen wie individuellen Erfahrungshintergrund läßt sich der Vorwurf der Rechtsfahrlässigkeit begründen. Indes ist diese Argumentation nicht ohne weiteres auf die Affekttat übertragbar, mit der weder gesellschaftlich noch individuell eine der Alkoholproblematik vergleichbare Bandbreite an Erfahrungen besteht.

Die Fahrlässigkeitsdogmatik erörtert im Rahmen der Schuld einen Gesichtspunkt, der zu einer weiteren Einschränkung von Vorverschulden führt.[82] Es handelt sich hierbei um die Berücksichtigung von Folgen einer Bewußtseinsstörung, die nur im Rahmen der Fahrlässigkeit Bedeutung erlangen. Der Fahrlässigkeitstäter muß eine Leistung erbringen, die der Vorsatztäter stets bewältigt hat: die Voraussicht der Handlungsfolgen. Ist diese durch Störungen des Motivationsprozesses erschwert, so kann die Schuld entfallen, auch wenn der Motivationsdruck nicht die Schwelle der §§ 33, 35 StGB erreicht hat.[83] Für die Vorverschuldensproblematik bedeutet dies: Geriet ein Angeklagter unverschuldet in eine Konfliktsituation, so ist er im Hinblick auf eine spätere affektive Entgleisung entschuldigt, wenn bereits die Anfangsphase des Konflikts (etwa die Mitteilung des Partners, er werde ihn verlassen) einen Motivationsdruck ausübt, der die Suche nach konstruktiven Konfliktlösungsmodellen wesentlich erschwert. Die vielfältigen Einschränkungen der Zurechnung von Vorverschulden, die bereits in diesem knappen Überblick Gestalt annehmen, sprechen dafür, daß die Verlagerung des Schuldvorwurfs auf außertatbestandliches Verhalten die seltene Ausnahme bleiben wird. Die Integration der Lehre vom Vorverschulden in ein normatives Konzept der Affekttat lohnt gleichwohl die Mühe, denn sie entlastet die klassischen Affektkriterien von „generalpräventiven" Aufgaben. Krümpelmann

---

79 Vgl. Ziegert a.a.O. (Fußnote 14) S. 208 f., und hierzu Frisch a.a.O. (Fußnote 52), S. 580 f. und Fußnote 140, der die von mir dort dargestellten Wege und normativen Probleme reproduziert, ohne dies kenntlich zu machen, um mich dann für eine fiktive Gegenmeinung zu zitieren.

80 BGHSt 35, 143 (145 f.).

81 BGH MDR 1985, 947; BGHR StGB § 21 Strafrahmenverschiebung 1, 2, 3, 6, 9; BGH NStZ 1986, 114.

82 Jakobs, a.a.O. (Fußnote 77) 20/35 ff.; Stratenwerth a.a.O. (Fußnote 75) 1136; SK-Samson Anh. zu § 16 Rdnr. 36.

83 Jakobs, a.a.O. (Fußnote 77) 20/36 erörtert dies an folgendem Beispiel: Ein Arbeiter erfährt, während er Schweißarbeiten durchführt, die Nachricht von einem schweren Unfall seines Kindes; entsetzt legt er das noch brennende Schweißgerät beiseite, was schnell zu einem Brand führt.

hat wiederholt darauf hingewiesen,[84] daß die forensische Bedeutungslosigkeit des
§ 20 StGB für die Affekthandlung auf einer generalpräventiv motivierten Fiktion beruht. Die Beschreibung der Phase der Tatbereitschaft durch die Erfahrungswissenschaften offenbart häufig einen Zustand, der für Steuerungslosigkeit spricht. Wenn
gleichwohl mit dem Hinweis auf Vorgestalten der Tat für eine erhaltene Schuldfähigkeit plädiert wird, so stellt diese Argumentation eine Durchbrechung des Koinzidenzprinzips dar, sie verläßt die Zurechnungsstruktur der Tatschuld. Dieses „generalprä-
ventiv-schuldtheoretische Dilemma"[85] läßt sich über die rechtsdogmatische Einbindung von Vorverschulden lösen.

Fazit

Die Analyse der eingeführten Affektkriterien hat gezeigt, daß die tiefgreifende Bewußtseinsstörung, im Gegensatz zu anderen „biologischen" Elementen des § 20
StGB, überwiegend durch alltagssprachliche Merkmale erfaßt wird, die in der Tradition richterlicher, nicht aber seinswissenschaftlicher Begriffsbildung stehen. Dem
entspricht ein Defizit in den Erfahrungswissenschaften: Der normalpsychologische
Affekt kommt in der Psychiatrie außerhalb der gerichtlichen Begutachtung nicht vor,
die Psychologie ist über einen ersten experimentellen Bezug nicht hinausgelangt.
    Da sich das Merkmal der tiefgreifenden Bewußtseinsstörung weniger dem diagno-
stischen Blick als der wertenden Betrachtung erschließt, unter welchen Bedingungen
eine konkrete Person ihre Affekte (noch) zu beherrschen hat, kann nur eine normative Theorie der Affekthandlung die erste Ebene des § 20 StGB ausfüllen. Sie wird die
klassischen Affektkriterien zu revidieren und die Integration von Opferverhalten und
Vorverschulden zu diskutieren haben.
    Die normative Theorie der Affekthandlung bedeutet keinen Rückzug von Psycho-
logie und Psychiatrie aus dem Gerichtssaal. Zum einen bieten mehrere Affektkriterien, wie psychopathologische Disposition der Persönlichkeit, und konstellative
Faktoren einen fachspezifischen Zugang. Zum anderen erweist sich die Exploration
durch den Sachverständigen der Befragung des Angeklagten in der Hauptverhandlung oft als überlegen, wenn es gilt, psychische Prozesse aufzuspüren und darzustellen. Das Gesetz beschränkt den Sachverständigen nicht auf Diagnosen, er kann sich
auch bei der Aufklärung von motivationalen Zusammenhängen oder von Voraussetzungen des § 213 StGB[86] als hilfreich erweisen. Es geht der normativen Affekttheorie
vielmehr darum, bereits auf der konzeptionellen Ebene die Verantwortlichkeit des
Richters klarzustellen, sie in foro wieder herzustellen, die Wertungen, die mit einer
Entscheidung verbunden sind, offenzulegen, ihre Kriterien am Zweck staatlichen
Strafens zu orientieren und auf diesem Weg revisionsrechtlich faßbare Merkmale zu
entwickeln.

---

84 Zuletzt in Psychiatrie und Recht 1990, S. 150.
85 Krümpelmann, a.a.O. S. 153.
86 Vgl. hierzu Glatzel, StV 1987, S. 553.

Steuerung und Entscheidung, deviante Strukturierung und Selbstkorrumpierung im Vorfeld affektiv akzentuierter Delikte

W. Janzarik

Die Affekttat: ein idealtypisches Konstrukt

Die unlängst von Frisch nach einer gründlichen Analyse von Rechtsprechung und neueren dogmatischen Positionen gezogene Bilanz[1] läßt unter Beachtung des Koinzidenzprinzips bei „Affekttaten", die im Zustand aufgehobener oder erheblich eingeschränkter Schuldfähigkeit begangen worden waren, kaum noch Raum für die in erster Linie über den vermeidbaren Verbotsirrtum und die actio libera in causa – bei Behrendt die actio libera in omittendo – entwickelten Vorverschuldenskonstruktionen.[2] Die Entscheidung BGHSt 35, 143–148, die für die Versagung einer Strafmilderung nach §§ 21, 49 I StGB voraussetzt, daß der Täter nicht nur unter den konkreten Umständen den Affektaufbau verhindern, sondern auch die Folgen des Affektdurchbruchs vorhersehen konnte, bekräftigte den zuvor schon eher restriktiven Standpunkt der Strafrechtswissenschaft. Man suche, so Frisch, die für die bisherige Rechtsprechung charakteristische Betonung des Ausnahmecharakters des unverschuldeten Affekts vergeblich in der vorstehenden Entscheidung. Bei vorhandener Einschränkung der Schuldfähigkeit im Tatzeitpunkt sehe der BGH jetzt im Ausschluß der Schuldminderung den legitimations- und begründungsbedürfigen Ausnahmefall.[3] Daher die Mahnung, zur Vermeidung einer inflationären Anwendung der §§ 20, 21 StGB in Affektfällen den Schwellenwert der für die Exkulpation und – insbesondere auch – die Privilegierung ausreichenden Affekte nicht zu niedrig anzusetzen, dafür nicht schon jeden mehr oder weniger starken Erregungszustand ausreichen zu lassen und überdies die Frage der Vermeidbarkeit sorgfältig zu prüfen.[4] Der empfohlenen Zurückhaltung steht freilich entgegen, daß die „Affektfälle" aus der derzeit von Strafrechtswissenschaftlern bevorzugten Sicht generell zur Privilegierung tendieren. „Der Kontrollverlust vor der Tatentladung ist kein idealtypischer Fall, nicht die seltene Ausnahme, von der der BGH im Jahre 1957 noch ausgehen wollte, sondern es handelt sich um den Regelfall des konfliktbedingten psychogenen Affekts von hoher forensischer Frequenz"[5].

1 Frisch, Grundprobleme der Bestrafung „verschuldeter" Affekttaten, ZStW 101 (1989) 538–610.

2 Behrendt, Affekt und Vorverschulden, 1983; Neumann, Zurechnung und „Vorverschulden", 1985; Ziegert, Vorsatz, Schuld und Vorverschulden, 1987.

3 NStZ 1989, 262–265 m. Anm. Frisch, S. 263.

4 Siehe Fußnote 1, S. 604.

5 Krümpelmann, Schuldzurechnung unter Affekt und alkoholisch bedingter Schuldunfähigkeit (ZStW 99, 1987, 191–227, S. 212). Krümpelmann, der sich unter den Strafrechtswissenschaftlern am entschiedensten für den „affektiven Steuerungsverlust" einsetzt, sucht generalpräventiven Bedenken über die – auch von Ziegert (Fußnote 2, S. 203) ins Spiel gebrachte – Prüfung der Vermeidbarkeit des Steuerungsverlustes (mit der Möglichkeit der Strafmilderung) zu begegnen. So auch jüngst in: Hommers (Hrsg.), Perspektiven der Rechtspsychologie, 1991, 13–35, S. 30 ff.

Wenn die Dogmatik den Spielraum für die verschuldete „Affekttat" vom Vorverschulden her minimiert und auf der anderen Seite im Kontrollverlust bei hoher forensischer Frequenz den Regelfall des konfliktbedingten psychogenen Affekts sehen kann, wären, wenn nicht Verwerfungen im Verhältnis zur Praxis entstehen sollen, die Voraussetzungen des Umgangs mit dem Affekttäter neu zu überdenken. Sie hatten sich konsolidiert, nachdem der „Agnostizismusstreit" verstummt und der von psychiatrischer Seite in der Überbetonung einer nosographischen Intention[6] vorübergehend aufgekündigte Grundkonsens darüber wieder hergestellt war, daß unabhängig von Krankheit für affektiv akzentuierte Delikte[7], bei zunehmender Bereitschaft, sie zuzubilligen, gelegentlich Privilegierung und in seltenen Fällen Exkulpierung zu diskutieren sind. Die bewegten Auseinandersetzungen um die affektiv bedingte Bewußtseinsstörung bei der Neuformulierung der §§ 20, 21 StGB hatten sich 1972 in der auch im Zeitpunkt der spät nachgeholten Veröffentlichung noch aktuellen Habilitationsschrift Krümpelmanns niedergeschlagen.[8] Arbeiten von Saß, die die Sichtung der Literatur auf ein weiteres Jahrzehnt ausdehnten, sind durch die Zusammenstellung kritisch besprochener „Merkmale", die sich für oder gegen eine tiefgreifende Bewußtseinsstörung anführen lassen, in den letzten Jahren auch in der praktischen Anwendung wichtig geworden.[9] Die auf die psychologischen und psychiatrischen Quantifizierungsbemühungen einer biologischen Arbeitsrichtung gestützte Hoffnung deutete an, daß der Jurist mit objektivierenden Abstufungen des strafrechtlich relevanten Affekts werde arbeiten können.[10] Sollte ungeachtet der in der Praxis zunehmenden Übereinstimmung eine Überprüfung der Grundlagen, auf denen die Beurteilung af-

---

6 Das Eingenommensein der gegenwärtig nicht mehr psychopathologisch, sondern überwiegend biologisch orientierten Psychiater für neue diagnostische Manuale, die realwissenschaftliche Objektivität und Verläßlichkeit versprechen und jede auffällige Verhaltensvariante und jede seelische Mißbefindlichkeit als „Störung" mit einer dafür bereitgehaltenen Diagnose versehen, läßt neue Formen nosographischer Voreingenommenheit erwarten. Ein Beispiel gab die Diskussion über das „pathologische Spielen", zu dem der BGH (JR 1988, 379–382 m. Anm. Kröber) jetzt feststellte, daß es für sich allein keine die Schuldfähigkeit einschränkende Störung darstelle. Auf dem Gebiet der affektiv akzentuierten Delikte (s. Fußnote 7) sind objektivierende Bemühungen zu begrüßen, soweit sie, wie soeben Rösler, „Zur kriteriengeleiteten Erfassung von Affektdelikten", Nervenarzt 62 (1991), 49–54, auf die Differenzierung von Affektsyndromen und nicht auf die Quantifizierung von Affekten gerichtet sind, die retrospektiv nicht möglich ist und, wäre sie möglich, nichts brächte, weil es auf den isoliert gedachten Affekt nicht ankommen kann. Gegen einen kritiklos-dogmatischen Umgang mit den neuen diagnostischen Instrumenten wendet sich nachdrücklich P. Hoff, Gesundheitswes. 54 (1992) 244–250.
7 Die um Neutralität bemühte Formulierung sucht einengenden Vorentscheidungen auszuweichen, die sich in den Gebrauch des Wortes „Affekttat" oder seines Synonyms „Affektdelikt" eingeschlichen haben. Vgl. auch Schorsch, Affekttaten und sexuelle Perversionstaten im strukturellen und psychodynamischen Vergleich, in: Pfäfflin (Hrsg.) Der Mensch in der Psychiatrie, 1988, 344–358, S. 358, und Simons, Tötungsdelikte als Folge mißlungener Problemlösungen, 1988, S. 75. Schorsch fordert größere Randunschärfe und Flexibilität für den als kriminologische Fiktion charakterisierten Begriff „Affekttat"; Simons weist darauf hin, daß das Ausmaß emotionaler Beteiligung bei Tötungshandlungen als Kontinuum anzusehen sei.
8 Krümpelmann, Affekt und Schuldfähigkeit, 1988.
9 Saß, Affektdelikte, Nervenarzt 54 (1983) 557–572; Handelt es sich bei der Beurteilung von Affektdelikten um ein psychopathologisches Problem?, Fortschr. Neurol. Psychiat. 53 (1985) 55–62.
10 So in der Anm. Blau zu BGHSt 35, 143–148, JR 1988, 511–516, S. 514. Vgl. aber die in Fußnote 6 geäußerte kritische Auffassung.

fektiv akzentuierter Delikte beruht, notwendig werden, wird sie gerade die Voraussetzungen ansprechen müssen, die dem Strafrechtswissenschaftler, der hier psychologischem und psychiatrischem Sachverstand vertrauen zu können glaubte, zweifelsfrei gesichert erscheinen. *Ist wirklich Empirie und als Fundament verläßlich, worauf die Dogmatik ihre Konstruktionen gründet?*

Die Fragwürdigkeit der Bemühungen um eine Objektivierung von Affekten

Wissenschaftlich gesicherte Erfahrung über affektive Bewegung ist schwer zu gewinnen. Die ubiquitäre Evidenz selbsterlebter Emotionen in allen Qualitäten und Intensitäten einschließlich ihrer affektiven Steigerungsformen steht objektiven Feststellungen eher im Wege. Fremderfahrung mit ungebremsten affektiven Reaktionen von gesteigerter Frequenz in manchen Unterschichtpopulationen und -institutionen, bei der Klientel der psychiatrischen Krankenhäuser, in Zwangsgemeinschaften, wie sie Gefängnisse, aber auch manche Partnerschaften sind, ist v. a. bestimmten Berufsgruppen zugänglich. Dazu gehört der Polizeibeamte im Außendienst, gehören Vollzugsbeamte, Sozialarbeiter und neben den psychiatrischen Pflegekräften die Ärzte, soweit sie, v. a. in den großen Landeskrankenhäusern, im Aufnahmedienst eingesetzt sind und hier, zur Durchsetzung pharmakologischer Ruhigstellung nicht immer ohne Gewaltanwendung, mit Erregungszuständen jeder Spielart krankhafter wie nicht krankhafter Genese fertig werden müssen. Jenseits der dramatischen Erstversorgung zählt die Berufserfahrung des in klinischen Einrichtungen und in Vollzugsanstalten tätigen Psychologen und das aus Aktenkenntnis und persönlicher Anschauung herausgefilterte Erfahrungswissen des Strafrichters.

Um die Theorie der Emotionalität haben sich v. a. Psychologen verdient gemacht. Daß der psychiatrische Beitrag zur Theorie, von psychoanalytisch orientierten Arbeiten abgesehen, weit dahinter zurückgeblieben ist, hängt mit der Vernachlässigung des Selbstverständlichen zusammen. Störungen der Emotionalität und des Antriebs, auf die sich auch die thymotrope Wirksamkeit der Psychopharmaka richtet, sind die selbstverständliche, aber eben mit empirischen Mitteln schwer erreichbare Grundlage der Gegenstände psychiatrischer Erfahrung. Das Forschungsinteresse geht gegenwärtig darüber hinweg und richtet sich auf Symptom- und Syndromanalyse, Operationalisierung, nosologische Differenzierung, Therapie. Die nur über die Notfallversorgung unmittelbar zugängliche Empirie hoher und höchstgradiger affektiver und motorischer Erregung, die die Frage nach der psychotischen, toxischen oder psychogenen Genese zunächst offen lassen kann, ist zwar weitergegeben, von psychiatrischer Seite, die über den Zugang verfügen würde, aber kaum ausgewertet worden.

Die als affektiv akzentuierte Delikte zusammengefaßten Beobachtungen sind uneinheitlich, schlecht zugänglich und von den psychischen Abläufen her kein Gegenstand, über den sich empirisch gesicherte und verallgemeinerungsfähige Aussagen machen ließen. Maßgebend für die Beurteilung ist der nur über die persönliche Kundgabe erfahrbare Innenaspekt. Die Voraussetzungen, unter denen er rekonstruiert und mitgeteilt wird, sind im Strafverfahren gänzlich andere als jene, die für Feststellungen über Affektgenese und Affekt unter diagnostischen, experimentellen oder therapeutischen Bedingungen gelten. Selbst in der um Hilfe bemühten und auf Offenheit und Toleranz angelegten psychotherapeutischen Situation werden Erinnerungen, die belastend und peinlich sind, zurückgehalten oder erst nach Monaten oder gar Jahren preisgegeben. Um so eher muß im Strafverfahren – von der verständlichen Tendenz, sich vor anderen zu entlasten und schlicht Unwahres zu sagen, ganz abgesehen – mit einem Mißverhältnis zwischen dem Innenaspekt zum Tatzeitpunkt und seiner subjektiven Rekonstruktion gerechnet werden.[11] Jedenfalls die im Mittelpunkt der Diskussion über „Affekttaten" stehenden Tötungsdelikte, die aus einer nach langer Vorgeschichte gegenüber der Norm veränderten Befindlichkeit heraus zu einem für den Täter nicht vorhersehbaren Zeitpunkt begangen wurden, sind ein so radikal einschneidendes Lebensereignis, daß eine sinngebende Umgestaltung des Erinnerungsbildes in Richtung auf Erträglichkeit und Selbstentlastung näher liegt als distanzierte Objektivität. Gewiß gibt es die Bekennergesinnung und häufiger bei glimpflichem Ausgang und unter asthenischen eher als sthenischen Vorzeichen den lückenlosen, nüchtern die eigene Erregung mit den beschleunigten Denk- und Handlungsschritten oder die lähmende Verzweiflung konstatierenden Bericht; auch die in der Erschütterung unmittelbar nach der Tat gemachten, später allerdings oft revidierten Aussagen können überzeugen. In der Regel aber muß sinngebende Umgestaltung in Rechnung gestellt werden, die bei dem hier vorzüglich in Frage kommenden, nicht zur gezielten Verfälschung disponierten Täterkreis notwendigerweise in Richtung auf Verkürzen und Abschatten, Ausblenden und Vergessen geht. Die auf die kollektiv tradierte und ausformulierte Vorstellung eines Außersichseins gestützte und bis in die Bewegungsstürme der Kindheit zurückreichende Selbsterfahrung mit veränderter Befindlichkeit in emotionalen Ausnahmeverfassungen sucht sich eine Sprache, die das Außerordentliche der erlebten Tatsituation zum Ausdruck bringen und zugleich eine auf Erträglichkeit und Amnesierung gerichtete Rekonstruktion leisten kann. Wie weit sich die Rekonstruktion dem Innenaspekt zum Tatzeitpunkt annähert oder hinter ihm zurückbleibt, läßt sich, weil es um Innenerlebnisse geht, nicht entscheiden. Hier, und nicht in den Verfälschungen, die sich widerlegen lassen, liegt die Ungewißheit. Sie reduziert sich rechtlich auf eine Beweisschwierigkeit, die im Einzelfall lösbar sein kann. Generalisierende Aussagen verbieten sich bei der Summe der Ungewißheiten.

Auch die im psychologischen Experiment gewonnenen Einsichten reichen nur in das Vorfeld affektiv akzentuierter Delikte und können die in der Tat kulminierenden Situationen nicht normieren. Die ingeniösen Versuche der Schule K. Lewins und hier speziell die von T. Dembo über den Affekt des Ärgers[12] sind von der Strafrechtswissenschaft als ein subtiles Werkzeug für die Analyse der Affekt*genese* aufgenommen, in ihrer Bedeutung für die Affekt*handlung* jedoch überschätzt worden. Die topologische Charakterisierung der Situation und ihrer Feldkräfte mit den ein Aus-dem-Felde-Gehen verhindernden Barrieren, hinter denen der Affekt anwächst, um schließlich unter Nivellierung des Feldes „auszubrechen", bildet im Querschnitt in formaler Entsprechung die Komplexität spannungsvoller Situationen ab, wie sie, etwa als Szenen eines Ehekrieges, auch im Vorfeld affektiv akzentuierter Delikte zu finden sind. Selbst Ansätze der durch unlösbare Aufgaben frustrierten Versuchspersonen zu ag-

---

11 Ähnlich skeptisch aus psychologischer Sicht Simons (Fußnote 7), S. 58.
12 Dembo, Der Ärger als dynamisches Problem, Psychol. Forsch. 15 (1931) 1–144.

gressivem Verhalten finden sich in den Protokollen des Versuchs, der damit freilich an seine Grenze gelangt: Es ist eben nicht möglich, den Brand im Institutsgebäude ausbrechen zu lassen, der alle Barrieren samt dem Ärger über die vergeblichen Bemühungen und der aggressiven Gestimmtheit hinwegfegen würde. Der Ansatz Lewins war ganzheitlich, wie das in der Psychologie der 20er Jahre noch möglich war, und darum bei der Analyse situativer Ausschnitte lebensnah, doch er war und blieb trotz der späten Ergänzung durch die „Zeitperspektive"[13] querschnittsbezogen. Ohne die Einbeziehung des lebensgeschichtlichen Gesamtzusammenhangs mit seinen Gewichtungen wird man der Mehrzahl affektiv akzentuierter Delikte nicht gerecht. So sieht auch Rasch, dessen auf die Längsschnittsbetrachtung gestützte, in die Diskussion über die forensische Bewertung allerdings nicht eingreifende Monographie in neuerer Zeit grundlegend für die Beschäftigung mit „Affekttaten" geworden ist,[14] in den Dembo-Versuchen kein dem Gegenstand angemessenes Modell.[15]

Die Praxis von Begutachtung und Rechtsprechung hält sich im Umkreis der „tiefgreifenden Bewußtseinsstörung" an die Analyse des Einzelfalls, bei dessen Einschätzung und Zuordnung neuerdings gern auf die erwähnten Merkmalslisten[16] zurückgegriffen wird. Sie dienen nicht der Quantifizierung, sondern einem einheitlichen und auf umfassende Information angelegten Vorgehen beim Abwägen sich ergänzender und korrigierender Gesichtspunkte. Nüchterne Pragmatik hat den Theorien- und Schulenstreit abgelöst. Die im folgenden einzusetzenden, dem strukturdynamischen Ansatz zugehörigen menschenkundlichen Überlegungen sollen daran nichts ändern. Sie werden die Unentbehrlichkeit des lebensgeschichtlichen Gesamtzusammenhangs zu begründen und eine Unstimmigkeit zu korrigieren haben, die aus der Theoriediskussion im Hintergrund der Beurteilungspraxis zurückgeblieben ist. Die Tunnel und steinernen Ringe, die Lawinen und Explosionen des Affekts als Leitbilder des Vertrauens auf theoriebegründende Empirie werden zwar, auch von juristischer Seite, nicht mehr als adäquate Formeln respektiert.[17] Geblieben ist indessen die Neigung, den Affekt zu verabsolutieren, nicht die „Affekttat", sondern die Beschäftigung mit den Intensitäten der emotionalen Komponente in den Mittelpunkt zu stellen und diesen isolierten Aspekt als Maß für die Beurteilung affektiv akzentuierter Delikte zu nehmen. Eine der Heterogenität und Komplexität des Gegenstandes genügende ganzheitliche Betrachtungsweise wird hier zurückzugewinnen sein. Ob sich neben dem kritischen Anliegen Gesichtspunkte für Ordnung und Differenzierung finden lassen werden, bleibt abzuwarten.

13 Lewin, Feldtheorie in den Sozialwissenschaften, 1964, S. 116 f.
14 Rasch, Tötung des Intimpartners, 1964.
15 Rasch, Forensische Psychiatrie, 1986, S. 211.
16 Siehe Fußnote 9.
17 Salger, Zur forensischen Beurteilung der Affekttat im Hinblick auf eine erheblich verminderte Schuldfähigkeit, Festschrift Tröndle, 1989, 201–218, S. 214.

Strukturdynamischer Ansatz

Zu den vorweg zu rekapitulierenden Grundannahmen des strukturdynamischen Ansatzes,[18] der in dieser Sicht dem von psychologischer Seite betonten Ineinandergreifen
emotionaler und kognitiver Prozesse und dem von Ciompi neuerdings vertretenen
Prinzip einer Affektlogik[19] entspricht, gehört das Zusammenwirken der dynamischen
und der repräsentativen Komponente in *einer* Lebensäußerung. Im Sinne des griechi-
schen thymós sind mit *Dynamik* Emotionalität und Antrieb in wechselseitiger Abhängigkeit innerhalb einer bald dem emotional-zuständlichen, bald dem aktional-gerich-
teten Pol angenäherten dynamischen Gesamtkonstellation gemeint, die damit neben
handlungsfernen Stimmungen auch die heftigen, eher kurzdauernden und in besonderem Maße zur Handlung drängenden affektiven Regungen einschließt. Dem dynamischen Aspekt ist der an allen gestalteten Inhalten erscheinende *repräsentative* Aspekt
gegenüberzustellen. Repräsentative Gehalte geben den konturlos und geschichtslos
außerhalb der zeitlichen Ordnung fließenden Emotionen und Antriebserlebnissen in-
dividuelles Profil, Zielrichtung und Gliederung; sie *bezeichnen* die dynamischen Abläufe. Die Verbindung mit Dynamik gibt den gestaltet aus dem Erlebnisstrom heraus-
tretenden Inhalten Gewicht, Wertigkeit und Bedeutung; Dynamik *befrachtet* die Re-
präsentationen. Die Ausdehnung repräsentativer Bestände trägt wesentlich bei zu der
über angeborenes Verhalten hinausgehenden menschlichen Sonderentwicklung.
Neben die globale Repräsentation von Situationen durch visuelle Vergegenwärtigung
tritt mit der Sprachentwicklung ein wachsendes Angebot von sprachlichen Zeichen,
die die Situationen aufgliedern, Relationen herstellen und die aus biologischen Zwän-
gen sich lösenden und in Intentionen transformierten Gerichtetheiten des angebore-
nen Verhaltens neu bestimmen. Entscheidend ist die Ausbildung einer aus repräsentativen Beständen entstehenden Innenwelt, die durch Distanzierung das Ansprechen
auf den dynamischen Gehalt konkreter Situationen dämpft, das nach außen wirkende
Handeln durch imaginatives Tun vertritt und die Emotionen und Handlungsbereitschaften hier und die Aktion dort voneinander entfernt.

Die forensische Analyse hat nach der Instanz zu fragen, deren Versagen bei Steuerung und Entscheidung zur deliktischen Handlung führt. Die dauerhafte Grundlage,
aus der gestaltete Lebensäußerungen hervorgehen und auf die sie zurückwirken, soll
mit dem Blick auf die repräsentativ bezeichneten und dynamisch befrachteten seelischen Bestände, die zu einem funktionellen Ganzen vernetzt und als transphänomenale Bereitschaften nur über ihre Aktualisierungen zugänglich sind, als *seelische
Struktur* behandelt werden. Das von der Erfahrung und den Beständen des erlernten

---

18 Der Ansatz ist seit dem Ende der 50er Jahre für den psychopathologischen Gebrauch entwik-
kelt und zuletzt unter Einbeziehung ethologischer Annahmen im Kontext ganzheitlicher Entwürfe
(in: Janzarik, Strukturdynamische Grundlagen der Psychiatrie, 1988) begründet und dargestellt
worden. Eine Anwendung auf Fragen der Strafrechtswissenschaft wurde unter dem Titel „Desaktualisierung als Prinzip von Steuerung und Handlung" in der Festschrift für Schewe, 1991, 218–238,
versucht. Die Zusammenstellung der im folgenden eingesetzten Grundannahmen kann der Kontinuität zuliebe überschlagen werden. Der Leser sollte nur zur Kenntnis genommen haben, daß ihm
ungewohnte Begriffe nicht willkürlich gewählt sind, sondern in einem, auch hier nur angedeute-
ten, Begründungszusammenhang stehen.
19 Ciompi, Affektlogik, 1982.

Wissens ausgefüllte strukturelle Grundgerüst stützt sich auf die aus primordialen Bedürfnissen entwickelten und in die Vergegenwärtigung situativer Zusammenhänge eingebetteten Intentionen.

In den Grundlinien kann seelische Struktur auf ein Geflecht sozialer Bezüge und auf die in Interaktionen ausgebildeten Verhaltensbereitschaften zurückgeführt werden. Nach der Ausbildung sozialer und der umfassenden Entwicklung instrumenteller, v. a. kognitiver Gliedstrukturen wird ein die bis dahin gebildeten Gliedstrukturen überformendes Gefüge weitreichender und beständiger Gerichtetheiten entwickelt. Dieser strukturelle Kernbereich (Wertgefüge) ist als ein System von Hierarchien, die mit wechselnder Dominanz ineinandergreifen, aus der als selbstverständlich vorgefundenen Ganzheitlichkeit und Gerichtetheit des Organismus, die er aufnimmt und weiterführt, herausgewachsen. Trotz seiner Verwerfungen und Spannungen und trotz seines prozessualen und nicht statischen Charakters wird der strukturelle Gesamtzusammenhang als eine *Identität* und *Intentionalität* begründende Einheit erlebt.

Die Bereitschaften des strukturellen Hintergrundes aktualisieren sich als Gerichtetheiten im *psychischen Feld*, das im Wechsel der Perspektive die gelebte Situation mit ihrer Widerständigkeit ebenso umfaßt wie den Innenraum mit den schwerelos sich folgenden Imaginationen und Denkabläufen. Bei hinreichender Entwicklung des strukturellen Hintergrundes bleibt die ausschließliche Abhängigkeit des psychischen Feldes von der unmittelbar gelebten und unreflektiert beantworteten Situation die Ausnahme. Das Feld wird in der Regel durch bereitliegende Aktualisierungen mitgestaltet oder ausschließlich gestaltet, wenn unabhängig von einem „Außen" vorgestellt, überlegt, imaginiert, geplant wird. Das sich selbst überlassene und nicht durch aktuelle Gerichtetheiten größerer Reichweite geordnete Feld steht offen für die aus der Situation kommenden Eindrücke wie für Aktualisierungen. Das Ausmaß der dynamischen Befrachtung, die ihren wichtigsten Ursprung in der biologisch vorgezeichneten kommunikativen Grundorientierung menschlichen Verhaltens hat und sich von dort über die lebensgeschichtlich herausgehobenen Erfahrungen mit abnehmendem Gewicht auch auf alles Gelernte und Gewußte ausdehnt, entscheidet über den auf den Beständen der Struktur lastenden Aktualisierungsdruck. Der Aktualisierung struktureller Bestände im psychischen Feld entspricht, daß in der Gegenrichtung relevante Erlebnisbestände als Bereitschaften strukturell gebunden werden. Das aus dem Feld mitgenommene Gewicht entscheidet über Aktualisierungsdruck und Wertigkeit im Zusammenhang des strukturellen Ganzen. Bei der imaginativen Umsetzung strukturell gebundener Materialien entstehen neue Befrachtungen, verlagern sich die Gewichte im Gefüge der Bereitschaften und differenziert sich seelische Struktur. Weitreichendes Handeln wird erst möglich, wenn sein Schwerpunkt aus den gelebten in die repräsentativen Zusammenhänge zurückgenommen worden ist und nicht aus den Zufälligkeiten der aktuellen Situation heraus, sondern nach den vom strukturellen Hintergrund her entwickelten Antizipationen und Planungen gehandelt wird.

Der von der dynamischen Befrachtung abhängige Aktualisierungsdruck struktureller Bestände, der auch hinter den Handlungsbereitschaften steht, setzt die biologisch vorgegebene Selbsttätigkeit der Lebensäußerungen fort. Die Lebensbewegung als solche, auch die menschliche Lebensbewegung, ist ein Angetriebenwerden und Bewegtsein, dessen spontane Aktivität nur gelegentlich auf verstärkende Impulse, aber ständig, und besonders als Selbsttätigkeit menschlichen Verhaltens, auf Zügelung und Kontrolle angewiesen ist. Geht man davon aus, daß die *Autopraxis* des biologischen Organismus als aktivisches Prinzip in die menschliche Entwicklung mitgenommen wird, läßt menschliches Verhalten weniger nach den Quellen der Aktivität als nach den Möglichkeiten ihrer Regulierung fragen.

Neben die spontan erfolgende Aktualisierung seelischer Bestände tritt die willkürlich einsetzbare Aktivierung. Die von jedem Lebewesen für natürliche Ziele wie Angriff oder Flucht eingesetzte Aktivierung ist auf der Ebene menschlichen Verhaltens zur Durchsetzung von Intentionen als Anstrengung der Initiierung, der Anspannung und des Durchhaltens gefordert. Grundlage ist die spontane Aktualisierung von Gerichtetheiten, an denen die Aktivierung verstärkend und impulsgebend ansetzen kann. Da die Autopraxis der Lebensbewegung vorgegeben und spontane Aktivität nur intermittierend auf Verstärkung und eine das natürliche Absinken überbrückende Bekräftigung angewiesen ist, steht im Mittelpunkt menschlicher Leistungen nicht Aktivierung, sondern die Ausbildung der Fähigkeit zur *Desaktualisierung*. Die Unterdrückung von Triebbedürfnissen, Impulsen und motorischen Reaktionen mit ihren Fortsetzungen im Vermögen aufzuschieben, nachzutragen, Umwege in Kauf zu nehmen und zu verzichten, ist so wenig wie der Einsatz von Aktivierung auf den Menschen beschränkt. Sie erfährt aber in der menschlichen Entwicklung parallel zur Ausdehnung innenweltlicher Bestände und zur Ausbildung der seelischen Struktur eine außerordentliche Ausweitung und Differenzierung.

Aktivierung und Desaktualisierung als die beiden vorgegebenen Möglichkeiten, in die Autopraxis der Lebensbewegung einzugreifen, sind von Anfang an in die Strukturierungsprozesse menschlicher Entwicklung einbezogen. Über ihren Einsatz entscheidet der strukturelle Gesamtzusammenhang. Überschaubar ist die Abhängigkeit von einer übergeordneten strukturellen Instanz am ehesten bei distinkten Entscheidungen. Soll das Verhalten nicht den Zufälligkeiten der aus unmittelbarer Gegenwart oder zeitlicher Nähe wirkenden Eindrücke oder Befindlichkeiten überlassen bleiben, muß das Feld durch eine Desaktualisierungsanstrengung von aktueller Dynamik entlastet und aus der gelebten Situation herausgedreht werden. Dann kann sich der strukturelle Hintergrund mit den übergeordneten Bereitschaften eines Wertgefüges zur Geltung bringen, und es können die unabhängig von den Kräften des Feldes nach ihrem strukturellen Stellenwert sich anbietenden Gerichtetheiten eine *Entscheidung* vorbereiten. Was in der Entscheidung geschieht, ist das Festlegen einer aus dem strukturellen Gesamtzusammenhang sich anbietenden und im kritischen Augenblick vor anderen Möglichkeiten als überzeugend hervortretenden Gerichtetheit durch eine Desaktualisierungsanstrengung, die konkurrierende Tendenzen aus dem Felde drängt. Ein Hin und Her, Entscheidung und Widerruf, Entschlüsse, damit überhaupt etwas geschieht, sind allerdings im Lebenszusammenhang häufiger als klare Entscheidungen. Mit der Rückwendung in die konkrete Situation und der Freigabe des Entschlusses an vorbereitete komplexe Handlungsentwürfe oder bereitliegende motorische Schablonen beginnen Entscheidungen irreversibel zu werden. Greift die Entscheidung in ein fortlaufendes Handlungsgeschehen dadurch ein, daß sie durch Desaktualisierung des Umfeldes eine der konkurrierenden Gerichtetheiten als Entschluß heraushebt und der Dynamik des Feldes, die sie zur Ausführung weiterträgt, überläßt, fallen Desaktualisierung und Freigabe zusammen. Die Freigabe wird unterscheidbar, wenn Entschlüsse in einem aus der Situation herausgedrehten Feld gefaßt worden sind. Sie ist dann mit Aktivierung verbunden, die das Feld in die Aktion zurückwendet und die Ausführung anstößt. Für die Realisierung kann Aktivierung zusätzliche Kräfte verfügbar machen. Im Geflecht der sich selbst nach Maßgabe ihrer dynamischen Befrachtung durchsetzenden und unter Alltagsbedingungen weitgehend sich selbst regulierenden Handlungsentwürfe ist Desaktualisierung Grundlage von Steuerung und Entscheidung.

Strukturelle Bedingungen und nicht der dynamische Aspekt sind maßgebend

Als paradigmatisch für die privilegierbare oder exkulpierbare „Affekttat" gelten die nicht im rechtlichen Sinne, doch durch die Art des Interagierens vom Opfer mitverschuldeten Gewalttaten auf dem Boden eines die Widerstandskraft des Täters progredient zermürbenden Partnerkonfliktes. Ausgehend von Zweifeln an den Möglichkeiten der im Nachhinein vorzunehmenden täterbezogenen Analyse einer an sich unauffälligen Täterpsyche ist die zentrale Stellung solcher Fälle vor kurzem erst durch den – hier nicht zu bewertenden – Vorschlag einer viktimologisch orientierten Affektbeurteilung am Leitfaden der Täter-Opfer-Beziehung bekräftigt worden.[20] Gegen die Überbewertung des Affekts hatte sich schon Rasch gewandt, als er die chronische Affektspannung in der Tatanlaufzeit bei homizidaler Tatbereitschaft in auswegloser Situation beschrieb.[21] Glatzel bejaht die tiefgreifende Bewußtseinsstörung für eine vorgeplante Tötung nach jahrelanger Vorgeschichte trotz einer gefaßten und entschlossenen Haltung im Tatzeitpunkt, weil es ihm auf das „Zerbrechen der internalisierten Ordnungsstruktur mit dem Einmünden in einen Zustand der Anomie" und nicht auf die affektive Erregung ankommt.[22] Auch die Strafrechtswissenschaft geht mit der ihr eigenen Vorsicht in diese Richtung, wenn sie dem progredienten Wahrnehmungs- und Steuerungsverfall und der Zerrüttung des seelischen Gefüges zunehmend Beachtung schenkt. Gleichwohl haben Genealogie und Phänomenologie „des" Affekts ihre zentrale Rolle bei der Beurteilung affektiv akzentuierter Delikte behauptet.

Kontinuität, ohne die sich die Manifestationen „des" Affekts nicht als Verlaufsgestalten charakterisieren und differenzieren lassen, gibt es nicht in den emotionalen Regungen, sondern nur in den dahinterstehenden Strukturen. Die gleichsinnigen oder gegensinnigen Gerichtetheiten auf verschiedenen Realitätsebenen, Wünsche, Hoffnungen und Annäherungen hier, Widerstände, Enttäuschungen und Zurückweisungen dort im Wechsel der imaginierten oder gelebten Situationen stehen nicht in der einlinigen Kontinuität der zeitlichen Ordnung. Sie bilden ein Geflecht von emotional hoch befrachteten Gerichtetheiten, die sich überwiegend zirkulär und imaginativ aktualisieren und sich bei einem Zusammenstoß mit der Widerständigkeit konkreter Erfahrung nur gelegentlich (dann aber mit einer Tendenz zur Verkürzung und zur raschen Progression in Handlung) neu orientieren. Wenn schon unter Alltagsbedingun-

---

20 Bernsmann, Affekt und Opferverhalten, NStZ 1989, 160–166.
21 Siehe Fußnote 14, S. 61 ff.
22 Glatzel, Tiefgreifende Bewußtseinsstörung nur bei der sogenannten Affekttat? StV 1983, 339–341, S. 341.

gen das allerwenigste von dem, was imaginiert und geplant, auch ausgesprochen oder gar in Handlung umgesetzt wird, bleiben erst recht die über Monate oder Jahre ausgedehnten innenweltlichen Abläufe, aus denen ein konkreter Anlaß die Tathandlung heraustreten läßt, undurchsichtig. Die inneren und äußeren Auseinandersetzungen, die nicht auflösbaren Ambivalenzen und Zwangslagen – mit einem Sich-Verrennen in Sackgassen samt der Antizipation und Prüfung von Lösungen, die zwischen einem Aus-dem-Felde-Gehen, weiterem Ertragen oder kurzschlüssiger Gewalt hin- und herspringen – sind zwingend von emotionalen Regungen und ihren affektiven Steigerungsformen begleitet. Es wäre eine unzulässige Verkürzung, sich mit dem dynamischen Aspekt und seinen Intensitäten zufriedenzugeben, weil über seine Voraussetzungen, auf die es eigentlich ankäme, von einem sein Wissen verbergenden oder zur Introspektion unfähigen Täter nur wenige oder einseitige Informationen neben der tatbezogenen Beteuerung des Außer-sich-Seins und der Erregung zu bekommen sind.

Auch im unmittelbaren Vorfeld affektiv akzentuierter Delikte geht es nicht um freischwebende Gefühle und Impulse, sondern um den dynamischen Aspekt, der von den Gerichtetheiten des Feldes und ihren Auseinandersetzungen abhängig ist. In den uncharakteristischen, depressiv betonten Verstimmungszuständen als der am häufigsten angetroffenen Basisverfassung, in die euphorische Wellen, weinerliche Verzagtheit, Apathie, Gereiztheit, Ausbrüche verbal und brachial geäußerter Aggressivität eingelagert sein können, und in anderen Modifikationen der Dynamik spiegeln sich die Umrisse einer vielschichtigen und multivalenten, im späten Verlauf eher fremd- als selbstbestimmten Entwicklung mit Unentschiedenheit, Labilisierung und sprunghafter Inkonsistenz in einem emotional aufgeladenen psychischen Feld. Über den biographischen Hintergrund läßt sich sehr viel in Erfahrung bringen, begreiflicherweise kaum etwas über die mit auswegloser Erbitterung, Gefühlen der Kränkung, der Rivalität, der Rache und des Hasses verbundenen Antizipationen gewaltsamer Lösung. Dabei können solche Vorgestalten[23] in der Mehrzahl der mit Tötungshandlungen endenden langfristigen Entwicklungen als so gängig vorausgesetzt werden, daß sie nicht verschwiegen zu werden brauchten.

Imaginative Vorgestalten von entschiedener Rechtsfeindlichkeit sind allgegenwärtig. Sie werden sehr selten berichtet, selten ausgeführt und würden nicht gegen den Berichtenden sprechen, sondern nur seine Glaubwürdigkeit unterstreichen. Auch die *verbal bekräftigten Vorgestalten*, die man von Zeugen erfährt, sollten mit Zurückhaltung gewertet werden. Neben der unverbindlichen Ankündigung mit Appellfunktion und der zweckgerichteten Drohgebärde können sie, wie auch sonst kräftige Worte, der Entlastung von emotionaler Beunruhigung und der Abreaktion von nicht zugelassenen Handlungsbereitschaften dienen. Ernster zu nehmen sind nur die *handlungsbekräftigten Vorgestalten*, mit denen die prinzipielle und als risikoträchtig generell respektierte Grenze zwischen Imagination und Handlung eindeutiger als mit Worten überschritten wird. Auch wenn sie nicht als Vorbereitungshandlungen in die Tathandlung einmünden, sind sie ein Indiz zumindest dafür, daß die Folgen einer sich affektiv verdichtenden Konstellation hätten vorhergesehen werden können.

Zu respektieren sind die einer Dekompensation zustrebende krisenhafte Zuspitzung einer konflikthaften Lage, die mit einem zunehmenden Versagen der Desaktua-

---

23 Stumpfl, Motiv und Schuld, 1961, S. 30 ff.

lisierung einhergehende Desorganisation der Struktur und damit korrespondierend die emotionale Aufladung und Primitivierung eines der Kontrolle durch übergeordnete Gerichtetheiten entgleitenden Feldes, das von sonst unterdrückten, wegen ihres elementaren Charakters besonders durchsetzungskräftigen Handlungsbereitschaften eingenommen wird. Es gibt aber nicht den von allen Bindungen freigestellten Affekt, der sich als eine quantitativ zu bestimmende Entität ansammelte, um nach der Überschreitung einer kritischen Masse „auszubrechen" oder „durchzubrechen"[24] und dabei die Steuerung auszuschalten und die Erinnerung auszulöschen. Einschränkungen ergeben sich mit dem Blick auf ein „psychopathologisches Referenzsystem"[25], das Möglichkeiten des Vergleichs mit Extremformen und Sonderformen affektiver Beteiligung bietet. Hier finden sich tatsächlich Beispiele für die bei „Affekttaten" gern zusammen mit Kontrollverlust und Amnesie unterstellte autonome Erregung. Zu diesen eher seltenen Beobachtungen gehören toxische Rauschzustände, die katatone Erregung in hochakuten Schizophrenien, erregte epileptische Dämmerzustände, gelegentlich histrionische Ausnahmezustände. Die Handlungskomponente entspricht diesen Ausnahmeverfassungen, freilich nicht mit hochgefährlichen Aggressionshandlungen, die der mit schwersten Erregungszuständen nicht Vertraute vielleicht erwarten würde. Da wird jedenfalls nicht, wie bei manchen „Affekttaten", ein angriffstauglicher Gegenstand ergriffen, der Hammer aus dem Werkzeugschrank, das Messer aus der Küchenschublade geholt oder gar mit einem Tatwerkzeug auf das spätere Opfer gewartet, sondern da wird losgebrüllt oder bei einem Widerstand in ungezielter Reaktion losgetobt, wird ein Fenster eingeschlagen oder ein Stuhl zertrümmert, dem für die Ruhigstellung Verantwortlichen, wenn er es nicht ganz unprofessionell anstellt und in die Erregung hineinläuft, aber nichts getan.

Zwischen der höchstgradigen Erregung und einer die innere Spannung verdeckenden Erstarrung liegt bei Schizophrenen ein breites Spektrum emotionaler Ausnahmeverfassungen. Gefährlich ist nicht die aus einer psychotischen Entgleisung hervorgehende ungerichtete Wahnstimmung als eine mögliche Extremform affektiver Übersteigerung. Gefährlich kann aber der daraus sedimentierte und von nur noch verhaltener affektiver Bewegung getragene Wahn werden, der seinen Gegenstand gefunden hat und in einen devianten strukturellen Zusammenhang eingebunden worden ist. Für seine Handlungskonsequenzen wie sonst für gezieltes Verhalten auch in akuten Schizophrenien sind *Amnesien* nicht zu erwarten, deren Schwerpunkt bei akuten Hirnfunktionsstörungen liegt. Die naheliegende psychogene Amnesie für histrioni-

---

24 Am Beispiel des Hasses hat Bresser (Schuldfähigkeit und Schuld – die Ambivalenzen ihrer Beurteilung, in: Festschrift Leferenz, 1983, 429–440, S. 430 ff.) die auch von der Gesinnung und einer Bereitschaft, sich ihnen auszuliefern, abhängige Entwicklung starker Gefühle aus dem lebensgeschichtlichen Gesamtzusammenhang analysiert und Kritik an den (in das „überlaufende Faß" oder die „Affekttunnel" einmündenden) „Denkmodellen einer zeitgenössischen rationalistischen Psychologie" geübt, „wenn sie die Dynamik und Motivationskraft des Hasses unter völliger Ausklammerung des Menschen in seiner seelischen Gesamtheit ausschnitthaft unter dem Blickwinkel dessen betrachten, was *affektiv* geschieht". Aus der Sicht einer an K. Schneider orientierten und inzwischen strittig gewordenen, konsequent nosologischen Betrachtungsweise setzen v. a. Arbeiten von Rauch – zuletzt in Forensia-Jahrbuch 1, 1990, 74–92 – der Tendenz zur Mythisierung von „Affekttaten" beharrliche Skepsis entgegen.
25 Saß, Ein psychopathologisches Referenzsystem für die Beurteilung der Schuldfähigkeit, Forensia 6 (1985) 33–43.

sche Ausschreitungen kann der geschulte Untersucher, der hier nur die von Peinlichkeit und Scham, aber nicht von einem Tötungsdelikt ausgehende Sperre überwinden muß, in der Regel auflösen.

Im unmittelbaren Vorfeld affektiv akzentuierter Delikte sucht man zumeist vergeblich nach der erwarteten dramatischen Zuspitzung und der autonom gewordenen affektiven Entgleisung. Wenn es einmal Tatzeugen gibt, berichten sie selten von anwachsender Erregung, die schließlich nicht mehr beherrscht wurde und aus blindem Toben in gezielte Aggression umschlug. Häufiger sind Feststellungen wie: „plötzlich wurde er ganz ruhig..." oder andere Hinweise, die auf eine *Zäsur* vor der Tathandlung hinweisen. Diese kann beschränkt sein auf innere Abläufe und die korrespondierende Verhaltensänderung, oder sie kann verbunden sein mit einem Situationswechsel beim Schließen eines Fensters, dem Versperren der Tür, dem Herbeiholen eines nicht unmittelbar im Blick liegenden Werkzeugs. In eigenen Angaben, die ohne Berufung auf eine Amnesie bis unmittelbar an die Tathandlung heranführen, sind solche Zäsuren begreiflicherweise weniger deutlich, doch auch hier vermißt man in den glaubhaften und dann oft bemerkenswert sachlichen Berichten über die Konfliktsituation und über ein die Reaktion provozierendes Detail das Ausgeliefertsein an ein nicht mehr steuerbares Geschehen. Die affektiv akzentuierten Delikte sind vielfach undurchsichtig und zu vielgestaltig, als daß man sie auf einen Nenner bringen könnte. Ein hohes Maß an affektiver Beteiligung schließt jedenfalls nicht aus, daß auch hier durch den Einsatz von Desaktualisierungsleistungen Entscheidungen getroffen und in Handlung umgesetzt werden. Eine ganz andere Frage ist die nach der Zurechenbarkeit solcher Entscheidungen.

Grundlage für eine Beurteilung der affektiven Verfassung ist die Entscheidungsphase und nicht die Ausführungshandlung

Zur Überschätzung der isoliert gesehenen emotionalen Komponente hat beigetragen, daß sich Aussagen über affektiv akzentuierte Delikte bevorzugt an den die Aufmerksamkeit ansprechenden Besonderheiten der Tatausführung orientieren. Dabei haben schon Oehler[26] und Geilen[27] hervorgehoben, daß es auf die Verfassung des Täters im Beginn der Handlung ankommt, nicht auf den hochgradigen Affekt während der Ausführungshandlung. Hier finden sich jene Extremformen affektiver Erregung, die Zweifel an der Steuerungsfähigkeit nahelegen müßten, wenn zu diesem Zeitpunkt, der nach einer Entscheidung und nach der Freigabe des daraus hervorgegangenen Entschlusses an die Motorik liegt, vom motorischen Ablauf her überhaupt noch eine uneingeschränkt steuerbare Handlung vorausgesetzt werden kann. Auch für den Handlungsbegriff der Strafrechtswissenschaft gilt die von einer neueren Richtung der Willenspsychologie angebotene Rubikonmetapher,[28] die die durch die Freigabe und

---

26 Oehler, Zum Eintritt eines hochgradigen Affekts während der Ausführungshandlung, GA 1956, 1–6.

27 Geilen, Zur Problematik des schuldausschließenden Affekts, Festschrift Maurach, 1972, 173–195.

28 Heckhausen et al. (Hrsg.) Jenseits des Rubikon: der Wille in den Sozialwissenschaften, 1987.

das Anspringen der ausführenden Motorik bezeichnete Grenze zwischen Entscheidung und motorischer Ausführung charakterisieren kann. Die Schärfe dieser Grenze von prinzïpiellem Charakter, jenseits deren es keine Umkehr mehr gibt, kann durch die Abgabe eines Schusses veranschaulicht werden. Üblicherweise bleibt sie unbeachtet, weil sehr selten isoliert über einen Knopfdruck oder eine Fingerkrümmung, vielmehr über Handlungsketten innerhalb von Handlungsgeflechten gehandelt und unablässig durch Desaktualisierung steuernd in die Autopraxis der Motorik eingegriffen wird.

Die motorischen Abläufe sind im einzelnen nicht rückholbar, doch ihre Konsequenzen lassen sich in den – auf eine intentional durchsetzte Motorik gestützten – Handlungsgeflechten in der Regel korrigieren. Die Möglichkeiten einer Korrektur sind nach dem Anspringen der ausführenden Motorik eingeschränkt und bei starker affektiver Bewegung länger eingeschränkt als bei ausgeglichener seelischer Verfassung, die ein ständiges Eingreifen kontrollierender Desaktualisierung erlauben würde. Das zuvor angelaufene Geschehen kann inzwischen nicht mehr einholbar geworden sein.

Zur Eigendynamik einer den ganzen Organismus erfassenden kraftvollen motorischen Bewegungsabfolge, wie sie bei aggressivem Verhalten vorauszusetzen ist, tritt die natürliche Trägheit der starken Emotionen, die in die motorischen Abläufe einfließen. Wenn nicht von außen eine Zäsur gesetzt wird, bricht die von starker affektiver Bewegung getragene autopraktische Kontinuität einer gleichartigen Bewegungsabfolge erst zusammen, wenn bei typischen Delikten dieser Art eine Folge von Messerstichen gesetzt, der Schädel des Opfers zertrümmert oder das Magazin leergeschossen ist.[29] Für diese knappe Spanne wäre bei einer den sonstigen Umständen nach glaubhaften Amnesie eine Erinnerungslücke nicht ungewöhnlich. Charakteristisch ist hier die kurzdauernde mnestische Lücke unmittelbar *nach* der Einleitung der Ausführungshandlung, deren Beginn mit dem ersten Schlag oder Stich noch erinnert wird.

Aus den Besonderheiten der Tatausführung läßt sich nicht auf die Entscheidungsphase zurückschließen, auch nicht aus außerordentlichen Tatfolgen, wie sie etwa aus manchen (durch die Bezeichnung „Amoklauf" in die Sphäre des exotisch Krankhaften entrückten) Mehrfachtötungen hervorgehen. Tatablauf und Nachverhalten mit Erregungssturm, einer Vielzahl tödlicher Verletzungen, panischer Flucht oder einem vegetativen Kollaps bei einem aus der Situation heraus geplanten und entschlossen initiierten Raubmord durch Erschlagen oder Erstechen eines unbekannten Opfers können völlig dem Ablauf einer durch die typische Vorgeschichte als „Affekttat" ausgewiesenen Tötungshandlung entsprechen. Hochgradige affektive Erregung ist bei einer die gesamte Motorik erfassenden Gewalttat dieser Art, der in der Regel verzweifelte und bis zuletzt noch reflektorische Gegenwehr entgegensteht, nahezu selbstverständlich. Die emotionale Verfassung vor einer Entscheidung ist dabei nicht gleichgültig, weil sie dank der Trägheit der emotionalen Komponente die für eine

---

29 Die Intensität der Ausführungshandlung kann vieldeutig sein, autopraktisch wie intendiert, und als intendierte Intensität zwischen den Polen äußerster Entschlossenheit zu töten und, worauf Simons (Fußnote 7), S. 95, hinweist, des Mitleids liegen.

Entscheidung geforderte Desaktualisierung überdauern kann. Bei Verstimmungszuständen, die als quälend erlebt und lange beherrscht worden waren, sind motorisch
ausgelebte Ausbrüche affektiver Erregung auch Befreiung von einem chronischen
emotionalen Spannungszustand.

Ungeachtet dieser Brücke, die Vorfeld und Tatausführung verbinden kann, kommt
alles auf die bei der Mehrzahl auch der „Affekttaten" nachweisbare Entscheidung an.
Hier liegt die für die Strafrechtswissenschaft wichtige Grenzlinie, auf deren Präzisie-
rung Geilen bei der Analyse der seinerzeit vorliegenden Judikatur große dogmatische
Sorgfalt verwandt hat.[30] Wichtigstes Indiz sind die in die autopraktische Kontinuität
eingelagerten und für den Einsatz von steuernden Desaktualisierungsleistungen sprechenden *Zäsuren*. Sie entziehen sich am ehesten dann dem Nachweis, wenn die Entscheidung in ein fortlaufendes Geschehen eingebettet war und nicht in einem kurzfri-
stig aus der Situation herausgedrehten und dadurch abgeschirmten Feld erfolgen
konnte. Affektiv akzentuierte Delikte, in deren Ablauf bereits vor dem Anspringen
der die Tathandlung ausführenden Motorik hochgradige Erregung die Desaktualisierung blockierte, so daß eine Entscheidung auch im allereinfachsten Sinne nicht mehr
möglich war, wonach ohne Zäsuren im Geschehensablauf nur noch reagiert wurde,
dürften sehr selten sein.

Deviante Strukturierung im Vorfeld affektiver Ausnahmezustände

Eine kritische Wertung der nicht mehr isoliert gesehenen emotionalen Komponente
muß Möglichkeiten der Steuerung und der Entscheidung im Vorfeld auch der „Affekttaten" anerkennen. Sie würde der „tiefgreifenden Bewußtseinsstörung" wenig Raum
lassen und der Schuldfähigkeitsprüfung eine andere Richtung geben. Wie sich am Beispiel der von einem an chronischer Schizophrenie leidenden Wahnkranken sorgfältig
geplanten und überlegt durchgeführten, aber wahnhaft motivierten Gewalttat – etwa
eines Attentats – zeigen ließe, würde die Steuerung des komplexen Handlungsgeschehens durch eine Folge präziser Entscheidungen die „krankhafte seelische Störung"
oder in anderen, diagnostisch weniger eindeutigen Fällen die „schwere andere seelische Abartigkeit" und eine wahnhafte Verzerrung der verhaltensbestimmenden eigen-
weltlichen Überzeugungen nicht ausschließen.[31] Ähnliche Überlegungen lassen sich
auf die aus einem chronischen Konflikt im persönlichen Lebensbereich entstandene
progrediente Verformung motivierender Gerichtetheiten anwenden, die die bisherige
Wertorientierung außer Kraft setzt und beim Fehlen eines gangbaren Auswegs zur gewaltsamen Lösung drängt. Was hier geschieht, sind *deviante Strukturierungsprozesse*,
die in der Grundrichtung der Einengung und des spannungsvollen Ungleichgewichts
zu einer Fehlorientierung führen mit entsprechenden Auslenkungen und Labilisierun-
gen der Dynamik.

---

30 Siehe Fußnote 27.
31 Genau genommen geht es in solchen Fällen um eine Fehlsteuerung der Einsicht. Zu der Notwendigkeit, der *Handlungssteuerung* eine *Einsichtssteuerung* zur Seite zu stellen, vgl. Nervenarzt
62 (1991) 423–427.

Eine sich auf wenige Themen verengende, in Umstellung und Anpassung behinderte und im Anspruch primitivierte Struktur beginnt bei der Kontrolle und Steuerung von Emotionen und Handlungsimpulsen zu versagen, wie das anhand der Verhaltensauffälligkeiten in der „Tatanlaufzeit" oft beschrieben worden ist. Die auf den funktionstüchtigen Gesamtzusammenhang der seelischen Struktur angewiesene Desaktualisierungsfähigkeit geht zunehmend verloren.[32] Objektiv belanglos erscheinende, als „Schlüsselreize" aber subjektiv belangvolle Begebenheiten, die als emotionaler Stimulus nicht mehr abgefangen werden, können die von ihren Voraussetzungen her kurzschlüssig gewordenen Entscheidungen anstoßen und eine „Affekttat" in Gang bringen. Vergleichbar neurotisch genannten Fehlentwicklungen oder manchen Residualverfassungen nach schizophrenen Psychosen als der Grundlage abnormen Verhaltens liegt das Gewicht auf der devianten Strukturierung. Die „tiefgreifende Bewußtseinsstörung" greift hier zu kurz. Näher läge die „schwere andere seelische Abartigkeit".[33]

---

32 In einer mit den Mordmerkmalen befaßten Parallelveröffentlichung (Nervenarzt 63, 1992, 656–667), in der der Nachdruck auf den die aktuelle Situation mitbestimmenden und sie überdauernden strukturellen Hintergrund zu legen war, wurde mit dem Begriff der *Strukturschranke* auf den auch bei affektiv akzentuierten Delikten vorauszusetzenden und hier gerne unterschätzten strukturellen Widerstand gegen die Aktualisierung normverletzender Verhaltensbereitschaften hingewiesen. Was sich als Einbuße an Desaktualisierungspotenz im Gefolge devianter Strukturierung behandeln läßt, ließe sich auch als das Insuffizientwerden von Strukturschranken darstellen.

33 Die der Sache nach in vielen Fällen naheliegende Zuordnung zu der terminologisch wie inhaltlich unbefriedigenden Kategorie ist, wie der Vergleich mit Literatur und Rechtsprechung zeigt, unüblich. Neu ist der Gedanke nicht (vgl. Rasch, Die psychologisch-psychiatrische Beurteilung von Affektdelikten, NJW 1980, 1309–1315, S. 1314); die Überlegungen Witters zur Beurteilung der Schuldfähigkeit bei Belastungsreaktionen [in: Witter (Hrsg.) Der psychiatrische Sachverständige im Strafrecht, 1987, S. 178 ff.; Schorsch, (Fußnote 7), S. 358]. Ungeachtet der „affektiven Bewußtseinsstörungen", um die es in dem Beitrag zur Festschrift Blau (1985, 391–403) geht, legt auch Venzlaff im Fortgang seiner Überlegungen (S. 402) den Nachdruck auf den biographisch-historischen Kontext der Tat, die psychodynamische Umstrukturierung des Täters und seine psychopathologische Abwandlung im Vorfeld der Tat. Selbst Glatzel, der in diesem Zusammenhang nachdrücklich für die „tiefgreifende Bewußtseinsstörung" eintritt, und dabei nicht auf den Affekt, sondern die Beeinträchtigung der Besonnenheit abhebt, unterstellt (Mord und Totschlag, 1987, S. 34) die Analyse des biographischen Vorfeldes dem Begriff der „schweren anderen seelischen Abartigkeit". Erst recht würde die „tiefgreifende Bewußtseinsstörung" in den Hintergrund treten, wenn man, wie jetzt Glatzel, StV 1993, 220–225, die affektabhängige Tötungshandlung als „Zeitgestalt" interpretiert und den Nachdruck auf eine über Jahre progrediente Dissonanz in den partnerschaftlichen Interaktionen legt.

Von den Strafrechtswissenschaftlern hat sich Schild (AK StGB, 1990, §§ 20, 21 Rdn. 148 ff.) ohne den Rückgriff auf die „schwere andere seelische Abartigkeit", die er wegfallen lassen will (Rdn. 183), nachdrücklich gegen eine isolierte Bewertung der affektiven Erregung gewandt. Eine Quantifizierung des Affekts könne die Qualität der Unfreiheit nicht erfassen.

Komplementärbedingungen und Selbstkorrumpierung

Der durch eine lange konflikthafte Entwicklung, schicksalhafte Zwangsläufigkeit und – meist weniger eindeutig, weil ohne Berücksichtigung des bereits für die Entscheidungsphase zu fordernden Manifestationszeitpunktes – durch hochgradige affektive Erregung charakterisierte Idealtypus der „Affekttat" strahlt wegen seiner Inklination zur Privilegierung auf alles deliktische Verhalten aus, das affektiv bewegt ist oder sich auf eine konflikthafte Vorgeschichte berufen kann. Gefährliche Straftaten ohne starke emotionale Beteiligung sind selten, chronisch konflikthafte Lagen alltäglich. Die Tendenz zur Ubiquität würde die Bestimmung von Grenzen und die Gliederung der großen Masse affektiv akzentuierter Delikte wünschenswert machen, was aber ohne breite kasuistische Fundierung, die die vorliegenden Sammlungen exemplarischer Fälle nur am Rande einbeziehen könnte, nicht möglich ist. Die kritische Beschäftigung mit Grundzügen der Beurteilung exemplarischer Beobachtungen aus einer die Querschnittsbetrachtung überwindenden und zugleich dem Prinzip der Koinzidenz angemessenen Sicht mußte die Bedeutung der in der Regel erst während der Ausführungshandlung übermächtig werdenden emotionalen Komponente einschränken und den Nachdruck auf die für das dynamische Derangement verantwortliche deviante Strukturierung legen. Über den schmalen Saum der so abgegrenzten „Affekttaten" hinaus lassen sich auch im folgenden nur unsystematische Feststellungen treffen, bevor nicht der Gesamtbereich affektiv akzentuierter Delikte von der Kasuistik her aufgearbeitet ist. Sie können besondere Aspekte herausheben, aber nichts zur Unterscheidung eigenständiger Gruppen beitragen.

Die hier als *Komplementärbedingungen* geführten, üblicherweise konstellativ genannten Faktoren (wie abnorme Wesenszüge, Übermüdung, körperliche Erschöpfung, Auswirkungen eines organischen Hirnschadens, toxische Einflüsse mit der noch unterhalb der „krankhaften seelischen Störung" bleibenden Alkoholisierung als der wichtigsten vor allen anderen Komplikationen) sind theoretisch von geringer, praktisch von um so größerer Bedeutung. Es handelt sich um Basisverfassungen und Einwirkungen verschiedener Art, die Aktivierung und Desaktualisierung behindern und die bei der Steuerung des Verhaltens zu überwindenden Widerstände erhöhen. Gelegentlich wird dies bei asthenischer Grundrichtung durch die Verstärkung einer unangemessenen Passivität bewirkt, die ausweicht und geschehen läßt, wo gehandelt werden sollte. Ganz überwiegend geschieht dies bei sthenischer Grundrichtung durch Stimulierung, Enthemmung und Verstärkung der Handlungsimpulse, wo gebremst und kontrolliert werden müßte.

Ohne solche Komplementärbedingungen blieben viele affektiv akzentuierte Delikte ungeschehen. Komplementär im weitesten Sinne wirken auch epochale Einflüsse wie ein Wandel in den Werthaltungen, so wie sich auf der anderen Seite die menschenkundlichen Grundannahmen und die Maßstäbe der Bewertung verändern können. Zu den Auswirkungen einer epochalen Orientierungsänderung gehört möglicherweise bei den eigenen Gutachtenfällen die Zunahme affektiv akzentuierter Gewalttaten durch alkoholisierte Frauen.

Jenseits der praktischen Erfahrung wird die Bedeutung von Komplementärbedingungen durch eine inzwischen historisch gewordene Entscheidung unterstrichen: Der in BGHSt 11, 20–26 behandelte „leading case zum schuldausschließenden normalpsychologischen Affekt"[34] ist ungeachtet der an ihn geknüpften Folgerungen nicht der „reine" Fall, den man bei einer so grundlegenden Entscheidung voraussetzen würde und auch vorausgesetzt hat. Mit dem bei einer „Affekttat" ernst zu nehmenden Blutalkoholgehalt von 1,18‰ im Tatzeitpunkt entspricht er genau den durch ein Komplement über die Manifestationsschwelle gehobenen Fällen, mit denen es die Praxis häufig zu tun hat.[35]

Als weiterer Sonderaspekt läßt sich eine von emotionaler Bewegung begünstigte Tendenz zur Selbstverdeckung und zu einer von Selbsttäuschung untergründig geförderten Normenüberschreitung unter dem sonst bei affektiv akzentuierten Delikten nicht gebräuchlichen Begriff der *Selbstkorrumpierung* behandeln. Die Wortprägung wird mit veränderter Anwendung von Schroth übernommen. Er spricht bei der Prüfung des dolus eventualis von Selbstkorrumpierung, die kein Vorsatzunrecht begründe, wenn der Täter sich die Einsicht in die Bedeutung seiner Handlung versperre,[36] und er verweist selbst wieder auf M. Köhler.[37] Emotionale Bewegung wird generell gesucht, so daß von der emotionalen Komponente affektiv akzentuierter Delikte ein Sog ausgehen kann, der stärker ist als die von der Antizipation bestimmter Zwecke evozierten Gerichtetheiten.

Bei Sexualstraftaten steht das Angesprochenwerden durch emotionale Bewegung im Vordergrund. Entsprechend häufig sind Rationalisierungen, die die sexuelle Motivation verdecken. Bei emotional dürftig ausgestatteten oder noch unausgereiften und zugleich reizhungrigen Menschen kann ein „sensation-seeking" neben den alltäglichen Motivationen, die auf den ersten Blick maßgebend sind, die wirkungskräftigste Komponente sein. Ein „sensation-seeking" erklärt beispielsweise manche sonst schwer begreiflichen Rohheitsdelikte junger Menschen. In diesen Umkreis gehört auch das scheinbare Einhalten von Spielregeln bei Provokationen, die eine dann brutal beantwortete Reaktion des Opfers herauslocken.

Emotionen modulieren den individuellen Aspekt, unter dem die begegnende Welt erscheint. Beispiele wären die unter dem Druck sexueller Gestimmtheit hervortretenden und als Aufforderung verstandenen, tatsächlich aber so nicht gemeinten Signale oder die Hoffnungslosigkeit, die sich aus depressiver Verstimmung über eine an sich neutrale Situation legen kann. Je nach ihrer besonderen Färbung verändert die emotional vertiefte Wahrnehmung die Gewichte der im aktuellen Feld aufgenommenen Eindrücke und Erfahrungen, unter deren Mitberücksichtigung gehandelt wird. Handlungsbestimmend mit der Möglichkeit zu korrumpieren werden Emotionen v. a. dann, wenn sie, was auch starken Emotionen erst mit der Zeit gelingt, die für die individuelle Struktur maßgebenden Gerichtetheiten verformen und über veränderte Werthaltungen in die Entscheidungen hineinwirken.

---

34 Siehe Fußnote 20, S. 164.

35 Diese besonderen Umstände, die in der auf den „normalpsychologischen" Affekt gerichteten Diskussion außer acht blieben, erfährt man nicht aus BGHSt 11, 20–26, sondern aus NJW 1958, 266–267 und noch ausführlicher aus der Wiedergabe der Gutachten und Urteile bei de Boor (Bewußtsein und Bewußtseinsstörungen, 1966, S. 166 ff.).

36 Schroth, Die Rechtsprechung des BGH zum Tötungsvorsatz in der Form des „dolus eventualis", NStZ 1990, 324–326.

37 Köhler, Die bewußte Fahrlässigkeit, 1982.

Starke Gefühle rechtfertigen sich selbst und suchen über den Mechanismus der Rationalisierung erst im nachhinein die Begründung für ein Verhalten, das geltenden Normen widerspricht. „Wer fühlt, hat recht"[38], ließe sich eine in der Literaturwissenschaft geprägte Sentenz variieren. Aus der Gefühlsgewißheit stammt die Entschlossenheit, unter Preisgabe der eigenen Zukunft aus allen Normen auszubrechen und ein Ende zu machen, sofern eine Entscheidung, und sei es auch nur im Sinne einer Primitiventscheidung, eingeschoben war. Diese Entschlossenheit wird in den seltenen Kommentaren am ehesten unmittelbar nach einer „Affekttat" zum Ausdruck gebracht, wenn noch die Identifizierung mit der Tat andauert. Üblicherweise bleibt sie zugedeckt von Amnesie, ratloser Betroffenheit, Rationalisierung oder Verleugnung.

Starke Gefühle mit Absolutheitsanspruch begünstigen Einseitigkeiten des Verhaltens. Der damit verbundenen Gefahr wirkt entgegen, daß die Rechtsnormen in die Gerichtetheiten der Struktur aufgenommen worden sind und die Desaktualisierungsfähigkeit einer in normaler Entwicklung ausgebildeten Struktur im allgemeinen ausreicht, die durch Gefühle bewirkten Gleichgewichtsstörungen auszugleichen und die von daher drohende Gefahr von Normenüberschreitungen abzuwehren.

Die Rechtsordnung setzt voraus, daß gefährliche Gerichtetheiten, auch wenn sie von sehr starken Gefühlen ausgehen, kontrolliert bleiben und daß dem Drängen der Gefühle, sich ungesteuert in Handlung umzusetzen, widerstanden wird. Die Forderung muß sich Einschränkungen gefallen lassen, wenn nicht aus der aktuellen Situation entstandene Emotionen eine intakte Struktur bedrängen, sondern immer neue Gefühlsbelastungen die Gerichtetheiten deformieren und die Wertorientierung verwirren, so daß in Extremfällen Tötung und Selbsttötung als der allein gangbare Ausweg erscheinen. Nicht die eindrucksvolle, aber vieldeutige affektive Erregung, sondern die unter langwährender emotionaler Belastung entstandene deviante Strukturierung als Voraussetzung auch affektiver Entgleisungen ist wesentlich für die als „Affekttat" geführte Kerngruppe affektiv akzentuierter Delikte.

Die als Selbstkorrumpierung verstandenen Weisen der Verarbeitung emotionaler Beteiligung gehen über die schicksalhafte Involvierung hinaus, bleiben aber, solange sie sich nicht in Aktion umsetzen, in einem rechtlich indifferenten Bereich. Die von Gefühlen ausgehende und mehr in Abhängigkeit von ihrer Intensität als von ihrer besonderen Richtung erlebte und erlittene Faszination ist allgemein menschlich bei großen charakterologischen Unterschieden und unterschiedlicher Empfänglichkeit der Lebensalter. Auch sie wird modifiziert durch disziplinierende oder fördernde epochale Einflüsse. Eine gefühlsbestimmte Verzerrung des Urteils und ein Rückzug auf stagnierende Imaginationen, mit denen sich Emotionen perpetuieren und Interesse und Initiative von den Angeboten und Aufgaben des Lebens abziehen, müssen in bestimmten Konfliktlagen als nahezu selbstverständlich vorausgesetzt werden. Von da aus gibt es, mit einem Schwerpunkt bei den wegen ihrer übersteigerten, labilen Emotionalität und ihrer theatralischen Ansprüchlichkeit *histrionisch* genannten Persönlichkeiten, Formen der Progression. Sie führen zu selbstinitiierten und in Aggressionen voll ausgelebten Gefühlsausbrüchen, zur Beachtung heischenden Hingabe an Stimmungen und Verstimmungen oder zu einer von Selbstmitleid und versteckter Aggressivität durchzogenen stillen Leidens- und Vorwurfshaltung, zum demonstrativen

---

38 v. Matt, Der Liebesverrat, 1989, mit dem Leitsatz: „Wer liebt, hat recht".

Aufsuchen einer sich verselbständigenden haltlosen Lebensführung, zur Manipulierung und Erpressung des Konfliktpartners oder der Öffentlichkeit. Die Darstellung ihrer zahlreichen Spielarten wäre nur kasuistisch möglich.

Über die emotionale Theatralik histrionischer Täter besteht zwangsläufig eine Verbindung zu den affektiv akzentuierten Delikten, deren Manifestationen vom Bewegungssturm bis zur Amnesie ihre scheinbare Eindeutigkeit verlieren, wenn hinter einem Verhaltenskomplex, der der naiven Betrachtung als die klassische „Affekttat" erscheinen kann, histrionische Intentionen und Reaktionsweisen zum Vorschein kommen. Insbesondere die Frage des Vorverschuldens kann hier auftauchen. Auf der anderen Seite muß bedacht werden, daß die Zurechenbarkeit auch eines als affektives Sichausleben imponierenden Verhaltens eingeschränkt sein kann, etwa weil die infolge biologischer Funktionsstörung oder devianter Strukturierung versagende Steuerung der Einsicht (Fußnote 31) die sonst zu erwartende Korrektur von Verhaltenstendenzen ausbleiben läßt.

Schließlich sei noch auf einen Sonderaspekt bestimmter Delikte mit asthenischer Vorzugsrichtung hingewiesen. Während heftige Gefühle von sthenischer Grundrichtung sich rasch erschöpfen und ihre Erneuerung in einem von steuernden Eingriffen grundsätzlich erreichbaren Zirkel wechselseitiger Steigerung auf die Beziehung zur gelebten Situation mit ihren Auseinandersetzungen oder die Vergegenwärtigung entsprechender Aktualisierungen angewiesen bleibt, ist auf dem asthenischen Pol mit dem Schwerpunkt bei den Varianten depressiver Verstimmung die Möglichkeit eines Autonomwerdens der emotionalen Komponente zu berücksichtigen, das die Beziehung zu den Themen und Konflikten, aus denen affektive Bewegung herauswächst, verliert. Hier gibt es einen Zwischenbereich, in dem die Grenzen zwischen reaktiver und idiopatisch depressiver Verstimmung unscharf werden. Unter forensischen Gesichtspunkten kommt es bei diesen Fällen, die v. a. als Mitnahmesuizide praktische Bedeutung bekommen, nicht auf die von ungesicherten Konventionen abhängigen psychiatrischen Diagnosen an, sondern auf die einer autonom gewordenen psychotischen Entgleisung vergleichbaren und durch steuerndes Innehalten nicht beeinflußbaren Verstimmungszustände, die unmerklich und kontinuierlich anwachsen, Eigenleben gewinnen und schließlich die Voraussetzungen von Wertung und Entscheidung von Grund auf verändern.

Affektiv akzentuierte Delikte: eine heterogene Deliktgruppe

Die als „Affekttat" oder „Affektdelikt" geführten Beobachtungen sind nicht zu verstehen als eine mit der Hoffnung auf normierte Beurteilungsgrundsätze abgrenzbare forensische Entität, sondern als ein Idealtypus, dem im Alltag der gerichtlichen Praxis nur wenige Fälle aus dem Angebot affektiv akzentuierter Delikte nahekommen. Von dieser kritischen Position können keine Richtlinien für einheitliche Begutachtung und Beurteilung, sondern nur die Forderung nach individueller Analyse der immer wieder anderen Tatkonstellationen erwartet werden. Die Rede von den affektiv akzentuierten Delikten betont den heterogenen Charakter einer umfassenden Deliktgruppe, der durchgehend nur das starke Ansprechen der Emotionalität gemeinsam ist. Bei den großen Unterschieden im Aufbau der wegen ihrer Bewegtheit als „Affekttat" reklamierten Straftaten verbietet sich die auf Abstufungen der Intensität gerichtete isolierte Betrachtung der emotionalen Komponente. Das Leitphänomen „Affekt" muß in diachroner Sicht von seiner Einbindung in den strukturellen Gesamtzusammenhang her gesehen und unter Beachtung des Zeitpunktes seiner Manifestation gemäß seiner Rolle im Entscheidungsprozeß des Handlungsgeschehens bewertet werden. Hier gibt es ein großes Erfahrungswissen, aber ohne eine auf kasuistische Differenzierung gestützte und die Häufigkeiten erfragende Gliederung der sehr vielgestaltigen Straftaten, die unter starker emotionaler Beteiligung begangen werden, noch keine gesicherte empirische Basis.

Das Spektrum der affektiv akzentuierten Delikte ist so breit, daß die große Zahl von der Privilegierung durch die §§ 21, 213 StGB nicht erreicht wird und bei eingeschränkter oder aufgehobener Schuldfähigkeit neben der „tiefgreifenden Bewußtseinsstörung" die „schwere andere seelische Abartigkeit" und von Fall zu Fall auch die „krankhafte seelische Störung" als Grundvoraussetzung zu diskutieren sind. Eine den strukturellen Kontext einbeziehende Betrachtungsweise sieht die Bereitwilligkeit, mit der situationsbezogenen emotionalen Aufwallungen die zwingende Kraft einer „tiefgreifenden Bewußtseinsstörung" zugestanden wird, mit Skepsis. Eher ist sie geneigt, schuldmindernde emotionale Ausnahmeverfassungen bei einer Komplizierung durch Komplementärbedingungen oder in Abhängigkeit von einer devianten Strukturierung anzuerkennen, die den auch hier zu fordernden Desaktualisierungsanstrengungen die verläßliche Grundlage entzog. Weniger Gewicht hätte die vorgegebene oder durch richtunggebende Entscheidungen selbst bewirkte Devianz, weil sie Auseinandersetzung und Anpassung erlaubt. Beachtlich wäre dagegen der schicksalhaft aufgezwungene und sonst gangbare Wege versperrende Verformungsprozeß.

Persönlichkeit, konstellative Faktoren und die Bereitschaft zum „Affektdelikt"

H.-L. Kröber

Was ist ein „Affektdelikt"?

Über Affektdelikte wird ausgiebig diskutiert, ohne daß eine Definition des Streitgegenstandes erforderlich erschiene. Grosbüsch (1981) verfaßt eine Monografie zum Thema und bringt zum Schluß kasuistische Beispiele, nämlich Ladendiebstahl, Totschlag und Fahnenflucht, die sie sich sämtlich wegen einer akuten Identitätsstörung exkulpiert wünscht. Nicht einmal die Bezugnahme auf eine Gewalttat bleibt hier erhalten. Was ist ein Affektdelikt?

1. Als Affektdelikt werden von manchen Autoren solche Taten gesehen, die aus *bestimmten Motiven* heraus begangen werden. Es ergibt sich aber rasch eine große Zahl von affektiv befrachteten Motiven: Eifersucht, Kränkung, Rache, Zorn, Haß, Verzweiflung, sexuelles Begehren, sexuelle Kränkung, so daß kaum eine Gewalttat verbleibt, die nicht als Affekttat zu betrachten wäre. Entsprechend hat man es mit dem Ausschluß von Motiven versucht: Affektdelikte seien Gewalttaten, die nicht in Bereicherungsabsicht und nicht zur Verdeckung einer anderen Straftat begangen wurden. In der psychischen Realität geht selbst das nicht bruchlos auf: so mancher Raub- und Verdeckungsmord erweist sich als „rational sinnlos" und als intensives affektives Geschehen. Das affektfreie Delikt, zumal das affektfreie Gewaltdelikt, gehört in den Bereich des Kriminalromans (Reckel 1970) oder in den Bereich einer massiven psychischen Pathologie. Wer ohne affektive Beteilung mit eigenen Händen einen Menschen tötet, ist psychisch krank oder einer schweren psychischen Störung zumindest verdächtig.
2. Unmöglich ist wohl eine *täterbezogene Definition* des Affektdelikts. Es mag sein, daß bestimmte Persönlichkeiten eher zum Affektdelikt neigen; nach der undefinierten, aber atmosphärisch greifbaren Bedeutung von „Affekttat" wäre ein habitueller Affekttäter eine contradictio in adjecto. Ableiten kann man hier allein, daß bei wiederholten Gewalttaten der Verdacht auf eine z. B. explosible Persönlichkeitsstörung zwar zunehmen, die Klassifizierung der Delikte als „Affekttat" im juristischen Sinne aber abnehmen dürfte.
3. Tatsächlich lebt die unpräzise, gleichwohl verständnisgewisse Anwendung des Begriffes von der Bezugnahme auf das Kerngebiet der *Beziehungstaten*. Diese Bezugnahme gibt es nicht erst seit der Monografie von Rasch (1964), sondern sie gründet sich auf Lebenserfahrung und die Sympathie mit einem der ewig wiederkehrenden zentralen Themen der Weltliteratur, dem Liebesverrat und seinen todbringenden Folgen (von Matt 1989). Rasch (1964), der einen idealtypischen Entwurf der ge-

stalthaften Gesamtheit von Konfliktgenese und Tatentwicklung gezeichnet hat, unterscheidet sich von jenen, die allein auf die Motivation oder aber die Affekt-stärke zum Tatzeitpunkt abheben, durch die Darstellung der typischen, zur schritt-weisen Eskalation führenden Täter-Opfer-Interaktion. All dies bezeichnet zwar einen recht gut umgrenzten Delikttypus, beantwortet aber weder die Frage nach der Schuldfähigkeit (die auch gar nicht erörtert wird), noch deckt es den Bereich der Taten ab, bei denen von „Affekttat" gesprochen oder der Ausschluß einer „tiefgreifenden Bewußtseinsstörung" gefordert wird. Dies würde auch dann gel-ten, wenn man den Definitionsbereich auf Taten ausdehnt, bei denen ein „Ersatz-objekt" attackiert oder getötet wird (Hallermann 1963; Rasch 1964).

Über das „Ersatzobjekt" gelangt man, bei psychologischer Tatanalyse, rasch zu jenen merkwürdigen Taten mit Zufallsopfern wie Zechkumpanen oder völlig Fremden, die von hoher „sinnloser" Aggressivität getragen auf eine ganz andere, viel amorphere Konstellation zurückverweisen. Erinnert sei z. B. bei manchen heranwachsenden Mördern an den Hintergrund einer polymorph perversen Fami-lienstruktur mit fortlaufender Gewalttätigkeit, sexuellem Mißbrauch und Alkoho-lismus von Vater, vaterähnlichen und anderen Bezugspersonen, bei welcher der spätere Delinquent bis zur Tat wohl aggressiv gespannt, aber eher geduckt und de-liktfrei bleibt. Auch für das sich dann unvermutet ereignende, oft höchst brutale Delikt an einem „Ersatzobjekt" dürfte man mit guten Gründen den Titel „Affekt-tat" einfordern. Es zeigt sich: auch über die spezifische Täter-Opfer-Konstellation läßt sich der Begriff nicht definieren.

4. Eine spezielle implizite Definition der Affekttat findet sich vorzüglich in der psy-chologischen Literatur. Hier werden so nicht selten all jene Delikte bezeichnet, bei denen die Autoren die Einsichts- oder die Steuerungsfähigkeit für aus normalpsy-chologischen Gründen eingeschränkt oder aufgehoben ansehen. „Affektdelikt" ist hier ein Synonym für den Wunsch, ohne Bezugnahme auf die 4 Eingangsvorausset-zungen der §§ 20, 21 StGB unmittelbar die Fähigkeit zu einem normgerechten Verhalten zu überprüfen. Diese Diskussion ist theoretisch dann rasch über die Fra-ge der in vielen psychologischen Systemen nicht vorgesehenen Willensfreiheit hin-aus und praktisch rasch mit dem Denkschema konfundiert, daß das, was geschehen ist, wohl nicht nicht geschehen konnte. Sofern Einsichts- und Steuerungsfähigkeit allerdings unmittelbar und nicht in bezug auf die im § 20 StGB genannten psychi-schen Störungen (eine tiefgreifende Bewußtseinsstörung ist eine psychische Stö-rung) beurteilt werden sollen, wird diese Beurteilung empirisch ufer- und bezugs-los, findet sie ihre Referenz allenfalls in der jeweils zugrundegelegten psychologi-schen Handlungs-/Willens-/Entscheidungstheorie. Soweit es die uns hier interes-sierende Begriffsdefinition betrifft, wären in dieser Sicht Affekttaten all jene, bei denen die Eingangsvoraussetzungen der §§ 20, 21 StGB nicht vorliegen (oder die „tiefgreifende Bewußtseinsstörung" in eine Sammelkategorie ohne eigene Bedeu-tung verwandelt ist) und gemäß der jeweiligen psychologischen Theorie eine De- oder Exkulpierung gefordert wird.

5. Faktisch geht es stets um die Privilegierung des gemeinten Delikts, wenn von Af-fekttat die Rede ist. Angelehnt an den Text des Gesetzes rechnen zu den Affektta-ten jene Delikte, bei denen die Intensität der vorherrschenden Affekte – also ein quantitatives Moment – so groß war, daß es zu qualitativen Veränderungen der

psychischen Verfassung, zu einer Bewußtseinsstörung gekommen ist. Mit „tiefgreifend" wird diese nochmals vage quantifiziert, statt sie, wie ursprünglich diskutiert, offen an den vielfältigen psychiatrisch bekannten Bewußtseinsstörungen zu messen. Es rechnen zu den Affektdelikten aber auch jene Taten, bei denen trotz hohen Affekts eine Bewußtseinsstörung nicht eingetreten ist. Dann wären Affektdelikte all jene Taten, bei denen psychiatrisch das Vorliegen einer Bewußtseinsstörung zu diskutieren ist, und das wären im Prinzip alle Begutachtungsfälle.

„Alle Begutachtungsfälle" trifft in etwa auch das, was Saß (1983a) als „Affektdelikte im weiteren Sinne" bezeichnet. „Affektdelikte im engeren Sinne" nennt er die „Gewalthandlungen unter hoher affektiver Erregung bei durchweg gesunden Personen, denen meist ein längerer Konflikt vorausgeht und die vom Charakter her impulsiv ablaufen, nicht als kühl geplantes, vorsätzliches Verbrechen" (S. 569). Das trifft etwa den Bereich des Gemeinten, beschreibt („meist"), aber definiert ihn nicht und bringt mit den Angaben „impulsiv" und „nicht vorsätzlich" problematische Vorannahmen ein.

Es kann wohl keine befriedigende, keine exakte, keine nützliche Definition von „Affektdelikt" geben. Vor dem Hintergrund der Unterstellung, die meisten Straftaten würden aus rationalen Gründen begangen, handelt es sich um einen Begriff, der ein gewisses Verständnis, ein gewisses Mitgefühl für ein nichtrationales, in der Regel aggressives Delikt bekundet und eine Schuldminderung nahelegt. Schorsch (1988) vermutet gar, der Begriff beinhalte ein Männerprivileg für Aggressionstaten gegen ihre Frauen, Bernsmann (1989) sieht ein privilegierendes „Affektdelikt" in praxi überall dort, wo „das Opfer für die Entstehung der Gemütsbewegung des Täters mitverantwortlich" ist. Auch so ist das Affektdelikt natürlich nicht definierbar. Feststellbar ist allein: Die Rede vom Affektdelikt appelliert an Verfahrensbeteiligte und psychiatrische Sachverständige und möchte diese in eine bestimmte Richtung lenken.

Wovon soll dann im folgenden die Rede sein? Von jenen Taten, bei denen an den Gutachter die Frage herangetragen wird, ob die möglicherweise hohe affektive Erregung zum Tatzeitpunkt nicht an eine tiefgreifende Bewußtseinsstörung und an die Pflicht zur De- oder Exkulpierung denken lasse. Zur Eingrenzung des Diskussionsbereichs werden wir uns dabei nicht mit Sachbeschädigung oder Körperverletzung befassen, obwohl die Sachlage hier eher komplizierter ist, sondern mit Tötungsdelikten. Eine weitere Eingrenzung ist erforderlich, nämlich auf solche Tötungsdelikte, die mit direktem oder bedingtem Vorsatz begangen werden. Diese Eingrenzung ist logisch nicht unproblematisch, weil die Zuschreibung von Vorsätzlichkeit ja die Feststellung beinhaltet, der Täter habe von den tödlichen Folgen seines Handelns gewußt und sie gewollt oder zumindest billigend in Kauf genommen. Daß die Vorstöße mancher forensischer Psychologen im Bereich der Affektdelikte den beschwerlichen Weg über die Eingangsvoraussetzungen des § 20 StGB wählen, statt unmittelbar die Feststellung und Feststellbarkeit von „Vorsatz" zu attackieren, muß lebenspraktisch gedacht wohl damit zusammenhängen, daß den meisten affektiv befrachteten Delikten bei nüchterner Betrachtung, durch die Tatvorgeschichte untermauert, Wissen und Wollen nicht abzusprechen ist. Gleichwohl bleibt die Überprüfung, ob Vorsatz vorgelegen hat, bei manchen Taten ein auch für den forensischen Psychiater relevantes Problem.

Vorgängiges Unrechtsbewußtsein: hemmendes Wissen und interpretative Überformung

Wer vorsätzlich mit eigenen Händen tötet, weiß, daß er eine unverrückbare Grenze überschreitet. „Mit eigenen Händen" ist hier keine rhetorische Floskel, sondern bezeichnet den dramatischen Wechsel von Phantasie, seelischem Innenleben, Affekt zur selbst beobachteten Handlung. Auch der psychotisch Kranke, der aus wahnhafter Motivation und Überzeugung ein Tötungsdelikt begeht, weiß in der Regel, daß er hier eine letzte Grenze überschreitet; er hält dies aber für unabweislich geboten. Der psychotisch Kranke dagegen, der einer hochgradigen Angst, Angespanntheit und qualvollen inneren Erregung bei eingeengter Bewußtseinsverfassung durch aktives, aggressives Handeln entkommen möchte, versucht fast immer, worauf Janzarik (1991) zutreffend hinweist, die anwesenden Personen so lange es geht zu schonen, will nicht töten. Sofern es zu Tötungen kommt, handelt es sich bei genauerer Analyse zumeist um Unfälle. Das Wissen um das Außerordentliche, Erschreckende des eigenen Tuns findet sich – in einem veränderten Bezugssystem – auch beim erweiterten Suizid endomorph Depressiver und, mit einer besonderen Pointierung, bei schwer persönlichkeitsgestörten Menschen. Zweifeln kann man am ehesten bei schwachsinnigen hirnorganisch Kranken, die vereinzelt keinerlei Wissen um die Folgen ihrer explosiblen Handlungen und keinerlei Fähigkeit zum Normenbezug erkennen lassen; dieses Defizit besteht dann oft nicht nur während einer aggressiven Attacke, sondern grundsätzlich. Bei solchen Tätern müßte man wohl Vorsatz(fähigkeit) verneinen, so daß unsere Regel weiterhin gilt.

Wer vorsätzlich mit eigenen Händen tötet, weiß, daß er eine unverrückbare Grenze überschreitet. In ihrem existentiellen Gewicht sind Mord und Selbstmord nahe verwandt, und Töten liegt in einem von Schaudern umgebenen Tabubereich, der ihn dem zügigen Zugriff der Alltagspsychologie entzieht; Töten ist nicht Element normalpsychologischen Kalküls, sondern eine affektiv stark besetzte, vielleicht auch instinkthaft gesicherte Grenze.

Spricht man davon, jemand wisse vom Tötungsverbot, so ist dieses Wissen kein rein kognitiver Bestand, sondern emotional intensiv befrachtet die Basis auch für Angstentlastung und die Sicherung der eigenen physischen Existenz gegenüber den sonst stets zu befürchtenden aggressiven Attacken anderer. Wahrscheinlich spielt die Reziprozität des Tötungsverbotes, seine enge Verknüpfung mit eigener basaler Vernichtungsangst, eine gewichtige Rolle für seinen Erwerb und die tiefgehende intrapsychische Verankerung. (Es stünde dies auch nicht im Widerspruch zu Tötungshandlungen im Krieg oder Bürgerkrieg.) Das von der Gesellschaft aktuell verbürgte Tötungsverbot ist kein rein intellektuelles Wissen, sondern von hoher, individuell verhaltenssteuernder Wertigkeit und Potenz. Jedes Einbeziehen des Tötens in die eigenen Überlegungen zur Lösung eines Problems hat sich mit dem Schaudern auseinanderzusetzen, daß man nach einer solchen Tat unwiderruflich außerhalb der sozialen Gemeinschaft stünde – ob diese den Täter nun entdeckt oder nicht –, außerhalb jener Gemeinschaft also, die allein die eigene Existenz zu ermöglichen imstande ist. Jeder Mord ist gleichbedeutend mit einem sozialen Selbstmord, auch davon gibt es ein – nicht notwendig sprachgedankliches (Schmidhäuser 1966) – Wissen. Der eigenartige Reiz, die depressiv-traumartig verzerrte Atmosphäre der Ripley-Romane von Patricia Highsmith resultiert aus ebendieser unlebbaren Fiktion des „normalen" Weiterlebens nach dem eigenen Mord.

Strafgesetze „denken" oftmals unpsychologisch. Gerade hier aber, bei den Tötungsdelikten, geht der Vorwurf ins Leere, der da lautet, die strafrechtliche Unterstellung eines jedermann möglichen Wissens um den Unwert des Tötens verfehle die psychische Realität. Wenn Grosbüsch (1981) mit Backes (1976) darauf insistiert: „Bedeutung entwickelt sich in einem interpretativen Prozeß", so ist dieser Prozeß nicht voraussetzungslos. Der Tötung des Intimpartners voran geht ein Prozeß der zunehmend verändernden Interpretation, welcher der schließlichen gewaltsamen Lösung immer mehr Rechtfertigung zukommen lassen mag; er geht aber aus von einem Vorwissen um Bedeutungen, die ganz früh *und generalisierend* erworben wurden: Du sollst nicht töten – nicht als christliches, sondern als elementares soziales Gebot, das nicht für bestimmte Situationen, sondern immer gilt. Wenn ein Täter nach der Tat deutlich macht, daß die Tötung des Partners für ihn „nicht Aggression, sondern Konfliktbeendigung" (im Sinne der Interpretationen von Rasch 1964; Lempp 1977; Grosbüsch 1981) bedeute, so beschreibt er einen Legitimationsmodus, in dem das eine das andere scheinbar ausschließt. In der psychischen Realität aber schließt sich beides, Aggression und Konfliktbeendigung, eben nicht aus; vielmehr ist die Tötung vom Tabu zum Mittel geworden, hat die Bereitschaft zur aggressiven Konfliktlösung die Oberhand gewonnen.

Das Wissen um Faktum und Fatum dieses elementaren Verstoßes gegen die Lebensregeln seiner Gemeinschaft ist deutlich ablesbar an der anschließenden Auseinandersetzung des Täters mit seiner Tat, positiv bei massiver Erschütterung, invertiert in den panischen Rechtfertigungsversuchen, den Erinnerungsverweigerungen, den Verdrängungs-, Verleugnungs- und Bagatellisierungsversuchen, den Versuchen zur Umkehrung des bisweilen vorher wechselnden, nunmehr aber festgeschriebenen Täter-Opfer-Verhältnisses, bis hin zu den Suizidversuchen, Hypochondrismen und Angstträumen der Täter. Unmittelbar nachdem der Konflikt „gelöst" ist, aufersteht in erschreckender Größe das ganze transsituative Wissen von der Unwiderruflichkeit und Unverzeihlichkeit eines Tötungsdelikts. Insofern erscheint es höchst problematisch, aus einem Nachtatverhalten, das dem psychologischen Modus des „Ungeschehen-Machens" entspricht – also z. B. aus fehlender Todeswahrnehmung oder Wiederbelebungsversuchen – auf einen fehlenden Vorsatz rückzuschließen; denn es handelt sich hier um eine Reaktion auf den Handlungserfolg, bei der nun wieder die entgegengesetzte Intention die Oberhand gewonnen hat (dazu auch Mezger u. Mikorey 1938; Schroth 1990). Eine Ausnahmestellung haben hier allein Täter mit pathologischem Gewissensdefekt. Sie wissen um das Verbotene ihres Tuns, aber es beschwert sie nicht, und ihre Taten sind gezeichnet durch einen eher flüchtigen, an zufällige Situationen gebundenen Affekt ohne spezifische Vorgeschichte.

Es ist nicht einzusehen, warum ein Affekttäter im Tatzeitpunkt kein aktuelles Unrechtsbewußtsein haben sollte, sofern mit Unrechtsbewußtsein das Bewußtsein der gesellschaftlichen Norm gemeint ist. Die „aktuelle Gefühlswarnung" (Jagusch u. Mezger 1957) ist nicht verschwunden, nur weil sie vom nachweisbar vorherrschenden aggressiven Affekt beiseite geschoben wird. Das nicht nur sprachlich, sondern auch vorsprachlich bildhafte, „sachgedankliche" Tötungsverbot (Schmidhäuser 1966) ist eben das, was bis zum Tatentschluß die Oberhand behalten hat und nun, nach einer letzten Provokation und einer letzten – bisweilen sogar ausgesprochenen – Legitimationsanstrengung suspendiert wird. Hier liegt, wo es sie gibt, die *Schuld*, man muß sie nicht vorverlagern.

Aus psychiatrisch-psychologischer Sicht kann man über das Ende der Vorverschuldensdebatte dankbar sein. Mit dem Begriff des Vorverschuldens wird allzu früh die psychologische Ebene verlassen und auf die juristische Ebene gewechselt. Die Ex-post-facto-Zuschreibung eines Vorverschuldens zeichnet eine lineare, ununterbrochene Entwicklung zur Tat, die tatsächlich nie beweisbar wäre. Gegen die Taten, die sich ereigneten, stehen bei entsprechender Vorgeschichte die Taten, die sich nicht ereigneten. Wer bemerkt, daß er eine Tötungshandlung in die eigenen Überlegungen einbezieht, kann dadurch auch aufgerüttelt und gewarnt sein und nun endlich die Dringlichkeit von Veränderungen erkennen, was nach manchen Schwankungen eben nicht nur zum Delikt, sondern auch zur Trennung, bisweilen sogar zur Versöhnung führen kann. Zulässig und notwendig aber ist der von moralischer und juristischer Bewertung unbciastete psychologische Nachvollzug der Tatvorgeschichte und dessen, was in dieser Zeit mit, in und von dem späteren Täter geschehen ist.

Persönlichkeitsstörung und Persönlichkeitswandel im Vorfeld der Tat

Die Auffassung, daß sich Affekte auf immer höhere Spiegel stauen ließen, bis eines Tages der Damm bricht, hat zwar mittlerweile die Festigkeit eines Volksvorurteils erreicht, ist aber aller Erfahrung nach falsch. Wer fortlaufend bestimmten widrigen Erfahrungen ausgesetzt ist, z. B. täglich geprügelt wird, erlebt keine fortlaufende Erhöhung entsprechender aggressiver, zorniger, haßerfüllter Affekte. Es gibt keinen Stauraum, der sich schrittweise füllt. Der Mensch ist kein leeres Gefäß für Affekte, sondern ein höchst strukturiertes Gebilde. Etwas anderes passiert: der Affekt wird gebunden an das innere Bild der Person des Peinigers, generalisierend vielleicht an alle inneren Bilder von Personen der Art des Peinigers, und er wird gebunden an kompensatorisch wirkende Phantasien. Jeder kennt das seit Kindheit.

Der sozusagen „freie" Affekt kann abnehmen, wie dies viele langjährig geprügelte Kinder berichten: irgendwann habe es gar nicht mehr „weh" getan. Wohl aber ist die innere Welt just dieser Kinder oft von ausufernden szenischen Gewaltphantasien gezeichnet, neben denen sich aber andere, altruistische und liebevolle Bestände der Destruktion entzogen und, gerade weil sie abgespalten blieben, gerettet haben können. Der anhaltende (nicht: ständig zunehmende) oder ständig erneut aufbrechende aggressive Affekt, oder das ständige Wechselbad von Liebe, Kränkung und Haß, führen also zu einer Umwertung der inneren Repräsentanzen und zu einer Umordnung der repräsentativen, affektbefrachteten Bestände, insgesamt zu einer Umgestaltung des Wertgefüges (im Sinne der strukturdynamischen Überlegungen von Janzarik 1988, 1991, die in dieser Hinsicht mit anderen, tiefen- und persönlichkeitspsychologischen Theorien, z. B. der „Affektlogik" Ciompis (1982) durchaus übereinstimmen).

Wenn man schon beim Bild vom Affektstausee bleiben will: Auch wenn es der Damm im nachhinein so gedeutet wissen möchte, ist es nicht ein ständig steigender Spiegel, der den Damm überspült und schließlich einreißen läßt. Vielmehr führt der anhaltende Druck auf den Damm (selbst bei sinkendem Pegel) dazu, daß dieser sich in seinem inneren Gefüge wandelt und schließlich den Weg freigibt. Was hier angesprochen ist in seiner Funktion als Damm, ist die Persönlichkeit, vor allem das Wertgefüge eines Menschen, und was den Affekt schließlich Tat werden läßt, ist die Person.

Wie hat die Persönlichkeit des späteren Täters zu Beginn des konflikthaften Geschehens ausgesehen, warum und wie hat sie sich gewandelt? Gibt es bestimmte Persönlichkeitsartungen oder bestimmte Resultate des Persönlichkeitswandels, die schließlich zu einer tiefgreifenden Bewußtseinsstörung disponieren oder aber als schwere seelische Abartigkeit anzusehen wären, die im Verbund mit der situativen Belastung und eventuell weiteren konstellativen Faktoren einen erheblichen oder völligen Verlust der Steuerungsfähigkeit bedingen? Anhand von 4 Fallskizzen sollen die Fragen und ihre Probleme erläutert werden.

Fall 1: Herr A., 29 Jahre alt, sitzt wegen versuchten Totschlags in Haft, begangen an einem ihm bis dahin unbekannten Mann, der ihn unvermutet zur Rede gestellt hatte, weil A. dessen Frau mit einem Motorrad ständig nachgefahren war. Auch die Frau kannte A. nur als Fahrerin eines Autos, er war ihr, an jenem Abend mißmutig verstimmt, mit vager voyeuristischer Neugier gefolgt. Die Tat erfolgte gänzlich unvorbereitet und für das Opfer, dessen Strafpredigt A. eine Zeitlang stumm angehört hatte, völlig überraschend. Begangen wird sie in nunmehr höchster Erregung, das Opfer wird mit Messerstichen attackiert, auch nachdem es sich in sein Auto geflüchtet hat; schließlich läßt Herr A. ab und fährt mit seinem Motorrad davon. Am übernächsten Tag stellt er sich auf Anraten eines Sozialarbeiters, des einzigen Menschen, dem er sich anvertrauen kann, der Polizei. Eine nachvollziehbare Interpretation der psychologischen Tathintergründe erscheint möglich, ist hier aber nicht erforderlich.

Seither sind 7 Haftjahre vergangen, die Entscheidung über seine bedingte Entlassung steht an, er schwankt dabei zwischen unkritischer Hoffnung und vorholender Resignation. In Haft gilt der gewaltige, kräftige Mann als Einzelgänger, für einzelne explosible Ausbrüche bekannt, wird aber auch geschätzt als stets aufrichtig, charakterlich anständig, fair, sehr ordentlich und leistungsbewußt. Er ist ein sehr guter Schachspieler und kein schlechter Verlierer. Was ihn aggressiv „aufbaut", heftig irritiert, sind jegliche Regelverstöße, mutwillige Verletzungen der Ordnung. So auch beim Sport, wo er zwar verlieren kann, nicht aber, wenn die Niederlage darauf beruht, daß die Mannschaftskameraden das Spiel nicht ernstnehmen und sich einen Jux daraus machen.

Von so einer Sportstunde ist er gerade zurückgekommen, hat geduscht, wartet frierend auf die Wäscheausgabe, die im Raum unmittelbar gegenüber seiner Zelle stattfinden wird. Der mit der Wäscheausgabe betraute Gefangene N. ist bei allen wegen seiner Arroganz und seiner Schikanen verhaßt, soll deswegen demnächst abgelöst werden, kündigt vorher anderen an, er werde Herrn A. nochmal richtig „aufbauen", obwohl er gerade mit A. keine Streitvorgeschichte hat. Der kaum bekleidete Herr A. drängt sich vor, N. verweigert ihm mit Verweis darauf die Wäsche, die anderen Gefangenen erklären, daß sie Herrn A. den Vortritt lassen wollen. A. erhält unter kommentierenden Bemerkungen N.s seine Wäsche, geht damit wortlos in seine Zelle, kehrt bald darauf zurück: N. hat ihm wieder Wäsche falscher Größe gegeben, A. wirft sie ihm wortlos ins Gesicht und kehrt in seine Zelle zurück. N. wirft ihm die Wäsche nach, holt ihn dann auch in der Zelle noch ein mit Beschimpfungen und Beleidigungen. A. greift nun eine auf dem Zellentisch liegende Nagelschere, stürzt erkennbar hoch erregt zum Raum gegenüber, räumt vor den Augen der Mitgefangenen und Beamten mit einem Griff den quasi als Theke querstehenden Tisch beiseite und schlägt die Nagelschere mit derartiger Wucht in den Kopf von N., daß sie die Schädelkalotte durchdringt und ihn tötet. Danach begibt er sich in seine Zelle und wartet dort unbewegt, bis man ihn abführt.

Bei der gutachterlichen Untersuchung trifft man auf einen angsteinflößenden Mann von solch aggressiver Gespanntheit, wie sie der Gutachter sonst nur bei akut psychotischen Männern erlebt hat. Er reagiert auf die kleinste Störung des Gesprächs; als z. B. die Putzfrau mit dem Besen an die äußere Doppeltür des Raumes stößt, gerät er sofort aus der Fassung, springt auf, *wendet sich vom Gutachter ab* zur Wand, ballt in einer langsamen, nicht ostentativen Bewegung die Fäuste, die Kiefer mahlen, er braucht 5 min, um sich wieder zu fassen und wieder zu setzen, muß schließlich nach Wiederholung kleiner Störungen das Gespräch abbrechen. Wie auch die weiteren Gespräche zeigen, ist er durchaus gemüthaft, zu einem affektiven Rapport in der Lage, ist ungewöhnlich ehrlich, ja von erschütternder Ernsthaftigkeit und ganz erstaunlich introspektionsfähig. Er hat ein differenziertes, von jeder Schwarz-weiß-Zeichnung weit entferntes Urteil über andere und kann sich in deren Lage versetzen, selbst in die seines ähnlich gewaltigen und gewalttätigen Vaters, der ihn auch nach dem Zeugnis seiner 3 jüngeren Brüder über viele Jahre hinweg in ständiger, heute noch anhaltender Angst vor seinen fast täglichen unberechenbaren Gewaltausbrüchen gehalten hat. Er möchte die Besuche des Vaters nicht mehr aus Angst, er könne irgendwann einmal gegen ihn tätlich werden.

Es handelt sich hier um eine explosible Persönlichkeit mit einer vermutlich auch konstitutionell vorgegeben erhöhten Reizbarkeit und impulsiven Handlungsbereitschaft sowie einer von zunächst jahrelang erlittener Gewalt gezeichneten Lebensgeschichte. Der ganz ungewöhnliche Schweregrad der aggressiven Gespanntheit und Irritierbarkeit noch in der Begutachtungssituation, die sich auch in seiner gesamten Psychomotorik und in vegetativen Auffälligkeiten äußert, erlaubt nur den Vergleich mit akut psychotischen Patienten. Verblüffenderweise zeigt das Persönlichkeitsgefüge keine gleichsinnige Deformation, sondern eine im Laufe der Jahre zunehmende Differenzierung, die durchaus auch darauf gerichtet erscheint, die aggressive Reizbarkeit steuern und kontrollieren zu können, um irgendwann doch noch die Chance auf ein selbstbestimmtes Leben in Freiheit zu haben. Noch in der Kesselsituation vor dem Delikt hat er, wie er es glaubhaft schildert, einen Rückzugsversuch gemacht: er hat, nachdem er N. die falsche Wäsche ins Gesicht geworfen hatte, keine passende eingefordert, sondern ist umgehend in seine Zelle zurückgekehrt, ahnend, daß jedes weitere Verweilen zur Eskalation führen müsse – der er dann in der Enge doch nicht entging. Für die Tat selbst macht er keine Erinnerungsstörung geltend.

Infolge der „schweren seelischen Abartigkeit", die bei A. zu konstatieren ist, und angesichts der situativen Faktoren sowie des rasch und ohne Rückzugsmöglichkeit eskalierenden Streites bejahte der Gutachter eine erhebliche Minderung der Steuerungsfähigkeit und konnte auch nicht ausschließen, daß die Steuerungsfähigkeit zum Tatzeitpunkt aufgehoben war. Die Unterbringung in einer psychiatrischen Klinik nach § 63 StGB wurde empfohlen.

Nachdem soeben zur Beleuchtung der Problematik „explosibler Persönlichkeiten" mit hoher impulsiver Erregbarkeit ein „untypisches" Affektdelikt vorgestellt wurde, soll nun ein „typisches" folgen. Wir finden dabei im vorgestellten Fallbeispiel eine nahezu entgegengesetzte Persönlichkeitsstruktur:

Fall 2: Herr B. ist als einziger Sohn eines braven, biederen Vaters und behütet von einer tatkräftigen, lebenspraktisch versierten Mutter in kleinbürgerlichen Verhältnissen aufgewachsen und entspricht in manchen Aspekten dem volkstümlichen Bild des „Muttersöhnchens": wohlerzogen, überaus höflich, genügsam und wenig durchsetzungsfähig. Auffällig an ihm ist seine geringe Flexibilität, sind zwanghafte und übernachhaltige Züge, die aber scheinbar affektfrei bleiben. Die berufliche Entwicklung ist ordentlich, aber wenig steil; er hat zwei oder drei Liebschaften, die aber den Eltern, bei denen er wohnt, verborgen bleiben.

Im Alter von 25 Jahren verliebt er sich in eine hübsche, damals 21jährige Barfrau, die bereits von zwei verschiedenen Männern zwei Kinder hat und in ihrer emotionalen Instabilität, ihren Suchttendenzen und manch anderem Aspekt an eine Borderline-Persönlichkeitsstruktur denken läßt. Diese junge Frau nun sucht erkennbar eine solide Person, an die sie sich anlehnen kann und die für sie und ihre beiden Kinder den materiellen wie den situativen Rahmen sichert. Die Beziehung entwickelt sich über Monate ohne sexuellen Kontakt, sozusagen zielsicher wird Herr B. schrittweise in seine Pflichten als „Daddy" eingeführt. Er selbst und seine Eltern hatten ursprünglich andere soziale Vorstellungen von der zukünftigen Ehefrau; mit der stets wiederkehrenden Antwort auf Vorschläge der Freundin: „Warum eigentlich nicht?" habe er nach knapp 2 Jahren ihren Heiratsantrag angenommen.

Einige Zeit nach der Geburt eines gemeinsamen, des insgesamt dritten Kindes möchte Frau B. wieder arbeiten gehen und findet eine Stelle als Bürokraft in einer Werkstatt, mit deren Chef sie bald ein Verhältnis beginnt, das ihre zeitlichen Reserven für die Familie zusätzlich einschränkt. Herr B. wird berufstätiger Hausmann, stellt gleichzeitig monatelang seiner Frau nach, um herauszufinden, mit wem sie ein Verhältnis hat, findet es heraus, kann seine Frau natürlich auch dadurch nicht zu einer Trennung bewegen. Es kommt zu einem Dreiecksverhältnis, in dem Herr B. seiner Frau v. a. vorhält, sie vernachlässige den Haushalt und die Kinder und schädige durch ihr vieles Trinken, wenn sie mit dem Liebhaber zusammen ist, ihre Gesundheit. Schließlich zieht er dann, nach gut 2 Jahren, doch aus der gemeinsamen Familienwohnung aus zurück zu seinen Eltern.

Dort kaum angekommen, ruft ihn die Ehefrau an und bittet um Erledigung des Wochenendeinkaufs, er willigt ein: „Warum eigentlich nicht?" Er wird nun zum externen Versorger der Familie, wird von seiner Frau schließlich auch vereinzelt als Tröster in Anspruch genommen, weil ihr Vater stirbt und der Liebhaber zeitweilig Probleme mit seiner Ehefrau hat. B. läßt sich nicht scheiden, er ist weiterhin in seine Frau verliebt, hofft weiterhin auf ein Ende der Affäre und eine „vernünftige", harmonische Wiedervereinigung. Nach einer neuen tiefen Kränkung ein halbes Jahr nach dem Auszug, als die Frau ihn zu sich bestellt, bei seinem Eintreffen mit dem Liebhaber im Bett liegt, begibt er sich in nervenärztliche Behandlung, läßt sich zweimal 4 Wochen krankschreiben, die verordneten Antidepressiva nimmt er nicht. Wieder einige Monate später kommt es zur bedingten Trennung zwischen Frau B. und ihrem Liebhaber, der unter starken Druck seiner Frau geraten ist, und Herr B. darf wieder häufiger bei seiner Frau übernachten. Gemeinsam werden Pläne gemacht, „wegzugehen" ins Ausland, Distanz zwischen sich und den Liebhaber bzw. zwischen sich und den Nebenbuhler zu legen. Gemeinsam beschließen beide (das Bisherige hat sich in London abgespielt), auf einer Reise nach Deutschland die dortigen Lebenschancen zu erkunden; ein etwas gewagtes Projekt, da beide weder besonders qualifiziert sind noch deutsch sprechen.

In Deutschland erkennt Frau B. recht schnell, daß sie ihrem Wunschdenken aufgesessen ist, reagiert zunehmend mißmutig und gereizt, trinkt viel. Nicht so ihr Ehemann, der in unterwürfiger Weise seine Frau umsorgt und jede von ihr zugefügte Kränkung übersieht, der an seine große Chance glaubt, schließlich tatsächlich eine Stelle als Autoverkäufer für amerikanische Kunden in Aussicht hat. In diesem Moment, als die Pläne realisierbar werden, ist die Ehefrau zur Offenbarung gezwungen, daß sie auch weiterhin kein Zusammenleben mit B. wünscht, daß sie zu ihrem Liebhaber zurückkehren möchte. Sie äußert dies indirekt und provokativ, indem sie einfach nur die Männlichkeit des Liebhabers und die fehlende Männlichkeit B.s betont; es kommt zu einer handgreiflichen Auseinandersetzung im Hoteldoppelbett zwischen dem übermüdeten, aber hellwachen B. und seiner vom Vorabend noch immer erheblich alkoholisierten Frau. Im Verlauf dieser Handgreiflichkeiten habe sie ihn mit einem Kissen zu ersticken versucht, woraufhin er sich dann gesagt habe, er wolle ihr nun das Gleiche zufügen. Er drückt ihr ein Kissen so lange auf das Gesicht, bis sie erstickt ist; habe danach nicht geglaubt, daß sie tot ist, auf sie eingeredet, ob es denn nun genug und ob sie nun endlich still sei; dann, als er ihre Lage erkannt habe, habe er mit Mund-zu-Mund-Beatmung Wiederbelebungsversuche gemacht. Als der Tod nicht mehr zu verleugnen ist, überlegt er mehrere Stunden und zündet dann das Bett an, um einen Unfall vorzutäuschen. Nachdem er der Polizei zunächst die Unfallversion gegeben hat, gesteht er nach einem Tag und Vorhalt inkompatibler Fakten seine Tat.

Als belangvoll an diesem Fall erscheint, daß ein enormes Maß von habitueller Affektvermeidung, Selbstverleugnung und Aggressionshemmung bei dem späteren Täter die 4 Jahre während Tatvorgeschichte bestimmt; er läßt fast alles mit sich geschehen, reagiert durchgängig passiv, es gab offenbar tatsächlich niemals aggressive Drohungen oder gar frühere Handgreiflichkeiten seinerseits. Aggressive Phantasien zumindest gegen die Frau werden von ihm bestritten. Zugleich handelt es sich bei Herrn B. um eine übernachhaltige, zwanghafte Persönlichkeit. Er bleibt anhaltend auf diese so andersartige Frau fixiert, er kann von ihr nicht lassen und geht ganz in dem passivisch geführten Kampf um die Wiederherstellung von Ehe und Familie auf. Die sexuelle, erotische Problematik wird konsequent verleugnet. Die Auseinandersetzungen mit der Ehefrau verlaufen konsequent parataktisch, er streitet mit ihr nicht über die Kränkungen, die sie ihm zufügt, sondern darüber, daß sie den Haushalt und die Kinder vernachlässigt etc. Der eigentliche Konflikt wird von beiden systematisch ausgeblendet.

Wir haben hier keineswegs einen Verlauf, der dem Bild vom ständig zunehmenden „Affektstau" entsprechen würde. Im Gegenteil: die Dreieckssituation erscheint, solange sie anhält, einigermaßen stabil und letztlich erträglich. Zur Katastrophe kommt es, als sie zerbricht und Herr B. nun erstmals aktiv eine Lösung herbeizuführen sucht. In seiner Aktivität verleugnet er wesentliche Aspekte der realen Situation und bringt seine Frau in Entscheidungszwang; er wird wohl wirklich unvermutet von der Erkenntnis eingeholt, daß sie ihn auf keinen Fall will. Selbst dies wird nicht direkt ausgesprochen, sondern geht über in ein Bettgerangel, beide sind leicht bekleidet. Zur Eskalation, zur Tatentscheidung kommt es dem Anschein nach hier erst nach dem Beginn der wechselseitigen Tätlichkeiten. Die aggressive Handlung wird vielleicht erst dadurch möglich, daß es B. gelingt, den Affekt sehr lange der bewußten Vergegenwärtigung, dem eigenen Eingeständnis und der Überprüfung zu entziehen.

Der Gutachter mochte nicht ausschließen, daß im Tatzeitpunkt eine hochgradige Bewußtseinseinengung im Sinne der tiefgreifenden Bewußtseinsstörung vorgelegen hat, welche die Steuerungsfähigkeit erheblich beeinträchtigte. Für diese Annahme sprachen alle *situativen* Kriterien von Saß (1983a, 1985), während andererseits *psychopathologische* Störungen wie eine Erinnerungslücke vom Täter nicht geltend gemacht wurden; teilweise hatte man jedoch den Eindruck einer retrograden rationalisierenden Ordnung der Handlungsabläufe durch einen Mann, der nichts Ungewisses und nichts Unvernünftiges stehen lassen kann. Die „Vernünftigkeit" geht hier Hand in Hand mit durchgängiger Verdrängung und Verleugnung der Gefährlichkeit des eigenen Tuns, bis hin zu der angeblichen Todesverleugnung und den angeblichen Wiederbelebungsversuchen. Die Persönlichkeitsstruktur des Untersuchten ist zwar auffällig, am Beginn wie am Ende der Tatvorgeschichte aber sicher nicht den „schweren seelischen Abartigkeiten" zuzurechnen. Gleichwohl ist sie für die Entwicklung wie für die Tat selbst von großer Bedeutung; wir finden hier einen Menschen, der aus konstanter Affektverleugnung zur „Affekttat" fähig wurde. Zugleich korrespondiert die Übernachhaltigkeit in der Charakterstruktur des Täters mit der „Desaktualisierungsschwäche", deren Bedeutung für derartige Delikte Janzarik (1991) herausgestellt hat.

Der v. a. von Leonhard (1976) diskutierte Persönlichkeitszug der Übernachhaltigkeit geht ohne scharfe Grenzen in paranoide Persönlichkeitszüge über; wir finden hier Übereinstimmung bei vielen Autoren, daß Affekttäter durch entsprechende Züge auffallen. Hoche (1901) sprach vom verlangsamten Ausgleich unangenehmer Gefühlsregungen beim Affekttäter, Steigleder (1968, 1974) von selbstunsicheren, empfindsamen, leicht verletzlichen und kränkbaren Persönlichkeiten, die geringe Durchsetzungsfähigkeit aufweisen und ihre Meinungen und Standpunkte kaum vertreten.

Auch im Begriff „Kränkbarkeit" kann dieses übernachhaltige Element, kann eine Desaktualisierungsschwäche verborgen sein.

Fall 3: Ein Beispiel für eine solche ganz verhärtete Fixierung auf einen bestimmten Konflikt, die ansatzweise bereits paranoische Züge trägt, ist ein Tötungsdelikt, bei dem der damals 48jährige Herr C. seine 64jährige Nachbarin mit einer seit Monaten bereitliegenden, 4 kg schweren und 130 cm langen Eisenstange erschlug. Vorangegangen war ein jahrelanger Nachbarschaftsstreit, der sich am Bau eines ungenehmigten Mäuerchens entzündet und schließlich dazu geführt hatte, daß das spätere Opfer die 81jährige Mutter des Angeklagten fast täglich mit teils stundenlangen obszönen Schimpfkanonaden überzog. Der arbeitslose Mann lebte mit beharrlichem Schweigen ganz diesem Konflikt, sah sich in einer anhaltenden Verteidigungsposition, zumal die Nachbarn tatsächlich immer wieder Sachbeschädigungen in seinem Garten begingen. Zur Tat kam es wiederum nach einem kleinen Streit morgens um 8 Uhr: Der 81 kg schwere, sehr kräftige Herr C. lief ca. 8 m in seine Garage, holte die Eisenstange, schlug zunächst auf den Nachbarn ein – einen kleinen, 64jährigen Mann, der verletzt wurde –, streckte dann mit einem Schlag dessen schmächtige Frau nieder, die bald darauf starb.

Der Gutachter, dem der Angeklagte in den ersten Tagen nach der Tat noch recht aufgeregt rechtfertigend die Abläufe geschildert hatte, sah weder eine tiefgreifende Bewußtseinsstörung noch eine schwere seelische Abartigkeit; der Täter hatte jedoch früher eindeutig depressive und zeitweilig hypomanische Phasen, jeweils mit paranoiden Anklängen, sowie mehrere schizoaffektiv-psychotische Verwandte. Eine psychotische Beeinträchtigung von Affektivität und Antrieb konnte nicht ausgeschlossen werden. Die Kammer kam zu einem überraschenden Freispruch, sie nahm eine subjektive Notwehrsituation an.

Der letzte Fall kommt dem Bild des sich aufschaukelnden Affekts vielleicht am nächsten und verfehlt es bei genauem Zusehen dann doch. Er kommt dafür der Annahme einer fortschreitenden Strukturauflösung in der Tatanlaufzeit näher; man muß aber beachten, welche Struktur hier wie aufgelöst wird.

Fall 4: Der zum Tatzeitpunkt 24jährige Metzgergeselle Uwe D. tötet an einem Montagmittag in Holland seine von ihm geschiedene 22jährige Ehefrau, indem er ihr mit einem Schlachtermesser 15 Stiche am Oberkörper beibringt. Sein abgöttisch geliebter Sohn, der bei der Mutter lebt, ist zur Tatzeit im Garten. D. nimmt den Sohn mit in sein Auto, fährt mit einem Bekannten zu einem 200 km entfernten Ort, wo er eigentlich eine Arbeit aufnehmen wollte, kehrt am nächsten Tag zurück und taucht am selben Abend mit dem Sohn gänzlich verstört in der Hinterpfalz bei seinem Bruder auf, wo man ihm sagt, daß seine Frau tot ist. Dort stellt er sich der Polizei.

Er hat nach eigenen Angaben an die Tat unscharfe Erinnerungen, meint, zuvor mit seiner Frau geschlafen zu haben, was aber ausgeschlossen ist, erinnert sich an das Messer, Handbewegungen, Blut („alles voll Blut"), ist ab dann für 1½ Tage und die ganzen Fahrten – er selbst saß am Steuer – über Hunderte von Kilometern amnestisch. Zum Zeitpunkt der Festnahme läßt sich Kokain bei ihm nachweisen.

Herr D. ist Jüngster von 3 Söhnen in einer Arbeiterfamilie, die vom Vater mit großer Strenge und Konsequenz erzogen wurden; er allerdings sei als Jüngster von der Mutter etwas verwöhnt und vor dem Zugriff des Vaters bewahrt worden. Er ist knapp durchschnittlich intelligent (IQ 96), bewältigt aber nur mit Mühe die Hauptschule und die Metzgerlehre. Schon während der Lehre gerät er ans Trinken, mit 18 Jahren dann an harte Drogen, und wird deshalb auch vorzeitig aus der Bundeswehr entlassen.

Er wohnt unmittelbar an der holländischen Grenze, die Eltern hatte es nach Kriegsende dorthin verschlagen. 16jährig verliebt er sich in seine spätere Ehefrau, wiederum eine emotional sehr instabile Frau, auf ständiger Suche nach Sexualpartnern, die später wie ihr Vater alkoholabhängig wird. Die Beziehung ist von Anfang an heftig und ambivalent, mit 20 Jahren vergewaltigt D. seine Freundin, als sie sich von ihm wieder einmal trennt. Keine 3 Monate später jedoch zieht sie zu ihm, und weitere 3 Monate später heiraten sie, er ist 21, sie 19; 4 Monate später kommt der Sohn zur Welt.

Nun passiert etwas Unerwartetes: In dem Moment, wo beide zusammenziehen, wird D. drogen- und alkoholabstinent, sucht und findet eine Anstellung, arbeitet hart und sehr fleißig in seinem Beruf. Beide ziehen in den holländischen Heimatort der Frau. Um zur Arbeit zu kommen, hat er frühmorgens und abends jeweils Radtouren von 20 km zu absolvieren. Insbesondere zum Sohn entwickelt sich ein wechselseitig sehr intensives Verhältnis. Von den holländischen Freundinnen und Bekannten seiner Frau wird ihm vorgeworfen, daß er ein typischer Deutscher sei, dem Arbeit, Ordnung und trautes Heim über alles gingen. Vorarbeiter und Chef sind sehr zufrieden mit ihm. Die Frau allerdings langweilt sich in dieser Ehe, kann auch mit dem Kind wenig anfangen, verbringt den Tag mit Freundinnen und manche Nacht mit anderen Männern. Uwe D. macht das eine Zeitlang mit, schließlich zieht er knapp 3 Jahre nach der Hochzeit fluchtartig aus. Kaum ist er ausgezogen, ruft die Ehefrau an, ob er am nächsten Wochenende den Sohn nehmen könne, sie habe etwas vor.

Es entwickelt sich ein ähnliches Beziehungsmuster wie im Fall B.: Herr D. wird ständig angerufen, um Geld, um Einkäufe, um Hüten des Sohnes gebeten oder aber wütend dazu verpflichtet. Beide können sich nicht wirklich trennen; auch er hofft, daß alles vielleicht noch einmal gut ausgeht, obwohl die Konflikte hier beidseitig offen verbal aggressiv ausgetragen werden. Es gibt keine Klärung, keinen Plan, insbesondere die Liebe des Sohnes und die Liebe zum Sohn verhindern die Trennung, verschiedene Strebungen koexistieren, schließlich versiegelt ein erneutes Aufleben der Polytoxikomanie diesen Zustand.

Seit der Trennung meldet er sich in der Firma immer häufiger krank, entlastet sich zunächst mit Alkohol, konsumiert dann auch wieder Drogen, zumindest Haschisch. Die Arbeitskollegen versuchen, ihn zu stützen, weil sie seine Arbeit schätzen und sehen, daß er tatsächlich sehr leidet. D. selbst schwankt zwischen Resignation, kindlicher Hilflosigkeit mit starker Anklammerungstendenz an andere Menschen, die ihm stärker und sozial kompetenter erscheinen, und andererseits aggressiven Durchbrüchen und Bestrafungsphantasien. Er schreibt ihr Drohungen, gar eine kindlich gemalte Todesanzeige (über ihren, der Frau Tod) und akzeptiert zugleich ihre Kommandos, was die Versorgung des Kindes betrifft. Nicht nur grundsätzlich, sondern bei einer Vielzahl einzelner Begegnungen wird er von Zeugen als ausgesprochen ambivalent und ambitendent geschildert, mit plötzlichen abrupten Verhaltensänderungen während eines Gesprächs.

Die Tat selbst wird eher geringfügig intoxikiert ausgeführt; er besuchte unerwartet die Frau, weicht dafür vom Weg ab, wollte eigentlich an diesem Tag mit Arbeitsaufnahme an einem 200 km entfernten Ort ein neues Leben anfangen. Auch hier wird nochmals die anhaltende Ambivalenz deutlich.

Bei der Begutachtung wirkt der Untersuchte extrem kindlich, anhänglich, ratlos, er ist bei kräftiger Statur massiv vegetativ stigmatisiert. Auch bei der Hauptverhandlung Monate später wirkt er immer wieder ratlos, unkonzentriert, versonnen, kindlich regrediert. Eine hirnorganische Beeinträchtigung konnte auch testpsychologisch ausgeschlossen werden.

Hier finden wir im Tatvorfeld eine „homizide Tatbereitschaft" (Rasch 1964), ein „Zerbrechen der internalisierten Ordnungsstruktur mit Einmünden in einen Zustand der Anomie" (Glatzel 1983), eine „Zerstörung des Motivationsgefüges" (Krümpelmann 1976). Betrachtenswert aber ist, wie das genau aussieht. Die internalisierte Ordnungsstruktur, die Motivationsstruktur ist nämlich keinswegs in Atome zerstäubt; vielmehr finden wir wie in einer Kippfigur eine zugespitzte Ambivalenz und, was hier das Besondere ist, den ständigen Wechsel von einer Strebung zur entgegengesetzten, wobei das Wissen um die Ungeheuerlichkeit der Tat, würde sie durchgeführt, durchaus erhalten bleibt, ja geradezu Bedingung dieses ständigen Schwankens ist. Der Kampf zwischen Fortlaufen und Neubeginn einerseits, Bleiben und Töten andererseits bezeichnet eine spezielle Form der Desaktualisierungsschwäche, bei der die eine Strebung, die aktuell im Vordergrund steht und das psychische Feld beherrscht, stets von ihrem siamesischen Zwilling, der entgegengesetzten Strebung begleitet wird. Typisch ist auch, daß Aktivität, der schließliche Entschluß für die eine Strebung, den Neubeginn 200 km weit entfernt, den Entschluß zur entgegengesetzten, zur Tat, nach sich zieht.

Wohl kaum übersehbar ist aber auch, daß hier eine vorbestehende, zwischenzeitlich durch Ehe und Vaterschaft stabilisierte Persönlichkeitsproblematik wieder aktualisiert und verschärft wurde, und daß dem Suchtmittelgebrauch keine nur nebensächliche Rolle zukommt. Gerade er fördert die auch nach der Tat beobachtbare Eigenweltlichkeit von D., die zunehmende Ausklinkung aus der Realität und den noch stützenden sozialen Bezügen. Das geschieht ganz praktisch interpersonell, wenn die anderen nur so lange Kontakt halten, als er noch halbwegs nüchtern ist, und intrapsychisch, wo er, auch durch Rauschmittel abgeschirmt, mit sich und seinen Phantasien ohne störende soziale Intervention allein ist.

Die Tat, so die Meinung des Gutachters, wurde nicht im Zustand einer tiefgreifenden Bewußtseinsstörung begangen. Eine solche gab es vielleicht wirklich in der Zeit nach der Tat, als D. sich in der Weise eines hysterischen Dämmerzustandes die Resultate seines Handelns vom Leib zu halten versuchte. Wohl aber muß man die Persönlichkeitsstörung D.s, zumal angesichts der Entwicklung und Zuspitzung, die sie in den Monaten vor der Tat wieder genommen hat, dem Rechtsbegriff der schweren seelischen Abartigkeit subsumieren.

Grundsätzlich bestehen erhebliche Zweifel, ob ein gezieltes Aggressionsdelikt im Zustand tiefgreifender Bewußtseinsstörung etwas anderes ist als eine ganz seltene Ausnahme. Dies gilt für psychisch kranke wie für psychisch gesunde Täter. Geht man den Einzelfällen genauer nach, lösen sich die suggestiven Bilder der Literatur auf in einerseits viel weniger chaotische, andererseits viel weniger explosive Verläufe, die ihre kontinuierliche sinnhafte Strukturierung behalten. Häufiger als eine tiefgreifende Bewußtseinsstörung – deswegen noch keineswegs als Regelfall – wird man den auch bei steter Wiederholung immer noch abstoßend klingenden Begriff der „schweren seelischen Abartigkeit" zu diskutieren haben. Täter gewaltsamer Beziehungsdelikte sind durch ihre Persönlichkeitsartung oftmals für eine ungünstige Konfliktentwicklung anfällige, bisweilen primär erheblich gestörte Persönlichkeiten. Auch solchen muß und kann man die Bewältigung von Partnerschaftskonflikten ohne Tötungshandlungen zutrauen; der Konflikt allein und seine Fehlbewältigung allein dürfen also noch nicht zur Zuschreibung einer schweren seelischen Abartigkeit führen. Wo aber bei Prüfung des Einzelfalls eine solche schwere Gestörtheit erkennbar wird, wird man, zumal beim Hinzutreten weiterer Faktoren, eine erhebliche Beeinträchtigung der Steuerungsfähigkeit wie im Fall D. bejahen müssen.

„Konstellative" Faktoren zum Tatzeitpunkt: Alkohol, Drogen, Übermüdung, Erschöpfung

„Unter konstellativen Faktoren sind Zustände mit potentiellen psychischen Auswirkungen zu verstehen, die selbst noch nicht das Ausmaß einer Krankheit oder einer krankhaften Störung erreichen, aber durch ihre Mitwirkung vor oder bei der Tat Einfluß auf die Steuerungs- oder Einsichtsfähigkeit nehmen können. Sie können allein jedoch keine erhebliche Einschränkung oder Aufhebung der Steuerungs- und Einsichtsfähigkeit begründen" (Nedopil 1988). Trotz dieser scheinbar klaren Definition sei zunächst geprüft, was eigentlich gemeint ist. Unglücklich darf man sein mit dem Begriff „konstellativ". Eine Konstellation ist die bestimmte Stellung verschiedener Gestirne zueinander, übertragen das Zusammentreffen bestimmter Umstände und die daraus entstehende *Lage*. Eine Konstellation hat keine Resultante, sondern ist als solche gegeben. Hier aber, in der forensischen Verwendung, sind Faktoren gemeint, die im Sinne eines kausalen Denkansatzes Einfluß nehmen auf die Handlungsbereitschaft und -fähigkeit eines Individuums. Gemeint sind gewichtete, eher schwache, zusätzliche Einflußfaktoren auf ein psych(opatholog)isches Resultat. Man kann in häufig festzustellender Verkürzung *die Tat* als Resultat sehen; für den forensischen Psychiater jedoch ist *die psychische Verfassung* zum Zeitpunkt der Tatbestandsverwirklichung das zu beurteilende Resultat psychotroper Einflüsse.

Gerade die als „konstellativ" angesprochenen Faktoren Alkoholisierung, Übermüdung, körperliche Schwäche sind eben nicht eher mittelbar, „atmosphärisch", „konstellativ" wirksame, sondern solche, die anerkanntermaßen direkten, ja meßbaren Einfluß auf die psychische Leistungsfähigkeit haben.

Die Definition Nedopils handelt von schwachen Einflüssen auf die 2. Beurteilungsebene, also auf Einsichts- und Steuerungsfähigkeit; das ist argumentativ oft mißlich und sachlich nicht erforderlich. „Konstellative" Faktoren würden nach dieser Definition nur dann bedeutsam, wenn eine der 4 Eingangsvoraussetzungen zwar gegeben wäre, aber allein ohne relevanten Einfluß auf die Schuldfähigkeit bliebe; beim „Affektdelikt": wenn zwar eine tiefgreifende Bewußtseinsstörung vorläge, aber ohne erhebliche Minderung der Steuerungsfähigkeit.

Tatsächlich geht es aber v. a. um die Frage, ob nicht für sich allein genommen wenig bedeutsame Faktoren im Verbund mit einer heftigen affektiven Anspannung und Erregung zu einer tiefgreifenden Bewußtseinsstörung (oder auch zu einer krankhaften seelischen Störung) führen können. Ein typisches Beispiel hierfür wäre der pathologische Rausch, wenn man darunter nicht nur eine dauerhafte, individuell abnorme Reaktionsbereitschaft auf Alkohol versteht, sondern auch eine durch akute situative Faktoren wie Übermüdung, vorangehenden massiven Koffeinkonsum und affektive Anspannung ausgelöste, quantitativ und/oder qualitativ abnorme (z. B. paranoide oder halluzinatorische) Alkoholreaktion. Hypnotische Einwirkungen werden heute kaum noch diskutiert, der große Psychomarkt mag aber ebenfalls Angebote bereithalten, die im Sinne der „altered states of consciousness" (Scharfetter 1979) mit und ohne Zusatz psychotroper Substanzen das Bewußtsein beeinflussen. Damit befinden wir uns aber in einem Kerngebiet klassischer psychiatrisch-neurologischer Befunderhebung, nämlich der exakten anamnestischen Abklärung von Bewußtseinsstörungen. Die Anamnese, so belehrt jedes Lehrbuch der Neurologie, ist bei den meisten Fällen von Bewußtseinsstörung diagnostisch wegweisend: Symptome wie Schwindel, Art des Schwindels, Schweißausbruch, Frieren, Sternchensehen vor Beginn der Bewußtlosigkeit und viele andere ergeben insgesamt typische, dem Laien zumeist nicht geläufige Bilder, die das Vorliegen der angegebenen Bewußtseinsstörung im normalen klinischen Betrieb glaubhaft machen und bereits eine erste syndromatologische Zuordnung erlauben.

Gerade hier bietet es sich nun an, den Begriff „Bewußtseinsstörung" als psychopathologischen zwischen den 3 anderen psychopathologischen Begriffen des § 20 StGB ernst zu nehmen, statt ihn in seiner willkürlich-verqueren juristischen Synonymposition für „entschuldbares Handeln aufgrund verständlicher affektiver Erregung" zu belassen. Für eine solche differenzierte, aus dem breiten psychiatrischen Erfahrungsgut krankhafter, normvarianter und normaler Bewußtseinsverfassungen gewonnene Beurteilung hat Saß (1983b) mit weiterhin grundlegenden Argumenten plädiert. Nicht zu Unrecht hat er auch darauf hingewiesen, daß sich bei psychiatrischen Patienten – von kurzdauernden abnormen Reaktionen über Persönlichkeitsstörungen, psychiatrische Krankheiten im engeren Sinn, Suchtkrankheiten bis hin zu hirnorganischen Erkrankungen – „tiefgreifende Bewußtseinsstörungen" in vielfältigen Schattierungen und ungleich häufiger finden als in einem rein normalpsychologischen Erfahrungsgut.

Geht es tatsächlich um die „tiefgreifende Bewußtseinsstörung", so ist eine akute affektive Anspannung einer unter mehreren möglichen Faktoren, die sie bedingen können, für sich allein wohl ein extrem seltener. Auch hier ist die nur psychiatrisch zu machende Erfahrung bedeutsam, daß selbst psychisch anfällige und schwache Menschen bei affektiver Anspannung und Provokation fast nie in einen bewußtseinsgestörten Zustand geraten waren, wenn man dies nachträglich als ambulant behandelnder Arzt und nicht als Gutachter zu explorieren hat. Die einzige Ausnahme ist der selten gewordene hysterische Dämmerzustand, insbesondere bei hirnorganisch leicht vorgeschädigten Menschen, der sich nicht monosymptomatisch durch einen rechtswidrigen Akt ausweist, sondern durch die komplexe Symptomatik einer erhebliche Bewußtseinsstörung.

Ob wirklich eine Bewußtseinsstörung vorgelegen hat, ist anhand der gleichen psychopathologischen Kriterien zu prüfen, die auch für eine alkoholtoxische oder sonstige organisch bedingte Bewußtseinsstörung gelten: Beeinträchtigungen von Vigilanz, Orientierung, Aufmerksamkeit, Auffassung, Konzentration, Merkfähigkeit, formalem Denkablauf, Selbsterleben, Ein- und Umstellungsfähigkeit; auch bei psychogenen Dämmerzuständen finden sich nicht selten zudem Störungen von Motorik und Vegetativum. Sicherlich gibt es immer wieder Fälle, bei denen all dies im nachhinein kaum zu rekonstruieren ist, v. a. wenn sich der Täter auf eine globale Amnesie beruft; man kann als Psychiater eine tiefgreifende Bewußtseinsstörung dann eben nicht feststellen. Es gibt aber durchaus eine nicht geringe Zahl von „Alkoholdelikten" wie auch „Affektdelikten", bei denen die Täter zu einer differenzierten, verwertbaren Auskunft bereit sind.

Überprüft man die Situation bei Affekttaten anhand empirischer Daten, so ist eine schwerwiegende Alkoholisierung, ja selbst die leichte Alkoholisierung bei Gewaltdelikten seltener, als man annehmen würde. Das gilt zumindest für unsere Gutachtenprobanden. Von 109 Tätern mit reinen Gewaltdelikten (überwiegend Tötungsdelikte; kein Raub, keine Sexualdelikte), die in den Jahren 1987–1989 in unserer Klinik begutachtet wurden, hatten zum Tatzeitpunkt eine Blutalkoholkonzentration (BAK) von

0,0‰	45 %,
0,1–0,8‰	8 %,
> 0,8–2,0‰	20 %,
> 2,0‰	14 %,
unklare BAK	13 %.

In einer kleineren eigenen Gruppe von 21 „Affekttätern" im engeren Sinne waren 38 % nüchtern, 19 % bis 0,8‰ alkoholisiert, 29 % über 0,8 bis zu 2‰, und 14 % über 2‰. Die Verteilung ist also ganz ähnlich. Zwei der drei Täter mit mehr als 2‰ waren Alkoholiker, der dritte betrieb einen erheblichen zeitweisen Alkoholmißbrauch. Bei keinem der nüchternen oder geringgradig alkoholisierten Täter war – auch in Zusammenhang mit der heftigen affektiven Erregung – psychopathologisch eine tiefgreifende Bewußtseinsstörung erkennbar, sie wurden auch sonst ganz überwiegend für voll schuldfähig gehalten. Dagegen wurde bei den etwas stärker (im Mittel bei 1,5‰) alkoholisierten Tätern überwiegend der § 21 nicht ausgeschlossen oder positiv anhand psychopathologischer Kriterien konstatiert, wenn diese Berauschung mit einer starken affektiven Gespanntheit einherging und zu einer erheblichen Bewußtseinseinengung führte, oder aber wenn sie mit einer schwerwiegenden und akut kritisch dekompensierten Persönlichkeitsstörung zusammentraf.

Insgesamt muß man feststellen, daß die zusätzlichen Einflußfaktoren Berauschung, Übermüdung, körperliche Krankheit entgegen dem üblichen Klischee nicht typisch oder gar obligatorisch sind für ein Affektdelikt. Bei unseren Begutachtungsfällen ereigneten sich mehr als 50 % der Beziehungstaten nachmittags, nur 30 % in den Nachtstunden nach 24 Uhr. Selbst Angeklagte, die im Zeitraum vor der Tat vermehrt Alkohol getrunken hatten, wie z. B. Uwe D., waren zur „entscheidenden" nochmaligen Aussprache zumeist vergleichsweise nüchtern erschienen; dies hat auch psychologisch Sinn: die späteren Täter gehen zu diesem Treffen, um sich gegen den Konfliktpartner durchzusetzen, und wollen diese Durchsetzungsfähigkeit nicht durch Alkoholwirkung aufweichen. Schließlich ist noch bemerkenswert, daß zumindest bei den hier begutachteten Beziehungstätern *erfolgreiche* Tötungen sehr viel häufiger von nüchternen oder minimal alkoholisierten Tätern begangen wurden, während die Opfer untermittelgradig bis stark alkoholisierter Täter sehr viel häufiger überlebten. Dies wird mit Zufällen und mit alkoholbedingten Beeinträchtigungen der Ausführungshandlungen zu tun haben, könnte aber auch ein Hinweis sein auf die größere Entschlossenheit und Zielstrebigkeit des nüchternen Täters. Der erst durch Alkoholwirkung seine Hemmungen überwindende, seine Tatbereitschaft nun manifestierende Täter scheint in der Tathandlung irritierbarer, weniger zielstrebig und letztlich auch rücktrittsbereiter zu sein als der nüchterne. (Auch dies weckt Zweifel an der Annahme, daß das „tiefgreifend gestörte" Bewußtsein aggressionsbereiter ist als das wache.) Wenn aber relevante zusätzliche Einflußfaktoren wie mäßige Berauschung, massive Übermüdung etc. vorliegen, so sind diese tatsächlich für die Feststellung einer tiefgreifenden Bewußtsseinsstörung von Belang und sorgfältig abzuwägen.

Kaum seltener wird jedoch die Konstellation sein, daß wie im Fall D. dem Täter eine schwere Persönlichkeitsstörung zu attestieren ist. Hier erscheint nun bei oberflächlicher Betrachtung die massive affektive Gespanntheit auf dem Boden der dyadischen Verstrickung als „konstellativer", besser: als zusätzlicher Einflußfaktor, dem sich weitere wie Berauschung oder Übermüdung addieren können. Der BGH hat am 15.12.1987 (1 StR 498/87; NStZ 1989, 262–263) über ein Urteil des LG Freiburg entschieden, nach dem die narzißtische, „psychopathologische Persönlichkeitsstruktur" des Angeklagten beim Verlust der Partnerin das Auftreten „narzißtischer Wut" und starker Verlassenheitsängste möglich gemacht haben könnte. Die Persönlichkeitsstörung habe nun im Zusammenwirken mit einer hohen Affektspannung zu einer tiefgreifenden Bewußtseinsstörung geführt. Der BGH läßt diese Argumentation gelten. Nach dem, was mitgeteilt wird – daß z. B. der Täter sein Opfer stundenlang regelrecht überwacht hat und zu solchen Gelegenheiten immer auch ein Messer mitgenommen hat –, bestanden offenbar schon länger Tatphantasien und Vorbereitungshandlungen. Daß eine solche Tat, wenn sie dann schließlich durchgeführt wird, schließlich im Zustand einer – psychopathologisch und nicht als Synonym für „affektive Erregung" verstandenen – tiefgreifenden Bewußtseinsstörung begangen würde, erscheint unwahrscheinlich. Der Affekt, der „hinzutritt", tritt eben nicht hinzu, kommt nicht als zusätzliche Belastung von außen, sondern wird von eben dieser Persönlichkeit aufgebaut, freigesetzt oder, wahrscheinlicher, nicht mehr aktiv unterdrückt. Er ist identisch mit der „narzißtischen Wut", und es ist zunächst einmal sorgfältig abzuklären, was die narzißtische vor der landläufigen Wut privilegiert und was die narzißtischen Verlassenheitsängste vor denen von jedermann. Falls aber tatsächlich persönlichkeitsgebundene erhebliche psychopathologische Auffälligkeiten bestehen, die sich auch an der bisherigen Biographie aufzeigen lassen, bietet es sich hier an, mit der Figur der „Krise", der akuten kritischen Dekompensation einer vorbestehenden Persönlichkeitsstörung, zu argumentieren, die als „schwere seelische Abartigkeit" einen erheblichen Einfluß auf die Steuerungsfähigkeit haben kann.

Der Wunsch, Delikte zu privilegieren, bei denen das Opfer eine erhebliche Mitverantwortung für die zur Tat führende Gemütsverfassung des Täters hat (Bernsmann 1989), ist alt und verständlich. Diese Privilegierung jedoch regelhaft über die §§ 20, 21 StGB zu erreichen ist nicht möglich, ohne diese in ihrer spezifischen Stellung massiv zu lädieren. Es geht im § 20 um die Schuldunfähigkeit wegen erheblicher *psychischer Gestörtheit* des Täters, nicht um gut verständlichen Zorn und nicht um heftige Gefühle. Will man die in überwiegend psychisch angespannter, aber nicht krankheitsartig gestörter Verfassung begangenen Beziehungstaten sämtlich oder auch nur mehrheitlich durch das Nadelöhr der „tiefgreifenden Bewußtseinsstörung" pressen, wandelt sich diese vom definierbaren und überprüfbaren Sachverhalt in einen inhaltsentleerten Begriff.

Literatur

Backes O (1976) Strafrechtswissenschaft als Sozialwissenschaft. Habilitationsschr Univ Bielefeld
Bernsmann K (1989) Affekt und Opferverhalten. NStZ 160–166
Ciompi L (1982) Affektlogik. Klett-Cotta, Stuttgart
Frisch W (1989) Anmerkung zur BGH-Entscheidung 1 StR 498/87. NStZ 262–265
Glatzel J (1983) Tiefgreifende Bewußtseinsstörung nur bei der sogenannten Affekttat? StV 339–341
Grosbüsch G (1981) Die Affekttat. Sozialpsychologische Aspekte der Schuldfähigkeit. Enke, Stuttgart
Hallermann W (1963) Affekt, Triebdynamik und Schuldfähigkeit. Dtsch Z Gesamte Gerichtl Med 53: 219–229
Hoche A (1901) Grundzüge einer allgemeinen gerichtlichen Psychopathologie. In: Handbuch der Gerichtlichen Psychiatrie. Hirschwald, Berlin, S 394–561
Jagusch H, Mezger E (Hrsg) (1957) Leipziger Kommentar, Strafgesetzbuch Bd 1. 8. Aufl. Berlin
Janzarik W (1974) Themen und Tendenzen der deutschsprachigen Psychiatrie. Springer, Berlin Heidelberg New York

94   H.-L. Kröber, Persönlichkeit, konstellative Faktoren u. Bereitschaft zum „Affektdelikt"

Janzarik W (1988) Strukturdynamische Grundlagen der Psychiatrie. Enke, Stuttgart
Janzarik W (1991) Desaktualisierung als Prinzip von Steuerung und Handlung. In: Schütz H, Kaatsch H-J, Thomsen H (Hrsg) Medizinrecht – Psychopathologie – Rechtsmedizin. Festschrift für Günter Schewe. Springer, Berlin Heidelberg New York, S 218–238
Krümpelmann J (1976) Die Neugestaltung der Vorschriften über die Schuldfähigkeit durch das Zweite Strafrechtsreformgesetz vom 4. Juli 1969. ZStW 88: 6–39
Krümpelmann J (1988) Affekt und Schuldfähigkeit. Unveränderte Wiedergabe der Freiburger Rechtswiss Habilschr 1972
Lempp R (1977) Jugendliche Mörder. Huber, Bern Stuttgart Wien
Leonhard K (1976) Akzentuierte Persönlichkeiten. Schattauer, Stuttgart
Matt P von (1989) Der Liebesverrat. Hanser, München
Mezger E, Mikorey M (1938) Affekt und Zurechnungsfähigkeit. Monatsschr Kriminalbiol 29: 444–474
Nedopil N (1988) Manual zum FPDS (Forensisch-Psychiatrischen Dokumentationssystem)
Rasch W (1964) Tötung des Intimpartners. Enke, Stuttgart
Rasch W (1980) Die psychologisch-psychiatrische Beurteilung von Affektdelikten. NJW 33: 1309–1315
Reckel K (1970) Die Stellung der Affekt-Varianten in der forensisch-psychiatrischen Begutachtung. Med Sachverständ 66: 181–187
Saß H (1983a) Affektdelikte. Nervenarzt 54: 557–572
Saß H (1983b) Die „tiefgreifende Bewußtseinsstörung" gemäß den §§ 20, 21 StGB – eine problematische Kategorie aus forensisch-psychiatrischer Sicht. Forensia 4: 3–23
Saß H (1985) Handelt es sich bei der Beurteilung von Affektdelikten um ein psychopathologisches Problem? Fortschr Neurol Psychiat 53: 55–62
Scharfetter C (1979) Über Meditation. Begriffsfeld, Sichtung der ‚Befunde', Anwendung in der Psychotherapie. Psychother Med Psychol 29: 78–95
Schmidhäuser E (1966) Über Aktualität und Potentialität des Unrechtsbewußtseins. In: Festschrift für H. Mayer zum 70. Geburtstag. Beiträge zur Gesamten Strafrechtswissenschaft, Berlin, S 317
Schorsch E (1988) Affekttaten und sexuelle Perversionstaten im strukturellen und psychodynamischen Vergleich. In: Pfäfflin F, Appelt H, Krausz M, Mohr M (Hrsg) Der Mensch in der Psychiatrie. Für Jan Gross. Springer, Berlin Heidelberg New York, S 344–358
Schroth U (1990) Die Rechtsprechung des BGH zum Tötungsvorsatz in der Form des „dolus eventualis". NStZ 10: 324–326
Steigleder E (1968) Mörder und Totschläger. Enke, Stuttgart
Steigleder E (1974) Affekthandlungen. In: Eisen G (Hrsg) Handwörterbuch der Rechtsmedizin Bd 2. Enke, Stuttgart, S 59–71

Vorgestalten

P. HOFF

Der ideengeschichtliche Hintergrund

Psychopathologische Begriffe zeichnen sich durch eine besonders enge Verbundenheit mit komplexen ideengeschichtlichen Zusammenhängen aus. Dies zeigen so zentrale Termini wie Psychose, Neurose, Endogenität, Persönlichkeit. In gleicher Weise gilt dies für Konzepte, die nicht den Kernbereich klinischer Psychopathologie betreffen. Gerade die im Spannungsfeld von Jurisprudenz, Sozialwissenschaften und Medizin angesiedelte forensische Psychiatrie ist reich an entsprechenden Beispielen, man denke an die Definitions- und Handhabungsprobleme von Begriffen wie „Schuldfähigkeit", „Reife", „Kriminalprognose".

„Vorgestalten der Tat" – auch dies ist ein Terminus, der sich im forensischen Kontext oft ebenso plausibel ausnimmt, wie er problematisch ist: In erster Näherung meint er die mehr oder weniger strukturierte gedankliche Vorwegnahme der Tat durch den späteren Affekttäter, ohne daß es sich bereits um einen wohldurchdachten Tatplan handelt. Schon diese eher grobschlächtige Definition wirft Fragen auf, die zur Einbettung des Begriffes in einen weiteren psychopathologischen Zusammenhang zwingen. Wie etwa soll dieses gedankliche Vorwegnehmen vorgestellt werden, wo ist es einzuordnen zwischen den beiden Extrempunkten einer planend-abwägenden Vorstrukturierung der Tat und einem bloß dumpf-unreflektierten, gar angstvoll abgewehrten Gefühl, es könne vielleicht etwas Schlimmes passieren? Oder wie unterscheiden sich Vorgestalten beim späteren Affekttäter von denjenigen bei Tätern, deren Delikt nicht unter dem Einfluß massiver Affekte geschieht; gibt es also spezifische Merkmale von Vorgestalten bei Affekttätern? Und, letztlich in foro entscheidend, sprechen Vorgestalten für oder gegen die Annahme einer gravierenden psychopathologischen Auffälligkeit, können sie eine erhebliche Verminderung der Fähigkeit des Täters plausibel machen, sein Verhalten nicht nur im Vorfeld, sondern auch während der Tatausführung selbst zu steuern und kognitiv zu erfassen?

Diese das Problemfeld absteckenden Fragen sind präziser zu fassen: Von besonderer forensischer Bedeutung erscheint nämlich die Frage der personalen Zurechenbarkeit von Vorgestalten – handelt es sich um seelische Vorgänge beim späteren Täter, die „bewußt", „Ich-haft", gar willentlich gesteuert sind – dann stünde die Angemessenheit ihrer Beurteilung nach den Kriterien Verantwortlichkeit und Schuld außer Frage. Oder sind Vorgestalten etwas bloß Drang- oder gar Triebhaftes, etwas „Un-Persönliches", das mit Sicherheit weit außerhalb des „Willens" liegt – in diesem Fall müßte der juristische Schuldbegriff ins Leere greifen. Vor der psychopathologischen Analyse des Konzeptes der Vorgestalten sind daher 2 umfassendere Begriffe anzusprechen, nämlich „Wille" und „Gestalt".

Psychopathologie und forensische Psychiatrie der Jahrhundertwende haben den Willensaspekt sehr stark betont, ihn manchmal sogar zum bestimmenden Bezugspunkt ihrer Auffassung vom menschlichen Seelenleben gemacht. Dies hat Gründe, die auch in der zeitgenössischen Philosophie zu suchen sind: Schopenhauer hatte der – nach seiner Auffassung – viel zu „kognitionslastigen" Kantischen Kategorienlehre und insbesondere Kants an den Begriffen Freiheit und Pflicht orientierter Ethik eine Willensmetaphysik gegenübergestellt. In diesem Ansatz wird der Wille aufgewertet zu der neben der „Vorstellung", dem kognitiven Moment, entscheidenden Kraft menschlichen Erkennens und Handelns (Schopenhauer 1819). Wilhelm Wundt, dessen Bedeutung für die psychiatrische Methodendiskussion schon allein wegen seines bestimmenden Einflusses auf Emil Kraepelin kaum überschätzt werden kann, forderte ab den 70er Jahren des 19. Jahrhunderts die konsequente Anwendung des experimentellen Ansatzes in der psychologischen Forschung (Wundt 1874). Dabei – und dies wird oft verkannt – ging es ihm gerade nicht um die platte Identifizierung des Seelischen mit dem kausal-mechanisch determinierten körperlichen Substrat, um die Betrachtung der Seele als bloßes Epiphänomen der eigentlichen, nämlich körperlichen Wirklichkeit. Wundt – und in seiner Nachfolge auch Kraepelin – respektierten im Sinne eines psychophysischen Parallelismus die eigenständige Existenz zweier Bereiche, des Seelischen und des Körperlichen, gaben aber methodisch dem aus der nomothetischen Naturwissenschaft abgeleiteten Experiment eindeutig den Vorzug vor idiographisch-deutenden, „subjektiven" Verfahren (Hoff 1992b). Die umfangreiche, von Kraepelin geförderte experimentell-psychologische Forschung bezog in ihre Quantifizierungsbemühungen durchaus auch die Willensphänomene ein; erinnert sei an die von Kraepelin und zeitgenössischen Autoren wie etwa G. Aschaffenburg oder N. Ach besonders hochgeschätzte und methodisch stetig weiterentwickelte leistungspsychologische Richtung („Arbeitskurve").

Allerdings hat Wundt gerade den Bereich des Willens besonders stark vor einer Vereinnahmung durch rein biologische Theorien in Schutz genommen: Wille und Trieb seien nicht identisch, ja nicht einmal wesensverwandt; der Wille könne also nach Richtung und Inhalt gerade nicht aus den naturgegebenen Trieben extrapoliert werden. Inwieweit Kraepelin dem späten Wundt und dessen von nachfolgenden Autoren als „metaphysisch" kritisierter Ausweitung des Willensbegriffes gefolgt ist, ob also auch in bezug auf Kraepelins nosologisch orientierten Pragmatismus von einem „Voluntarismus" zu sprechen ist, kann hier nicht erörtert werden. Von Bedeutung ist aber, daß auf der psychopathologischen Ebene Störungen des Willens für die meisten Vertreter der deutschsprachigen Psychopathologie einen zentralen Platz einnahmen, was etwa bei den klassischen Darstellungen des Krankheitsbildes der Schizophrenie augenfällig wird (Kraepelin 1899, Bleuler 1911). Auf das etwa ab der Mitte des 20. Jahrhunderts neuerlich erstarkende Interesse an der Willenspsychologie wird später (s. S. 98 ff.) eingegangen.

Der 2. wichtige Argumentationsstrang betrifft die Entwicklung des Gestaltbegriffs (Witte 1952). Hier liegen die – neuzeitlichen – Wurzeln in der Debatte um die Assoziationspsychologie und ihre „ganzheitlichen" Gegenentwürfe, also in der 2. Hälfte des 19. Jahrhunderts. Gerade dieser Hintergrund hat weit mehr als nur psychiatriehistorische Bedeutung, geht es doch auch in der laufenden Debatte um die neuen operationalisierten Diagnosesysteme DSM III R und ICD-10 oft in aller Schärfe um Vor- und Nachteile eines eher „elementaristischen" oder eher „holistischen" Ansatzes.

Klaus Conrad hat die – im ursprünglichen, also engen Sinn – phänomenologische Wendung in der Psychopathologie, die sich v. a. auf die Arbeiten des Philosophen Edmund Husserl und des Psychologen Christian von Ehrenfels (1890) stützt, geradezu als „Revolution" bezeichnet, die „die Keime der Gärung nun auch in die deutsche Psychiatrie gebracht hat" (Conrad 1960, S. 267). Freilich sind die phänomenologische Schule Husserls und die Gestaltpsychologie Lewinscher Prägung (1926) in der Folgezeit recht verschiedene Wege gegangen; man wird den späten Husserl kaum in unmittelbare Verbindung etwa mit V. von Weizsäckers „Gestaltkreis" (1950) oder mit Conrads Gestaltanalyse des schizophrenen Wahns (1958) bringen können. Und dennoch: Gemeinsam ist all diesen Denkrichtungen die Ablehnung eines elementaristisch-additiven Verständnisses des menschlichen Seelenlebens.

Conrad verwendet nun explizit den Begriff der „Vorgestalt" (Conrad 1947). In freilich nicht forensisch-psychiatrischem, sondern eher „neurologischem" Kontext geht es um die nichtreduktionistische psychopathologische Erfassung des krankhaften Funktionswandels des Gehirns. Aufbauend auf der von Sander (1932) beschriebenen Aktualgenese des psychischen Feldes geht Conrad davon aus, daß Vorgestalten notwendigerweise bei der Entstehung der endgültigen Gestalten, also gleichsam als Zwischenstadium, auftreten, im weiteren Verlauf aber durch die klare, konturscharfe Endgestalt abgelöst werden. Vorgestalten sind für ihn „alle jene Erlebnisformen, die zwischen dem ersten Auftreten eines Erlebniskeimes und seiner vollen Ausgestaltung in der Endgestalt liegen.... Und es entsteht nun... die Frage, ob das, was wir als pathologische Phänomene beschreiben, vielleicht nichts anderes ist als die Folge eines Zurückbleibens des jeweiligen aktualgenetischen Prozesses auf den Stufen der Vorgestalt" (Conrad 1947, S. 291).

Die Vorgestalt ist bei Conrad also ein ebenso notwendiges wie defizientes seelisches Phänomen. In klinisch und theoretisch fundierter Weise entwickelt er seine Position an den Beispielen des „protopathischen Gestaltwandels" hirnorganisch und schizophren Erkrankter, bei denen die Ausdifferenzierung zum „epikritischen" Gestaltungsniveau unterbleibt. Als weitere Beispiele nennt er neben Bewußtseinstrübung, Delir, umdämmertem Bewußtsein und Traum auch den „hochgespannten Affekt": Sie alle zeigen nach Conrad „gewisse typische protopathische Züge" (Conrad 1947, S. 292). Nun stellt er zwar keine weitergehende Verbindung zur forensischen Psychiatrie her, insbesondere nicht zur Begutachtung sog. Affekttäter, jedoch wird zu zeigen sein, daß das Modell von Conrad durchaus zur psychopathologischen Fundierung gerade der Vorphase von Affektdelikten dienen kann.

Die Vorgestalt wird ein forensisch-psychiatrischer Begriff

Seit es eine wissenschaftliche Auseinandersetzung um die Bewertung heftiger Affekte hinsichtlich der personalen Verantwortlichkeit gibt, wurden ausgesprochen kontroverse Positionen vertreten. Diese beziehen sich einerseits auf die Frage, ob es aus der Perspektive einer – auch – empirisch arbeitenden Wissenschaft wie der Psychiatrie überhaupt möglich sein könne, Aussagen über das „Anders-handeln-Können" eines (Affekt-)Täters zu machen; andererseits ist strittig, ob überhaupt bzw. unter welchen Bedingungen ein affektiver Ausnahmezustand die strafrechtliche Verantwortlichkeit beeinträchtigen könne.

Der 1. Fall betrifft die Kontroverse um den sog. „gnostischen und agnostischen" Standpunkt in der forensischen Psychiatrie, die – neben manch anderen theoretischen Grundsatzfragen des Faches – zu Unrecht in eine gewisse Vergessenheit geraten ist. Hatten die Vertreter des „agnostischen" Standpunktes – etwa K. Schneider, Haddenbrock, Leferenz – Aussagen zur Einsichts- und Motivationsfähigkeit zum Zeitpunkt der Tat als wissenschaftlich unmöglich bezeichnet, da derartige Aussagen nicht verifizierbar und somit metaphysischer und nicht empirischer Art seien, so hielten die „Gnostiker" entsprechende Feststellungen auf dem Erfahrungshintergrund der klinischen Psychopathologie sowohl für möglich als auch für wissenschaftlich begründet – so etwa von Baeyer, von Gebsattel, Ehrhardt, Hallermann.

Im 2. Fall – hinsichtlich der Frage, ob Affekte überhaupt je die Verantwortlichkeit tangieren können – trifft man skeptische bis ablehnende Positionen, etwa bei Gruhle und Hadamik, aber auch klar zustimmende, wie die oft zitierte Entscheidung des BGH im Jahre 1957, die einen Freispruch aufgrund des (damaligen) § 51 StGB im Fall eines als Affektdelikt gewerteten Totschlags bestätigte. Besondere forensische Bedeutung erlangte etwa ab den 50er Jahren – wie schon im 19. Jahrhundert – die neuerlich aufkommende, ebenso lebhafte wie differenzierte Diskussion des Willensproblems: Gemeint sind v. a. die willensphilosophischen bzw. -psychologischen Ansätze von Paul Ricœur und Wilhelm Keller.

Ricœurs im engeren Sinne phänomenologisch ausgerichtete, unvollendete „Philosophie des Willens" beginnt mit dem 1950 erschienenen Text „Le volontaire et l'involontaire" („Das Willentliche und das Unwillentliche"). Hier geht es nicht um eine empirische Untersuchung zum Willen, sondern um dessen wesentliche Strukturen, die erst nach „eidetischer Ausklammerung" des Konkreten deutlich werden. Ein zentraler und forensisch interessanter Gedanke Ricœurs ist seine Forderung nach einer Synthese des willentlichen und des unwillentlichen, gewissermaßen „unbewußten" Bereiches, ohne daß dadurch – im Gegensatz zu manchen psychoanalytischen Auffassungen – die Willensfreiheit explizit geleugnet oder zumindest implizit, nämlich durch theoretische Vorannahmen, unmöglich gemacht wird.

Anders als sein bereits 4 Jahre nach dem Erscheinen ins Deutsche übersetztes „Versuch über Freud" mit dem Titel „Die Interpretation" (1969) haben Ricœurs frühere Texte über das Willensproblem im deutschen Sprachraum allerdings zunächst wenig Beachtung gefunden, bis sie durch Wilhelm Keller und Friedrich Stumpfl in die forensische Diskussion eingeführt wurden.

Kellers „Psychologie und Philosophie des Wollens" (1968) hat, wie schon der Titel zeigt, einen sehr hohen Anspruch: Das Wollen soll im breitestmöglichen Rahmen verstanden werden. Es sollen neben den psychologischen auch die philosophischen und anthropologischen Momente einfließen, die das Wollen als „Stufen der Ich-Haftigkeit" verstehen lassen: Schon auf der niedrigsten, dem Kleinkind zugesprochenen Stufe des Ich-haften Übernehmens einfacher Triebziele gebe es ein Wollen, wenn auch gewissermaßen erst eine Vorform desselben. Prägnanter werde der Charakter des zielgerichteten Wollens auf der Zwischenstufe der Modulation von Triebzielen durch Erziehung und andere psychosoziale Einflüsse und schließlich – die Stufe des erwachsenen, psychisch gesunden Menschen – auf der Ebene des „eigentlichen Wollens", für Keller „die Ich-Haftigkeit in ihrer höchsten Stufe" (1968, S. 181). Für unseren Zusammenhang sind nun v. a. 2 Aspekte des Ansatzes von Keller von Bedeutung:

Erstens impliziert die Ich-Haftigkeit des Wollens, daß jedes Handeln, aber auch die Beschränkung des eigenen Spielraums um sozialer Normen willen, einen personalen Bezug haben:

Dagegen hat das Einhalten und Erfüllen der Formen und Normen im menschlichen Dasein, mag es schließlich noch so „mechanisch" und zwangsweise geschehen, stets und grundsätzlich den Charakter einer eigenen Übernahme und Setzung (Keller 1968, S. 181).

Und zweitens – ein wesentlicher Gedanke, der gerade in der Diskussion um die Affektdelikte zumeist verkürzt wiedergegeben wird – nimmt Keller eine Wollensqualität an, die er „limitativ" nennt. Der Kontext dieses wichtigen Begriffes ist der folgende:

Zu einem Verhalten von willentlichem Charakter... gelangen wir darum erst, wo tatsächlich das Moment der Auseinandersetzung und Stellungnahme in irgendeinem Grade am Werke ist. Auch dann kann es freilich noch geschehen, daß sich das Handeln einfach mit den entsprechenden Antrieben deckt, so daß das Wollen dem Inhalt nach über diese nicht hinausführt. Dagegen besteht jetzt der innern Struktur nach doch schon ein Unterschied. [Eine Möglichkeit besteht darin],... daß das Dasein sich als wollendes schnellfertig mit den aktuellen Triebregungen und Strebungen einig gibt, indem es sich einfach – aber doch schon von sich aus – in die Bahn desjenigen Tuns „entläßt", die durch diese elementar vorgezeichnet ist. [In diesem Fall ist zwar]... nur von einer passiven Zustimmung zu sprechen, doch ist auch dieses Verhalten insofern schon ein „Wollen", als in ihm nun doch eben bereits eine – wenn auch noch so flüchtige – Stellungnahme vorliegt. Auch das Objekt und Ziel ist da ja nun aus einem nur triebmäßigen zu einem eigens vom Ich selbst eben zugelassenen geworden. Man könnte diese grenzhaft erste Form des Wollens ein „Wollen im limitativen Sinn" heißen (Keller 1968, S. 189).

Die forensischen Konsequenzen eines solchen „limitativen Wollens" sind augenfällig: Hier nämlich liegt das argumentative Fundament für die These, daß Vorgestalten der Tat für und nicht gegen die personale Zurechenbarkeit des Deliktes sprechen.

Die in diesem Sinne weitreichendste Anwendung des Gedankengutes von Keller und Ricœur auf forensische Fragestellungen hat Friedrich Stumpfl (1961) durchgeführt. Seine Schrift „Motiv und Schuld" – laut Untertitel eine „psychiatrische Studie über den Handlungsaufbau bei kriminellem Verhalten" – beschäftigt sich zwar keineswegs nur mit Affektdelikten; dennoch werden diese als zumeist besonders problematische Beispiele angeführt. Dasjenige seelische Gebilde, welches Keller „Mikrostruktur des Wollensvollzuges in den elementaren Teilvollzügen" nennt, sei, so Stumpfls unerwartet apodiktische Auffassung,

durch den systematischen Vergleich mit Vorvollzügen und „Vorgestalten" sowie mit dem Gesamtverhalten grundsätzlich einer wissenschaftlichen Analyse und einer Rekonstruktion zugänglich... Ergibt sich aus der Gesamtatmosphäre einer Tathandlung und aus dem Verhalten des Täters nach der Tat ein Anlaß, an der Schuldfähigkeit zu zweifeln, dann läßt sich durch eine Gegenüberstellung der biologischen Determinanten... mit dem Grad der Ichhaftigkeit des Wollens... für jede unmittelbarste und kleinste Teilbewegung im Handlungsablauf die Divergenz der Persönlichkeitshaltung von Individualnorm und Kollektivnorm bestimmen und für den gesamten Wollensentwurf und seine Ausführung die aktuelle Stufenleiter der Störungsgrade beurteilen. Die auf diese Weise erschlossene Seinsgradminderung und der entsprechende kollektive Krankheitswert korrelieren naturgemäß mit dem Grad der vorliegenden Schuldfähigkeit, ja die zugrundeliegenden Freiheitsgrade sind mit dem Grade der Schuldfähigkeit identisch (Stumpfl 1961, S. 60 f.).

Auch Stumpfl weist – wie viele spätere Autoren – auf die mehr oder weniger charakteristische seelische Dynamik des Tatvorfeldes hin. In eigenwilliger Terminologie unterscheidet er ein Prodromalstadium von der anschließenden „Wegverengung" („Stenochorie") und dem „destruktiven Einfall"; dann erst komme es zur „eigentlichen Vorsetzung" („Epithesis"), der wiederum ein Latenzstadium, von Stumpfl „epechetische Phase" genannt, folge. Am Ende stehe die Phase der Entscheidung mit dem „eigentlichen Willensentschluß" zur konkreten Ausführung der Tat. In diese Entwicklung sind nun die Vorgestalten eingewoben, wobei positive Vorgestalten für, negative gegen das Vorliegen strafrechtlicher Verantwortlichkeit sprächen:

Unter positiver Vorgestalt der Tat ist ein Verhalten zu verstehen gegenüber dem artgleichen Gegenstand (Nahziel) des Wollens, das der gleichen Antriebskategorie und Verhaltensdisposition entspringt, auf das gleiche Ziel hin ausgerichtet ist und in einer analogen Situation eine analoge Handlungskette entwickelt hat, ohne daß es zur Vollendung oder zum Abschluß des ganzen Handlungsablaufes gekommen sein muß (Stumpfl 1961, S. 31).

Die negativen Vorgestalten werden weniger klar definiert; sie lägen etwa dann vor, wenn bei einem manisch-depressiven Patienten die ermittelten Vorgestalten ein Gepräge hätten, wie es nie in gesunden, wohl aber des öfteren in kranken Zeiten vorgekommen sei.

Nach Stumpfl geht es bei der Suche nach Vorgestalten letztlich um die „innere Haltung" (Zutt 1943) des Täters, oder:

Die Bestimmung von Vorgestalten der Tat entspricht dem Aufsuchen jener Kreuzwege in der Lebensgeschichte des Täters, an denen bereits Vorentscheidungen und Vorentwürfe gesetzt worden sind (Stumpfl 1961, S. 33).

Keineswegs bedeute aber das Einschlagen eines auf die Tat zulaufenden Weges eine quasi endgültige, unentrinnbare Determinierung; der potentielle Täter könne „jederzeit von seiner Tat ablassen" (Stumpfl 1961, S. 33). Auf die exakt gegenteilige Ansicht, daß nämlich nach dem Erreichen eines prädeliktischen Plateaus, etwa im Sinne der „homizidalen Tatbereitschaft" nach Rasch (1964), gerade keine Handlungsfreiheit mehr besteht, wird später einzugehen sein. Stumpfls Argumentation ist auch zu sehen als kritische Gegenposition zu den „Agnostikern", ist doch für ihn der Freiheitsbegriff durchaus empirischer Forschung nicht völlig verschlossen:

Naturwissenschaftlich und anthropologisch gesehen, sind Freiheit und Determinierung im menschlichen Verhalten ineinander verflochten und „wissenschaftlich" ebenso bestimmbar wie irgend etwas anderes in Medizin oder Anthropologie (Stumpfl 1961, S. 33).

Aus Stumpfls Position spricht eine geradezu irritierend optimistische Einschätzung, was die konkrete Anwendbarkeit der Willensphilosophie Kellers in der Begutachtung anbetrifft. Betrachtet man zusätzlich die folgende Passage, so wird die Skepsis gegenüber diesem Optimismus eher zunehmen, wird doch hier das Methodenideal der Naturwissenschaft allzu schnell auf die forensische Situation übertragen, der Gutachter dadurch aber – ganz entgegen der eigentlichen Intention Stumpfls – fast in die Rolle eines bloß Skalenwerte ablesenden „Beobachters" gebracht:

> Dabei wird die Entscheidung des Sachverständigen dadurch erleichtert, daß in der Regel bei zunehmender Vertiefung des Aktenstudiums und der Persönlichkeitserfassung die einzelnen Momente klar und deutlich in der jeweils entscheidenden Frage auf eine bestimmte Seite zeigen. Die Waagschale des Urteils sinkt oder steigt von selbst (Stumpfl 1961, S. 69).

Diese Überschätzung der Operationalisierbarkeit willenspsychologischer Phänomene verwundert insofern, als Stumpfl kurz zuvor im Text die Position der forensischen „Agnostiker" als deterministisch kritisiert hat, nun aber selbst in die Gefahr gerät, die „Mikrostruktur des Wollens" unbeabsichtigt zu einem derart starren Raster werden zu lassen, daß der abwägenden und insoweit „freien" Stellungnahme des späteren Täters nicht mehr der angemessene Rang eingeräumt werden kann. Die Überdehnung des sehr breiten Ansatzes von Keller in Richtung auf eine nomothetische Psychologie kann im konkreten Fall in ebenso bedenklicher Weise am Probanden vorbeigehen wie voreiliges Hantieren mit Begriffen wie „Charakterschuld" oder „Lebensführungsschuld"; genau diese kritisiert Stumpfl nämlich – völlig zu Recht – ihres „moralisierenden Gehaltes wegen" (Stumpfl 1961, S. 35).

Insgesamt kennzeichnet den Ansatz Stumpfls sowohl das fruchtbare Bemühen um eine begriffliche und methodische Erweiterung der psychiatrischen Willenstheorien als auch eine Tendenz zur Überbewertung der Bedeutung neuerer psychologischer und philosophischer Akzente für die konkrete forensische Situation.

Aspekte der Kontroverse um die Vorgestalt

Ein wesentlicher Teil der Kontroverse um die Existenz und Wertigkeit von forensisch relevanten Vorgestalten fußt auf deren begrifflicher Unschärfe oder Mehrdeutigkeit. Im wesentlichen trifft man – in der Reihenfolge ihrer historischen Entwicklung – 3 Arten des Verständnisses von Vorgestalten an:
- die wahrnehmungs-, besser gestaltpsychologisch gestützte Annahme, daß Vorgestalten ein notwendiges, aber defizientes Durchgangsstadium sind,
- das auf der Willensphilosophie Kellers fußende Verständnis von Vorgestalten als zwar nicht voll strukturierte, aber deswegen nicht unbedingt defiziente, da zumindest limitativ abwägende gedankliche Auseinandersetzung mit dem zukünftigen Handeln und schließlich
- die von de Boor (1955) auf die Entwicklung forensisch relevanter Intoxikationszustände bezogene, in den Problembereich der „actio libera in causa" hineinreichende Konzeption „forensisch bedeutsamer Vorentscheidungen".

Zwar wird häufig nicht explizit bestimmt, in welchem Sinn Vorgestalt aufzufassen ist, jedoch ist aus dem Kontext abzuleiten, daß die rezente forensische Literatur – etwa Mende (1979), Ritzel (1980), Rudolphi (1974), Schöch (1983) und Venzlaff (1985), zusammenfassend dargestellt bei Saß (1983, 1985a) – vorwiegend die Position Stumpfls meint. In der Praxis der Affekttäterbeurteilung spielt, wie auch die empirische Studie von Diesinger (1977) zeigt, wenn schon nicht der Terminus, so doch sicherlich der Sachverhalt „Vorgestalt" unbestreitbar eine beträchtliche Rolle. Die Bewertungen hingegen sind kontrovers und bewegen sich innerhalb folgender, hier aus Gründen der Übersichtlichkeit vereinfacht dargestellter Grenzen:

(1) Vorgestalten sind ein psychopathologisch faßbares Phänomen:

   (1.1) nein,
   (1.2) ja.

(2) Sie können zu einem forensisch relevanten Merkmal werden:

   (2.1) nein,
   (2.2) ja.

(3) Wenn sie forensisch bedeutsam werden, haben sie für die Schuldfähigkeit die folgende Indikatorfunktion:

   (3.1) eher für Schuldfähigkeit,
   (3.2) eher gegen (volle) Schuldfähigkeit.

Legt man sich die Frage vor, was aus dem Vorliegen von Vorgestalten für die seelische Verfassung des Täters folgt, so ergibt sich, bezogen auf die genannten Positionen, das folgende Bild: Für die Position 1.1 erübrigt sich die Frage, da dem Konzept der Vorgestalt ohnehin keine wissenschaftliche Aussagekraft zugebilligt wird. Die Position 2.1 bezieht ebenfalls klar Stellung: Vorgestalten sind nicht forensisch nützlich, da sie zwar ein reales, allerdings nahezu regelmäßig anzutreffendes psychisches Phänomen beschreiben, also gerade nicht zuverlässig differenzieren können zwischen forensisch relevanter bzw. nichtrelevanter seelischer Störung. Diese skeptische Auffassung vertritt etwa Foerster (1984), wenn er „aggressive Vorgestalten in der Phantasie und Ankündigungen der Tat... in Anbetracht des ubiquitären Vorkommens" für wenig hilfreich erachtet.

Erst die Positionen 3.1 und 3.2 bringen schwerpunktmäßig die psychopathologische Ebene zum Tragen und sollen daher näher untersucht werden: Eine ebenso deutliche wie differenzierte Argumentation im Sinne der Position 3.1 ist diejenige Steigleders (1968). Auch dieser Autor lehnt sich eng an die Willensphilosophie Kellers an, insbesondere wenn er zwischen aktiver und passiver, dabei aber sehr wohl „Ich-hafter" Form des Wollens unterscheidet. Eine gedankliche Vorwegnahme des später eskalierenden Konfliktes wird hier nicht nur für sehr wesentlich für die forensische Beurteilung von Affekttaten gehalten, sondern erlangt geradezu den Status einer conditio sine qua non:

Erst die innere, gedankliche Beschäftigung, die stellungnehmende Auseinandersetzung scheint, sofern sie nicht zur kategorischen Ablehnung führt, letztlich die Durchführung der Tötungshandlung auch im Affekt zu ermöglichen. Die Tötungshandlung unter dem dynamischen Durchbruch der Affektentladung erscheint so nur noch als die Verwirklichung eines vorher vollzogenen stellungnehmenden Wollensaktes (Steigleder 1968, S. 109).

Entscheidend sei nicht, daß es derartige „wirkliche innere Stellungnahmen" bei fast jedem Affektdelikt gebe, sondern daß daraus auf eine erhaltene Schuldfähigkeit zu schließen sei. Nach Steigleders persönlichen Erfahrungen sei es bei allen Affektdelikten gelungen, „im Verlauf dieser speziellen Konfliktphase, das heißt also in dem Intervall zwischen spezifischem Affektstau und Affektentladung, Anhaltspunkte für diese personale Stellungnahme zu eruieren" (Steigleder 1968, S. 108).

Steigleder geht also, ganz anders als später Rasch und Krümpelmann, davon aus, daß die gedanklichen Vorentwürfe einschließlich dessen, was Stumpfl als Vorgestalten beschrieben hat, zu einem Zeitpunkt im Tatvorfeld auftauchen, „in dem die innerseelischen Spannungszustände noch keine wesentlichen Druckphänomene auf die Selbstbestimmung ausüben" (Steigleder 1968, S. 110).

Natürlich wirft diese Lösung des Problems, als Sachverständiger über die Schuldfähigkeit des seelisch gesunden Affekttäters eine Stellungnahme abgeben zu müssen, ohne über dessen Zustand zum Zeitpunkt der Tat etwas Sicheres sagen zu können, weitere schwerwiegende Fragen auf. Vor allem entsteht das juristische Dilemma, inwieweit es zulässig sein kann, die Schuld gleichsam vorzuverlagern, obwohl es doch im Gesetz ganz eindeutig heißt, entscheidend sei der seelische Zustand des Täters „bei Begehung der Tat". Steigleder äußert apodiktisch:

So beginnt das Vorwerfbare, die Schuld, nicht etwa erst im Augenblick der Tatausführung, für den die aktuelle Entscheidungsfreiheit nicht beweisbar sein kann, sie beginnt fraglos mit jenem Augenblick, in dem er [der Täter] im Zustande ungetrübter Entscheidungsfreiheit willentlich seine destruktiven Strebungen zum echten wollensbeschickten Motiv hat werden lassen (Steigleder 1968, S. 111).

Der Affekttäter müsse während der Tatausführung von seiner Reflexionsfähigkeit, die prinzipiell durchaus erhalten sei, gar keinen Gebrauch machen, weil er sich bereits im Vorfeld entschieden habe – und zwar für und nicht gegen die Tat. Diese Vorfeldentscheidung kann nun eine Vorgestalt nach Stumpfl sein oder ein limitatives Wollen nach Keller – sie bleibt doch ein zumindest im Prinzip „Ich-hafter" Akt, der der personalen Verantwortlichkeit unterliegt. Auch das Argument, Vorgestalten seien deswegen irrelevant, weil sie in keiner Weise spezifisch, sondern – umgekehrt – ubiquitär seien, will Steigleder nicht gelten lassen. Bei einer spontan im Zorn ausgesprochenen Drohung, die retrospektiv auch gleichsam als Vorgestalt verstanden werden könnte, handele es sich um eine „Entladungsaktion", ihr fehle gerade „eine Stellungnahme des Ich", ganz im Gegensatz zur „inneren Handlungsbereitschaft" der Affekttäter, der „wirkliche innere Stellungnahmen" vorausgegangen seien (Steigleder 1968, S. 108).

Ein wichtiger Argumentationsstrang im Sinne der Position 3.2 wird von Krümpelmann (1974, 1975, 1976) und Rasch (1964, weniger deutlich 1980) vertreten. In schroffem Gegensatz zu Steigleders Argumentation werden hier die seelischen Abläufe im Vorfeld der Tat gerade nicht als Zeichen für die Intaktheit personaler Entscheidungsprozesse, sondern als Beleg für die sich abzeichnende oder schon vorhandene Zerrüttung des Persönlichkeitsgefüges interpretiert. Das Niveau seelischer Gestörtheit im Vorfeld von Affekttaten könne durchaus mit demjenigen bei paranoiden Syndromen vergleichbar sein. Der Zustand nach dem Zulassen von Vorgestalten oder gar Vorentscheidungen

… bedeutet aber keine Entschlußbildung, vielmehr ist eine nahezu vollständige Entschlußunfähigkeit charakteristisch…. Das, was wir vom Täter verlangen, die Beherrschung, hat in vergleichbaren Situationen vor der Tat immer wieder stattgefunden und – hier liegt der wirkliche Teufelskreis der Affekttat – sie hat die letzten Reserven aufgebraucht. Gerade der Akt der Beherrschung gehört nicht zu den befreienden Momenten, sondern er ist eine der Hauptursachen für die Zerstörung des Motivationsgefüges (Krümpelmann 1976, S. 25).

Immer wieder, so auch bei Krümpelmann, wird in diesem Zusammenhang in Anlehnung an Bürger-Prinz darauf hingewiesen, daß der Täter zur bloßen „Durchgangsstation für einen Wirkungszusammenhang" geworden sei (vgl. Bürger-Prinz 1950). Wenn aber im Vorfeld von Affektdelikten auch durch die Vorgestalten ein Zerfall des Motivationsgefüges zu konstatieren sei, so spreche das natürlich gegen die (volle) Schuldfähigkeit des Täters.

Insgesamt kritisiert Krümpelmann v. a. Stumpfls und Steigleders Positionen als „bedenkliche Überdehnung" der Tragfähigkeit des Vorgestaltkonzepts. Gerade weil auch von diesen Autoren die (empirische) Nichtbeurteilbarkeit des Zustandes „bei Begehung der Tat" eingeräumt werde, ziehe man sich argumentativ auf die Ebene der Vorgestalten zurück, so aber verkennend, worum es sich dabei handele, nämlich um „ein zeitlich nicht fixierbares Phantasiegeschehen, das den Täter überfällt und selbst keiner Steuerung zugänglich ist" (Krümpelmann 1974, S. 340).

Auch die von Rasch beschriebene „homizidale Tatbereitschaft", die juristisch oft die Zurechnung der Tat ermögliche, spreche im Grunde nur für den Verlust der Beherrschung(sfähigkeit). Und tatsächlich hat Rasch (1964) aus psychiatrischer Perspektive die folgenden beiden Gedanken in den Mittelpunkt der von ihm untersuchten Fälle von „Tötung des Intimpartners" gestellt.

Zum einen finde sich bei der Mehrzahl derartiger Delikte im Vorfeld der Tat eine Einengung des seelischen Spielraums, wie sie in vergleichbar charakteristischer Weise während des „präsuizidalen Syndroms" (Ringel 1953) auftrete. Auch beim Affekttäter komme es – in Anlehnung an Ringels Formulierungen – zum „Verlust von Wahl- und Entscheidungsmöglichkeiten", zu einem Handeln „aus dem Kraftfeld der Situation". Zwar wird die Existenz und auch die forensische Relevanz von Vorgestalten (Stumpfl) und limitativem Wollen (Keller) keineswegs bestritten; allerdings werden aus deren Vorhandensein andere Schlüsse gezogen. Sei einmal das Stadium der „chronischen Affektspannung" (Klieneberger 1925) oder gar der „homizidalen Tatbereitschaft" erreicht, so bleibe „für eine geformte Willensbildung weder Raum noch Notwendigkeit", der Täter werde „in eine Position abgedrängt, die nur noch ein Zulassen oder Verhindern erlaubt", er sei „mehr und mehr ‚Vollzugsort' geworden" (Rasch 1964, S. 70 f.).

Zum anderen wendet Rasch – wieder bezugnehmend auf präsuizidale Verfassungen – kritisch ein, daß Vorgestalten nichts Statisch-Eindeutiges seien, mit Sicherheit also keine definitive Stellungnahme des Täters. Vielmehr gebe es im Vorfeld von Affektdelikten – und aus dieser Perspektive wird auch der Suizid zum Affektdelikt – oft geradezu 2 alternative Handlungsketten – eben die Tötung und deren Unterlassung. Beide Handlungsketten einschließlich ihrer jeweiligen alternativen Ausdifferenzierungen könnten durchaus vom potentiellen Täter in Form von Vorgestalten und auch mit „limitativem Wollen" antizipierend durchlebt werden. Dieses Argument richtet sich gegen eine allzu rasche Interpretation des bloßen Phänomens Vorgestalt hinsichtlich der Schuldfähigkeit.

Bleibe nämlich die Tatbereitschaft ausgeprägt ambivalent, dann werde, so Rasch, die Tat selbst „zu einer nur faktischen Lösung, die keiner inneren Entscheidung entspricht" (Rasch 1964, S. 59). Die widersprüchlichen Vorgestalten könnten in einem solchen Fall nun nicht einfach als Argumente für oder gegen die Schuldfähigkeit angesehen werden, im Gegenteil werde ihre diesbezügliche Aussagekraft „dann ihre Grenze finden, wenn man im früheren Verhalten jene Doppelspurigkeit bemerkt, bei der Handlung und Gegenhandlung einander aufwiegen" (Rasch 1964, S. 64).

Etwas einschränkender argumentiert Rasch (1980), wenn er zwar weiterhin von einem einengenden prädeliktischen Handlungsplateau spricht, gleichzeitig aber einräumt, daß Vorgestalten ein „gewisser Hinweis auf die Möglichkeiten der inneren Auseinandersetzung des Täters mit seinem Verhalten" seien; es gehe für den Sachverständigen somit um die „Differenzierung von Fällen, bei denen die Persönlichkeit von ihrem Affekt gewissermaßen überrannt wurde, von solchen, bei denen ein Spielraum zur inneren Auseinandersetzung verblieb" (Rasch 1980, S. 1314).

Auf diese Argumentation wird zurückzukommen sein.

Psychopathologie und Vorgestalt

Wesentliche Aufgabe des forensischen Psychiaters bei der Begutachtung von Affektdelikten – einschließlich der Einschätzung etwaiger Vorgestalten – ist es nicht, mit deutenden Verfahren die mögliche Motivationslage eines psychisch gesunden Täters auszuloten – so wichtig dies ggf. in einer therapeutischen Beziehung auch werden mag. Die Frage des Gerichts an den – horribile dictu – Psychowissenschaftler lautet vielmehr, ob bei dem Beschuldigten überhaupt einmal, besonders natürlich im Vorfeld und zum Zeitpunkt einer vorgeworfenen Tat, eine so erhebliche seelische Störung aufgetreten ist, daß eines oder, im Sinne der „Komorbidität", mehrere der 4 zu Unrecht „biologisch" genannten Merkmale der Schuldfähigkeitsparagraphen in Anwendung zu bringen sind.

In den Anfängen der forensischen Psychiatrie als wissenschaftlicher Disziplin war ihre inhaltlich wie personell enge Verbindung mit der klinischen Psychiatrie schon an den beteiligten Personen abzulesen: Hoche, Kraepelin, Aschaffenburg, sie alle verfügten ausnahmslos über weitreichende klinische Erfahrung. Heute erscheint es zwar bei weitem nicht mehr so selbstverständlich, wohl aber nicht minder angemessen, die Psychopathologie als – theoretische – „Grundlagenwissenschaft" (Janzarik 1979) und, was nicht das gleiche ist, als – praktisches – „Referenzsystem" (Saß 1985b) der forensischen Praxis und Forschung zu betrachten.

Schließlich gehören die affektiven Ausnahmezustände des gereizten Manikers, des gespannten Katatonen, des verwirrten Hirnorganikers, des hysterischen, aber eben auch des in krisenhaft zugespitzter Lebenssituation befindlichen seelisch gesunden Menschen zum Erfahrungshintergrund jedes klinisch tätigen Psychiaters. Seinem Gegenstand „quantitativ und qualitativ fremd", wie es Binder (1974) zugespitzt formuliert hat, ist der psychopathologische Zugang zu affektiven Ausnahmezuständen gewiß nicht. Die Literatur zu den Affektdelikten, insbesondere hinsichtlich der Tage und Wochen vor der Tat („Plateauphase"), betont denn auch regelmäßig die Bedeutung gerade der psychopathologischen Merkmale wie etwa depressive Stimmungslage, Angst, Suizidalität, Reizbarkeit, Konzentrationsstörungen, vegetative Übererregbarkeit, Schlafstörungen als wesentliche Indikatoren.

Nun kann es in Anbetracht des komplexen Phänomens Vorgestalt mit einer sein Vorhandensein entweder bestätigenden oder ausschließenden dichotomen Ja-/Nein-Entscheidung nicht sein Bewenden haben, wie die folgenden Beispiele zeigen: Es erfordert erhebliches exploratives, also interpersonales Engagement, gemeinsam mit dem Probanden die Situationen zu erarbeiten, in denen es zu vorgestalthaften Phantasien oder Gedanken kam. Insbesondere geht es hier um die Möglichkeit und den Vollzug einer inneren Auseinandersetzung, einer Stellungnahme zu derartigen „auftauchenden" Vorstellungen. Eine sachlich-eindeutige Äußerung freilich wird vom Probanden auch dann kaum zu erwarten sein, wenn ihn keine Opportunitätsüberlegungen leiten, sondern er durchaus an einer selbstkritischen Auseinandersetzung interessiert ist, jedoch manches an seinem früheren Verhalten und Erleben als schwer nachvollziehbar empfindet. Dies ist das Feld subtiler, an klinischer Erfahrung orientierter psychopathologischer Befunderhebung.

Es ist dabei von erheblicher Bedeutung, ob der Proband spontan von Vorgestalten berichtet, in welcher Gesprächssituation er dies tut, ob er selbst, und sei es nur intuitiv, zu differenzieren weiß zwischen tatsächlich stattgehabten Vorgestalten und postdeliktischen Verarbeitungen, ob ein Zusammenhang zwischen Vorgestalten und sich anderweitig äußernder seelischer Gestörtheit plausibel wird, ob verschiedene, möglicherweise sogar konkurrierende Vorgestalten geschildert werden und – ein besonders gewichtiger Aspekt – wie der spätere Täter auf das Erlebnis, auf das Konfrontiertsein mit der Vorgestalt reagiert, mit Angst, Ärger, Erleichterung, Vertiefung einer schon vorbestehenden depressiven Verstimmung, mit scheinbarer oder – wenig wahrscheinlich – wirklicher Gleichgültigkeit oder mit Enttäuschung und Sorge, die ihn möglicherweise sogar aus eigenem Antrieb in fachärztliche Behandlung führt.

Die Eigenschaft, komplexe psychopathologische Sachverhalte zu beinhalten, haben Vorgestalten mit anderen wichtigen psychiatrischen Phänomenen gemeinsam: Man denke an Anmutungsqualitäten im Kontakt mit psychotischen Patienten – eine davon wurde von Rümke prägnant als „Praecox-Gefühl" bezeichnet –, an „Ich-Störungen", Autismus oder apophänes Erleben. Hier fällt eine griffig-eindeutige, Mißverständnisse weitgehend ausschließende operationale Definition schwer oder ist unmöglich. Dennoch wird der Psychopathologe auf diese Begriffe nicht verzichten können, will er nicht einem Reduktionismus zugunsten einer dichotomen Wissenschaftssprache das Wort reden.

Allgemeiner formuliert: Das grundlegende erkenntnistheoretische Dilemma der Psychopathologie, nämlich eine Sprache entwickeln zu müssen, die der unvermeidlichen Polarität zwischen Einfachheit und Ganzheit, zwischen Konstanz und Veränderung gerecht werden kann – genau dies wird anhand der Vorgestaltproblematik sehr deutlich. Insoweit gehört dieses Thema auch zu der aktuellen Debatte um Möglichkeiten und Grenzen operationalisierter Diagnostik in der (forensischen) Psychiatrie (Hoff 1992a).

Die gleichsam zweifache Janusköpfigkeit des Phänomens Vorgestalt erläutert das folgende Schema, dessen psychopathologischen Bezugsrahmen Janzariks strukturdynamische Konzeption darstellt (Janzarik 1988):

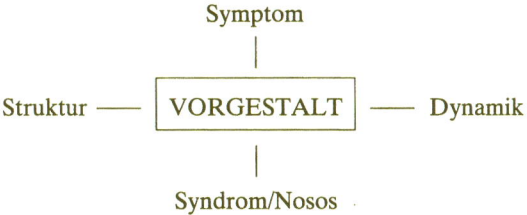

Auf der Ebene diagnostischer Begrifflichkeit sind die Vorgestalten anzusiedeln zwischen der Symptom- und der Syndrom- oder gar der nosologischen Ebene; mit den Symptomen haben sie ihre weitgehende nosologische Unspezifität gemeinsam, mit den Syndromen verbindet sie ihr vergleichsweise komplexer, in symptomähnliche Untereinheiten differenzierbarer Aufbau.

In einer umfassenderen psychopathologischen Sichtweise verweisen Vorgestalten einerseits auf biographisch verankerte, strukturelle Gerichtetheiten, etwa überdauernde Wertmaßstäbe und persönliche Einstellungen, gerade auch zum späteren Tatopfer. Auf den letztgenannten Hintergrund hat auch Schewe verwiesen:

Einstellungen, Haltungen, Gesinnungen zeichnen sich ja gerade dadurch aus, daß sie sich nicht in aktuellen Subjekt-Objekt-Beziehungen erschöpfen, sondern die Aktualität überdauern und sich im aktuellen Tatgeschehen allenfalls... offenbaren, also gewissermaßen „symptomatische" Bedeutung für transphänomenale Zusammenhänge besitzen (Schewe 1967, S. 167).

Vorgestalten sind aber andererseits fraglos auch etwas Temporäres, der Dynamik des aktuellen seelischen Feldes Unterworfenes. Freilich sind sie bei aller Komplexität bereits sekundäre Konstrukte im Vergleich zum Primären, nämlich dem ganzheitlich und lebensgeschichtlich Gewordenen:

Die Ausgrenzung einzelner Gestalten und die abstrahierende Reduktion des gelebten Lebens zu schematischen Vergegenwärtigungen und Zeichen sind... das Spätere (Janzarik 1983, S. 103).

Nun ist trotz aller Differenzen hinsichtlich der forensischen Schlußfolgerungen bezüglich des folgenden Aspektes eine erstaunliche Übereinstimmung zu finden: Nahezu alle Autoren betonen die Einengung des psychischen Feldes vor der Affekttat und die schwierige, mitunter unmögliche Einschätzung des seelischen Befindens zum Zeitpunkt der Tat. Es stellt sich also die Frage, aufgrund welcher Argumente der Sachverständige zur Handlungsfähigkeit des Täters Stellung nehmen kann.

Hier ist auf Conrads eingangs erwähnte, der Gestalt- und Wahrnehmungspsychologie nahestehende Konzeption zurückzukommen. Sie kann gerade wegen ihrer subtilen psychopathologischen Ausdifferenzierung das Phänomen Vorgestalt in seiner Genese deutlich werden lassen. In zeitlicher Staffelung komme es nämlich – so Conrad (1947) – bei der Entwicklung von Vorgestalten zunächst zu einem „gefühlsmäßigen Ahnen", welches von einer vagen, aber schon inhaltlich strukturierten Idee abgelöst werde, er spricht von „Physiognomisierung".

Die beiden folgenden Stufen der „Kollektivation" und „Fluktuation" sind trotz ihrer offenkundig wahrnehmungspsychologischen Konnotation auch auf unseren Zusammenhang anwendbar: Entstehende Figur und Hintergrund sind noch mangelhaft voneinander abgegrenzt, die sich andeutenden Inhalte der Figur variieren beträchtlich. Unmittelbar plausibel ist die Relevanz der folgenden 4 Vorgestaltphasen für die Beurteilung von Affekttaten, nämlich

- das subjektiv meist als unangenehm erlebte Unfertige (die „Nichtendgültigkeitstönung"),
- das Undifferenzierte und Grobe (der „Gliederungsverlust"),
- v. a. aber die aversive affektive Tönung („Spannungshaltigkeit") und schließlich
- das Erlebnis des passiven Ausgeliefertseins an die Dynamik der Vorgestalt („Verlust der Freiheitsgrade").

Drei wesentliche Aspekte dürfen nicht übersehen werden: Zum einen versteht diese psychopathologische Zugangsweise die Vorgestalt zwar als im Vergleich zur Endgestalt defizient, aber eben nicht notwendigerweise, ja noch nicht einmal typischerweise krankhaft. Vorgestalten können, müssen aber nicht auf eine beginnende Desintegration des Persönlichkeitsgefüges hinweisen. Dies wird auch auf die forensische Situation anzuwenden sein.

Zum anderen ist die von Conrad beschriebene Entwicklung vom „gefühlsmäßigen Ahnen" bis zur klar ausdifferenzierten Endgestalt ein seelischer Vorgang, der für alle Arten von Vorgestalten gilt, also in keiner Weise spezifisch ist für die Vorphase von affektiven Ausnahmezuständen. Selbst das von ihm als der eigentliche pathologische Mechanismus eingestufte Stehenbleiben auf einer der Vorgestaltstufen, also das Nichterreichen der Endgestalt, hilft im forensischen Zusammenhang nicht unmittelbar weiter.

Schließlich – der 3. Aspekt – ist klar zu differenzieren zwischen den (einem deskriptiv-empathischen Kontext verpflichteten) Begriffen „Spannungshaltigkeit" und „Verlust der Freiheitsgrade" auf der einen und der forensischen Relevanz im Sinne einer erheblich verminderten oder aufgehobenen Steuerungs- oder Einsichtsfähigkeit auf der anderen Seite. So etwa beinhaltet die bei (wiederholten) Ladendiebstahlsdelikten immer wieder anzutreffende Konstellation einer intrafamiliär verzerrten, „neurotischen" Kommunikation (Kröber 1988) ohne Frage aus der Sicht des Betroffenen einen „Verlust an Freiheitsgraden", ohne daß allein daraus zwingend auf eine erhebliche Einschränkung der Steuerungsfähigkeit zum Tatzeitpunkt rückgeschlossen werden dürfte.

Forensische Schlußfolgerung

Vorgestalten der Tat im Sinne eines den affektiven und kognitiven Bereich in komplexer Weise vernetzenden Vorwegnehmens wesentlicher Momente des späteren Tatgeschehens sind angesiedelt zwischen bewußt intendierter Planung einerseits und unreflektiert-dumpfer Ahnung einer drohenden Eskalation andererseits. Sie lassen, für sich allein genommen, keinen aussagekräftigen Rückschluß auf den psychopathologischen Befund und infolgedessen auch nicht auf die Steuerungs- und Einsichtsfähigkeit zu. Es kommt stets auf ihren Kontext an. Im folgenden soll das psychopathologische Kontinuum abgesteckt werden, zwischen dessen Endpunkten forensisch relevante Vorgestalten aufscheinen können:

Konstellation I

Vorgestalten treten in innerem Zusammenhang mit psychopathologisch erfaßbarer schwerer seelischer Gestörtheit auf, die die kognitiv-affektive Balance im Sinne einer Entdifferenzierung, eines Überwiegens des „protopathischen" Momentes verändert. Dies soll hier allerdings nicht im Sinne der allgemeinen seelischen Vergröberung verstanden werden, wie es etwa für schwer hirnorganisch beeinträchtigte oder gar demente Patienten charakteristisch ist. Vielmehr zielt der Begriff „protopathisch" in unserem Zusammenhang auch auf weniger drastisch in Erscheinung tretende Anzeichen psychischer Alteration.

Beispiele sind eine depressive Einengung des Erlebnisfeldes bis hin zu dessen psychoseähnlicher oder psychotischer Fragmentierung, aber auch so subtile Phänomene wie eine subjektiv als unangenehm und unbekannt erlebte, dysphorisch getönte Irritabilität in der Partnerbeziehung. Entscheidend ist aber auch dann, daß keineswegs die Vorgestalt selbst, sondern der Umgang mit ihr, die Stellungnahme zu ihr und die sie umgebende affektive Dynamik, kurz, das seelische Feld in seiner Gesamtheit zu Symptomen einer relevanten psychopathologischen Auffälligkeit werden können; diese erlangt dann tatsächlich eine Indikatorfunktion für die Desintegration des Persönlichkeitsgefüges, in deren Gefolge die Schuldfähigkeit erheblich vermindert oder aufgehoben sein kann.

Dabei sind durchaus (Extrem-)Fälle vorstellbar, bei denen bereits die Vorgestalten der Tat die Qualität des bloß passiv Erlebten gewinnen und insoweit der restriktivsten in der Literatur anzutreffenden Definition entsprechen, wonach derartige Phantasiegestalten den späteren Täter geradezu „überfallen". Der psychopathologischen Komplexität des Phänomens Vorgestalt und auch der praktischen gutachterlichen Erfahrung widerspräche es jedoch völlig, nähme man dies als Definition von Vorgestalt schlechthin.

Ein so verstandener, in Anlehnung an Conrad „protopathisch" genannter Erlebniswandel im Vorfeld von Affektdelikten kann, um es noch einmal zu betonen, nicht nur mit dem bloßen Vorhandensein von Vorgestalten begründet werden; vielmehr wird man sorgfältig auf andere psychopathologische Kriterien achten, etwa dysphorisch-depressive Stimmung, Schlafstörungen, Grübelneigung, psychomotorische Auffälligkeiten. Ist ein derartiges Störungsbild nämlich vorhanden, so beeinträchtigt es fraglos gerade die Fähigkeit zur abwägenden Stellungnahme, zur selbstkritischen Reflexion.

In dieses Konzept ließe sich auch in modifizierter Form de Boors (1966b) Vorschlag integrieren, dann die personale Zurechnung in Frage zu stellen, wenn die „normativ-emotionale Ansprechbarkeit" massiv alteriert oder gar verlorengegangen sei. Ein solches Vorgehen soll nach de Boor (1966a) auch dazu dienen, von dem – zu Recht – als untauglich angesehenen Kriterium der „Persönlichkeitsfremdheit" Abstand zu nehmen.

Allerdings haftet der vom ihm vorgeschlagenen Methode, dies festzustellen, etwas Konstruiertes an. Man solle nämlich hypothetisch eine im Vorfeld der Tat auf den Täter einwirkende psychologische Variable annehmen: Sei es in der Gesamtschau „wahrscheinlicher, daß sich der Täter bei Wirksamwerden der hinzugedachten Bedingung anders entschieden, die Tat also unterlassen hätte" (de Boor 1966b, S. 17), dann könne man auf Schuldfähigkeit schließen und umgekehrt. Weniger abstrakt, da enger mit der klinischen Erfahrung verbunden und plausibler aus dem situativen und psychopathologischen Kontext abzuleiten, erscheint demgegenüber die Prüfung, inwieweit der spätere Täter aufgrund eines erheblich alterierten Persönlichkeitsgefüges nicht mehr über eine ausreichende kognitive und affektive Reagibilität verfügte.

Konstellation II

Fehlt hingegen die Einbettung in einen Kontext von seelischer Auffälligkeit, so liegt eben gerade keine Entdifferenzierung des Wahrnehmungs- und Erlebnismodus, keine „protopathische" Verzerrung vor. Vielmehr wird man, ganz im Sinne Conrads, von einer nicht oder nur unwesentlich gestörten „epikritischen" Informationsverarbeitung ausgehen können.

Diese Möglichkeit des potentiellen Täters bezieht sich aber auch auf die Auseinandersetzung mit „Vorgestalten" der Tat, mit seinen eigenen aggressiven Regungen, mit der Rolle des späteren Opfers sowie mit den sich bietenden Möglichkeiten des Gegensteuerns. Initial vage Vorgestalten können sich auch zunehmend verfestigen und schließlich, ohne bereits ein Tatplan zu sein, zu einem integralen Moment struktureller seelischer Bestände werden. Dabei wird die psychopathologische Analyse jeweils dazu Stellung nehmen müssen, ob aus ihrer Sicht Anhaltspunkte dafür vorliegen, daß dieser ganze Vorgang dem späteren Täter nicht hätte zugänglich, und das heißt eben auch durch ihn beeinflußbar sein können.

Konstellation III

Zwischen den beiden skizzierten Extremsituationen werden nun in der Praxis alle Übergänge vorkommen. Schewe (1972) hat klar herausgearbeitet, wie sehr dichotome Begriffspaare wie Finalität und Kausalität, gewollt und ungewollt, Wille und Reflexbewegung dann in die Irre führen, wenn verkannt wird, daß es sich im forensischen Kontext gerade nicht um „alternative", randscharfe, sondern um „typologische", randunscharfe Begriffe handelt.

Angewandt auf unseren Zusammenhang bedeutet dies, daß eine einfache, in Schewes Sinn „alternative" Unterscheidung zwischen forensisch relevanten, „kranken" und forensisch irrelevanten, ubiquitär „gesunden" Vorgestalten aus psychopathologischer Sicht nicht möglich sein kann. In diesem Zusammenhang sei an Raschs Hinweis auf die „konkurrierenden Vorgestalten" erinnert. Freilich werden beim späteren Affekttäter im Vorfeld der Tat häufig Phasen einer groben Verzerrung des seelischen Gefüges mit möglicherweise inhaltlich verschiedenen aggressiven Vorgestalten von solchen Episoden abgelöst, in denen es zu einer Beruhigung der Situation, zu einer distanzierteren Sicht der Dinge und zu anders, vielleicht weniger aggressiv ausgestalteten, aber auch „konkurrierenden" Vorgestalten kommt.

Im Sinne der strukturdynamischen Konzeption Janzariks ist es durchaus zu erwarten – und entspricht auch dem eigenen klinisch-forensischen Erfahrungshintergrund –, daß Vorgestalten als (weitere) Anzeichen dynamischer Auslenkung bis hin zu einer „Entgleisung" mit der Folge autonomer, „psychotischer" Fragmentierung des seelischen Feldes fungieren können; jedoch reichen Vorgestalten im Laufe ihrer Entwicklung eben auch oft in den dauerhaften, von aktueller affektiver Dynamik (noch) nicht beeinträchtigten Bereich struktureller Bestände hinein. Diese aber stehen der personalen Stellungnahme nicht nur weit eher offen als eine schwere dynamische Auslenkung, sondern sie konstituieren sich ja nicht zuletzt durch wertende, individuell ebenso charakteristische wie dauerhafte Dispositionen des Verhaltens und Erlebens.

Aufgabe der psychopathologischen Vorfeldanalyse ist es, soweit irgend möglich diesen subtilen, vielschichtigen, zwischen Beherrschtheit durch den Affekt und selbstkritischer Stellungnahme oszillierenden seelischen Verfassungen des späteren Täters nachzuspüren. Denn auch die in widersprüchliche Teilstrebungen aufgefächerten Vorgestalten als solche erlauben keinen unmittelbaren forensisch tragfähigen Rückschluß.

Auf beide denkbaren Extremsituationen – geplantes Delikt vs. massiver, plötzlich aufschießender Affektdurchbruch –, aber auch auf die zahlenmäßig weit überwiegenden „Zwischen-Fälle" kann der Begriff Kellers vom „limitativen Wollen" sinnvoll angewandt werden: Das zwar mehr oder weniger gesteuerte, aber immerhin doch zugelassene Entwickeln einer Eigendynamik im Vorfeld der Tat – nichts anderes ist das limitative Wollen – wird als Phänomen sowohl bei einem psychopathologisch wenig auffälligen, „epikritischen" Täter vorkommen als auch, vielleicht sogar vorwiegend, bei einem „protopathisch" veränderten. Wiederum gilt, daß das Phänomen „limitatives Wollen" nur in seiner jeweiligen Einbettung in die seelische Gesamtsituation interpretiert werden darf. Als bloßes „Symptom" ist es, ebenso wie die Vorgestalten selbst, wegen seines ubiquitären Vorkommens für die psychiatrische Begutachtung nicht von tragender Bedeutung.

Abschließend können die wesentlichen Aussagen zur Problematik der Vorgestalten in den folgenden Thesen zusammengefaßt werden:

1) Vorgestalten der Tat im Vorfeld von Affektdelikten sind nichts weniger als ein dichotom zu beurteilendes „Einzelsymptom", vielmehr ist das Problem ihrer forensisch-psychiatrischen Bedeutung stets und notwendigerweise mit komplexen Grundlagenfragen der (forensischen) Psychiatrie untrennbar vernetzt. Beispiele sind die Probleme der Beurteilbarkeit von Fremdseelischem, der Möglichkeit wissenschaftlicher Aussagen zum Handlungsspielraum, der unaufhebbaren Spannung zwischen situativ-aktuellem Erleben und überdauernden Gerichtetheiten und Wertmaßstäben.

2) Es ist zwingend erforderlich, die forensisch-psychiatrische Einschätzung von Vorgestalten auf dem Hintergrund einer vertieften biographischen Anamnese sowie eines psychopathologischen Referenzsystems (Saß 1985b) vorzunehmen; anderenfalls kann nämlich der Bereich subjektiver Beliebigkeit nicht überschritten werden. Genau dies ist aber im Kontext von Schuldfähigkeitsbegutachtungen nicht vertretbar.

3) Ein auf diese Weise psychopathologisch fundiertes Verständnis von Vorgestalten ist nicht festgelegt auf eine bestimmte handlungspsychologische Konzeption von Affektdelikten, sondern vielmehr offen für unterschiedliche methodische Zugangsweisen.

4) Im konkreten Fall können Vorgestalten eher für oder eher gegen die Annahme einer (vollen) Schuldfähigkeit sprechen; ihrer Einbettung in ein psychopathologisch weitgehend ungestörtes seelisches Gefüge mit der Möglichkeit zu „epikriti-

scher" Abwägung steht als anderer denkbarer Extrempunkt ihre Indikatorfunktion für eine zumindest sektorisiert vergröberte „protopathische", eingeengte psychische Verfassung gegenüber. Alle Übergänge werden vorkommen.

5) Vorgestalten als solche sind zwar ubiquitär und daher nosologisch wie forensisch unspezifisch, insoweit sie bei jeder Art von Delikten, mit oder ohne seelische Störung, vorkommen können; der Kontext, der sich psychopathologischer Analyse erschließt, ist aber ein jeweils besonderer. Die forensische Relevanz definiert sich nur in diesem Zusammenhang.

6) Psychopathologische Befunde – auch diejenigen über Vorgestalten der Tat – sollen empirische Grundlage juristischer Schlußfolgerungen sein, sind aber nicht mit ihnen identisch: Ob eine Vorverlagerung der Schuld in die Vorphase der Tat rechtlich vertretbar ist oder nicht, mag im Einzelfall unter Bezug auf psychopathologische Sachverhalte erläutert, kann aber nie psychopathologisch begründet werden.

Literatur

BGH (1957) BGHSt. 11, 20
Binder S (1974) Zur Diagnostik des schuldausschließenden bzw. schuldvermindernden Affekts bei kurzschlüssigen Tötungsdelikten. Monatsschr Kriminol Strafrechtsreform 57: 159–164
Bleuler E (1911) Dementia praecox oder Gruppe der Schizophrenien. In: Aschaffenburg G (Hrsg) Handbuch der Psychiatrie. Spezieller Teil, 4. Abt. 1. Hälfte. Deuticke, Leipzig Wien
Bürger-Prinz H (1950) Motiv und Motivation. Holler, Hamburg
Conrad K (1947) Über den Begriff der Vorgestalt und seine Bedeutung für die Hirnpathologie. Nervenarzt 18: 289–293
Conrad K (1958) Die beginnende Schizophrenie. Thieme, Stuttgart
Conrad K (1960) Die Gestaltanalyse in der psychiatrischen Forschung. Nervenarzt 31: 267–273
De Boor W (1955) Über forensisch bedeutsame Vorgestalten. Beitr Gerichtl Med 20: 51–59
De Boor W (1966a) Bewußtsein und Bewußtseinsstörungen. Springer, Berlin Heidelberg New York
De Boor W (1966b) Über ein weiteres Kriterium zur forensischen Beurteilung von Affekttätern. In: Gerchow J (Hrsg) An den Grenzen von Medizin und Recht. Festschrift für W. Hallermann. Enke, Stuttgart, S 14–21
Diesinger I (1977) Der Affekttäter. De Gruyter, Berlin New York
Ehrenfels C von (1890) Über Gestaltqualitäten. Vierteljahresschr Philos 14: 249 ff.
Foerster K (1984) Sind die Probleme bei der Beurteilung sog. „Affektdelikte" nun gelöst? Nervenarzt 55: 385
Hoff P (1992a) Neuere psychiatrische Klassifikationssysteme und ihre Bedeutung für die forensische Psychiatrie. Gesundheitswesen 54: 244–250
Hoff P (1992b) Emil Kraepelin and philosophy: the implicit philosophical assumptions of Kraepelinian psychiatry. In: Spitzer M, Uehlein FA, Schwartz MA, Mundt Chr (eds) Phenomenology, language and schizophrenia. Springer, Berlin Heidelberg New York, pp 115–125
Janzarik W (Hrsg) (1979) Psychopathologie als Grundlagenwissenschaft. Enke, Stuttgart
Janzarik W (1983) Strukturdynamik. In: Peters UH (Hrsg) Kindlers Psychologie des 20. Jahrhunderts. Psychiatrie, Bd 1. Beltz, Weinheim Basel, S 99–114
Janzarik W (1988) Strukturdynamische Grundlagen der Psychiatrie. Enke, Stuttgart
Keller W (1968) Psychologie und Philosophie des Wollens, 2. durchgesehene Aufl. Reinhardt, München Basel (Erstauflage 1954)
Klieneberger D (1925) Über Affektspannung und Verantwortlichkeit auf Grund zweier Fälle von Selbstmordversuch und Mord bzw. Mordversuch. Z Ges Gerichtl Med 5: 254 ff.
Kraepelin E (1899) Psychiatrie, 6. Aufl. Barth, Leipzig

Kröber HL (1988) „Kleptomanie" als Familienspiel – Zur Schuldfähigkeit bei komplex motivier-tem Stehlen. Nervenarzt 59: 610–615

Krümpelmann J (1974) Motivation und Handlung im Affekt. In: Stratenwerth G et al. (Hrsg) Festschrift für H. Welzel. De Gruyter, Berlin New York, S 327–341

Krümpelmann J (1975) Vorsatz und Motivation. Z Ges Strafrechtswiss 87: 888–901

Krümpelmann J (1976) Die Neugestaltung der Vorschriften über die Schuldfähigkeit durch das Zweite Strafrechtsreformgesetz vom 4.7.1969. Z Ges Strafrechtswiss 88: 6–39

Lewin K (1926) Untersuchungen zur Handlungs- und Affekt-Psychologie, II: Vorsatz, Wille und Bedürfnis. Psychol Forsch 7: 330–385

Mende W (1979) Die „tiefgreifende Bewußtseinsstörung" in der forensisch-psychiatrischen Dia-gnostik. In: Kaufmann A et al. (Hrsg) Festschrift für P. Bockelmann. Beck, München, S 311–322

Rasch W (1964) Tötung des Intimpartners. Enke, Stuttgart

Rasch W (1980) Die psychologisch-psychiatrische Beurteilung von Affektdelikten. N Jur Wo-chenschr 33: 1309–1315

Ricœur P (1950) Philosophie de la volonté. Le volontaire et l'involontaire. Aubier, Paris

Ricœur P (1969) Die Interpretation. Ein Versuch über Freud. Suhrkamp, Frankfurt/M

Ringel E (1953) Der Selbstmord – Abschluß einer krankhaften psychischen Entwicklung. Mau-drich, Wien Düsseldorf

Ritzel G (1980) Forensisch-psychiatrische Beurteilung der Affekttat. Münchner Med Wochenschr 122: 623–627

Rudolphi HJ (1974) Affekt und Schuld. In: Roxin C (Hrsg) Grundfragen der gesamten Straf-rechtswissenschaften. Festschrift für H. Henkel. De Gruyter, Berlin New York, S 199 ff.

Sander F (1932) Funktionale Struktur, Erlebnisganzheit und Gestalt. Arch Psychol 85: 237–260

Saß H (1983) Affektdelikte. Nervenarzt 54: 557–572

Saß H (1985a) Handelt es sich bei der Beurteilung von Affektdelikten um ein psychopathologi-sches Problem? Fortschr Neurol Psychiat 53: 55–62

Saß H (1985b) Der Beitrag der Psychopathologie zur Forensischen Psychiatrie. Vom somatopa-thologischen Krankheitskonzept zur psychopathologischen Beurteilungsnorm. In: Janzarik W (Hrsg) Psychopathologie und Praxis. Enke, Stuttgart, S 134–143

Schewe G (1967) Bewußtsein und Vorsatz. Luchterhand, Neuwied Berlin

Schewe G (1972) Reflexbewegung, Handlung, Vorsatz. Schmidt-Römhild, Lübeck

Schöch H (1983) Die Beurteilung von Schweregraden schuldmindernder oder schuldausschließen-der Persönlichkeitsstörungen aus juristischer Sicht. Monatsschr Kriminol Strafrechtsreform 66: 333–343

Schopenhauer A (1819) Die Welt als Wille und Vorstellung: vier Bücher nebst einem Anhange, der die Kritik der Kantischen Philosophie enthält. Brockhaus, Leipzig

Steigleder E (1968) Mörder und Totschläger. Die forensisch-medizinische Beurteilung von nicht geisteskranken Tätern als psychopathologisches Problem. Enke, Stuttgart

Stumpfl F (1961) Motiv und Schuld. Eine psychiatrische Studie über den Handlungsaufbau bei kri-minellem Verhalten. Deuticke, Wien

Venzlaff U (1985) Die forensisch-psychiatrische Beurteilung affektiver Bewußtseinsstörungen – Wertungs- oder Quantifizierungsproblem? In: Schwind HD (Hrsg) Festschrift für Günter Blau. De Gruyter, Berlin New York, S 391–403

Weizsäcker V von (1950) Der Gestaltkreis, 4. Aufl. Thieme, Stuttgart

Witte W (1952) Zur Geschichte des psychologischen Ganzheits- und Gestaltbegriffes. Studium Generale 8: 455–464. Nachdruck in: Gestalt Theory 11 (1989): 271–285

Wundt W (1874) Grundzüge der physiologischen Psychologie. Engelmann, Leipzig

Zutt J (1943) Über die polare Struktur des Bewußtseins. Nervenarzt 16: 145–162

Tiefgreifende Bewußtseinsstörungen: Reliabilität diagnostischer Merkmale, Validität syndromatologischer Muster

M. Rösler, W. Hoffmann, J. Klasen, G. Hengesch

Einleitung

Seit der Einführung des Begriffs der tiefgreifenden Bewußtseinsstörungen in die Vorschriften der §§ 20 und 21 StGB nach der Strafrechtsreform von 1975 ist eine intensive Diskussion in Gang gekommen, welche psychischen Störungen dadurch eingegrenzt werden sollen. Im Vordergrund der Erörterungen stehen neben Fragen der Zuverlässigkeit und Überprüfbarkeit der Diagnostik auch methodische Probleme und Aspekte der Validität.

Aus historischen Gründen wird die Thematik häufig unter dem Oberbegriff der Affektdelikte bearbeitet, denn nach einer bis ins römische Kriminalrecht zurückreichenden Tradition (Bresser 1978; Witter 1987) werden starke Affekte als Gründe, die eine Strafmilderung begründen können, anerkannt. In zahlreichen Bestimmungen des deutschen Strafrechts wird die Privilegierung einer besonderen affektiven Verfassung des Täters zum Ausdruck gebracht (Blau 1989).

Im psychiatrischen Schrifttum sind schon früh Verbindungen zwischen heftigen Affekten und dem Bewußtseinszustand beschrieben worden. Jaspers (1913, S. 78–79) sprach von Bewußtseinstrübungen im Affekt und von Beeinträchtigungen der Konzentration, der Besinnung und des Urteils; an anderer Stelle (S. 163) führte er aus, daß lebhafte Affekte, Zorn, Verzweiflung und Schreck schon bei normaler Steigerung der Intensität eine gewisse Bewußtseinstrübung bedingen mit nachfolgender lückenhafter Erinnerung.

Den Beziehungen zwischen Affekt und Bewußtseinszustand hat Kretschmer (1947) in seiner Beschreibung der Primitivreaktionen besondere Aufmerksamkeit geschenkt, wobei die Typen der Explosivreaktionen und Kurzschlußhandlungen forensisch von Interesse sind. Der Terminus Affektdämmerzustand als Synonym für die Primitivreaktionen hebt die Bedeutung von Affekten für das Bewußtsein besonders treffend hervor.

Man hat deswegen auch versucht, das Beurteilungsproblem der Affektdelinquenz unter Nutzung von Arbeitsergebnissen der experimentellen Bewußtseinsforschung zu lösen (Literatur bei Wegener 1981). Aber diese Bemühungen haben die Beurteilungspraxis kaum verändert. Sie hatten immer mit der Vieldeutigkeit des Bewußtseinsbegriffs und mit Einschränkungen zu kämpfen, die sich zwangsläufig ergeben, wenn versucht wird, Befunde aus dem psychologischen Labor auf den menschlichen Alltag zu übertragen. Eine ausschließliche Fokussierung der Aufmerksamkeit auf den Bewußtseinsbegriff führt im Umfeld der Affektdelikte auch leicht zu einer unangemessenen Verkürzung der Beurteilungsperspektive. In diesem Sinne hat Schneider (1980, S. 50

und 64) vor einer Vernachlässigung der Persönlichkeitsstruktur gerade bei den kriminologisch besonders bedeutungsvollen Affektverfassungen Wut und Zorn gewarnt.

Es hat sich gezeigt, daß auf eine an psychopathologischen und klinischen Erfahrungen orientierte, deskriptive Erfassung von Störungen des Bewußtseins nicht verzichtet werden kann, denn diese Methode ermöglicht individuelle Beurteilungen auch ohne eine allgemein anerkannte theoretische Definition des Bewußtseins.

Die ungewöhnlich reichhaltige Literatur zum Thema der tiefgreifenden Bewußtseinsstörungen konzentriert sich vielfach auf die Frage, wie tiefgreifende Bewußtseinsstörungen sinnvoll in der Gesamtheit der Affektdelikte identifiziert werden können und wo die diagnostischen Schnittlinien anzusetzen sind. Wertvolle Orientierungshilfen zu diesen Problemstellungen sind den Arbeiten von Diesinger (1977), Rasch (1980, 1986), Wegener (1981), Thomae u. Mathey (1983), Saß (1983, 1985), Witter (1987), Blau (1989) und Mende u. Schüler-Springorum (1989) zu entnehmen.

Ausgangspunkt differentialtypologischer Überlegungen ist nach Lenckner (1972) die Intention des Gesetzgebers, daß nicht jeder Affekt die Schuldfähigkeit in Frage stellen soll. Es wird vielmehr vorausgesetzt, daß der normale Mensch wechselnden Einflüssen der Erregung, der Übermüdung oder anderen Wirkfaktoren ausgesetzt ist, die sein Bewußtsein beeinflussen können, ohne daß in jedem Fall Auswirkungen für die Schuldfähigkeit entstehen müssen. Die höchstrichterliche Rechtsprechung hat aus diesem Grund regelmäßig betont, daß jedem Menschen die Beherrschung seiner Leidenschaften und Triebe nach strengem Maßstab im Rahmen des Möglichen zugemutet werde. Es wird erwartet, daß im Beurteilungsverfahren 2 Grundtendenzen berücksichtigt werden, einerseits eine alle Umstände des einzelnen Falls berücksichtigende Analyse des Verhaltens des Täters vor, während und nach der Tat, welche als Ganzheitsbetrachtung bezeichnet wird, andererseits eine kriteriengeleitete Überprüfung des Sachverhalts (Salger 1989).

Die beiden Komponenten des Beurteilungsverfahrens entsprechen in auffallender Weise den methodischen Konzeptionen der psychopathologischen Diagnostik, die in der traditionellen idiographischen Beschreibung der wesentlichen Gesichtspunkte des Einzelfalls besteht, zum anderen in der modernen kriterienorientierten, operationalen Diagnostik ihren Ausdruck findet, wie sie durch DSM-III-R (APA 1987) und die ICD-10 (Dilling et al. 1991) eingeführt wurde.

Die Grundprinzipien ganzheitlicher Diagnostik, die in der Geschichte der phänomenologischen Psychopathologie nach Jaspers entwickelt und mit forensischem Bezug von Bresser (1978, 1988, 1990) prägnant dargestellt wurden, können in dem hier gegebenen Rahmen als bekannt vorausgesetzt werden.

Im Mittelpunkt unserer Untersuchungen soll hingegen die kriteriengeleitete Diagnostik stehen, über die in der forensischen Psychiatrie nur wenige Erfahrungswerte vorliegen.

Die methodischen Prinzipien, auf die sich das kriteriengeleitete Diagnoseverfahren stützen kann, sind u. a. von Spitzer u. Degkwitz (1986) und Saß (1990) prägnant erläutert worden. Man spricht allgemein von einem operationalen Ansatz, dessen Rechtfertigung sich aus dem Wissen um Symptome ergibt, die im Hinblick auf die Feststellung einer seelischen Störung besondere Beweiskraft besitzen und aufgrund ihres eindeutig festgelegten Gehaltes eine hohe Übereinstimmung von verschiedenen Diagnostikern versprechen.

Im Falle der tiefgreifenden Bewußtseinsstörungen stößt man, wie bei weiteren psychischen Störungen, auf das schwierige Problem, daß es Einzelsymptome spezifischer Art, die als unumstößlicher Beweis einer affektbedingten Bewußtseinsstörung gelten könnten, nicht gibt (Weitbrecht 1957). Dieser Umstand hat Rasch (1980) zu der Einschätzung veranlaßt, daß viele Kriterien, die bei der Affektdiagnostik gern benutzt werden, eine nur geringe Diskriminationskraft besitzen.

Allerdings dürfte es einen breiten Konsens für die Einschätzung geben, daß es sich bei den hier zur Diskussion stehenden affektbedingten Bewußtseinsstörungen (Primitivreaktionen im traditionellen Sprachgebrauch) um qualitativ eigenständige Symptomverbände handelt, die über eine nur quantitative Intensivierung normalen menschlichen Erlebens hinausreichen. Bei vielen Autoren (Kretschmer 1947; Petrilowitsch 1974; Scharfetter 1976; Witter 1987; Luthe 1988) findet sich der Hinweis, daß es sich um überpersönliche Reaktionen (Jedermannsreaktionen) handelt, bei denen die Persönlichkeit des Betroffenen durch Strukturveränderungen erheblich verfremdet oder in ihrem soziokulturellen Überbau nicht mehr erkennbar ist. Danach besteht Aussicht, die Abbauphänomene des Bewußtseins und die Rarefizierung der Persönlichkeitsstruktur in einer psychopathologischen Syndrombildung oder Typisierung zu erfassen. Der Wert der kriteriengeleiteten Diagnostik müßte sich nach unseren Erwartungen im Verbund der einzelnen Gesichtspunkte erweisen.

Untersuchungsaufbau und Patientenbeschreibung

Die vorliegende Studie beschäftigt sich mit der Reliabilität einer kriterienorientierten und der Validität einer syndromatologischen Diagnostik von tiefgreifenden Bewußtseinsstörungen.

Wir analysierten insgesamt 173 Gutachtenfälle. Zur Verfügung standen die Gerichtsakten, die Explorationsprotokolle und die in standardisierter Form erhobenen Variablen unserer Dokumentation (HOMDOK, Hengesch 1988). Es handelte sich um 74 Affektdelikte und 99 andere Delinquenzformen. Die Geschlechtsverteilung der 173 Fälle bot mit 148 Männern und 25 Frauen erwartungsgemäß ein deutliches Überwiegen des männlichen Geschlechts. Das Durchschnittsalter der Patienten lag bei 35 Jahren.

Die Deliktbereiche sind in der Tabelle 1 für beide Täterpopulationen dargestellt.

	Affekttäter	andere Täter
Tötungsdelikte	40	14
Körperverletzungen	11	11
Raub	1	18
Brandlegungen	3	
Sexualdelikte	3	31
Verkehrsdelikte	16	
Diebstähle		25
Summe	74	99

Tabelle 1. Deliktverteilung bei 74 Affekttätern und 99 anderen Tätern

Bei den 74 Affektdelikten handelte es sich um Patienten, bei denen im Untersuchungsauftrag der Gerichte oder der Ermittlungsbehörden auf die Notwendigkeit der Erörterung einer tiefgreifenden Bewußtseinsstörung hingewiesen worden war. Ferner waren die Untersucher der Meinung, daß nach der Vorgeschichte, der Art der Tatereignisse und der Verfassung des Täters ein Affektdelikt im allgemeinen Sinne vorlag. Das heißt, es ergab sich eine relativ breite Palette affektbedingter Störungsmuster von leichteren Formen bis zu ausgeprägten Bildern des Affektdämmerzustandes, wobei die beobachteten Schwerpunkte bei Tötungs-, Körperverletzungs- und Verkehrsdelikten für die forensische Praxis ausgesprochen typisch sind.

Als Validierungsgruppierungen für die angestrebte Differenzierung der Affektdelinquenz dienten uns 25 Fälle aus der Gesamtgruppe der Affekttäter (n = 74), bei denen die Untersucher unter Abwägung aller entscheidungsrelevanten klinischen Gesichtspunkte (Witter 1987) zu der Auffassung gelangten, daß keine tiefgreifende Bewußtseinsstörung vorlag. Bei diesen Fallkonstellationen hatten die Gutachter im Strafverfahren die Voraussetzungen der Anwendung der §§ 20 und 21 StGB verneint. Bei einer weiteren speziellen Stichprobe (n = 11) aus der Affektdelinquenz handelte es sich um Fälle, die nach dem – das Schrifttum beherrschenden – Typ des nach lange währenden Partnerkonflikten zermürbten Täters definiert worden waren. Diese Personen boten am Ende einer chronischen Belastung eine Primitivreaktion. Sie werden von uns als prototypische Affekttäter mit tiefgreifender Bewußtseinsstörung bezeichnet; bei ihnen wurden regelmäßig die Voraussetzungen einer erheblichen Verminderung der Schuldfähigkeit bejaht. Bei den verbleibenden 38 Fällen waren neben der Affektproblematik weitere konstellative Faktoren und habituelle Gesichtspunkte in der Diagnostik zu berücksichtigen; deswegen sprechen wir bei diesen Patienten von einer gemischten Affekttäterpopulation.

Als Kontrollgruppen boten sich zunächst bei den Tötungs- und Körperverletzungsdelikten Fallkonstellationen zu Vergleichszwecken an, bei denen keine Affektproblematik ersichtlich war. Bei den Körperverletzungen gelang es, eine zahlenmäßig identische Stichprobe zusammenzustellen. Bei der Tötungsdelinquenz konnte für den Analysezeitraum (1986–1989) nur eine Gruppe von 14 Tätern gesammelt werden. Dies ist keineswegs ungewöhnlich, denn nach allgemeiner kriminologischer Erfahrung überwiegen bei den Tötungsdelikten die Affekttaten andere Konstellationen.

Ferner suchten wir nach Delinquenzformen, bei denen eine Erregung des Täters im Tatzeitraum gefunden werden kann, ohne daß diese dem Sektor der Affektdelikte zugeordnet werden müßte. Weil bei Sexualstraftaten regelmäßig von einer Erregung des Täters gesprochen werden kann, entschlossen wir uns, 31 Sexualstraftaten mit unserem Variablensatz zu analysieren.

Bei vielen Ladendiebstählen, die meist von Frauen begangen werden, findet man in der Vorgeschichte Konflikte mit Partnern und Angehörigen. Vielfach leiden die Betroffenen an Belastungsreaktionen, und die Täterinnen berichten, sie hätten im Laufe der Tatbegehung Phänomene der Erregung erlebt, die nach Tatabschluß in Entspannung und Distanzierung einmünden können. Diese Gruppe eignet sich aufgrund ihrer Rahmenbedingungen ebenfalls für differentialtypologische Untersuchungen. Deswegen berücksichtigten wir 25 Fälle von Warenhausdiebstählen.

Mit der zusätzlichen Analyse von 18 Verbrechen des Raubes wollten wir einen erweiterten kriminologischen Rahmen für die hier interessierende Abgrenzungsthematik schaffen.

Als Untersuchungsinstrumente dienten uns Merkmalssammlungen von Saß (1983, 1985), die nach einer eingehenden Analyse der wesentlichen psychiatrischen und psychologischen Publikationen zusammengestellt wurden. Ähnliche Ansätze mit der Benennung wichtiger Indikatoren tiefgreifender Bewußtseinsstörungen stammen von Undeutsch (1974), Wegener (1981), Thomae u. Mathey (1983), Witter (1987) und Mende u. Schüler-Springorum (1989).

Die Merkmalskataloge von Saß (1983) bestehen aus einer Liste mit Variablen, die indiziellen Wert für die Annahme einer tiefgreifenden Bewußtseinsstörung besitzen (P-Skala), und aus einer Sammlung von Gesichtspunkten, die mit einer tiefgreifenden Bewußtseinsstörung nicht ohne weiteres in Einklang gebracht werden können (N-Skala). Der Merkmalsbestand beider Kataloge ergibt sich aus den Tabellen 2 und 3 (s. S. 120). In einer späteren Bearbeitung hat der Autor eine Umschichtung, Verdichtung und Reduktion des Variablenbestandes beider Merkmalskataloge vorgenommen (Saß 1985).

Bei der Planung unserer Untersuchungen haben wir uns für die ursprünglichen Versionen entschieden. Ausschlaggebend war die Überlegung, daß am Beginn einer empirischen Untersuchung an einem größeren Patientenmaterial ein möglichst breites Spektrum an Merkmalen zur Verfügung stehen muß. Itemselektionen und Korrekturen sollten am Ende eines Entscheidungsprozesses stehen, wenn neben theoretischen Aspekten auch empirisches Material in die Betrachtung einbezogen werden kann. Bedenken wegen der inhaltlichen Überschneidung einiger Merkmale (z. B. Gedächtnismerkmale, Tatvorgeschichte, Persönlichkeit) oder mancher Konzeptionen, deren Validität umstritten ist (z. B. Persönlichkeitsfremdheit, Störung der Sinn- und Erlebniskontinuität), wurden zunächst zurückgestellt.

Bei der praktischen Anwendung stießen wir auf das Problem einer verbindlichen inhaltlichen Auslegung der Merkmalssammlungen, deren Begriffe hinsichtlich ihres Hintergrundes im Schrifttum zwar ausreichend legitimiert sind, eine glossarielle Definition der Einzelmerkmale mit verbindlichen Entscheidungsregeln liegt indessen nicht vor. Vor der Anwendung in der vorliegenden Studie war es deswegen notwendig, ein Merkmalsglossar zu erstellen und eine Schulung der Beurteiler vorzunehmen. Die Notwendigkeit und Nützlichkeit eines Beurteilungstrainings konnte in zahlreichen Untersuchungen zur Problematik von Fremdratingverfahren nachgewiesen werden (Baumann u. Stieglitz 1983).

Für die im 2. Teil der Studie angestrebte Differenzierung verschiedener Affekttätergruppen und deren Abgrenzung zu anderen Deliktformen eignen sich weniger einzelne Gesichtspunkte als Merkmalszusammenhänge bzw. syndromatologische Muster. Eine frühere Studie (Rösler 1991) hatte in diesem Sinne gezeigt, daß jede Variable, für sich betrachtet, nur eingeschränkten Wert bei Abgrenzungsfragen besitzt. Als Ausgangsbasis unserer Untersuchungen zur Validität syndromatologischer Muster dienten uns die Ergebnisse einer faktorenanalytischen Studie (Rösler 1991), die mit den oben erwähnten Merkmalskatalogen durchgeführt worden waren und zur Beschreibung von 3 Merkmalsverbänden führten, die im folgenden dargestellt sind:

Faktor 1 (18,1% der Varianz) „Vorgeschichte"

P 1   spezifische Vorgeschichte (+),
P 2   Tatbereitschaft (+),
P 3   Persönlichkeitsdisposition (+),
P 9   Mißverhältnis Tatanstoß und Reaktion (+),
N 1   aggressive Vorgestalten (+),
N 2   Aggressionen in der Tatanlaufzeit (+),
N 3   Tatankündigungen (+),
N 8   langes Tatgeschehen (–);

Faktor 2 (14,1% der Varianz) „Einengung des Erlebens"

P 4   konstellative Faktoren (+),
P 5   elementarer Tatablauf (+),
P 8   Einengung des Erlebens (+),
P10   Erinnerungsstörungen (+),
N 4   Tatvorbereitungshandlungen (–),
N 9   komplexer Tatablauf (–),
N10   Introspektionsfähigkeit (–),
N11   exakte Erinnerung (–);

Faktor 3 (10,8% der Varianz) „affektive Kernsymptomatik"

P 6   charakteristischer Affektverlauf (+),
P 7   typisches Folgeverhalten (+),
P11   Persönlichkeitsfremdheit (+),
P12   Störung der Sinn- und Erlebniskontinuität (+),
N13   Fehlen vegetativer, psychomotorischer Begleiterscheinungen (–).

Dargestellt sind der Variablenbestand und durch die Symbole + oder – die jeweilige Ladung des Items auf den Faktor. Eine ausführliche Darstellung wird bei Rösler (1991) gegeben. Unter Berücksichtigung der wichtigsten Inhalte des jeweiligen Merkmalsbestandes sprechen wir deskriptiv beim Faktor 1 von der „Vorgeschichte", beim Faktor 2 von der „Einengung des Erlebens" und beim 3. Faktor von der „affektiven Kernsymptomatik", die auch das Nachtatverhalten einbezieht.

Zum besseren Vergleich der Symptomatologie verschiedener Patientengruppen (Abb. 1 und 2, Tabelle 4, s. unten) haben wir die Rohwerte, die aus der Summation der Items der 3 Faktoren gewonnen werden können, in T-Werte transformiert. Die Berechnungen, die der Transformationstafel zugrunde liegen, können in dem hier gegebenen Rahmen nicht dargestellt werden.

Zur Interrater-Reliabilität

Die Leistungsfähigkeit moderner kriteriengeleiteter Diagnoseverfahren basiert nicht unerheblich auf dem hohen Maß an Übereinstimmung, das voneinander unabhängige Untersucher erzielen können, wenn sprachlich möglichst eindeutig formulierte Zielvariablen bewertet werden. Der Begriff der Interrater-Reliabilität ist deswegen zu einem zentralen Gütekriterium aller kriteriengeleiteten Beurteilungsverfahren geworden. Wenn die an bestimmten Zielvariablen ausgerichtete Erfassung von tiefgreifenden Bewußtseinsstörungen tatsächlich die Objektivität und Vergleichbarkeit der Expertenurteile verbessern soll, müssen bestimmte statistische Mindestanforderungen bezüglich der Interrater-Reliabilität erfüllt sein. Als Maß für die hier vorliegenden Nominaldaten hat sich der inzwischen gut elaborierte Kappa-Koeffizient (Baumann u. Stieglitz 1983) etabliert. Zur Bestimmung der Kappa-Koeffizienten der verschiedenen Merkmale der P-Skala und N-Skala wählten wir aus unserer Affekttäterstichprobe 12 Fälle nach dem Zufallsprinzip aus. Nach vorherigem Training in der Anwendung der beiden Merkmalssammlungen analysierten 2 Untersucher, die am Beginn ihrer psychiatrischen Ausbildung standen, unabhängig voneinander die Ermittlungs- und Gerichtsakten sowie die Explorationsprotokolle und beurteilten diese

Tabelle 2. Kappa-Koeffizienten als Maß der Interrater-Reliabilität der 12 Merkmale der P-Skala, die für eine tiefgreifende Bewußtseinsstörung sprechen. Zusätzlich wird die prozentuale Übereinstimmung der beiden Untersucher bei den 12 Fallbeurteilungen für jedes Merkmal angegeben.

P-Skala Merkmal		Kappa	Übereinstimmung [%]
P 1.	Spezifische Vorgeschichte und Tatanlaufzeit	.25	58
P 2.	Affektive Ausgangssituation, Tatbereitschaft	.75	92
P 3.	Psychopathologische Persönlichkeitsdisposition	.08	50
P 4.	Konstellative Faktoren	1.0	100
P 5.	Abrupter, elementarer Tatablauf ohne Sicherung	.47	75
P 6.	Charakteristischer Affektauf- und -abbau	.4	75
P 7.	Folgeverhalten mit schwerer Erschütterung	.8	92
P 8.	Einengung des Wahrnehmungsfeldes/der seelischen Abläufe	.68	83
P 9.	Mißverhältnis zwischen Tatanstoß und Reaktion	.33	67
P10.	Erinnerungsstörungen	1.0	100
P11.	Persönlichkeitsfremdheit	.0	75
P12.	Störung der Sinn- und Erlebniskontinuität	1.0	100

Tabelle 3. Kappa-Koeffizienten als Maß der Interrater-Reliabilität der 13 Variablen (N-Skala), die indiziellen Wert gegen die Annahme einer tiefgreifenden Bewußtseinsstörung besitzen. Ergänzend wird die prozentuale Übereinstimmung der Beurteiler bei den 12 Fallbewertungen angegeben.

N-Skala Merkmal		Kappa	Übereinstimmung [%]
N 1.	Aggressive Vorgestalten in der Phantasie	.67	83
N 3.	Ankündigungen der Tat	.4	75
N 3.	Aggressive Handlungen in der Tatanlaufzeit	.57	83
N 4.	Vorbereitungshandlungen für die Tat	.5	75
N 5.	Konstellierung der Tatsituation durch den Täter	.44	75
N 6.	Fehlender Zusammenhang Provokation-Erregung-Tat	.26	75
N 7.	Zielgerichtete Gestaltung der Tat durch den Täter	−.13	50
N 8.	Lang hingezogenes Tatgeschehen	.53	75
N 9.	Komplexer Handlungsablauf in Etappen	.0	59
N10.	Erhaltene Introspektionsfähigkeit	.57	83
N11.	Exakte detailreiche Erinnerung	1.0	100
N12.	Zustimmende Kommentierung des Tatgeschehens	.11	67
N13.	Fehlen vegetativer, psychomotorischer Begleiterscheinungen	.17	58

nach vorhandenen bzw. nicht vorhandenen Merkmalen. Danach ergaben sich die in Tabelle 2 und 3 genannten Kappa-Koeffizienten.

Zum Verständnis der Bedeutung der Kappa-Koeffizienten ist folgendes zu beachten: Ein Wert von +1 entspricht vollständiger Übereinstimmung, ein Wert von –1 bedeutet minimale Übereinstimmung, während 0 der Zufallsübereinstimmung zuzuordnen ist. Nach Baumann u. Stieglitz (1983) werden Kappa-Werte zwischen .40 und .60 als mittlere und ab .60 als gute Übereinstimmung bewertet. Unter Berücksichtigung dieser Vorgaben ist die Interrater-Reliabilität von 6 Merkmalen (Nr. 2, 4, 7, 8, 10, 12) als gut zu betrachten. Befriedigende Verhältnisse sind bei 2 Items (Nr. 5, 6) gegeben, nicht akzeptabel sind die Reliabilitäten der Merkmale 1, 3, 9 und 11.

Die Ergebnisse der Reliabilitätsermittlungen der N-Skala sind weniger positiv. Nur bei 2 von 13 N-Merkmalen (Nr. 1, 11) ist von einer guten Übereinstimmung auszugehen, befriedigend fällt sie bei 6 Parametern (Nr. 2, 3, 4, 5, 8 und 10) aus. Die Interrater-Reliabilität der 5 Items 6, 7, 9, 12 und 13 entspricht nicht den Anforderungen.

Zur differentiellen Validität der empirisch-statistischen Syndrome

Unsere Untersuchungen zu diesem Thema zielen auf die Unterscheidung und Abgrenzung verschiedener forensischer Gruppen. Im Kern geht es dabei um die Frage, ob mit der vorhandenen Syndromstruktur Affektdelikte von anderen Delinquenzgruppen differenziert werden können. Besonders interessiert, inwieweit innerhalb der Gruppe der Affektdelikte die Subpopulation der tiefgreifenden Bewußtseinsstörungen identifiziert werden kann. In einem ersten Auswertungsschritt stellten wir alle Affekttaten (n = 74) den Deliktformen ohne Affektgenese (n = 99) gegenüber. Als Parameter zur Abgrenzung dienten die Faktorenprofile der „Vorgeschichte", „Einengung des Er-

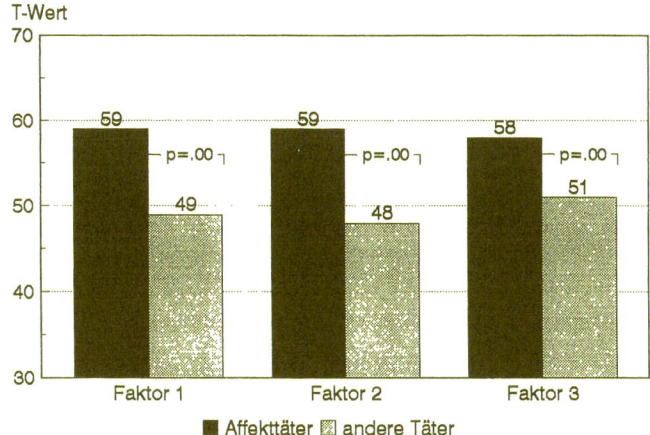

Abb. 1. Faktorenprofil aller Affekttaten (n = 74) in Relation zu allen Delikten ohne Affektgenese (n = 99). Der Faktor 1 entspricht der „Vorgeschichte", Faktor 2 nimmt Bezug auf die „Einengung des Erlebens" und Faktor 3 repräsentiert die „affektive Kernsymptomatik"

lebens" und die „affektive Kernsymptomatik". In der Abb. 1 sind die T-Mittelwerte beider Populationen und die statistisch signifikanten Abweichungen dargestellt.

Die mittleren T-Werte der Affektdelikte liegen bei allen 3 Faktoren hochsignifikant über denen der Deliktgruppen mit anderer Delinquenz.

Die Bedeutung der gefundenen syndromatologischen Strukturen war in weiteren Vergleichen zu erhärten; dabei wurden die Merkmalsprofile verschiedener Deliktformen mit und ohne Affektsymptomatik einander gegenübergestellt. Die Tabelle 4 bietet eine Übersicht über die verschiedenen Patientengruppen.

Tabelle 4. Mittelwerte ($\bar{x}$) und Standardabweichungen ($\underline{s}$) der T-Werte der 3 Faktoren „Vorgeschichte", „Einengung des Erlebens" und „affektive Kernsymptomatik"; bei den ersten 5 Patientengruppen handelt es sich um Täter ohne Affektsymptomatik, bei den unteren 3 Gruppierungen um Stichproben aus der Affektdelinquenz.

	n	Vorgeschichte		Einengung		Affektive Kern-symptomatik	
		$\bar{x}$	$\underline{s}$	$\bar{x}$	$\underline{s}$	$\bar{x}$	$\underline{s}$
Tötungsdelikte	14	49,0	6,3	51,0	7,0	57,3	9,2
Körperverletzungen	11	51,8	8,4	50,3	9,5	53,3	6,2
Sexualdelikte	31	47,7	5,4	45,0	9,4	48,5	5,8
Diebstahlsdelikte	25	47,9	6,1	47,9	7,2	50,6	6,3
Raub	18	48,8	4,7	48,3	8,5	49,5	6,3
Unfallflucht	16	46,5	11,8	57,6	13,4	52,1	6,1
Körperverletzungen	11	62,8	7,1	61,0	12,5	55,8	10,4
Tötungen	40	62,7	9,3	59,1	11,0	59,9	11,2

Im Hinblick auf die eindeutige Verteilung der Meßwerte kann auf eine umfangreiche Darlegung der zahlreichen signifikanten Mittelwertsdifferenzen zwischen den verschiedenen Stichproben verzichtet werden. Es kommt in dem hier gegebenen Zusammenhang auf den Nachweis einer ausreichenden Unterscheidbarkeit von Affekttätern und anderen Tätern im Gruppenvergleich an. Die Meßwerte der verschiedenen Affektdelinquenzgruppen liegen in der Regel erheblich über den Vergleichspopulationen. Eine Ausnahme bilden erwartungsgemäß Probanden, die der Unfallflucht beschuldigt wurden. Bei ihnen mangelt es aus begreiflichen Gründen an einer typischen Vorgeschichte (Faktor 1).

Die wichtigste Frage im Umfeld der kriteriengeleiteten Diagnostik bezieht sich auf die Identifizierbarkeit der tiefgreifenden Bewußtseinsstörungen in der Gesamtgruppe der Affektdelikte. Die Untersuchung dieses Problems stößt auf praktische Schwierigkeiten, weil in vielen Fällen neben der Affektsymptomatik weitere konstellative und habituelle Faktoren die Diagnostik und Beurteilung beeinflussen. Ein einfacher Vergleich von Affekttätern, bei denen die Anwendung des § 21 StGB empfohlen wurde, mit solchen Affektdelinquenten, bei denen die Befunde gegen eine erhebliche Verminderung der Schuldfähigkeit sprachen, kann leicht zu einem verzerrten Ergebnis führen, weil sich die zusätzlich wirksamen Einflußgrößen nicht einfach aus dem Beurteilungsprozeß und der Affektsymptomatik subtrahieren lassen. Wir entschlossen uns deswegen, unsere prototypischen Affekttäter (n = 11) mit der Stichprobe von Affekttätern zu vergleichen, bei denen die Untersucher zu der Auffassung gelangten, daß keine tiefgreifende Bewußtseinsstörung vorlag (n = 25). Die Stichprobe der gemischten Affekttäter (n = 38) wurde nicht berücksichtigt. Als weitere Kontrollgruppe wurden alle anderen Deliktformen (n = 99) in die Auswertung einbezogen (Abb. 2).

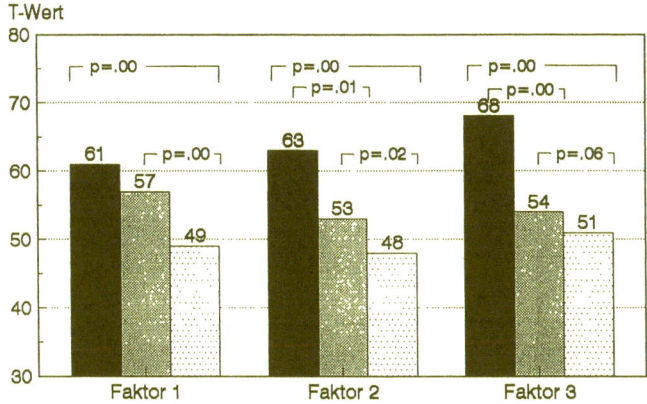

Abb. 2. T-Mittelwertsprofile der „Vorgeschichte" (Faktor 1), „Einengung des Erlebens" (Faktor 2) und der „affektiven Kernsymptomatik" (Faktor 3) von prototypischen Affekttätern mit tiefgreifender Bewußtseinsstörung (n = 11), Affekttätern ohne tiefgreifende Bewußtseinsstörung (n = 25) und anderen Tätern (n = 99)

Zwischen den 3 Untersuchungsgruppen lassen sich einige statistisch signifikante Abweichungen nachweisen. Die prototypischen Affekttäter mit Bewußtseinsstörungen unterscheiden sich von Tätern ohne Affektproblematik (n = 99) jeweils hinsichtlich der Syndrome „Vorgeschichte", „Einengung des Erlebens" und „affektive Kernsymptomatik". Die Gruppe der Affekttäter ohne Bewußtseinsstörung differiert ihrerseits in allen Meßbereichen gegenüber der Vergleichsstichprobe ohne Affektproblematik.

Besonders aufschlußreich sind die Resultate des Vergleichs von prototypischen Affekttätern mit tiefgreifender Bewußtseinsstörung mit den Affekttätern ohne Bewußtseinsstörung. Diese beiden Stichproben unterscheiden sich nicht im Hinblick auf die „Vorgeschichte". Hingegen trennen die „Einengung des Erlebens" und die „affektive Kernsymptomatik" die Gruppen. Beachtung verdient dabei, daß die prototypischen Affekttäter in diesen beiden Symptomverbänden die höchsten Werte aller Stichproben erreichen.

Diskussion

Die psychiatrische Diagnostik hat sich seit Beginn der 70er Jahre grundlegend gewandelt. Das Interesse an nomothetischen, kriteriengeleiteten Verfahren ist sprunghaft angestiegen. Sie stehen heute gleichberechtigt neben den idiographischen Methoden. Die neuen Diagnosensysteme, DSM-III-R und ICD-10, stützen sich nahezu vollständig auf das vom Operationalismus ausgeliehene Modell der kriteriengeleiteten Diagnostik und bevorzugen als Klassifikationsprinzipien weniger klassische nosologische Konzepte als vielmehr psychopathologische Syndromstrukturen. Nach einer gewissen Latenzzeit wird jetzt auch die forensische Psychiatrie mit der Veränderung der methodischen Ausgangsposition konfrontiert. Der Gewinn an Objektivität und Sicherheit in der Diagnostik, der durch das kriteriengeleitete Verfahren entstand, lädt ein zu analogen forensischen Entwicklungen und Anwendungen. Die höchstrichterliche Rechtsprechung begegnet diesen Tendenzen mit Aufgeschlossenheit, wie sich am Beispiel der tiefgreifenden Bewußtseinsstörungen (Salger 1989), besonders aber bei der Beurteilung der alkoholisierten Straftäter nachweisen läßt (NStZ 1991, 481 und 526; Salger 1988).

Allerdings zeigte sich in der angesprochenen Rechtsprechung eine Tendenz, die operationale Diagnostik mit der Beurteilung der Schuldfähigkeit in einer Linie gleichzusetzen. Gegen diese Entwicklung sind gewichtige Einwände geltend gemacht worden (Witter 1988, 1990; Rasch 1992). Es ist deswegen erforderlich, hervorzuheben, daß das kriteriengeleitete Diagnoseverfahren für den forensischen Psychiater zunächst nur ein erfolgversprechendes Modell darstellt, eine objektive und zuverlässige Befunderfassung und Einordnung seelischer Störungen zu gewährleisten. Die Beurteilung der Schuldfähigkeit reicht über dieses diagnostische Anliegen weit hinaus. Als weitere Einschränkung ist zu berücksichtigen, daß bei den tiefgreifenden Bewußtseinsstörungen eine Operationalisierung nach dem Vorbild der psychiatrischen Diagnosen von DSM-III-R oder der ICD-10 höchstens in einer gewissen Annäherung erreicht werden kann, denn der Untersucher verfügt über keinen direkten Zugang zum Untersuchungsgegenstand; unmittelbar zu beurteilen oder gar zu messen, ist so gut wie nichts. Nochmals schwieriger erschließen sich die schon in den Beurteilungsprozeß hineinreichenden Fragen, welche Bewußtseinsstörungen tiefgreifend und welche Verminderungen der Steuerungsfähigkeit schwer sein sollen. Die Antwort darauf läßt sich empirisch nicht ermitteln und kann deswegen vom psychiatrischen Sachverständigen nicht erwartet werden, was nicht heißt, daß er keine Entscheidungshilfen anbieten könnte.

Um das Problemfeld der Beurteilung tiefgreifender Bewußtseinsstörungen abzurunden, ist ferner in Erinnerung zu rufen, daß der Idealfall eines Affekttäters, der abgesehen von der Affektsymptomatik weder krank noch sonst wesentlich beeinträchtigt ist und auch durch weitere konstellative Faktoren nicht grundlegend behindert wird, in der Gesamtpopulation der Affekttäter eine Minderheit darstellt. In der vorliegenden Studie macht dieser Tätertyp gerade 15% aus. Die sich daraus ableitende Notwendigkeit, immer auch Gesichtspunkte berücksichtigen zu müssen, die außerhalb des Affektproblems liegen, zeigt, daß die Ganzheitsbetrachtung aller Umstände des Einzelfalls durch die operationale Methode nicht ersetzt werden kann. Kriteriengeleitete Diagnostik und psychopathologische Syndromerfassung können in dem gegebenen Kontext lediglich als wichtige Hilfsmittel bei der Diagnostik und Beurteilung betrachtet werden.

In der vorliegenden Studie wird zunächst nach der Reliabilität der Einzelmerkmale tiefgreifender Bewußtseinsstörungen und anschließend nach der Validität empirisch/ statistischer Affektsyndrome gefragt. Das Prüfverfahren orientiert sich an methodischen Vorgehensweisen, die sich in der Psychiatrie bei der Entwicklung und Überprüfung von Ratingskalen und diagnostischen Kriterien bewährt haben.

In einer früheren Untersuchung (Rösler 1991) hatten wir bereits verschiedene Validitätsaspekte aufgegriffen. Dabei hatte sich gezeigt, daß die Merkmale aus den Katalogen von Saß (1983, 1985) typische Verteilungsmuster erkennen lassen. Bei Patienten, bei denen eine erhebliche Verminderung der Schuldfähigkeit wegen einer tiefgreifenden Bewußtseinsstörung veranschlagt wurde, fanden wir im Gegensatz zu Patienten mit uneingeschränkter Verantwortlichkeit hohe Frequenzen der Merkmale mit indiziellem Gewicht für eine tiefgreifende Bewußtseinsstörung bei gleichzeitig niedrigen Frequenzen für die gegenläufigen N-Merkmale aus der N-Skala.

Als weiteren die Validität der Merkmalskataloge stützenden Befund bewerteten wir die Resultate der faktorenanalytischen Untersuchung, die zu einer syndromatologischen Rekonstruktion der „Vorgeschichte", der „Einengung des Erlebens" und der „affektiven Kernsymptomatik" aus dem vorhandenen Merkmalsbestand führte.

In der aktuellen Untersuchung konnte auch der zunächst vernachlässigte Gesichtspunkt der Interrater-Reliabilität berücksichtigt werden. Vor der Diskussion spezieller Aspekte der Interrater-Reliabilität ist es allerdings erforderlich, auf einige Einschränkungen aufmerksam zu machen, die sich aus unserem Untersuchungsansatz ergeben. Zunächst ist auf die vergleichsweise kleine Stichprobe zu verweisen, die der Reliabilitätsbestimmung zugrunde lag. Es ist möglich, daß dies in bestimmten Fällen zu Über- oder Unterschätzungen der Interrater-Reliabilität führte. Auch die Auswahl der Beurteiler – es handelt sich um Ärzte, die am Beginn ihrer psychiatrischen Ausbildung standen – kann Anlaß für Kritik sein. Dem Vorteil, daß solche Rater theoretisch vergleichsweise unbelastet urteilen können, steht als möglicher Nachteil deren mangelnde Erfahrung bei besonders diffizilen Beurteilungsproblemen, schwierigen psychopathologischen Begriffen und forensischen Fallkonstellationen gegenüber. Obwohl sich bei Interrater-Reliabilitätsstudien regelmäßig gezeigt hat, daß Experten mit umfangreicher Berufserfahrung gegenüber weniger erfahrenen Beurteilern keine besseren, sondern manchmal sogar geringere Reliabilitätswerte erreichen, kann die Möglichkeit stichprobengebundener Einwirkungen nicht völlig ausgeschlossen werden.

Wir betrachten unsere Resultate deswegen als vorläufige Standortbestimmung.

Überraschend ist zweifellos, daß die Variable psychopathologische Persönlichkeitsdisposition keine akzeptablen Reliabilitätswerte bot. Allerdings sind die Literaturangaben zur Frage der Persönlichkeitsdisposition (Witter 1972; Saß 1983) ziemlich heterogen. Zahlreiche Persönlichkeitstypen sind als verdächtig benannt worden, die Bereitschaft zur Entwicklung von Primitivreaktionen unter bestimmten Auslösebedingungen zu erhöhen. Andererseits ist wiederholt kritisch in Erwägung gezogen worden, ob es tatsächlich typisierbare Persönlichkeitskonstellationen gibt, die zu Primitivreaktionen disponieren. In den späten Auflagen der Allgemeinen Psychopathologie hielt es Jaspers (1973, S. 324 f.) für denkbar, daß jeder Mensch eine Grenze zu erreichen vermöge, bei deren Überschreiten er erkranken könne. Die in diesem Punkt erkennbare Variabilität der Vorstellungen dürfte zu der mangelhaften Übereinstimmung der Beurteiler beigetragen haben.

Kaum erwartet waren die Divergenzen bei der Einschätzung der Vorgeschichte. Die Art und Ausgestaltung der Täter-Opfer-Beziehung wird in der Regel als eine vergleichsweise einfach zu rekonstruierende Variable im Vorfeld der Affekttaten angesehen. Bernsmann (1989) hat deswegen mit gewichtigen Argumenten vorgeschlagen, das Beurteilungsproblem vorzugsweise am Maßstab der Vorgeschichte auszurichten und besonders diejenigen Affekttaten als tiefgreifende Bewußtseinsstörung zu normieren, bei denen Opfer jahrelanger, quälender Auseinandersetzungen zu Affekttätern werden. Eine Einengung auf diese Ausgangssituation würde indessen eine Vielzahl von Primitivreaktionen außerhalb des Einzugsbereichs der tiefgreifenden Bewußtseinsstörungen plazieren, die bisher aus guten Gründen dort eingeordnet wurden.

Betroffen sind die verschiedenen Spielarten des Unfallschocks und Typisierungen, wie der von Witter (1987, S. 179) mitgeteilte Fall, bei denen nicht der Urheber der Konfliktlage zum Opfer des Affektgeschehens wird, sondern ein sog. Ersatzopfer. In manchen Fällen wird es überhaupt schwerfallen, einen für die affektive Bewußtseinsstörung des Täters verantwortlichen Außenstehenden zu identifizieren.

Im Hinblick auf die Position der Bewußtseinsstörung im Rahmen des Affektverlaufs und der Vorgeschichte unterscheidet Luthe (1988, S. 159 f.) deswegen 3 Typen. Bei einer ersten Form liegt das Affektereignis am Anfang der Bewußtseinsstörung, bei Typ 2 fallen Affektereignis und Bewußtseinsstörung zusammen, und bei einem 3. Typ wird die Bewußtseinsstörung durch ein Affektereignis abgeschlossen.

Interessanterweise hat eine Befragung im Rahmen der Überprüfung der schlechten Reliabilitätsergebnisse ergeben, daß die Beurteiler die Meinung vertraten, die mangelhafte Übereinstimmung sei weniger ein Ergebnis unzureichender Begriffsfassung als eine Folge der divergierenden Ermittlungsergebnisse über die spezifische Vorgeschichte. Sie kamen zu der Einschätzung, daß nur geringe Beurteilungsprobleme zu erwarten seien, wenn der Tatbestand eindeutig festliege.

Weniger überraschend ist die geringe Interrater-Reliabilität des Merkmals P9. Die Beurteilung eines Mißverhältnisses zwischen Tatanstoß und Reaktion ist zwangsläufig mit Subjektivismen verbunden, die durch verbesserte Itemdefinitionen schwer vermieden werden können. Die Eliminierung des Merkmals durch Saß (1985) in der neueren P-Skala erscheint daher gerechtfertigt. Trotz einer relativ hohen prozentualen Übereinstimmung (75%) der Beurteiler war die Reliabilität des Merkmals Persönlichkeitsfremdheit unzureichend. Das scheinbar paradoxe Resultat beruht auf einer fehlenden Beurteilungsvarianz eines Raters. Obwohl durch weitere Beurteilerschulungen möglicherweise bessere Resultate erreicht werden könnten, geben unsere empirischen Daten der an diesem Merkmal geübten Kritik (Rasch 1980) weitgehend recht.

Alle anderen Merkmale der P-Skala zeigten befriedigende oder gute Übereinstimmungen. Die intersubjektiv verbindliche Beurteilung von Erinnerungsstörungen, konstellativen Faktoren, des Folgeverhaltens und der affektiven Ausgangssituation bereitet vergleichsweise wenig Probleme.

Daß Raterschulungen wertvoll sein können, zeigt die erstaunlich hohe Übereinstimmung bei der Frage der Störung der Sinn- und Erlebniskontinuität. Die im Vorfeld der Studie entstandene intensive Diskussion um eine klare inhaltliche Bestimmung dürfte zu der hohen Interrater-Reliabilität beigetragen haben.

Die Werte der Interrater-Reliabilität der Variablen der N-Skala sind insgesamt weniger positiv als die der P-Skala. Auffällig ist die geringe Übereinstimmung bei den Beurteilungen des Fehlens eines Zusammenhangs zwischen Provokation, Erregung und Tat, der zielgerichteten Gestaltung der Tat durch den Täter, der Frage eines komplexen Handlungsablaufs in Etappen und der zustimmenden Kommentierung des Tatgeschehens durch den Täter. Wir nehmen an, daß es dabei überwiegend nicht um Schwierigkeiten geht, die auf unklare Merkmalsdefinitionen zurückzuführen sind. Vielmehr dürfte das Problem in der Sache selbst liegen, denn es ist im Strafverfahren unvermeidlich, daß Täter, Opfer und Zeugen einen Geschehensablauf aus ihrer Perspektive schildern mit dem Resultat, daß das Ermittlungsergebnis nicht eindeutig festzulegen ist.

Auch die Feststellbarkeit des Fehlens von vegetativen, psychomotorischen und psychischen Begleiterscheinungen heftiger Affekterregung bereitet große Probleme. Möglicherweise führt die positive Umformulierung des Merkmals durch Saß (1985) – es soll jetzt das Vorhandensein und nicht das Fehlen von Begleiterscheinungen beurteilt werden – zu besseren Übereinstimmungen. Befriedigende Reliabilitäten bieten die Items Ankündigungen der Tat, aggressive Handlungen im Vorfeld der Tat, Vorbereitungshandlungen, Konstellierung der Tatsituation durch den Täter, lang hingezogenes Tatgeschehen und erhaltene Introspektionsfähigkeit.

Die Übereinstimmung der Beurteiler war ferner besonders hoch bezüglich der Fragen exakter, detailreicher Erinnerungen und aggressiver Vorgestalten in der Phantasie.

Faßt man die Ergebnisse der Reliabilitätsstudie zusammen, wird man insgesamt von akzeptablen Reliabilitäten sprechen können, lediglich 9 von 25 Merkmalen erscheinen problematisch und können teilweise durch genauere Itemdefinitionen und Beurteilerschulungen noch verbessert werden.

Bei den Validierungsuntersuchungen standen die Merkmalsverbände (Syndrome) der Affektsymptomatik mit der „Vorgeschichte", der „Einengung des Erlebens" und der „affektiven Kernsymptomatik" im Zentrum der Aufmerksamkeit. Alle in die Untersuchung eingeschlossenen Deliktformen aus dem Spektrum der allgemeinen Kriminalität ließen sich mit den 3 Syndromwerten und ihrer Konfiguration von der Affektdelinquenz statistisch unterscheiden. Beachtung verdient dabei, daß auch Fallkonstellationen, bei denen vielfach mit einer gewissen Erregung der Täter gerechnet werden muß, z. B. bei Warenhausdiebstählen und Sexualdelikten, in allen 3 syndromatologischen Bereichen statistisch signifikant abgegrenzt werden konnten. Diese Formen der Erregung des Täters können demnach von der typischen Erregung des Affekttäters hinreichend differenziert werden. Ähnliches gilt für die bei manchen Warenhausdiebstählen erkennbare Konfliktlage im Tatvorfeld. Obschon gewisse Ähnlichkeiten bei der Erlebnisbelastung der Täter(innen) aus den Fallgeschichten entnommen werden können, gelingt mit dem vorhandenen Variablensatz die Unterscheidung von den Affekttaten.

Besonders zu erwähnen sind Tötungs- und Körperverletzungsdelikte. Die Differenzierung der Affektdelikte dieser kriminologischen Gruppen erfolgt signifikant über die „Vorgeschichte" und die „Einengung des Erlebens", während die „affektive Kernsymptomatik" zu keinen signifikanten Unterscheidungen führt, obwohl die

Meßwerte tendenziell bei den Affekttätern höher sind. Dieser Befund kann unter mehreren Gesichtspunkten interpretiert werden.

Einerseits scheint es möglich, daß bei Körperverletzungs- bzw. Tötungsdelikten, auch wenn es sich nicht um eine Affekttat im engeren Sinne handelt, im Verlauf der Tat Phänomene affektiver Beteiligung auftreten. In diesem Zusammenhang kann auf Haddenbrock (1972) verwiesen werden, der ausführte, daß es sich bei den meisten vorsätzlichen Straftaten der Alltagskriminalität um Delikte handele, die aus verschiedenartigen Affektsituationen entstehen.

Andererseits muß unter statistischen Gesichtspunkten ins Kalkül gezogen werden, daß der Faktor „affektive Kernsymptomatik" nur aus 5 Variablen gebildet wird. Bereits die Bejahung eines Items führt zu einem T-Wert, der über 50 liegt. Kalkuliert man noch die generellen Probleme bei der Erfassung von Phänomenen aus dem affektiven Kernbereich ein, die mit dem oft mangelhaften Erinnerungsvermögen der Täter und fehlenden Zeugenbekundungen in Zusammenhang gebracht werden können, muß man es für möglich halten, daß die Diskriminationskraft dieses Faktors aus statistischen und aus Gründen, die in der Sache selbst liegen, Einschränkungen unterliegt. Dies gilt jedenfalls für eine globale Betrachtung, bei der zunächst nur unscharf zwischen Affekttaten und anderen Formen der jeweiligen Delinquenz unterschieden wird. Wird die diagnostische Schnittlinie in Richtung von Affekttaten mit tiefgreifender Bewußtseinsstörung hinausgeschoben, gewinnt der Faktor „affektive Kernsymptomatik" deutlich an Diskriminationskraft.

Das schwierigste Problem bei der Affektdiagnostik ist die Abgrenzung der tiefgreifenden Bewußtseinsstörungen aus der Gesamtheit der Affektdelinquenz. Als Außenkriterium zur Validierung der P- und N-Skalen und den aus ihnen hervorgegangenen Syndromen wurden prototypische Affektaten gewählt, die dem Bild des Täters nahekommen, der aus einem Konflikt heraus seinen Intimpartner oder nahe Angehörige im Zustand höchster affektiver Erregung und offensichtlicher Veränderung der Bewußtseinstätigkeit tötet (Rasch 1964, 1980; Witter 1987). Der Vergleich mit Affektdelikten ohne Bewußtseinsstörungen zeigt, daß sich die „Vorgeschichte" beider Affekttätergruppen in vergleichbaren Dimensionen bewegt. Für die gewünschte Identifikation tiefgreifender Bewußtseinsstörungen besitzen die Variablen der „Vorgeschichte" vielleicht aus Gründen der bei einigen Merkmalen noch nicht befriedigenden Reliabilität keine ausreichende Aussagekraft. Dagegen können mit der „Einengung des Erlebens" und der „affektiven Kernsymptomatik" im Gruppenvergleich statistisch interpretierbare Abweichungen gefunden werden. Die Täter mit tiefgreifender Bewußtseinsstörung erreichen in beiden Merkmalsbereichen erheblich höhere Werte.

Diese Befunde deuten an, daß keine zwingende Notwendigkeit erkennbar ist, bei der rechtlichen Bewertung der tiefgreifenden Bewußtseinsstörungen eine Bevorzugung der „Vorgeschichte" gegenüber anderen Merkmalsbereichen zu etablieren. Würde man sich dazu entschließen, wäre eine Nivellierung des Begriffs der tiefgreifenden Bewußtseinsstörung unvermeidlich, denn die vorliegende Untersuchung zeigt, daß die zum Tatzeitpunkt bestehende „affektive Kernsymptomatik" und die „Einengung des Erlebens" dem Begriff der Bewußtseinsstörung viel näher stehen als die „Vorgeschichte". Die „Vorgeschichte" bewegt sich bei allen Affektdelikten auf einem vergleichbaren Niveau, und die Beschreibbarkeit ihrer verschiedenen Elemente läßt gegenüber anderen Abschnitten wie der „Einengung" oder der „affektiven Kernsymptomatik" keinerlei Vorteile erkennen. Zur tiefgreifenden Bewußtseinsstörung wird ein Affektdelikt erst durch das Hinzutreten der „Einengung des Erlebens" und der „affektiven Kernsymptomatik".

Die wichtige Frage nach dem Verhältnis der kriteriengeleiteten Diagnostik und der syndromatologischen Betrachtungsweise zur ganzheitlichen Erfassung aller Umstände des Einzelfalls in der gutachterlichen Untersuchung kann zum Abschluß nur kurz gestreift werden, sie wird Gegenstand zukünftiger Arbeiten sein.

An dieser Stelle kann hervorgehoben werden, daß diese Problematik durch unseren Untersuchungsaufbau insofern vorläufig geklärt ist, als die Außenkriterien unserer Validierungsversuche auf Ergebnissen der ganzheitlichen Diagnostik und damit auf psychopathologischen Erfahrungswerten beruhen. Die Typisierungen von prototypischen Affekttätern mit tiefgreifender Bewußtseinsstörung oder Affekttätern ohne tiefgreifende Bewußtseinsstörung gehen auf eine traditionelle psychopathologische Ganzheitsbetrachtung zurück. Andere Außenkriterien, die sich für Validierungsversuche eignen könnten, stehen nicht zur Verfügung.

Die Ausarbeitung des kriteriengeleiteten und syndromatologischen Ansatzes zur Diagnostik von tiefgreifenden Bewußtseinsstörungen ist demnach ein Versuch, zentrale Bereiche der ganzheitlichen Beurteilung zu rekonstruieren. Dabei ist einerseits eine differenzierende Komponente zu nennen, die in der Identifikation von geeigneten, sprachlich ausreichend definierbaren und typischen Einzelmerkmalen besteht. Andererseits erfüllt die syndromatologische Betrachtungsweise eine integrierende Funktion, die dafür sorgen soll, daß die Merkmale in einem angemessenen Kontext beurteilt werden können. Der dabei zum Einsatz kommende Maßstab ist die empirisch-statistische Struktur der Affektsymptomatik und ihrer Begleitphänomene. Innerhalb der Affektsyndrome haben die Einzelmerkmale einen festen Platz und ein definiertes Gewicht, das sich in einem Syndromwert auch numerisch ausdrücken läßt. Vor einer isolierten Nutzung der kriterienorientierten Diagnostik ohne Einbindung in den syndromatologischen Ansatz ist zu warnen. Es drohen folgenschwere Fehlbeurteilungen, weil das unsystematische Abgreifen von Einzelelementen (Checklistendiagnostik) höchstens zu diagnostischen Fragmenten führt, von denen niemand sagen kann, welche Bedeutung ihnen zukommt.

Einzuräumen ist ferner, daß die kriteriengeleitete und syndromatologische Diagnostik der tiefgreifenden Bewußtseinsstörungen keineswegs als abgeschlossenes Konzept betrachtet werden kann. Sie erfordert weitere Entwicklung, wobei wir einen zusätzlichen Bedarf an Merkmalen bevorzugt bei der Beschreibung von abnormen Entwicklungen der Persönlichkeit im Umfeld konfliktreicher Beziehungen im Auge haben. Von einer Verfeinerung und Erweiterung des Merkmalsbereichs erwarten wir Veränderungen in der syndromatologischen Struktur und hoffen, typische Störungen im Antriebs- und Gefühlsleben im Vorfeld der affektbedingten Bewußtseinsstörungen darstellen zu können.

130   M. Rösler et al.

Literatur

APA – American Psychiatric Association (ed) (1987) Diagnostic and Statistical Manual of Mental Disorders, 3rd edn, rev (DSM-III-R). Washington, DC

Baumann U, Stieglitz RD (1983) Testmanual zum AMDP-System. Springer, Berlin Heidelberg New York

Bernsmann K (1989) Affekt und Opferverhalten. NStZ 160–166

Blau G (1989) Die Affekttat zwischen Empirie und normativer Bewertung. In: Jescheck HH, Vogler T (Hrsg) Festschrift für Herbert Tröndle. De Gruyter, Berlin, S 201–218

Bresser P (1978) Probleme bei der Schuldfähigkeits- und Schuldbeurteilung. NJW 1188–1193

Bresser P (1988) Über die Grenzen psychiatrischer Dokumentation: Was wird nicht abgebildet? Forensia 9: 163–173

Bresser P (1990) Theorie und Praxis der Prognosebeurteilung. In: Kerner HJ, Kaiser G (Hrsg) Kriminalität. Festschrift für H Göppinger. Springer, Berlin Heidelberg New York, S 335–347

Diesinger J (1977) Der Affekttäter. De Gruyter, Berlin

Dilling H, Mombour W, Schmidt MH (1991) Internationale Klassifikation psychischer Störungen, ICD-10, V. Huber, Bern

Haddenbrock S (1972) Strafrechtliche Handlungsfähigkeit und Schuldfähigkeit; auch Schuldformen. In: Göppinger H, Witter H (Hrsg) Handbuch der forensischen Psychiatrie. Springer, Berlin Heidelberg New York, S 863–943

Hengesch G (1988) Ergebnisse der Homburger Dokumentation. Forensia 9: 131–138

Jaspers K (1913) Allgemeine Psychopathologie. 1. und 9. Aufl (1973). Springer, Berlin Heidelberg New York

Kretschmer E (1947) Medizinische Psychologie, 9. Aufl. Thieme, Stuttgart

Lenckner T (1972) Strafe, Schuld und Schuldunfähigkeit. In: Göppinger H, Witter H (Hrsg) Handbuch der forensischen Psychiatrie. Springer, Berlin Heidelberg New York, S 3–281

Luthe R (1988) Forensische Psychopathologie. Springer, Berlin Heidelberg New York

Mende W, Schüler-Springorum H (1989) Aktuelle Fragen der forensischen Psychiatrie. In: Kisker K, Lauter H, Meyer JE, Müller C, Strömgren E (Hrsg) Psychiatrie der Gegenwart 9. Springer, Berlin Heidelberg New York, S 303–338

Petrilowitsch N (1974) Reaktionen und Entwicklungen, abnorme. In: Eisen G (Hrsg) Handwörterbuch der Rechtsmedizin, Bd 2. Enke, Stuttgart

Rasch W (1964) Tötung des Intimpartners. Enke, Stuttgart

Rasch W (1980) Die psychologisch-psychiatrische Beurteilung von Affektdelikten. NJW 1309–1315

Rasch W (1986) Forensische Psychiatrie. Kohlhammer, Stuttgart

Rasch W (1992) Die Auswahl des richtigen Psycho-Sachverständigen in Strafverfahren. NStZ: 257–265

Rösler M (1991) Zur kriteriengeleiteten Erfassung von Affektdelikten. Nervenarzt 62: 49–54

Salger H (1988) Die Bedeutung des Tatzeit-Blutalkoholwertes für die Beurteilung der erheblich verminderten Schuldfähigkeit. In: Festschrift für Gerd Pfeiffer. Heymann, Köln

Salger H (1989) Zur forensischen Beurteilung der Affekttat im Hinblick auf eine erheblich verminderte Schuldfähigkeit. In: Jescheck HH, Vogler T (Hrsg) Festschrift für Herbert Tröndle. De Gruyter, Berlin, S 201–218

Saß H (1983) Affektdelikte. Nervenarzt 54: 557–572

Saß H (1985) Handelt es sich bei der Beurteilung von Affektdelikten um ein psychopathologisches Problem? Fortschr Neurol Psychiat 53: 55–62

Saß H (1990) Operationalisierte Diagnostik in der Psychiatrie. Nervenarzt 61: 255–258

Scharfetter C (1976) Allgemeine Psychopathologie. Thieme, Stuttgart

Schneider K (1980) Klinische Psychopathologie, 12. Aufl. Thieme, Stuttgart

Spitzer M, Degkwitz R (1986) Zur Diagnose des DSM-III. Nervenarzt 57: 698–704

Thomae H, Mathey F (1983) Psychologische Beurteilung der Schuldfähigkeit. In: Lösel F (Hrsg) Kriminalpsychologie. Beltz, Weinheim

Undeutsch U (1974) Schuldfähigkeit unter psychologischem Aspekt. In: Eisen G (Hrsg) Handwörterbuch der Rechtsmedizin, Bd 2. Enke, Stuttgart, S 91–115

Wegener H (1981) Einführung in die Forensische Psychologie. Wiss Buchges, Darmstadt

Weitbrecht H (1957) Zur Frage der Spezifität psychopathologischer Symptome. Fortschr Neurol Psychiat 25: 41–56

Witter H (1972) Die Beurteilung Erwachsener im Strafrecht. In: Göppinger H, Witter H (Hrsg) Handbuch der forensischen Psychiatrie. Springer, Berlin Heidelberg New York, S 966–1090

Witter H (Hrsg) (1987) Die Beurteilung der Schuldfähigkeit bei Belastungsreaktionen, Neurosen und Persönlichkeitsstörungen am Beispiel der Affektdelikte. In: Der psychiatrische Sachverständige im Strafrecht. Springer, Berlin Heidelberg New York, S 175–200

Witter H (1988) Somatopathologische oder psychopathologische Feststellung der Beeinträchtigung der Schuldfähigkeit? Monatsschr Kriminol 71: 410–415

Witter H (1990) Unterschiedliche Perspektiven in der allgemeinen und in der forensischen Psychiatrie. Springer, Berlin Heidelberg New York

Psychodiagnostik bei Affekttaten – Methodik und Theorie der Begutachtung affektbedingter Bewußtseinsstörungen

M. STELLER

Gegenstand der folgenden Erörterungen sind Probleme der Diagnose affektbedingter Bewußtseinsstörungen. Die Methodik der forensischen Begutachtung sowie ihre theoretische Fundierung sollen einer kritischen Würdigung unterzogen werden. Seit dem BGH-Leitsatz aus dem Jahre 1957 (BGHSt 11, S. 20) gilt für die Begutachtungspraxis, daß eine Bewußtseinsstörung phänomenal zu bestimmen ist und nicht von dem Vorhandensein sog. konstellativer Faktoren wie z. B. Schlaftrunkenheit, Alkoholintoxikation oder Gehirntrauma abzuleiten ist. Eine Diskussion, ob normalpsychologisch bedingte (also durch starke affektive Erregung hervorgerufene) Störungen der Bewußtseinstätigkeit überhaupt eine „tiefgreifende Bewußtseinsstörung" im Sinne der §§ 20, 21 StGB bewirken können, ist daher für die Rechtspraxis obsolet. Dagegen sind die Probleme einer reliablen und validen Diagnose affektbedingter Bewußtseinsstörungen einschließlich der Graduierung ihrer „Tiefe" von forensischer Relevanz.

Zur Überwindung der vielfach beklagten mangelnden Gutachterübereinstimmung (z. B. Wegener 1983a) bzw. der ungenügenden Transparenz der gutachterlichen Entscheidungsbildung besitzt eine Erhöhung der Objektivität (im Sinne von Interrater-Reliabilität) durch Standardisierung der Begutachtungsstrategie nur einen begrenzten Stellenwert. Die grundsätzliche Frage nach der inhaltlichen Ausfüllung des juristischen Konzepts der „tiefgreifenden Bewußtseinsstörung" bleibt auch bei einer möglichen Verbesserung der Erhebungstechnologie durch sukzessive „Vereinheitlichung der Maßstäbe zur ‚Materialerhebung'" zwischen Richtern und Sachverständigen (Salger 1989, S. 218) unbeantwortet. Ein „beiderseits akzeptiertes Orientierungsschema" (Salger 1989) bedeutet einerseits einen Fortschritt in der forensischen Praxis, da es Maßstäbe für die Bewertung der Vollständigkeit und logischen Stimmigkeit der Tatsachenfeststellungen und Schlußfolgerungen von Sachverständigen sowie Gerichten bereitstellt. Merkmals- bzw. Diagnosekataloge legen aber andererseits ein schematisches Vorgehen nahe mit der Gefahr, daß der gesetzgeberisch vorgegebene inhaltliche Anspruch zunehmend der Aufmerksamkeit entzogen wird. Jede Methode zur Beurteilung der Einwirkung von Affekten auf die Funktionstüchtigkeit handlungskontrollierender Kognitionen kann sich nur durch eine Theorie des Bewußtseins und seiner Interaktion mit emotionalen Prozessen legitimieren. Die folgende Darstellung soll – wie einleitend angekündigt – methodischen und theoretischen Gesichtspunkten Rechnung tragen. Sie stellt hinsichtlich der Affektbegutachtung eine erweiterte Fassung früherer Überlegungen zur Theorienbildung in der Forensischen Psychologie als angewandter Wissenschaft dar (Steller 1989). Den Gegebenheiten in der Literatur und dem derzeitigen Diskussionsstand über die forensische Beurteilung von Affektdelikten entsprechend wird die Technologiediskussion der theoretischen Reflexion vorangestellt.

Kriteriengeleitete Diagnostik affektbedingter Bewußtseinsstörungen

Affektkriteriologien vs. diagnostisches Strukturmodell

Orientiert man sich in der forensischen Literatur, so finden sich dort für die diagnostische Fragestellung, ob bei Tätern zur Tatzeit eine affektbedingte Bewußtseinsstörung vorlag oder nicht, Kriterien, die eine Abgrenzung zwischen Affekttaten und solchen Taten ermöglichen sollen, die eben nicht in einem Zustand affektbedingter Beeinträchtigungen der Bewußtseinstätigkeit begangen wurden. Diese Merkmale der Affektbeurteilung sind offenbar auf sehr unterschiedliche Weise zusammengestellt worden. Entsprechend ihrer jeweiligen fachlichen Ausrichtung benutzten die Autoren psychodynamische Konstrukte oder blieben deskriptiv auf der Verhaltensebene bzw. postulierten Systematiken, die nur selten inhaltlich begründet wurden.

Eine Voraussetzung für die Konstruktion eines praktisch handhabbaren Diagnostikums besteht darin, zunächst eine vergleichende Integration der von verschiedenen Autoren genannten Merkmale vorzunehmen. Es geht dabei auch um die Feststellung von Übereinstimmungen, Widersprüchen und Ergänzungen zwischen den verschiedenen Vorschlägen.

Diese Aufarbeitung der umfangreichen Literatur kann hier nicht im Detail vollzogen werden. Saß (1983) listete in einer Sekundäranalyse 12 Merkmale von 11 Autoren (bzw. Autorengruppen) auf. Wesentliche Merkmale der Affektdelikte nach Saß (1983) sind:

1) spezifische Vorgeschichte und Tatanlaufzeit,
2) affektive Ausgangssituation mit Tatbereitschaft,
3) psychopathologische Disposition der Persönlichkeit,
4) konstellative Faktoren,
5) abrupter, elementarer Tatablauf ohne Sicherungstendenzen,
6) charakteristischer Affektauf- und -abbau,
7) Folgeverhalten mit schwerer Erschütterung,
8) Einengung des Wahrnehmungsfeldes und der seelischen Abläufe,
9) Mißverhältnis zwischen Tatanstoß und Reaktion,
10) Erinnerungsstörungen,
11) Persönlichkeitsfremdheit,
12) Störung der Sinn- und Erlebniskontinuität.

Nach Saß (1983) werden die ersten 8 Merkmale von den meisten Autoren als wichtig erachtet, während die Merkmale 9–12 wegen ihrer Subjektivität in der Beurteilung nur als ergänzende Aspekte in der praktischen Diagnostik tauglich erscheinen.

In einem eigenen Forschungsplan zur Standardisierung und Quantifizierung von Affektmerkmalen (Steller 1987, S. 304) wurden unabhängig von der Arbeit von Saß 13 Publikationen analysiert, die nur zum Teil deckungsgleich mit der Liste von Saß sind. Es waren dies: de Boor (1966); Hadamik (1953); Mende (1986); Rasch (1980); Ritzel (1980); Schöch (1983); Stumpfl (1961); Thomae u. Schmidt (1967); Undeutsch (1974); Venzlaff (1986); Wegener (1981) und Witter (1972). Dies zeigt noch einmal die Fülle der zur Affektproblematik vorliegenden Literatur. Für die praktische Diagnostik ergibt sich das Fazit einer fehlenden Verbindlichkeit der Kriteriologien; und noch viel bedeutender: „Die meisten der angebotenen Begriffe zerbröckeln gleichsam, sobald man sich ihrer zu bedienen versucht" (Rasch 1980, S. 1312).

Besonders deutlich läßt sich die Uneinheitlichkeit bezüglich des praktisch-diagnostischen Werts von Affektmerkmalen anhand der von Stumpfl (1961) beschriebenen „Vorgestalt der Tat" veranschaulichen. Nach Stumpfl ist eine Handlungskette im Vorfeld der Tat dann als eine „Vorgestalt der Tat" zu werten, wenn sie mit Ausnahme des Abschlusses (der eigentlichen Tat also) identisch mit der Tathandlung ist. Bei Nachweis solcher Vorgestalten verbiete sich eine Exkulpation (Stumpfl 1961, S. 33). Die Möglichkeiten gedanklicher Vorgestalten oder prädeliktischer Ankündigungen der Tat wurden von Stumpfl nicht erörtert. Diesinger (1976, S. 113 f.) hingegen wollte unter dem Begriff der „Vorgestalt" neben Konfliktlösungsversuchen durch aggressive Handlungen auch solche subsumieren, die nur in Gedanken ablaufen. Auch bei Undeutsch (1974) und bei Thomae u. Schmidt (1967) werden ähnliche Überlegungen erkennbar. Die „Einengung seelischer Abläufe" kann u. a. „Vorgestalten der Tat" beinhalten. In dieser Form auftretend werden sie als Affektmerkmal verstanden. Der Täter befindet sich in einer Art „Affekttunnel" (Undeutsch 1974) ohne für ihn erkennbaren Ausgang. Ein wesentliches Bestimmungsstück ist die kognitive Einengung auf isolierte Themen.

Die einzelnen in der Literatur vorfindbaren Affektmerkmale sollen hier nicht detailliert beschrieben werden (vgl. z. B. für „Vorgestalten der Tat" bzw. „Erinnerungslücken" die Kapitel von Hoff, S. 95, und Horn, S. 163, in diesem Band). Für die Diskussion des praktisch-diagnostischen Umgangs mit den Affektmerkmalen soll dagegen ein diagnostisches Strukturmodell zur Beurteilung von Affekttaten eingeführt werden (Abb. 1). Besser als Merkmalslisten erscheint das Strukturmodell geeignet, einem diagnostischen Schematismus („Abhaken" des Vorhandenseins bzw. Fehlens einzelner Merkmale) vorzubeugen und die Interaktion der Merkmale untereinander sowie ihre verschiedene Wertigkeit (Gewichtung) zur Beurteilung unterschiedlicher Fallkonstellationen zu verdeutlichen. Das diagnostische Strukturmodell integriert die von verschiedenen Autoren vorgeschlagenen Einzelmerkmale. Es verdeutlicht außerden die enge Verflechtung von verschiedenen „Dimensionen der Befunderhebung" (Rasch 1980, S. 1313 ff. und 1986, S. 280 ff.), die bei der Affektbegutachtung Berücksichtigung finden müssen.

Kriterien für das Vorliegen eines starken Affekts bei der Tathandlung können unter dem Gesichtspunkt der chronologischen Entwicklung der Tat systematisiert werden. In den Phasen der Tatentwicklung, der Tatzeit und der Nachtatzeit können die Affektgenese, das Handlungsgeschehen selbst und das Nachtatverhalten analysiert werden.

In der Zeit vor der Tat müssen für die Genese der affektiven Gestimmtheit zur Tatzeit verschiedene Einflußgrößen geprüft werden; zum einen mögliche Konflikte in der Täter-Opfer-Beziehung, zum anderen aber auch Belastungen, denen der Täter unabhängig vom späteren Opfer ausgesetzt war wie z. B. berufliche Probleme. Weiterhin

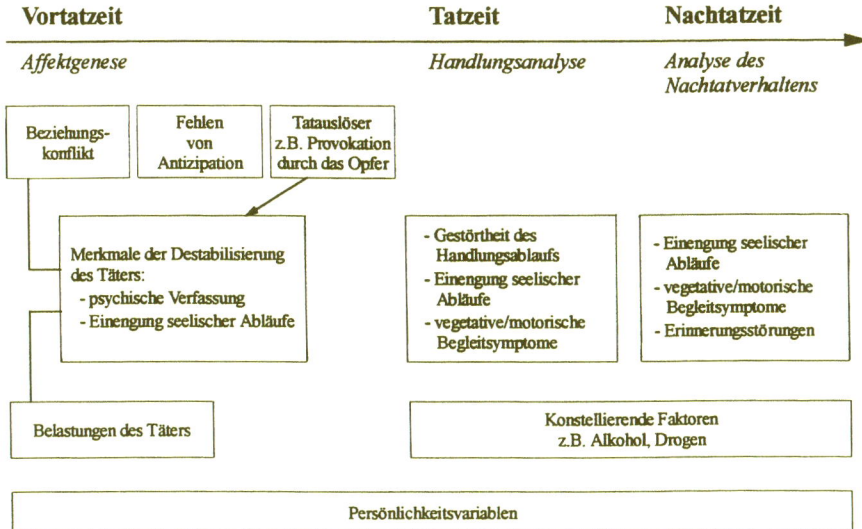

Abb. 1. Diagnostisches Strukturmodell zur Beurteilung von Affekttaten in Relation zum zeitlichen Ablauf

ist zu analysieren, wie sich diese Belastungen auf den späteren Täter ausgewirkt haben: es ist das Ausmaß der psychischen Destabilisierung des Täters in der Vortatzeit einzuschätzen (dieses kann eine Stärke erreicht haben, die es nötig macht, die Beurteilung auch unter dem Gesichtspunkt des Vorliegens einer „schweren anderen seelischen Abartigkeit" vorzunehmen; Rasch 1986, S. 209 f.). Ein weiteres Prüfkriterium ist die Einengung der seelischen Abläufe, wie sie Undeutsch (1974) beschrieben hat. Als charakteristisch für eine Affekttat wird darüber hinaus das Fehlen von Vorüberlegungen und Vorbereitungshandlungen angesehen.

Als wichtiges Kriterium für einen möglichen Affekt wird die mögliche Provokation durch das Opfer beschrieben. Sie steht am Übergang von der Affektgenese zur eigentlichen Tat. Ausmaß und Wirkung dieser den Affekt auslösenden Provokation sind auf dem Hintergrund der psychischen Verfassung, der Destabilisierung des Täters zu beurteilen (daher endet in der Abbildung der die Provokation symbolisierende Pfeil auf dem Merkmal der Destabilisierung des Täters).

Die Analyse der Tathandlung betrifft das Ausmaß, in dem der Täter die Kontrolle über sein Handeln verloren hat. Dazu werden 3 Kriterien formuliert: Erstens ist zu fragen, ob die Handlung unkontrolliert und orientierungslos ablief. Zweitens kann sich eine Einengung seelischer Abläufe dadurch offenbaren, daß äußere Bedingungen, z. B. das Hinzutreten anderer Personen, nicht wahrgenommen wurden, und drittens ist das Auftreten vegetativer Begleitsymptome von Bedeutung.

Die Analyse des Nachtatverhaltens betrifft die Frage, ob eine mögliche Einengung der seelischen Abläufe fortdauerte, ob vegetative Symptome und motorische Reaktionen wie apathisches Verhalten oder zielloses Umherlaufen erkennbar waren und ob evtl. eine Amnesie für das Geschehen feststellbar ist [zur Problematik dieses Merkmals s. Rasch (1966) und zur ausführlichen Diskussion Horn (S. 163 in diesem Band)].

Über diese Merkmale der Vortatzeit, Tatzeit und Nachtatzeit hinaus müssen weitere Erhebungsbereiche für die Beurteilung möglicher affektbedingter Bewußtseinsstörungen in der Diagnostik berücksichtigt werden. Diese sind die Persönlichkeit des Täters sowie der Einfluß sog. exogener Faktoren.

Mit dem Erhebungsbereich „Persönlichkeitsvariablen" sind hier nicht etwa Versuche gemeint, einen bestimmten „Persönlichkeitstyp" mit den Affekttaten in Verbindung zu bringen. Angeblich „typische Persönlichkeitseigenschaften" des Affekttäters wie z. B. Selbstunsicherheit, Empfindsamkeit, leichte Eigenverletzlichkeit, altruistische Beziehungsfähigkeit (alle von Steigleder 1974), fehlendes Selbstbewußtsein (Hadamik 1953) oder charakteristische Veränderungen des Selbsterlebens (Binder 1974) verlieren ihre Aussagekraft, wenn solche Eigenschaften auch bei Tätern nachgewiesen werden können, deren Tat nicht den Charakter einer Affekttat hat (Diesinger 1976, S. 84 ff.). Trotz dieser Absage an einen bestimmten „Persönlichkeitstyp" des Affekttäters müssen in der Einzelfalldiagnostik die Auswirkungen von Konflikten und Belastungen sowie die Wirkung einer möglichen Provokation auf dem Hintergrund der Persönlichkeit des zu Begutachtenden gewürdigt werden. Es ist eine Trivialität, daß objektiv gleichwertige Belastungen von Personen mit unterschiedlichen Erlebens- und Verhaltensdispositionen auf unterschiedliche Weise verarbeitet werden. Schon hieraus wird deutlich, daß eine wünschenswerte Vereinheitlichung des diagnostischen Procedere und die Formulierung von (überprüfbaren) Standards der forensischen Begutachtung (Steller 1988) nicht mit simplifizierender Checklistendiagnostik verwechselt werden darf.

Die zur Tatzeit möglicherweise katalysierende Wirkung exogener Faktoren bzw. konstellativer Faktoren wird von nahezu allen Autoren als Affektmerkmal betont. Übereinstimmend werden darunter die Einflüsse zusammengefaßt, die auf Alkohol-, Drogen- oder Medikamenteneinnahme zurückgehen. Außerdem wird betont, daß unzureichender Schlaf oder übermäßiger Hunger ebenso einen Einflußfaktor auf die Bewußtseinslage darstellen wie eine allgemeine körperliche Reduktion (Ritzel 1980).

Diagnostische Vorgehensweise

Die Diagnostik der möglicherweise einen affektiven Ausnahmezustand mitbedingenden Persönlichkeitsfaktoren und konstellierenden Faktoren erfolgt mit den Methoden und nach den Regeln der allgemeinen Psychodiagnostik. Auf eine Diskussion dieser diagnostischen Teilerhebungen wird hier verzichtet. Dagegen soll die diagnostische Feststellung der für eine Affektgenese spezifischen vortat-, tat- und nachtatbezogenen Merkmale näher diskutiert werden. In dem erwähnten Forschungsprojekt (Steller 1987) wurden Beschreibungen dieser Merkmale erarbeitet (allerdings noch für Vorformen des hier vorgestellten Strukturmodells) und ihre quantitative Abstufung durch 4stufige Ratingskalen vorgenommen. In sog. „konzeptorientierten" Ratingverfahren stehen dem Beurteiler für die im Strukturmodell enthaltenen Affektmerkmale explizite Merkmalsdefinitionen und inhaltsbezogene Beschreibungen einzelner Ausprägungsgrade der Merkmale zur Verfügung. Bei sog. „intuitiven" Ratings stehen den Beurteilern die Merkmalsdefinitionen nicht zur Verfügung, der Beurteiler ist vielmehr auf seine eigene Konzeptbildung zu den Merkmalsbenennungen angewiesen.

In einer empirischen Reliabilitätsprüfung (Steller u. Eiselt 1986; Dannenberg 1988)

wurde anhand forensischer Fälle, die als schriftliche Zusammenfassung von Täterex-
plorationen und Zeugenaussagen dargeboten wurden, die Übereinstimmung zwischen verschiedenen Beurteilern bei Verwendung der im Strukturmodell enthaltenen
Affektmerkmale bestimmt. Diese war erwartungsgemäß bei Verwendung des elabo-
rierten (konzeptorientierten) Ratingsystems höher als bei den intuitiven Urteilen.

Im einzelnen zeigte sich, daß bei den Merkmalen, die sich auf die Vortatzeit beziehen, höhere Übereinstimmungen erreicht wurden als bei den Merkmalen der Tatzeit
und Nachtatzeit. Es ist wenig wahrscheinlich, daß systematisch gerade diese Merkmalsbeschreibungen schlechter erstellt waren als die Merkmalsbeschreibungen der
Vortatzeit. Vielmehr scheint die eingeschränkte Datenbasis (lückenhafte Angaben
des Täters, in der Regel fehlende Zeugenaussagen) für die relativ geringe Inter- und
Intrarater-Reliabilität dieser Merkmale verantwortlich zu sein. Auf quantitative Angaben zur Merkmalsreliabilität wird hier bewußt verzichtet, da sie wegen ihrer Fall-
und Stichprobenspezifität als vorläufig anzusehen sind. Ihr Wert für das Forschungsprojekt lag in der Aufdeckung notwendiger diagnostischer Weiterentwicklungen im
Sinne der Überarbeitung der Merkmalsoperationalisierungen. Die quantitativen Angaben stellen aber in dieser Entwicklungsphase keine Gütekennwerte wie bei standar-
disierten psychometrischen Tests dar.

Affektkonstellationen

Bei allen im Strukturmodell enthaltenen Merkmalen der Affektbestimmung handelt es
sich um „positive" Merkmale in dem Sinne, daß von einem engen Zusammenhang von
starken Merkmalsausprägungen mit der Affektstärke ausgegangen wird. Die von Saß
(1983) vorgeschlagenen Negativmerkmale können nicht überzeugen, da sie zum Teil
als Umkehr (bzw. Fehlen) der Positivmerkmale imponieren und zum anderen das methodische Problem besteht, daß der Nachweis einer Störung „nicht durch Kriterien erfolgen (kann), bei deren Vorliegen eine Störung nicht existiert" (Foerster 1984). Über
die spezifischen Beiträge einzelner (Positiv-)Merkmale zur Affektstärkenbestimmung
– d. h. bei welchem „Verteilungsmuster" (Saß 1983, S. 570) eine tiefgreifende Bewußtseinsstörung vorliegt – bestehen derzeit keine Kenntnisse. Die diagnostische Aufgabe,
den Bewußtseinszustand zum Tatzeitpunkt (retrospektiv) zu bestimmen, läßt noch
nicht einmal zwingend den Schluß zu, daß daher tatzeitbezogene Merkmale solchen
der (konfliktreichen) Vortatzeit in ihrem Indikationswert überlegen sind. Die Art der
Verknüpfung einzelner Merkmalsausprägungen bei der Bestimmung der Affektstärke
ist sowohl im Zusammenhang mit den bereits diskutierten weiteren im Strukturmodell
enthaltenen Erhebungsbereichen (Persönlichkeitsvariablen, konstellierende Faktoren) als auch im Zusammenhang mit verschiedenen Affektkonstellationen jeweils im
Einzelfall neu zu bestimmen. Mit Hilfe des diagnostischen Strukturmodells können
diese verschiedenen Konstellationen von Affektfällen verdeutlicht werden.

Bei einem sehr starken Auslöser (z. B. Provokation durch das Opfer) kann es zu
einer Affekthandlung trotz geringer Ausprägungen bei den Merkmalen der Vortatzeit
kommen. Daneben sind Affektfälle denkbar, bei denen der „Auslöser" objektiv gesehen relativ schwach ist, bei denen aber eine konfliktreiche Täter-Opfer-Beziehung vorliegt bzw. erhebliche Belastungen des Täters in der Vortatzeit bestehen, so daß – plaka-
tiv gesprochen – ein „Funke ausreicht, um das Pulverfaß zum Explodieren zu brin-

gen". Ein anderes – häufig benutztes – Bild ist das des „Tropfen, der das Faß zum Überlaufen bringt". Wenn auch der Begriff des „protrahierten Affekts" (Steigleder 1974) als contradictio in adjectu kritisiert werden kann (Rasch 1986, S. 209), so ist doch an der Konstellation „langfristige Zermürbung, relativ geringfügiger Auslöser" als Affektursache nicht zu zweifeln.

Weiterhin ist an Fälle zu denken, bei denen aufgrund erheblicher Belastungen in der Vortatzeit die aggressive Entladung ein „Zufallsopfer" trifft (Rasch 1986, S. 210), eine Beziehung zwischen Opfer und Täter also nicht bestanden hat. Fälle unerlaubter Entfernung vom Unfallort (Unfallflucht) aufgrund starker affektiver Erregung sind weitere Beispiele für Konstellationen mit Vorliegen starker situativer Komponente („Auslöser") bei möglicherweise fehlenden (einschlägigen) Konflikten und Belastungen in der Vortatzeit.

Die Existenz unterschiedlicher Merkmalskonstellationen in der Affektgenese (durchaus auch mit dem Vorkommen zahlreicher Nullausprägungen) macht deutlich, daß eine einfache Addition der Merkmalsausprägungen zur Bestimmung der Affektstärke nicht möglich ist. Schöch (1983) artikulierte den Wunsch, durch eine „Gesamtgewichtung vorliegender Merkmalskonstellationen" im Einzelfall zu einem „Index" für die Affektstärke zu kommen. Es ist zu betonen, daß Quantifizierungen von Einzelmerkmalen des Affekts durch Schätzverfahren nicht unmittelbar zur Quantifizierung der Affektstärke insgesamt führen (und schon gar nicht zu eindeutigen Zuordnungen zu forensischen Graduierungen der Schuldfähigkeit). Auch Schöch hat die Indexbildung wohl keineswegs als einfaches additives Modell angesprochen, wie es zeitweilig in Diskussionen zur Quantifizierung und Standardisierung in der forensischen Begutachtung anklingt.

Es fehlen also bisher rational und empirisch abgesicherte Urteilsstrategien zur Verknüpfung der einzelnen Merkmale untereinander und mit den konstellierenden Faktoren sowie zur Erfassung ihrer Interaktion mit möglicherweise mitbedingenden Persönlichkeitsfaktoren. Die Datenintegration zur Diagnostik der Affektstärke im Einzelfall ist auch bei verbesserter Operationalisierung und Graduierung auf der Ebene von Einzelmerkmalen eine auf den Einzelfall bezogene klinische Urteilsbildung.

Als Vorteil des beschriebenen diagnostischen Strukturmodells gegenüber einem rein intuitiven Vorgehen wird die Transparenz und Nachvollziehbarkeit auf der Ebene der Datenerhebung angesehen. Der Vorteil des Strukturmodells gegenüber Merkmalslisten liegt darin, daß von vornherein schematisch-additive Prozesse ausgeschlossen werden. Heterogenität und Komplexität möglicher Merkmalskonstellationen machen hypothesengeleitete und adaptiv-interaktive Diagnostikstrategien notwendig (wie in der gesamten forensischen Begutachtung; vgl. Wegener u. Steller 1986; Steller 1988).

Für die zukünftige Forschung kann es sinnvoll sein, Unterschiede zwischen verschiedenen Konstellationen affektbedingter Bewußtseinsstörungen auf empirischer Grundlage zu beschreiben. Auf der Ebene der deskriptiven Merkmale können Häufigkeiten und Ausprägungsgrade für die verschiedenen „Affekttypen" (Konfigurationen) gesammelt werden. Es ist auf diese Weise auch prinzipiell denkbar, durch multivariate Verrechnungsmethoden erste Hinweise auf Gewichtungen der einzelnen Affektmerkmale zu finden. Aufgrund der dazu benötigten großen Fallzahlen und aufgrund des prinzipiell nicht lösbaren Problems der externen Validierung der Klassenzuordnung der Fälle (eine von den Affektmerkmalen unabhängige Affektdiagnostik ist nicht denkbar) besteht allerdings keine große Chance, daß eine derartige Forschungsstrategie in absehbarer Zeit zu praktisch verwertbaren Ergebnissen führen kann. Auch angesichts des im nächsten Abschnitt anzusprechenden Theoriedefizits behält weiterhin das von Mende (1986) anvisierte Ziel Gültigkeit, möglichst einheitliche Begutachtungsmaßstäbe für die Praxis zu entwickeln. Mendes Vorstellung, dies „anhand einer überschaubaren Zahl von Kriterien" (Mende 1986, S. 323) zu erreichen, muß aber auf dem Hintergrund der vorstehenden Ausführungen dahingehend umformuliert werden, daß dieses Minimalziel nicht mit Kriterienkatalogen, sondern anhand einer rational begründbaren, wenn auch durchaus als vorläufig anzusehenden Diagnostikstrategie zu erreichen ist.

Handlungstheoretische Diagnostik affektbedingter Bewußtseinsstörungen

Modell der Handlungsregulation

Bei den oben erwähnten eigenen Bemühungen zur Quantifizierung von Affektmerkmalen durch Schätzverfahren handelt es sich um „Technologieentwicklung", um Verfahrenskonstruktion ohne theoretische Grundlage. Dieses Vorgehen ist als frühes Stadium einer anwendungsorientierten Wissenschaft auch in anderen Bereichen der forensischen Begutachtung (sei es in ihrer psychologischen oder psychiatrischen Variante) feststellbar (für die Psychologie s. Wegener 1981; Steller 1989). Natürlich ist die Reihenfolge „zunächst Entwurf einer Theorie, dann anschließend aus der Theorie abgeleitete Entwicklung einer Erhebungstechnologie" prinzipiell wünschenswert und wissenschaftstheoretisch überlegen. Solange aber in der praktischen forensischen Begutachtung mit bereits bestehenden Merkmalskatalogen ohne theoretische Basis gearbeitet wird, kann ein Forschungsziel auch in der Verbesserung eben dieser Erhebungstechnologie bestehen.

Eine Standardisierung bestehender Begutachtungspraxeologie durch (operationale) Definitionen von Affektmerkmalen und ihre möglichst quantitative Erfassung bedarf allerdings ergänzend der Reflexion hinsichtlich ihrer theoretischen Basis. Der nötige theoretische Hintergrund der Affektbegutachtung könnte möglicherweise durch handlungstheoretische Analysen von Taten (Gerchow 1983) erstellt werden. Affektbedingte Bewußtseinsstörungen zeichnen sich dadurch aus, daß keine rational gesteuerten Handlungen möglich sind. Handlungstheoretische Analysen müßten Verhalten unter starkem Affekt differentialdiagnostisch von zielgerichteten Handlungen abgrenzen.

Den Anregungen von Wegener (1983b) folgend wurde dazu ein Entwurf skizziert (Steller u. Dannenberg 1987). Ein Modell der Handlungsregulation aus der Arbeitspsychologie (Volpert 1987; Oesterreich 1981) wurde benutzt, um Affekttaten zu beschreiben. In der Arbeits- und Betriebspsychologie erscheint zielorientiertes Abwägen alternativer Handlungsmöglichkeiten unter Kosten-Nutzen-Aspekten geboten und selbstverständlich. Daher mag die Auswahl eines betriebspsychologischen Handlungsmodells zur Analyse von Geschehnissen, die in der Regel rasch und unkontrolliert ablaufen, auf den ersten Blick überraschen. Die Auswahl erfolgte unter dem Ge-

1. Erschließungsplanung

2. Bereichsplanung

3. Zielplanung

4. Handlungsplanung

5. Handlungsausführung

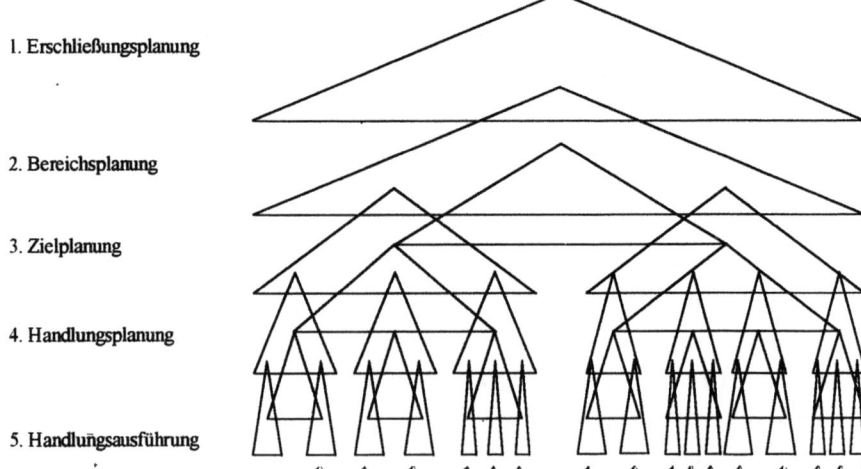

Abb. 2. Modell der Handlungsregulation (Erläuterungen der Planungsebenen s. Text)

sichtspunkt, daß gerade vor dem Hintergrund eines Modells für den Ablauf rational
gesteuerter Handlungen die Besonderheit (ggf. das Defizitäre, s. Wegener 1983b,
S. 41) von Handlungen unter starkem Affekt besonders deutlich hervortreten müßte.

Das Modell (vgl. Abb. 2) postuliert eine hierarchisch-sequentielle Organisation
von Handlungen. Eine bestimmte Handlung wird in größeren Einheiten des Handelns
geplant und reguliert. Hinter einer Sequenz von einzelnen Handlungen werden übergeordnete Planungen angenommen, die wiederum mit noch höherstehenden Planungen in Verbindung stehen. Es bestehen Rückkoppelungen zwischen den Ebenen. Es
werden 5 Ebenen postuliert, die hierarchisch aufgebaut sind. Die oberste Ebene ist
die der Erschließungsplanung von neuen Handlungsbereichen, in denen bisher keine
Erfahrungen vorliegen. Auf der Ebene der Bereichsplanung werden Bereiche koordi-
niert, in denen das Individuum Ziele realisieren will. Auf der Ebene der Zielplanung
werden Abfolgen von Plänen zu diesen Bereichen antizipiert, für die dann auf der
Ebene der Handlungsplanung konkrete Ausführungen der einzelnen Handlungen
geplant werden. Die unterste Ebene der Handlungsausführung reguliert die Bewegungen für diese Handlungen.

Fallbeispiel

Die Übertragbarkeit des hierarchischen Modells der Handlungsregulation aus der
Arbeitspsychologie auf die Beurteilung forensischer Sachverhalte soll an einem Fallbeispiel verdeutlicht werden. Dieser Fall wurde im Hinblick auf das Vorliegen einer
affektbedingten Bewußtseinsstörung von 2 Gutachtern kontrovers beurteilt. Er erscheint aus Gründen zur Demonstration der handlungstheoretischen Analyse besonders geeignet. Zum einen wurde er ausgewählt, da es sich bei beiden Gutachtern ausnahmsweise um Psychologen (beide Ordinarien für Psychologie) handelte. Unterschiede in der Begutachtung können also nicht auf der Anwendung verschiedener

Wissenschaften beruhen oder wechselseitig der generellen Inkompetenz einer anderen Disziplin zugeschrieben werden. Zum zweiten beinhaltet der Fall vordergründig keine Hinweise auf eine affektbedingte tiefgreifende Bewußtseinsstörung. Das dargestellte hierarchische Handlungsmodell kann aber zumindest einen Zugang zur Argumentation des Gutachters ermöglichen, der dennoch diesen Standpunkt vertrat. Dabei wird das grundsätzliche Problem fehlender Eindeutigkeit in der Modellbildung über „tiefgreifende Bewußtseinsstörungen" veranschaulicht werden können.

Der Fall: Ein junger Mann, Anfang 20, tötete den Rivalen um seine Freundin. Die Frau hatte, nach einem Arbeitsplatzwechsel in eine andere Stadt, eine neue Freundschaft zu einem Arbeitskollegen begonnen. Der spätere Täter hatte mehrere Gespräche mit der Freundin über ihre Beziehung geführt, ohne daß diese zu ihm zurückkehren wollte. Er faßte – nach eigenen Worten – den Gedanken, den Rivalen zu töten. Er hoffte, daß dann die Frau wieder zu ihm zurückkäme. Er besorgte sich Werkzeug und Monteurkleidung; u. a. auch die spätere Waffe, eine Rohrzange. Mehrfach überlegte er, ob er mit dem anderen Mann sprechen und seinen Plan fallenlassen solle. Nach mehrtägigem Zögern beging er die Tat. Er fuhr dazu mit dem Auto über mehrere hundert km von seiner Heimatstadt zu der Stadt Y, verschaffte sich dort, als Monteur verkleidet, Zutritt zur Wohnung und tötete den anderen durch mehrere Schläge mit der Rohrzange auf den Kopf. Nach der Tat verließ er die Wohnung, wobei er beobachtet wurde. Kurze Zeit später wurde er von der Polizei gestellt.

Während ein psychologischer Gutachter in diesem Fall eine Schuldminderung aufgrund affektbedingter Bewußtseinsstörungen eindeutig ausschloß, vertrat ein anderer psychologischer Gutachter die entgegengesetzte Meinung. Sachverstand und Unparteilichkeit bei beiden Gutachtern voraussetzend, stellt sich die Frage, wie es bei Anwendung derselben Wissenschaft auf denselben Sachverhalt zu derart unterschiedlichen diagnostischen Feststellungen kommen kann. Es stellt sich auch die Frage, welcher von den beiden Gutachtern wohl die „richtige" Diagnose gestellt hat und welche forensischen Schlußfolgerungen in bezug auf die Schuldfähigkeit des Täters sich aus den unterschiedlichen Begutachtungen ergeben.

Analysiert man den Fall mit Hilfe des diagnostischen Strukturmodells, so ergibt sich, daß keine Täter-Opfer-Beziehung im engeren Sinne bestand, da diese sich ja gar nicht kannten. Auf seiten des Täters gab es aber Belastungen wegen der Probleme mit seiner Freundin. Diese haben seine psychische Verfassung in erheblichem Maß beeinträchtigt, zumal die Freundin aufgrund ihrer vom Täter grundsätzlich unterschiedlichen Biographie und Persönlichkeit für diesen eine extrem hohe Bedeutung besaß. Eine seelische Einengung kann darin gesehen werden, daß der Täter gedanklich für längere Zeit auf einen zentralen Inhalt fixiert war; nämlich auf den Gedanken, die Freundin zu behalten bzw. wiederzugewinnen. Wie dargestellt, waren eindeutig planerische Antizipationen erkennbar. Eine direkte Provokation durch das Opfer erfolgte nicht, vielmehr war das Opfer völlig ahnungslos und wurde von den Schlägen überrascht. In der Tathandlungsphase sind ebenfalls alle Kriterien gering ausgeprägt bzw. fehlen, eine Störung des Handlungsablaufs bei der Tat war nicht erkennbar. Nach der Tat hatte der Täter die Wohnung verlassen und war, als er beobachtet wurde, auf dem Weg zu seinem Pkw.

Die kurze Analyse des Beispielfalls mit Hilfe der Kriterien des Strukturmodells stützt offenbar eher die Position des Gutachters, der keine Affekthandlung mit tief-greifender Bewußtseinsstörung erkannte. Die Prüfkriterien weisen auf eine geplante Handlung hin und auf eine Handlungsausführung, bei der der Täter nicht den Part des

Agierenden verlor. Die Sicherheit dieser Feststellung soll im folgenden in Frage gestellt werden. Der zweite Gutachter hatte ja eine affektbedingte Beeinträchtigung der Bewußtseinstätigkeit des Täters angenommen. Seine Argumentation kann mit dem Modell der Handlungsregulation veranschaulicht werden.

Die Analyse der Tat im Beispielfall kann mit dem Handlungsmodell in folgender Weise erfolgen: Postuliert man auf der Ebene der Bereichsplanung als Ziel des Täters, seine Freundin zurückzugewinnen, so schließt sich die Frage an, welche Handlungspläne der Täter entwickelte, um dieses Ziel zu erreichen. Es können verschiedene Pläne aufgezeigt werden: 1) mit der Freundin reden, 2) mit dem Rivalen reden und 3) den Rivalen töten. Der Täter hatte also verschiedene Möglichkeiten antizipiert, sein Ziel zu erreichen. Eine Einengung der seelischen Abläufe vor der Tat auf einen einzigen Inhalt ist auf dieser Ebene nicht gegeben. Betrachtet man die Ebene der Handlungsplanung, so sind Antizipationen von konkreten Handlungsschritten erkennbar, z. B. den Zutritt zur Wohnung des Opfers zu bekommen und die Mitnahme von Werkzeug. Die (unterste) Ebene der Handlungsausführung beinhaltet die Regulation der Bewegungen. Störungen im Handlungsablauf während der Tat waren nicht feststellbar, und auch beim Nachtatverhalten erfolgten zielgerichtete Handlungen.

Es können also keine Störungen in der Regulation der unteren 3 Ebenen des Handlungsmodells, d. h. Zielplanung, Handlungsplanung und Handlungsausführung, festgestellt werden. Geht man davon aus, daß für den Täter das „Oberziel" Gültigkeit hatte, die Freundin zu behalten, so konnte der Plan, den Rivalen zu töten, aber – realistisch betrachtet – nicht zu diesem gewünschten Oberziel führen. Sofern dieses Oberziel nicht aufgegeben wird, kann die dafür nicht adäquate Zielplanung „Tötung des Rivalen" als Fehlregulation interpretiert werden. Postuliert man eine Änderung des Oberziels in dem Sinne, daß die Befriedigung von Rachewünschen für den späteren Täter im Vordergrund der Zielplanung gestanden hat, so ergibt sich keine so eindeutige Fehlregulation zwischen Bereichs- und Zielplanung (bzw. Ober- und Teilzielen) wie bei der Annahme des Festhaltens am Ziel „Freundin behalten" (die Exploration ergab allerdings keine Hinweise auf das Bestehen eines Rachemotivs, vielmehr formulierte der Täter auch mehrere Monate nach der Tat, daß er gehofft habe, die Freundin würde zu ihm zurückkehren).

Was leistet das Modell für das Verständnis der unterschiedlichen Begutachtungsergebnisse der beiden Sachverständigen im vorliegenden Fall? Das ungestörte Zusammenspiel der unteren Ebenen des Modells, nämlich Zielplanung, Handlungsplanung und Handlungsausführung, spiegelt die Argumentation des ersten Gutachters wider. Die Störung in der Regulation zwischen den Ebenen der Bereichsplanung („Freundin behalten") und Zielplanung („Tötung des Rivalen") war das zentrale Argument des zweiten Gutachters, das dieser allerdings unter Rückgriff auf das Bild des „Affekttunnels" anders formuliert hatte.

Es wird deutlich, daß die widersprüchlichen Stellungnahmen der beiden Sachverständigen innerhalb des Modells der Handlungsregulation verschiedenen Ebenen zugeordnet werden können. Zu klären bleibt, welche Position mit dem rechtlichen Konzept der tiefgreifenden Bewußtseinsstörung in Einklang steht. Es stellt sich die Frage, ob geordnete Ziel- und Handlungsplanungen sowie Handlungsdurchführungen (im Beispiel: die Kette „Tötungsplan-Vorbereitungshandlung-Tötung") ausreichen, eine tiefgreifende Bewußtseinsstörung auszuschließen. Die Frage könnte auch andersherum gestellt werden; nämlich, ob Widersprüche zwischen Bereichsplanung und Zielplanung ausreichen, eine tiefgreifende Bewußtseinsstörung anzunehmen (im Beispiel: der Widerspruch zwischen dem Oberziel „Behalten der Freundin" und dem Unterziel „Tötung des Rivalen").

Insgesamt unterstützt die Analyse des Beispielfalls mit Hilfe des hierarchischen Modells der Handlungsregulation eher die Position desjenigen Gutachters, der keine tiefgreifende Bewußtseinsstörung feststellte. Durch die Gegenüberstellung der Planungsebenen wird bei dem Täter zwar eine Beeinträchtigung der kognitiven Tätigkeit (heißt das: der Bewußtseinstätigkeit?) erkennbar; dennoch entspricht diese Art der Einschränkung der logischen Vollzüge wahrscheinlich nicht dem, was die meisten Laien und Experten unter einer tiefgreifenden Bewußtseinsstörung verstehen. Die Interpretation des Tötungsdelikts im Beispiel als eine „Folge mißlungener Problemlösungen" (Simons 1988) im Sinne einer unzureichenden (kognitiven) Koordinierung von verschiedenen Planungsebenen durch den Täter verdeutlicht den möglichen theoretischen Hintergrund der (zunächst überraschend erscheinenden) Position des einen Gutachters. Sie entspricht der theoretischen Überlegung von Undeutsch (1974, S. 101), daß bei Affekthandlungen eine Zielorientierung (hier: Freundin behalten wollen) durchaus gegeben ist, daß jedoch mit dem Verlust der Normorientierung zugleich auch ein Verlust der Mittelorientierung vorliegt. Die Auffassungen beider Gutachter lassen sich im Modell als qualitativ unterschiedliche Konzepte von Störungen der Bewußtseinstätigkeit darstellen.

Die fehlende Typizität des Falles im Hinblick auf diejenigen Fallkonstellationen, die in der Praxis häufig zur Begutachtung Anlaß geben, macht ihn besonders geeignet, die Unschärfe des Konzepts der „tiefgreifenden Bewußtseinsstörung" zu demonstrieren. Bei (landläufig) „typischen" Affektfällen sind in der Regel Störungen auf den unteren Ebenen des Modells erkennbar; nämlich Fehlregulationen schon bei der Handlungsplanung (bis hin zum völligen Fehlen einer solchen) oder mindestens bei der Handlungsausführung. Solche („einfachen") Fälle sind also ebenfalls mit dem dargestellten Modell interpretierbar. Ziel der vorgestellten exemplarischen Analyse eines untypischen Falls war es, mit Hilfe des Handlungsmodells mögliche Mehrdeutigkeiten in der Auffassung über Störungen der Bewußtseinstätigkeit zu belegen. Die vordergründig als extrem erscheinende Position des zweiten Gutachters im Beispielfall kann damit – wie einleitend gesagt – zumindest in der Argumentation nachvollziehbar gemacht werden, wodurch die Notwendigkeit einer Definition, welche kognitiven Zustände mit dem Rechtsbegriff der tiefgreifenden Bewußtseinsstörung gemeint sind, verdeutlicht werden kann.

Ausblick: Begutachtungstechnologie ohne Theorie – ein Dilemma

Zur Verbesserung der Affektdiagnostik muß zukünftige Forschung vordringlich um klare theoretische Konzepte des Bewußtseins (und seiner Störungen) bemüht sein. Der juristisch-normative Begriff der „tiefgreifenden Bewußtseinsstörung" ist in psychologische Konstrukte zu „übersetzen", die einer empirischen Überprüfung zugänglich sind. Es ist bemerkenswert, daß ein Jurist (Krümpelmann 1972, 1990) darauf aufmerksam macht, daß die Psychologie mit ihren Handlungs-, Streß- und Copingmodellen evtl. bereits einen Wissensbestand erarbeitet hat, der für die spezielle forensische Begutachtungsfrage nach affektbedingten Bewußtseinsstörungen wahrscheinlich nutzbar gemacht werden kann. Diesen Hinweisen sollte weiter nachgegangen werden. Daß Theorien- bzw. Modellbildung nötig ist und Empirie allein nicht weiterhilft, hat Rasch (1980, S. 1310) schon ausreichend begründet. Sein Hinweis sei hier wiederholt, daß man sich für den „Verlust von Selbstbesinnung durch hohe Erregung" (so in etwa im BGH-Urteil von 1957) nicht auf Erfahrungen berufen könne, da diese „schlechterdings nicht gemacht werden können" (Rasch 1980). Per definitionem wird dem Individuum ja ein Zustand zugeschrieben, der keine Erfahrungsmöglichkeiten zuläßt.

Der Freiburger Psychologe Heiss (1960) ironisierte, daß Psychologen in einer beneidenswerten Situation seien: sie wüßten zwar nicht, was Intelligenz sei, aber sie könnten sie messen. Diese Bemerkung korrespondiert mit der angesichts des Fehlens einer allgemeingültigen Intelligenztheorie durchaus ernstgemeinten operationalen Definition (Boring, 1923), daß Intelligenz das sei, was Intelligenztests messen. Für die Affektbegutachtung gelten nach jahrzehntelanger Diskussion und umfangreichem Schrifttum analoge Feststellungen. Forensische Psychiatrie und Psychologie haben noch keine verbindliche Beschreibung des Phänomens geliefert, das dem juristischen Konzept einer affektbedingten „tiefgreifenden Bewußtseinsstörung" entsprechen könnte. Dennoch ist die Diskussion um das Für und Wider einer Graduierung (= Messung) des unbekannten Phänomens in vollem Gange (zusammenfassend und abwägend: Schüler-Springorum 1986). Einem denkbaren operationalen Kurzschluß, daß die Stärke eines Affekts und das Ausmaß seiner Auswirkungen auf die Bewußtseinstätigkeit durch das Vorliegen der Anzahl erfüllter Affektmerkmale abgeschätzt werden könnten, sollte durch Darstellung des diagnostischen Strukturmodells mit Betonung des interaktiven Zusammenspiels der Merkmale untereinander und mit anderen diagnostischen Erhebungsbereichen begegnet werden.

Angesichts des Fehlens allgemein akzeptierter Modellvorstellungen sollte die retrospektive Einschätzung der (affektbedingten) psychischen Verfassung eines Täters zur Tatzeit ganz ohne Verwendung des (verführerisch wie ein diagnostisches Konzept klingenden) juristischen Terminus „Bewußtseinsstörung" erfolgen. Sachverständige sollten – wahrscheinlich noch deutlicher als in anderen Bereichen der Schuldfähigkeitsbegutachtung – den Übergang von ihren diagnostischen Feststellungen zur normativen Einordnung klar markieren. Es mindert auch nicht die Qualität von Gutachten, wenn in ihnen das Unvollkommene in der Ausstattung des „diagnostischen Stockwerks" deutlich wird.

Literatur

Binder S (1974) Zur Diagnostik des schuldausschließenden bzw. schuldvermindernden Affekts bei kurzschlüssigen Tötungsdelikten. Monatsschr Kriminol 3: 159–164
Boring EG (1923) Intelligence as the tests test it. New Republic 34: 35–37
Dannenberg U (1988) Kriterienorientierte Systematik für die forensische Begutachtung von Affekthandlungen – Entwicklung und Evaluation eines Merkmalssystems. Forschungsbericht zum DFG-Projekt Ste 313/2 II/45, Univ Kiel
De Boor W (1966) Bewußtsein und Bewußtseinsstörungen. Springer, Berlin Heidelberg New York

Diesinger I (1976) Der Affekttäter. Eine Analyse seiner Darstellung in forensisch-psychiatrischen Gutachten. Diss Univ Freiburg

Foerster K (1984) Sind die Probleme bei der Beurteilung sog. „Affektdelikte" nun gelöst? Nervenarzt 55: 8

Gerchow J (Hrsg) (1983) Zur Handlungsanalyse einer Tat. Springer, Berlin Heidelberg New York

Hadamik W (1953) Über die Bewußtseinsstörung bei Affektverbrechern. Monatsschr Kriminol Strafrechtsreform 1/2: 11–21

Heiss R (1960) Zum Begriff der Intelligenz. Diagnostica 6: 3-11

Krümpelmann J (1972) Affekt und Schuldfähigkeit. Rechtswiss Habilitationsschr, Univ Freiburg

Krümpelmann J (1990) Die strafrechtliche Schuldfähigkeit bei Affekttaten. Recht Psychiat 8: 150–157

Mende W (1986) Die affektiven Störungen. In: Venzlaff U (Hrsg) Psychiatrische Begutachtung. Fischer, Stuttgart, S 317–325

Oesterreich R (1981) Handlungsregulation und Kontrolle. Urban & Schwarzenberg, München

Rasch W (1966) Das Amnesie-Problem in der forensischen Psychiatrie. In: Gerchow J (Hrsg) An den Grenzen von Medizin und Recht. Enke, Stuttgart, S 57–67

Rasch W (1980) Die psychologisch-psychiatrische Beurteilung von Affektdelikten. N Jur Wochenschr 1: 1309–1315

Rasch W (1986) Forensische Psychiatrie. Kohlhammer, Stuttgart

Ritzel GK (1980) Forensisch-psychiatrische Beurteilung der Affekttat. Münchener Med Wochenschr 17: 623–627

Salger H (1989) Zur forensischen Beurteilung der Affekttat im Hinblick auf eine erheblich verminderte Schuldfähigkeit. In: Jescheck H, Vogler T (Hrsg) Festschrift für Herbert Tröndle zum 70. Geburtstag. De Gruyter, Berlin, S 201–218

Saß H (1983) Affektdelikte. Nervenarzt 54: 557–572

Simons D (1988) Tötungsdelikte als Folge mißlungener Problemlösungen. Verlag für Angewandte Psychologie, Stuttgart

Schöch H (1983) Die Beurteilung von Schweregraden schuldmindernder oder schuldausschließender Persönlichkeitsstörungen aus juristischer Sicht. Monatsschr Kriminol Strafrechtsreform 2: 333–343

Schüler-Springorum H (1986) „Benzin nach Metern?". Schuldminderung, Schuldausschluß und das Problem der Quantifizierung. In: Pohlmeier H, Deutsch E, Schreiber HL (Hrsg) Forensische Psychiatrie heute. Festschrift für U. Venzlaff. Springer, Berlin Heidelberg New York, S 52–63

Steigleder E (1974) Affekthandlungen. In: Eisen G (Hrsg) Handwörterbuch der Rechtsmedizin für Sachverständige und Juristen, Bd 2: Der Täter, Persönlichkeit und Verhalten. Enke, Stuttgart, S 59–71

Steller M (1987) Zur Quantifizierung von Affektmerkmalen. In: Kury H (Hrsg) Ausgewählte Fragen und Probleme forensischer Begutachtung. Heymanns, Köln, S 299–315

Steller M (1988) Standards der forensisch-psychologischen Begutachtung. Monatsschr Kriminol Strafrechtsreform 71: 16–27

Steller M (1989) Forensische Psychologie: Psychotechnik oder Angewandte Wissenschaft? In: Dörner D, Michaelis W (Hrsg) Idola fori et idola theatri. Festschrift für Prof. Wegener. Hogrefe, Göttingen, S 219–241

Steller M, Dannenberg U (1987) Zur Beurteilung von Affekttaten durch Kriteriologien. Vortrag 2. Int Arbeitstag Fachgruppe Rechtspsychologie der DGfPs, Würzburg

Steller M, Eiselt W (1986) Entwicklung und Evaluation eines Beurteilungssystems für Affekthandlungen. Zwischenber DFG-Projekt Ste 313/2, Univ Kiel (unveröff)

Stumpfl F (1961) Motiv und Schuld. Deuticke, Wien

Thomae H, Schmidt HD (1967) Psychologische Aspekte der Schuldfähigkeit (im Sinne des § 51 StGB bzw. 24/25 E 1962). In: Undeutsch U (Hrsg) Handbuch der Psychologie, Bd 11: Forensische Psychologie. Hogrefe, Göttingen, S 326–396

Undeutsch U (1974) Schuldfähigkeit unter psychologischem Aspekt (Beurteilung der Schuldfähigkeit bei hochgradigem Affekt) In: Eisen G (Hrsg) Handwörterbuch der Rechtsmedizin für Sachverständige und Juristen, Bd 2: Der Täter, Persönlichkeit und Verhalten. Enke, Stuttgart, S 91–115

Venzlaff U (1986) Konfliktreaktionen, Neurosen und Persönlichkeitsstörungen. In: Venzlaff U (Hrsg) Psychiatrische Begutachtung. Fischer, Stuttgart, S 327–352

Volpert W (1987) Psychische Regulation von Arbeitstätigkeiten. In: Kleinbeck U, Rutenfranz J (Hrsg) Enzyklopädie der Psychologie. Wirtschafts-, Organisations- und Arbeitspsychologie, Bd 1. Hogrefe, Göttingen, S 1–42

Wegener H (1981) Einführung in die forensische Psychologie. Wiss Buchges, Darmstadt

Wegener H (1983a) Zur Problematik der Beurteilung von Schweregraden schuldmindernder oder schuldausschließender Störungen – Bericht über ein Symposium. Monatsschr Kriminol Strafrechtsreform 66: 325–367

Wegener H (1983b) Zum Aussagewert der Handlungsanalyse einer Tat – die psychologische Perspektive. In: Gerchow J (Hrsg) Zur Handlungsanalyse einer Tat. Springer, Berlin Heidelberg New York, S 35–45

Wegener H, Steller M (1986) Psychologische Diagnostik vor Gericht. Methodische und ethische Probleme der forensisch-psychologischen Diagnostik. Z Differentielle Diagn Psychol 7: 103–126

Witter H (1972) Die Beurteilung Erwachsener im Strafrecht. In: Göppinger H, Witter H (Hrsg) Handbuch der forensischen Psychiatrie, Bd 2, C: Die forensischen Aufgaben der Psychiatrie. Springer, Berlin Heidelberg New York, S 966–1094

Über zweiphasig ablaufende Affekttaten

U. VENZLAFF

Beurteilungsgrundlagen bei einphasigen Affekttaten

Die paradigmatischen Affekttötungen, in deren Rahmen ein bis dahin klinisch unauf-
fälliger Täter zermürbt durch lange vorausgehende Demütigungen und Kränkungen
auf eine brüske Abweisung, ein höhnisch-schnippisches Reizwort oder eine demüti-
gende Beleidigung im „Affektsturm" mit eruptiv durchbrechender Aggression durch
Würgen, Schlagen, Treten oder ein rein zufällig bereitliegendes Werkzeug sein Opfer
tötet, sind relativ selten. Diesen „Lehrbuchfällen" steht eine große Zahl von Tätern
gegenüber, die unter mehr oder minder starker affektiver Erregung Tötungshandlungen vollziehen, wenn sie z. B. von einer schuldhaft herbeigeführten oder unverschuldeten Situation gewissermaßen „überrollt" werden und mit Schreck, Angst oder Pa-
nik reagieren, einen vorbestehenden „Affektstau" an einem Ersatzopfer abreagieren,
in einem mehr vordergründigen Konflikt die Fassung verlieren oder etwa in einem
ausufernden Streit unbeherrscht Vergeltungsimpulse ausagieren. Weniger die sehr seltenen typischen Fälle als die ungleich größere Zahl der sich hierum rankenden Taten
unter starker affektiver Erregung sind es, die sowohl für den Sachverständigen bei der
Beurteilung der Frage nach dem Vorliegen einer tiefgreifenden Bewußtseinsstörung
als auch beim Richter im Rahmen der rechtlichen Würdigung Unbehagen aufkommen
lassen. Dieses Unbehagen schimmert eigentlich mehr oder minder deutlich durch die
gesamte psychiatrische und juristische Literatur und die meisten Urteilstexte, und es
ist sehr deutlich von Glatzel (1985) und Salger (1989) artikuliert worden. Dieses Unbehagen hat seine ganz natürliche Ursache in dem Umstand, daß die psychische Tatzeitverfassung nur selten an objektiven Feststellungen rekonstruierbar ist, weite Bereiche des Tatvorfelds und der Tatsituation nur über die Erlebensseite des Täters zugänglich werden und Tatzeugen, weil das Opfer ja getötet wurde, üblicherweise nicht
vorhanden sind. Ein sehr breiter Ermessensspielraum ist daher niemals auszuräu-
men. Aber auch dort, wo z. B. das Tatopfer überlebte, sind dessen Aussagen erfahrungsgemäß meist wenig ergiebig, weil es fast regelhaft zu einer Verfälschung der eigenen Rolle durch Rechtfertigungsversuche und Vergeltungswünsche kommt.

Aus der Begutachtungserfahrung kann nur mit größtem Nachdruck den Ermittlungsbehörden der Rat gegeben werden, solche Täter möglichst unverzüglich einer
psychiatrischen Untersuchung zuzuführen, evtl. sogar bereits zur Vernehmung einen
psychiatrischen Sachverständigen zuzuziehen, da der Täter unter dem Eindruck der
Tat und vor dem „Scherbenhaufen" seiner Beziehungen zum Tatopfer stehend in dieser Phase kaum in der Lage ist, die Ereignisse im prädeliktischen Feld und in der Tatsituation tendenziell verfälscht zu seinen Gunsten darzustellen. Dies hat sich im Ar-

beitskreis des Verfassers im Rahmen einer sehr guten Zusammenarbeit mit den örtlichen Ermittlungsbehörden in mehreren Fällen als sehr fruchtbarer Erkenntnisgewinn erwiesen.

Unbehagen und Ratlosigkeit gegenüber besonders schwierigen und kaum widerspruchsfrei zu lösenden Problemen haben es in sich, daß sie zur Suche nach griffigen, entweder vereinfachenden oder negierenden Auswegen verleiten. Bei Affekttötungen kommt sowohl bei Psychiatern als auch Juristen nicht selten der innere Widerstand dazu, einen Angeklagten, der einen Menschen getötet hat – obwohl unsere Rechtsordnung ganz klar diese Möglichkeit vorsieht – sanktionslos freizusprechen, da ja in solchen Fällen praktisch nie die Voraussetzungen für die Anwendung des § 63 StGB gegeben sind. Subjektive Elemente, Identifikationsvorgänge oder Abwehrmechanismen, Übertragungs- und Gegenübertragungsmechanismen spielen bei der Tatbestandswürdigung und bei der Verwertung der Sachverständigenaussage in so manchen Fällen eine erhebliche Rolle, die allerdings vielfach erst dann offenbar wird, wenn man zwischen den Zeilen einer Urteilsbegründung liest oder deren Semantik analysiert. So etwa im Fall eines Bordellwirtschafters, der wegen Totschlags im Zustand verminderter Schuldfähigkeit angeklagt war (die Tat geschah im familiären Umfeld außerhalb des „Milieus"), bei dem die Urteilsbegründung (lebenslange Freiheitsstrafe wegen Totschlags in einem besonders schweren Fall) durch den Satz eingeleitet wurde: „Der Angeklagte ist Zuhälter!". Das sehr unterschiedliche Vorverständnis gegenüber dieser Tätergruppe sei auch noch an einem etwa 30 Jahre zurückliegenden eigenen Erlebnis illustriert.

Der Fall: Der Verfasser hatte einen Affekttäter begutachtet, der nach jahrelangen mit zunehmender Resignation erduldeten Demütigungen, Frustationen und Gehässigkeiten einer hysterischzänkischen Ehefrau diese, als sie in der Badewanne liegend ihn wieder einmal obszön beleidigte, im Affektsturm würgte und unter Wasser drückte. Im Laufe des folgenden Jahres wurde dieser Fall ausführlich und mit verschiedenen Details an 3 verschiedenen Gerichtsorten in Verhandlungspausen 3 „gestandenen" Schwurgerichtsvorsitzenden erzählt. Die jeweils sehr spontanen Reaktionen waren völlig unterschiedlich:
1. Richter: „Das war doch glatter Mord, der wollte nur seine Frau loswerden. Sie haben ihm doch hoffentlich nicht die ganzen dummen Ausreden geglaubt!"
2. Richter: „Das ist doch der typische Fall des § 213 StGB. Der hätte bei unserer Kammer 3–4 Jahre bekommen."
3. Richter: „Klarer Fall von Affekttötung. Sie haben doch sicher den § 51 Abs. 1 StGB[1] angenommen!"

Neben solchen subjektiven Elementen für den Einzelfall hat es natürlich in Schrifttum und Rechtsprechung nicht an den verschiedensten Versuchen gefehlt, das Affektproblem einzuengen oder abzuschwächen. Wie immer, wenn es um Strafmilderung oder gar Freispruch aus psychiatrischen Gründen geht, sind sowohl aus dem juristischen als auch dem psychiatrischen Lager immer wieder Kassandra-Rufe um die kriminalpolitischen Auswirkungen von De- oder Exkulpierung gekommen. Dies erscheint aber gerade für den Bereich der Affekttaten besonders lebensfremd und schlechterdings nicht nachvollziehbar. Es gibt überhaupt keinen Anhaltspunkt, geschweige denn einen wissenschaftlichen Beweis dafür, daß die Exkulpierungspraxis – sei sie restriktiv oder liberal – irgendeinen kriminalpolitischen Effekt hat.

---

1 Der § 51 Abs. 1 StGB entsprach bis zur Strafrechtsreform von 1975 dem heutigen § 20 StGB.

Schipkowensky hat z. B. festgestellt, daß in England innerhalb eines Erhebungs-
zeitraums von 18 Jahren etwa 50% aller Mörder exkulpiert und in Anstalten einge-
wiesen wurden (persönliche Mitteilung). Es ist dies eine Rate, die in unserem Land
auch bei weitherzigster Auslegung der Gesetze niemals erreicht würde. Trotzdem
hatte England im gleichen Erhebungszeitraum zusammen mit Irland und Dänemark
die niedrigsten Tötungsziffern der ganzen Welt.

Man wird es sich auch schlechterdings nicht vorstellen können, daß die Exkulpierung eines Affekttäters (sei sie begründet oder nicht) ein Ansteigen aggressiver Kon-
fliktlösungen in der Bevölkerung nach sich ziehen könnte.

Über längere Zeit hat in der juristischen Literatur (Geilen 1972; Rudolphi 1974
u. a.) und in der Rechtsprechung der Versuch eine Rolle gespielt, zwischen einem
verschuldeten und einem unvermeidbaren Affekt zu unterscheiden. Akribisch wurde
dann nach sog. „Vorgestalten" gesucht, also z. B. vorausgehenden verbalen oder tätlichen Angriffen auf das spätere Tatopfer durch den Täter. In solchen Fällen wurde
dem Täter zum Vorwurf gemacht, um seine potentielle Aggressivität gewußt und
trotzdem der Entstehung des schuldausschließenden Affekts nichts entgegengesetzt
zu haben. Krümpelmann (1974) hat aber zutreffend darauf hingewiesen, daß wegen
der zeitlichen Koinzidenz von Tat und Schuld eine Schuldantizipation durch Vermeid-
barkeitsprüfung vom Gesetz nicht gedeckt ist, v. a. aber, daß der Täter das, was wir
von ihm verlangen, nämlich die Beherrschung, regelhaft ja in einer sich oft über Jahre
hinziehenden Konflikt- und Anlaufphase in vielfältigen analogen Reizsituationen geübt hat und hierdurch zunehmend seine Hemmungsreserven aufgebraucht wurden,
weil nämlich der Akt der Beherrschung nicht innerseelisch befreiend, sondern gerade
bei ständiger Wiederholung zerstörend auf das Motivationsgefüge wirkt. Merkwürdi-
gerweise hat im Rahmen der umfangreichen Diskussionen über „Vorverschulden"
und „Vorgestalten" niemand die Frage aufgeworfen, ob es denn überhaupt konfliktreiche Partnerbeziehungen gibt, in denen es *niemals* zu Drohungen, verbalen Aggressionen oder Tätlichkeiten kommt. Daß aber Vorstellungen über ein strafverschärfen-
des oder eine Schuldminderung ausschließendes Vorverschulden trotz ihrer völligen
Lebensfremdheit immer noch herumgeistern, zeigt ein Schwurgerichtsurteil aus dem
Jahre 1990.

Der Fall: Eine 22jährige Frau hatte nach einem sich über 3 Jahre hinziehenden spannungs- und
enttäuschungsreichen Liebesverhältnis mit einem jungen Mann, von dem sie immer wieder „abge-
schoben" oder dann wieder als Sexualobjekt benutzt wurde, im Rahmen einer Aussprache noch
einmal auf Versöhnung und Festigung des Verhältnisses gedrängt. Als sie schroff und verletzend
(„Du spinnst ja, laß mich in Ruhe!") abgewiesen wurde, stach sie dem Partner ein Messer in den
Rücken, was im übrigen nur zu einer nach 4 Wochen voll ausgeheilten Verletzung führte. Mitbe-
stimmend für die Zubilligung verminderter Schuldfähigkeit durch den Sachverständigen war der
Umstand, daß es bei der Angeklagten in den Wochen vor der Tat zu einer klinisch relevanten und
recht erheblichen depressiven Entwicklung gekommen war. Das Urteil sah ein erhebliches und für
die Strafbemessung bedeutsames Vorverschulden darin, daß sich die Angeklagte trotz der vom
Sachverständigen „überzeugend" dargestellten psychischen Erkrankung nicht in psychiatrisch-
psychotherapeutische Behandlung begeben habe (LG Kassel, 4 (1) Ks, 06.04.90).

Die gesamte Problematik von Vorsatz, Schuld und Vorverschulden ist im übrigen noch
einmal von Ziegert (1987) sehr differenziert bearbeitet worden.

Daß Unbehagen und Ratlosigkeit gegenüber einem schwierigen Problem nicht nur

Verleugnung oder untunliche Vereinfachungen auf den Plan rufen, sondern auch eine wissenschaftlich fruchtbare Frustration sein können, zeigen Veröffentlichungen seit Beginn der 80er Jahre, die nach Blau (1989) „so etwas wie einen Durchbruch im Bereich der Affektproblematik" darstellen. In den Publikationen von Rasch (1980), Mende (1986), Saß (1983), Maisch (1983) und Wegener (1981) und auch durch eigene Versuche (Venzlaff 1985) wurden die Erhebungsbereiche auf Persönlichkeitsmerkmale, die Entwicklung der Täter-Opfer-Beziehungen und psychopathologischen Abwandlungen beim Täter im Tatvorfeld ausgedehnt, was, wie wiederum Blau (1989) betonte, „es den Gerichten gestattete, ihren Frieden mit den zuvor in diesem Bereich oft kontroversen Psychowissenschaften zu machen und ihre normativen Entscheidungen über die Vermeidbarkeit einzelner Affekttaten empirisch abzustützen". Nach der Entwicklung im Schrifttum gewinnt man jedenfalls den Eindruck, daß inzwischen ein weitgehender Konsens dahingehend erarbeitet wurde, daß die Beurteilung der Frage nach dem Vorliegen einer tiefgreifenden Bewußtseinsstörung unter einem *zweigliedrigen Aspekt* zu erfolgen hat: Einmal einem *täterorientierten, strukturell-dynamischen Aspekt*, zum anderen einem *tatorientierten, quasi indiziellen Aspekt*.

Der *täterorientierte, strukturell-dynamische Aspekt* bewertet die spezielle Persönlichkeitsstruktur des Täters, den Grad der Anfälligkeit gegenüber Kränkungen, Zurücksetzungen, Verlusterlebnissen. Er bewertet ferner die Entwicklung der Täter-Opfer-Beziehung und die hiermit verklammerte Affektgenese und v. a. – worauf insbesondere Mende (1986) hingewiesen hat – die psychopathologische Abwandlung des Täters im Tatvorfeld. Eine solche Analyse kann eine Vorstellung darüber vermitteln, ob im Tatvorfeld eine psychopathologische Konstellation beim Täter bestand, die als adäquat schwer anzusehen ist, um eine Disposition für einen massiven affektiven Durchbruch zu schaffen.

Zutreffend hat Saß (1983) aber darauf hingewiesen, daß solche Erhebungen für sich allein noch nicht zur Einschätzung der Bewußtseinstätigkeit zur Zeit des Delikts ausreichen, sondern daß für die Beurteilung des Zustandes bei Begehen der Tat das Hauptaugenmerk darauf liege, die vorhandenen Informationen über die Bewußtseinstätigkeit unmittelbar vor und während des Delikts zu untersuchen. Hier greift der *tatorientierte, quasi indizielle Aspekt* mit der Frage nach den konkreten Tatbestandsmerkmalen nach, die für das Vorliegen einer tiefgreifenden Bewußtseinsstörung sprechen können. Wiederum besteht ein weitestgehender Konsens dahingehend, daß die Voraussetzungen für die Annahme einer tiefgreifenden Bewußtseinsstörung v. a. dann gegeben sind, wenn es sich um einen plötzlichen Durchbruch archaisch-destruktiver Triebstrukturen im Sinne der von Kretschmer (1971) beschriebenen Explosionsreaktionen handelt, daß Anhaltspunkte für eine Vorkonstituierung oder eine Konstellierung der Tatsituation durch den Täter nicht gegeben sind, daß der aggressive Impuls durch eine kurzdauernde Entladung ohne vom Täter gestaltete Folgehandlungen gekennzeichnet ist und Hinweise auf eine erhebliche Einengung des Wahrnehmungsfeldes beim Täter gegeben sind. Auf den differenzierten Merkmalskatalog von Saß (1983), der weitere wichtige Indizien aufzählt, die gegen oder für das Vorliegen einer tiefgreifenden Bewußtseinsstörung sprechen können, sei hier verwiesen.

Zweiphasige Affekttaten: rechtliche und wahrnehmungs-psychologische Aspekte

Während nun für *Fälle mit eingliedrigem Handlungsablauf* – also dort, wo im Rahmen eines akuten „Affektsturms" eine spontane Tötungshandlung durch Würgen, Schlagen, Treten oder mit einem zufällig vorhandenen Werkzeug vorgenommen wird – Beurteilungskriterien erarbeitet wurden, die eine zumindest vertretbare Sachverständigenaussage erlauben, können sich für den psychiatrischen Gutachter ebenso wie für die rechtliche Zuordnung erhebliche und wesentlich weitergehende Probleme dort ergeben, wo von einem mehrphasigen Handlungsablauf mit unterschiedlich starker Beeinträchtigung der Bewußtseinslage auszugehen ist. Diese *zweiphasigen Affektdelikte* laufen nach 2 verschiedenen, gewissermaßen entgegengesetzten Grundmustern ab:

1) Im Rahmen einer aggressiven Auseinandersetzung, die vom Täter als solche vorkonstituiert ist, entgleitet ihm sukzessiv oder spontan durch das Verhalten des Opfers (Gegenwehr, Beleidigung, Hilferufe) die Handlungskontrolle, und es kommt unter zunehmender Einengung des Bewußtseins- und Wahrnehmungsfeldes zur Tötungshandlung.
2) Im Rahmen eines abrupten Affektdurchbruchs fügt der Täter dem Opfer mehr oder minder schwere, jedoch nicht tödliche Verletzungen zu und vollzieht dann erst nach einem Intervall mit einer oder mehreren Folgehandlungen eine Tötung.

Der erste Fall – der sog. *„Entfesselungsaffekt"* – ist in seiner rechtlichen Würdigung dann nicht problematisch, wenn die Art der Vollendung der Tat nicht wesentlich von den Vorstellungen des Täters im zurechnungsfähigen Zustand abweicht, wie bereits 1955 vom BGH in dem makabren „Blutrauschfall" entschieden wurde (NJW 1955, 1977). Die für die psychiatrische Beurteilung und die rechtliche Würdigung anstehenden Fragen seien indessen noch einmal an einem eigenen Fall illustriert:

Der aus Ostasien stammende Täter C. arbeitete mit einem Forschungsstipendium zunächst an einer hessischen Universität, wechselte dann aber wegen besserer experimenteller Voraussetzungen an ein wissenschaftliches Institut nach München über. Während der Tätigkeit in Hessen hatte er sich mit einer aus der VR China stammenden Studentin verlobt, aus ethnischer Tradition und religiösen Bindungen heraus aber in der Verlobungszeit noch keine sexuellen Beziehungen aufgenommen. Rund 6 Monate nach seiner Übersiedlung nach München gestand ihm seine Verlobte, mit einem deutschen Kommilitonen Geschlechtsverkehr gehabt zu haben und – was ihn besonders tief kränkte – daß es „eine sehr lustige Nacht" gewesen sei. Zunehmend eingeengt durch die nicht zu verwindende Kränkung kamen mehr und mehr Vergeltungs- und schließlich sogar Tötungsimpulse gegen den deutschen Studenten auf, bis C. sich entschloß, ihn persönlich aufzusuchen und ihn vor die Alternative zu stellen, sich entweder in aller Form bei ihm zu entschuldigen oder getötet zu werden. Als er von seinem Zimmervermieter erfuhr, daß dieser beabsichtige, über das Wochenende zu verreisen, ließ er sich unter Vorspiegelung von Gesundheitsstörungen krankschreiben und Bettruhe verordnen. Er fuhr am Samstag nach Wegreise seines Vermieters mit der Bahn nach Marburg und rief vom Zugtelefon seine Verlobte an, daß er an diesem Wochenende wegen Krankheit und Bettruhe in München bleiben müsse und sie nicht besuchen könne. Spät in der Nacht suchte er den Studenten in dessen Wohnung auf, machte ihm heftige Vorwürfe wegen seines Verhaltens und verlangte eine „Entschuldigung in aller Form". Der Student, der die Gefährlichkeit der Situation verkannte, verspottete ihn wegen seiner „vorsintflutlichen Ansichten", fügte noch hinzu, ein

Geschlechtsverkehr sei doch nicht mehr, „als wenn man eine Tasse Kaffee trinke". In heftiger Erregung zog C. ein Messer, der Student konnte sich zunächst noch durch einen Schlag mit einer leeren Weinflasche wehren und versuchte, aus dem Zimmer zu flüchten. C. holte ihn auf der Treppe ein und versetzte ihm einen Messerstich in den Rücken, in dessen Folge der Student dann auf der Straße zusammenbrach. Wie ein Passant anschaulich schilderte, kniete C. nunmehr neben dem auf dem Bauch liegenden Verletzten und stach mit rascher Folge rhythmisch-automatenhaft mit dem Messer in den Oberkörper, wobei er dem Opfer insgesamt 37 Messerstiche zufügte. Von herbeieilenden Passanten überwältigt und auch bei der polizeilichen Festnahme wirkte er auf alle Zeugen hochgradig gestört, ratlos-benommen, sprach unzusammenhängend und unverständlich und fiel in der Haftzelle für mehrere Stunden in einen Tiefschlaf.

Durch rechtsmedizinische Untersuchung war aufgrund der großen Zahl der Messerstiche nicht zu entscheiden, welchen Stich der Täter dem Opfer zunächst auf der Treppe zugefügt hatte, geschweige denn, ob dieser bereits tödlich gewesen wäre.

Im Rahmen der psychiatrischen Begutachtung konnte es zumindest als wahrscheinlich unterstellt werden, daß beim Täter aufgrund der wochenlangen affektiven Aufladung gegen das Opfer, in Sonderheit aber wegen der gerade aufgrund seiner ethnischen Traditionen für ihn hochgradig kränkenden Abfuhr, eine tiefgreifende Bewußtseinsstörung mit der Folge eingetreten war, daß er dann auf der Straße in einem Affektsturm das Opfer in dieser entsetzlichen Weise zurichtete. Hierfür sprach nicht zuletzt auch das Entfallen einer Risikoabsicherung bei einer an sich mit großer Kaltblütigkeit und Absicherung durch verschiedene Alibis arrangierten Tat. Nach dem oben zitierten Rechtsgrundsatz des BGH wurde der Täter aber unter Zubilligung des Eintritts einer tiefgreifenden Bewußtseinsstörung im Rahmen der Tatausführung als vollverantwortlich verurteilt, weil die Tat als solche zumindest als Alternative für den Fall, daß das Opfer zu einer Entschuldigung nicht bereit war, sorgfältig geplant war und mithin die Tatausführung vom alternativen Entschluß nicht prinzipiell abwich.

Die 2. Möglichkeit der zweiphasigen Affekttat (Verletzung des Opfers im Rahmen eines Affektdurchbruchs – Intervall – zur Tötung führende zielgerichtete Folgehandlungen) wirft ungleich schwierigere rechtliche und gerichtspsychiatrische Probleme auf. Für die strafrechtliche Würdigung ergeben sich für dieses Tatmodell die folgenden Anknüpfungspunkte:

1) die Bewertung der Auslösehandlung als Körperverletzung oder versuchte Tötungshandlung,
2) in Fällen, in denen das Tatopfer die initialen Verletzungen nach rechtzeitiger ärztlicher Versorgung überlebt hätte, die Prüfung der Frage, ob eine vorsätzliche Tötungshandlung durch unterlassene Hilfeleistung wegen Garantenpflicht aus Ingerenz vorliegt,
3) die Bewertung einer Tötungshandlung aus neuem Tatentschluß dahingehend, ob Heimtücke durch Ausnutzen der Arg- und Wehrlosigkeit oder aber sogar eine Verdeckungsabsicht bestanden.

Gibt es genügend Hinweise für das Fortbestehen einer starken affektiven Erregung, so kann zwar der Gesamtvorgang als natürliche Handlungseinheit gewürdigt werden, indessen bedarf es hierzu einer sorgfältigen psychiatrischen Analyse der für die Einzelhandlungen mutmaßlich zu unterstellenden Bewußtseinslage. Beurteilungsparameter für diesen Erhebungsbereich sind nun aber weniger der strukturell-dynamische

Hintergrund der Affektgenese und der tatauslösenden Situation als der *indizielle Aspekt des initialen Tathergangs und des weiteren Tatverlaufs* unter besonderer Berücksichtigung *wahrnehmungspsychologischer Kriterien*. Ein wesentliches Element der affektiven Bewußtseinsstörung ist ja die hochgradige, aber kurzdauernde Einengung des Wahrnehmungsfeldes und die hiermit verknüpfte Blockierung internalisierter Wert- und Handlungsmuster, so daß bei der Beurteilung der Folgehandlungen die Frage, in welchem Umfang sie durch reale Wahrnehmungen und weitere Entschlußbildung im Anschluß an die auslösende Handlung konstituiert wurden, eine entscheidende Bedeutung gewinnt.

Dies soll im folgenden an 2 Fällen illustriert werden, die aus Raumgründen verkürzt und weitestgehend beschränkt auf die hier anstehenden Fragen dargestellt werden.

Fall 1: Der 21jährige US-amerikanische Austauschstudent C. hatte im Jahr vor der Tat in Deutschland eine US-amerikanische Studentin kennengelernt, woraus sich zunächst eine sehr innige Liebesbeziehung entwickelte. Das Verhältnis problematisierte sich aber zunehmend aus der sexuellen Abstinenz des Studenten, der diese zunächst mit religiösen Motiven begründete. Als seine Partnerin, um ihn zu verführen, sich einmal spontan entkleidete, entwickelte er einen langanhaltenden, heftigen Brechreiz und gestand ihr schließlich, daß er sich schon mehrere Jahre mit einer sexualneurotischen Problematik dergestalt herumtrage, daß er beim Anblick des weiblichen Genitales unüberwindliche Ekelgefühle und Brechreiz bekomme. Die an ihren Partner gefühlsmäßig sehr stark gebundene Studentin Lisa, versprach ihm, alles zu tun, um ihm darüber wegzuhelfen, ermunterte ihn, einen Psychotherapeuten aufzusuchen, und daß dies an ihrer Zuneigung nichts ändern würde. Nach Trennung in den Semesterferien registrierte C., daß Lisa sich sehr kühl, zeitweise sogar abweisend verhielt, Aussprachversuchen auswich und vermehrt Kontakte zu anderen Kommilitonen suchte. Der primärpersönlich einerseits selbstunsichere, andererseits aber infantil-egozentrische C. mit Neigung zu grüblerischer und verstiegener Religiosität geriet mehr und mehr in eine depressive Verstimmung und trug sich mit Suizidgedanken. Am Tattag erschien Lisa in seinem im Obergeschoß eines Einfamilienhauses gelegenen Studentenzimmers gegen 21.00 Uhr auf seine inständigen Bitten hin zu einer Aussprache. C. wußte bei der Verabredung, daß die Hausbesitzerin zu diesem Zeitpunkt nicht im Haus sein würde, nicht aber, daß sich ihr Sohn noch im Haus aufhielt. Im Rahmen der Aussprache bekannte Lisa, daß sie in den Semesterferien eine neue Freundschaft geschlossen habe, sagte weiter, daß sie sich erotisch von ihm angezogen fühle, daß er „immer so zärtlich" sei und schließlich, daß sie ihn nun nicht mehr lieben könne und sich endgültig trennen wolle. In offenbar akut aufsteigender hochgradiger Erregung schlug C. die junge Frau nieder, die verletzt und hilflos am Boden liegen blieb. Er ging dann ruhigen Schrittes 2 Treppen tief in den Keller, entnahm einem dort befindlichen Handwerkskasten einen Hammer und ging wieder hinauf. Der Sohn der Hausbesitzerin, der ein Poltern gehört hatte, trat in den Treppenflur und fragte, was denn los sei, worauf der Täter sinngemäß antwortete, warum er diese Frage stelle, es sei doch gar nichts los. Den Hammer hielt er hierbei unter seinem Jakkett versteckt. Er begab sich dann in das Zimmer, wo er Lisa mit 5 gezielten Hammerschlägen auf den Schädel tötete. Da nach rechtsmedizinischem Urteil die Schläge den auf fester Unterlage, also auf dem Boden liegenden Kopf getroffen haben mußten, war davon auszugehen, daß das Opfer hilflos weiter auf dem Fußboden lag.

Dem Gutachten des zunächst tätigen Sachverständigen, der wegen des Ineinandergreifens einer schweren anderen seelischen Abartigkeit und einer tiefgreifenden Bewußtseinsstörung Schuldunfähigkeit gem. § 20 StGB angenommen hatte, wurde vom Verfasser als Zweitgutachter folgendes entgegengehalten: Trotz verschiedener Bedenken könnten zwar für die Auslösetat aus der Vorgeschichte und der Psychopathologie des Täters die Voraussetzungen einer Schuldunfähigkeit durch tiefgreifende Bewußtseinsstörung nicht durch konkrete Feststellungen ausgeschlossen werden. Das

Kriterium eines Affektdurchbruchs sei aber sowohl das abrupte Einsetzen wie die nur kurze Dauer der Entladung. Nur für diese Auslösetat bestand auch beim Täter eine Amnesie, während er sich an die Folgehandlungen weitestgehend erinnern konnte. Hieraus mußte auf eine rasche Aufhellung der Wahrnehmungsfunktion ebenso geschlossen werden wie aus dem. Umstand, daß ihm dann der Fundort der Tatwaffe (Handwerkskasten im Keller) bewußt war, er den Fundort aufsuchte, die Tatwaffe holte, beim Wiederhinaufgehen diese wegen des Heraustretens des Sohnes der Hausbesitzerin auf den Treppenflur unter der Kleidung verbarg und auch noch eine Frage wegen des polternden Geräusches im Obergeschoß abwiegelte. (Er bewohnte das Zimmer erst 2 Wochen, und während dieser Zeit war ihm einmal aus diesem Handwerkskasten von der Vermieterin ein Werkzeug geliehen worden.) Aus diesem Grund konnte eine weitgehende Einschränkung von kognitiven und Wahrnehmungsfunktionen als Voraussetzung für die Annahme einer tiefgreifenden Bewußtseinsstörung ausgeschlossen werden, nicht allerdings das Fortwirken einer starken affektiven Erregung in Verbindung mit einer psychopathologischen Persönlichkeitsabwandlung im Tatvorfeld (depressive Entwicklung mit auto- und fremdaggressiven Impulsen) als Voraussetzung für die Annahme des Exkulpierungsmerkmals „schwere andere seelische Abartigkeit" mit erheblicher Einschränkung der Steuerungsfähigkeit. Im Urteil wurden dem Angeklagten die Voraussetzung des § 21 StGB ohne Festlegung auf ein bestimmtes Exkulpierungsmerkmal zugebilligt und wegen Totschlags in einem minderschweren Fall (§ 213 StGB, 2. Alternative) auf eine Freiheitsstrafe von 3 Jahren erkannt. Die sich hier aus der psychologischen Situation des Täters ergebende Frage nach dem Heimtückemerkmal wegen der vom Täter in der Auslösehandlung herbeigeführten Hilflosigkeit wurde im Urteil nicht untersucht und war auch vorher von der Anklage nicht aufgeworfen worden.

Fall 2: Der zur Tatzeit 25 Jahre alte ungelernte Chemiearbeiter G. hatte eine problematische Lebensgeschichte und Persönlichkeitsentwicklung, die angesichts der Komplexität und Vielschichtigkeit hier nur in Stichworten aufgezeigt werden können: frühe Scheidung der Eltern, häufiger Schul- und Wohnsitzwechsel zwischen Großmutter und Mutter, deshalb trotz sehr guter Intelligenz nur Mittlere Reife, frühe Heirat in eine sehr konservative Kleinstadtfamilie (Radio- und Fernsehgeschäft), problematische Ehe, Eintritt in den Polizeidienst, nach knapp 5 Jahren wegen zunehmender, in seiner Persönlichkeit begründeter Schwierigkeiten aufgrund eines anstehenden Disziplinarverfahrens ausgeschieden. Danach Arbeit als ungelernter Chemiewerker. Zwei Versuche, eine gehobenere und v. a. finanziell einträglichere Tätigkeit zu übernehmen, scheiterten. Psychopathologisch standen sich eine ausgeprägte Selbstunsicherheit, eine starke Empfindsamkeit und permanente Mißtrauenshaltung, neurotische Reaktionsbildungen mit Überkompensationscharakter und Kraftmeierei, Überheblichkeit, Egozentrizität und leicht anspringende Aggressivität gegenüber. Nach dem Scheitern bei der Polizei von der Ehefrau und deren Familie mehr und mehr als Versager angesehen, kam es zur zunehmenden Entfremdung in der Ehe und Isolierung. G. reagierte mit depressiven Störungen und unternahm 2 Suizidversuche. Am Tattag, an dem er erst um 22.00 Uhr zur Spätschicht mußte, suchte er zwischen 10.00 Uhr und 18.00 Uhr verschiedene Gaststätten auf, wo er verschiedene alkoholische Getränke zu sich nahm, aufgrund derer für die Tatzeit eine Blutalkoholkonzentration von 1,5–1,8 ‰ unterstellt werden konnte. Am Spätnachmittag suchte er dann eine flüchtige Bekannte (sie war längere Zeit Verkäuferin im Geschäft seiner Schwiegereltern) auf, um sich „auszusprechen und trösten zu lassen". Im Rahmen des Gesprächs – angeblich habe es sich um die erste Person gehandelt, mit der er einmal offen über seine Probleme gesprochen habe – beklagte er sich bitter darüber, daß er in den Augen seiner Schwiegereltern ein Versager sei, und daß seine Frau zu diesen und nicht zu ihm halte. Als·er zu weinen begann, versuchte ihn die Bekannte sinngemäß damit zu trösten, daß sie schon lange gemerkt habe, daß er und seine Frau nicht zusammenpaßten, und ferner, daß in dieser Familie ein Versager wie er sowieso keine Chance hätte. Unmittelbar danach stand sie auf und ging in die Küche. G. fühlte sich durch diese Äußerung zutiefst gekränkt, geriet in hochgradige Erregung, stürzte in die Küche, würgte das Opfer, wobei er mehrmals rief: „Ich bin kein Versager! Ich bin kein Versager!". Als sie zu schreien begann, ergriff er ein auf dem Küchentisch liegendes Messer und versetzte ihr 2 Stiche in den Brustkorb. Diese Stiche wären nach rechtsmedizinischem Urteil bei ärztlicher Versorgung innerhalb der nächsten 30–40 min nicht tödlich gewesen. Das Tatopfer kroch wimmernd in das anliegende relativ große Wohnzimmer und legte sich über einen Sessel. G. folgte ihr und erblickte nun eine an der gegenüberliegenden Wand relativ hoch aufgehängte in einer großen Lederhülle befindliche Machete. Er nahm diese herunter, zog sie aus der Lederhülle und schlug mehrmals damit auf Kopf und Oberkörper der nunmehr am Boden liegenden Frau ein. (Ob das Tatopfer vom Sessel auf den Boden gefallen war oder der Täter es zunächst vom Sessel heruntergezogen hatte, ließ sich nicht feststellen, da G. hierzu Angaben bei der Hauptverhandlung verweigerte.) Nach der Tat wusch sich der Täter im Bad sorgfältig das Blut ab und säuberte dann in der Wohnung geradezu penibel alle Stellen, an denen sich nach seiner Auffassung Fingerabdrücke befinden konnten. Er riß Bücher aus dem Regal, öffnete Schubladen und entnahm der Geldbörse der Getöteten einen 100-DM-Schein, um einen Raubmord vorzutäuschen. Anschließend verließ er die Wohnung durch ein Fenster und begab sich zur Spätschicht. Die penible Spurenbeseitigung und Vortäuschung eines Raubmordes hatte zur Folge, daß er erst nach 8 Wochen durch einen Zufall als Täter überführt werden konnte.

Dem erst in der Revisionsverhandlung als Gutachter zugezogenen Verfasser wurde nicht nur die Frage nach der Schuldfähigkeit gestellt, sondern auch entsprechend dem Revisionsurteil des BGH die weitere Frage, „ob dem Angeklagten trotz des Zustandes einer verminderten Schuldfähigkeit die Arg- und Wehrlosigkeit bewußt war, und ob er sie ausgenutzt habe". Während für die Beurteilung der Auslösehandlung wiederum die Parameter von Täterpersönlichkeit und Affektgenese, prädeliktisch-psychopathologische Abwandlung, Auslösereiz und der konstellierende Faktor der Alkoholwirkung zu einer *handlungspsychologischen Aussage* führten, gewann für die Beurteilung der psychischen Verfassung während der Folgehandlungen der *wahrnehmungspsychologische Aspekt* an Bedeutung: Ausgehend von dem Umstand, daß ein akuter Affekt und die damit verbundene hochgradige Einschränkung von Wahrnehmungsfunktionen ein kurz durchbrechendes und nach Sekunden plötzlich oder rasch abklingendes Geschehen ist, stellte sich der Vorgang etwa folgendermaßen dar: G. hatte das Opfer in akuter affektiver Erregung gewürgt und unmittelbar nach diesem Vorgang zu einem zufällig bereitliegenden Messer gegriffen und ihm hiermit 2 Thoraxstiche versetzt. Das zu Boden gestürzte Opfer kroch dann wimmernd in das anliegende relativ große Wohnzimmer und legte sich hier über einen am anderen Ende stehenden Sessel. Schon dieser Vorgang konnte nicht – wovon übrigens dann das Urteil ausging – „innerhalb weniger Sekunden" erfolgt sein, wenn man die Schwere der Verletzung berücksichtigt. Der hierfür zu schätzende Zeitraum machte es von vornherein unwahrscheinlich, daß während der gesamten Zeit noch eine hochgradige Beeinträchtigung von Wahrnehmungsfunktionen bestand. Hiergegen sprach dann v. a., daß der Täter dem Opfer in das Wohnzimmer folgte und an der gegenüberliegenden Wand das hoch aufgehängte Tatwerkzeug erblickte. Die Besichtigung des Werkzeuges in der Hauptverhandlung machte im übrigen deutlich, daß die Machete wegen der dicken Lederhülle nur bei relativ ungestörter Bewußtseinslage überhaupt als Tatwerkzeug unmittelbar zu identifizieren war. Zwar konnte nach dem vorausgegangenen Angriff von einer Arglosigkeit des Opfers keine Rede mehr sein, indessen war aus dem Gesamtvorgang der Schluß berechtigt, daß trotz des möglicherweise Fortbestehens einer starken affektiven Erregung die Wahrnehmungsfunktionen in einem Umfang wiedergekehrt waren, daß der Täter die Wehrlosigkeit des Opfers erkennen konnte. Das Ausnutzen der Arg- und Wehrlosigkeit setzt ja deren richtige Wahrnehmung voraus; die Frage stellt sich aber anders als bei der Beurteilung der Schuldfähigkeit, weil es hier keine Abstufung im Sinne einer verminderten Fähigkeit gibt, sondern nur die Frage entscheidend ist, ob die Wahrnehmungsmöglichkeiten mit Wirksamwerden im psychischen Feld ausreichend waren oder nicht.

Angesichts des Verhaltens nach der Tat (Spurenverwischen, Vortäuschen eines Raubmords) stellte sich hier auch die Frage nach einer Verdeckungstat, was natürlich keine Sachverständigenfrage ist, indessen von der Anklagevertretung in einer 2. Revision zur Prüfung dem BGH vorgelegt wurde.

Im Urteil wurde der Vorgang aber, im wesentlichen gestützt auf das Gutachten des schon in der 1. Instanz tätigen Sachverständigen, als Handlungseinheit betrachtet, wobei man – m.E. nach dem Geschehensablauf sachlich nicht richtig – von einem „Geschehensablauf innerhalb kürzester Zeit" und aus dem „blindwütigen Zuschlagen mit der Machete" von einem Fortwirken der starken affektiven Erregung ausging. Der Revision gegen dieses Urteil, in der auch gerügt wurde, daß das Gericht es unterlassen habe, die Frage der Verdeckung einer Straftat zu prüfen, wurde nicht stattgegeben.

Affekt und Heimtücke

Die „typischen" Affekttötungen, die die Annahme der Voraussetzungen einer tiefgreifenden Bewußtseinsstörung rechtfertigen, sind vom Tatbestand her dadurch gekennzeichnet, daß es im Rahmen eines abrupten Affektdurchbruchs entweder durch Anwendung „archaischer" Gewaltmittel innerhalb kürzester Zeit zur Tötung oder lebensgefährlichen Verletzung des Opfers kommt und ferner, daß der „Affektsturm" sowohl einphasig als auch ganz kurzdauernd ist. Psychologisch entspricht dies einer plötzlich eintretenden hochgradigen Einschränkung oder Blockierung kognitiver und Wahrnehmungsfunktionen, die dann aber wieder rasch zumindest soweit aufhellen, daß der Täter die Folgen seines Handelns wahrzunehmen imstande ist und auch fähig, die Wahrnehmung emotional mit Entsetzen, Schreck, Bestürzung usw. zu besetzen. Dies stimmt mit typischen, glaubwürdigen und eben „stimmigen" Tatschilderungen überein wie etwa: „da ist mir eine Sicherung durchgebrannt", „da habe ich nur noch rot gesehen", „plötzlich war es ganz ruhig, da habe ich gesehen ... Du hast ja Deine Frau umgebracht". Diesen typischen Fällen stehen zahlenmäßig allerdings wenige Taten gegenüber, in denen die Tötungshandlung zweiphasig in der Form abläuft, daß das Opfer zunächst aus akuter affektiver Erregung mehr oder minder erheblich verletzt wird und erst nach einem Intervall das nunmehr wehrlose Opfer mit einem herbeigeholten, d. h. also nicht im ursprünglichen Tatortbereich vorhandenen Werkzeug getötet wird. Hieraus ergibt sich juristisch *die Frage nach dem Vorliegen des Heimtückemerkmals, evtl. sogar die nach dem Vorliegen einer Verdeckungstat.* Gerichtspsychiatrisch können sich aus einem solchen Vorgang 2 verschiedene Fragestellungen ergeben, nämlich,

1) ob bei Annahme der Voraussetzungen für das Vorliegen einer tiefgreifenden Bewußtseinsstörung während der Auslösehandlung auch die gleichen oder andere
   Voraussetzungen für die Folgehandlung bestanden haben und
2) ob der Täter bei der Folgehandlung in der Lage war, die Wehrlosigkeit des Opfers
   zu erkennen.

Es wurde versucht, die sich hier stellende Begutachtungsproblematik an Hand der
beiden obigen Fälle darzustellen. Beide Male folgt einem akuten affektiven Durchbruch mit Aggression gegen das Opfer aufgrund einer unmittelbar vorher zugefügten
massiven Kränkung ein zeitlich nachträglich nicht exakt zu bestimmendes, aber zumindest nicht nur ganz kurzdauerndes Intervall mit dann auf Tötung zielenden Folgehandlungen insofern, als der eine Täter 2 Stockwerke tiefer in den Keller ging und
einen Hammer holte, der andere erst, nachdem sich das schwerverletzte Opfer über
eine Strecke von ca. 8 m aus der Küche in die Wohnung geschleppt hatte, eine an der
gegenüberliegenden Wand hoch aufgehängte, und durch eine dicke Lederhülle als
solche nicht ohne weiteres erkennbare, Machete ergriff. Gegenüber einem abrupten
aggressiven Durchbruch ist daher in diesen Fällen von einer – wenn auch in Grenzen
– *zielgerichteten Gestaltung des Tatablaufs durch den Täter* im Rahmen eines nicht nur
plötzlich durchbrechenden, sondern länger hingezogenen Tatgeschehens und mithin
von einem komplexen und nicht einmaligen Vorgehen auszugehen [Merkmale 7, 8
und 9 bei Saß (1983).]
    Es wird für den Gutachter in solchen Fällen erforderlich sein, auch bei Bejahung
der Voraussetzungen für eine verminderte oder aufgehobene Schuldfähigkeit in bezug auf die Auslösetat anhand der weiteren Tatbestandskriterien v. a. auf wahrnehmungspsychologischer Ebene zu prüfen, ob die Voraussetzungen auch fortwirkend
für die Folgehandlungen zu unterstellen sind oder nicht. Kriterien für eine Normalisierung der Bewußtseinslage wären hier die Erfassung der Situation des Opfers, das
Beschaffen eines Tatwerkzeuges, wenn dies kognitive Leistungen erfordert (also die
Erinnerung daran, wo sich ein bestimmtes Tatwerkzeug befindet oder das richtige Erkennen eines vorher unbekannten Gegenstandes), ferner auch unmittelbar nach der
Intervalltötung mit großer Akribie vorgenommene Versuche zur Spurenverwischung.
    Da gerade im Bereich der Konflikt- und Affekttaten eigentlich jeder Fall anders ge-
lagert und deshalb nur höchst bedingt mit anderen vergleichbar ist, können die gutachtlichen Schlußfolgerungen natürlich niemals aufgrund allgemeiner Erfahrungen,
sondern nur an indiziell belegbaren Tatbestandsmerkmalen wie dem Ablauf der Folgehandlung, der mutmaßlichen Verfassung des Tatopfers oder dem Täterverhalten
unter besonderer Berücksichtigung der örtlichen Gegebenheiten gemessen werden.
    Regelhaft wird man aber bei unbestrittener Zweiphasigkeit des Geschehens von
einer *mehr oder minder relevanten Aufhellung der initial erheblich beeinträchtigten Bewußtseinslage* ausgehen müssen, wobei aus dem Gesamtkomplex aller für die Beurteilung von Affekttaten wesentlichen Parameter zu entscheiden ist, ob die Voraussetzungen für die Annahme einer tiefgreifenden Bewußtseinsstörung nicht mehr oder
aber nur noch im Sinne einer erheblichen Beeinträchtigung der Steuerungsfähigkeit
vorlagen.
    Geht man aber gerade unter Anlehnung wahrnehmungspsychologischer Kriterien
von einer Normalisierung oder zumindest deutlichen Aufhellung der noch bei der

Auslösetat gestörten Bewußtseinslage aus, so erhebt sich automatisch die Frage, ob in dieser Phase des Tatablaufs der Täter in der Lage war, die Arg- und Wehrlosigkeit des Opfers zu erkennen, d. h. also nach dem Mordmerkmal „Heimtücke". An sich verneint die Rechtsprechung praktisch durchgehend das Vorliegen von Heimtücke bei starker affektiver Erregung, wie z. B. BGH St 6.120 oder 6.329:

> Nimmt der Täter infolge hoher Erregung die Lage des Opfers nur in einer äußerlichen, nicht in das Bewußtsein dringenden Weise wahr, fehlt es also an der Bedeutungskenntnis, so liegt ein Ausnutzen nicht vor. Hier ist die affektbedingte Bewußtseinseintrübung rechtserheblich. Denn in einem solchen Falle wird die besondere Lage des Opfers für den bewußten Willensbildungsprozeß des Täters nicht kausal. Er entschließt sich zur Tötung ohne Rücksicht auf die für die Tatausführung gegebene günstige Situation.

Was ist nun aus psychologischer Sicht unter einer „nur äußerlichen, nicht in das Bewußtsein dringenden Wahrnehmung" zu verstehen? Die *Wahrnehmung als Bewußtwerden der Außenwelt* (Apperzeption) ist ein überaus komplexer Vorgang, der *mit der Rezeption von Sinneseindrücken beginnt, die durch Organisation und Gestaltung bewußtseinsfähig werden und durch Informationsverarbeitung als kognitive Leistung zum Erkennen führt.* Man könnte also die Formulierung des BGH dahingehend verstehen, daß im Rahmen einer starken affektiven Erregung zwar noch eine Integration von Sinneseindrücken bis zu einer gewissermaßen „vorgestaltlichen" Wahrnehmung möglich ist, es aber durch die affektive Blockierung kognitiver Funktionen nicht zu einer ausreichenden Informationsverarbeitung kommt, um die Hilf- und Wehrlosigkeit des Opfers als solche zu erkennen. Aus dieser Sicht erscheint es nun aber inkonsequent, wenn der BGH, der auch in weiteren Urteilen grundsätzlich an dieser Rechtsauffassung festgehalten hat (vgl. BGH, St 30, 105, 11, 139; BGH, MJG 1980; 792–793; NStZ 1981: 140 oder NStZ 1983: 34), nicht ausdrücklich fordert, daß die das Tatbestandsmerkmal der Heimtücke ausschließende starke Erregung oder affektive Bewußtseinstrübung bereits die Qualität einer tiefgreifenden Bewußtseinsstörung im Sinne von § 20 StGB erfüllt haben muß.

Eine affektive Blockierung kognitiver Funktionen, die so weit geht, daß Sinneseindrücke nur bis zu vorgestaltlichen Wahrnehmungen integriert werden können, entspricht doch wohl sicherlich einer psychischen Verfassung, die auch als tiefgreifende Bewußtseinsstörung im Rechtssinne verstanden werden sollte. Möglicherweise eingedenk dieser Inkonsequenz hat der BGH dann auch in einem anderen Fall, in dem das ersterkennende Gericht zwar von „einer gewissen Affektstauung" ausgegangen war, indessen aber festgestellt hatte, daß der Täter „durchaus fähig war, die Lage zu überschauen" in BGH St 11, 139 festgestellt:

> Die Tatsache allein, daß jemand in einer entschuldbaren heftigen Gemütsbewegung tötet, schließt es jedoch nicht aus, sein Vorgehen „heimtückisch" zu nennen.

Wichtig an dieser Entscheidung ist, daß mit ihr gewissermaßen eine *Entkoppelung zwischen Schuldfrage und Bejahung eines Mordmerkmals* derart vorgenommen wird, daß trotz eines entschuldbaren und möglicherweise auch die verminderte Schuldfähigkeit konstituierenden Affekts in bestimmten Fällen heimtückisches Handeln (also die Ausnutzung der Arg- und Wehrlosigkeit des Opfers) gegeben sein kann. Dies erscheint insofern auch logisch, als ja die verminderte Schuldfähigkeit nicht irgendein „Zwischending" zwischen Schuldfähigkeit und Schuldunfähigkeit ist, sondern ein Unterfall der Schuldfähigkeit (Witter 1990)! Ein Bewußtsein der Arg- und Wehrlosigkeit setzt nämlich nicht unbedingt einen länger erwogenen Tatplan, eine längere Überlegung oder gar planvolles Vorgehen voraus: vielmehr kann der Täter auch einer raschen Eingebung folgend die für ihn günstige Situation oder die Umstände, welche Heimtücke begründen, in ihrer Bedeutung für die Tat oft „mit einem Blick" erfaßt haben (BGH 2, 60, NStZ 81, 140, StV 83, 523). Dieses „Erfassen auf einen Blick" als intuitiver Akt der Wahrnehmung setzt aber nicht eine uneingeschränkte Bewußtseinsklarheit a priori voraus. Auch bei weitestgehender Einengung des Bewußtseins auf das Tatgeschehen braucht sich der Wahrnehmungsvorgang nicht auf unbestimmt-vorgestaltliche Eindrücke zu beschränken, sondern es kann sehr wohl zu einer weitergehenden Integration und Gestaltung auf kognitiver Ebene mit Erkennen der Wehrlosigkeit des Opfers kommen.

Dies begründet aber auch, selbst bei Bestehenbleiben der affektbedingten erheblich verminderten Steuerungsfähigkeit, einen Schuldvorwurf dann, wenn rückblickend eine Verhaltenskorrektur zumutbar erscheint, diese aber aufgrund einer bereits bestehenden oder im Tatvorfeld aufbrechenden feindselig-destruktiven Gesinnung gegenüber dem Opfer nicht erfolgte, möglicherweise zusätzlich mit dem Ziel, die tatbestandsmäßig erfüllte versuchte Tötungshandlung zu verdecken.

Diesen relativ seltenen Fällen einer zweiphasigen affektiven Tötungshandlung sind bezüglich der hier erörterten Beurteilungsprobleme auch jene *„einphasigen" Affekttaten* hinzuzurechnen, *die durch einen längeren Tatablauf gekennzeichnet sind.* Dieser kann durch Flucht und Verfolgung des Opfers ebenso gekennzeichnet sein wie anfängliche heftige Gegenwehr, die zunächst durch den Täter bis zur Wehrlosigkeit gebrochen wird, bis er dann unter Ausnutzen der Wehrlosigkeit die Tötungshandlung vollzieht.

Insbesondere gilt dies für *komplexe Tathergänge*, die sich aus einer initialen hochgradigen Erregung konstituieren, zur schweren Verletzung des Opfers führen und im weiteren Handlungsablauf eine gezielte Verdeckungsabsicht erkennen lassen. So z. B. in einem erst unlängst bekanntgewordenen Fall, in dem ein junger Mann in schwerster affektiver Erregung in einem Wald eine Frau niederschlug, danach das bewußtlose Opfer in dessen am Waldweg abgestellte Auto schleppte und verschiedene Versuche unternahm, das Auto in Brand zu setzen, die glücklicherweise mißlangen. In diesem Fall war sowohl allein aus dem Tatverhalten das kognitive Erfassen der Opfersituation als auch der damit für den Täter geschaffenen Lage klar erkennbar, so daß von einem einheitlich psychologisch zu beurteilenden affektiven Ausnahmezustand für den gesamten Tatkomplex keine Rede sein konnte.

Es wurde aufzuzeigen versucht, daß sich hier mitunter für den psychiatrisch-psychologischen Sachverständigen *2 kategorial verschiedene Beurteilungsbereiche* ergeben. Zum einen die Frage nach dem Vorliegen einer verminderten oder aufgehobenen *Schuldfähigkeit* aufgrund einer tiefgreifenden Bewußtseinsstörung, die bei zweiphasigem oder länger hingezogenem Handlungsablauf sehr wohl für die einzelnen Phasen unterschiedlich beurteilt werden kann. Die Dinge liegen hier umgekehrt, wie beim Beispiel des „Entfesselungsaffekts", wo die im Rahmen eines länger hingezogenen Tatgeschehens eingetretene Schuldunfähigkeit durch tiefgreifende Bewußtseinsstörung rechtlich deshalb nicht zum Tragen kommt, weil von einem vorgefaßten, wenn auch u. U. nur alternativen Tötungsvorsatz auszugehen ist. Ein wichtiges Kriterium für die Beurteilung ist die *Wechselwirkung zwischen Täter- und Opferverhalten*, wenn diese z. B. von seiten des Täters einen Übergang vom „blindwütigen" zu einem „gezielten" Tötungsvorgang erkennen läßt, weil dies Rückschlüsse auf eine zumindest partielle Normalisierung von Wahrnehmungsfunktionen und das Wirksamwerden von kognitiven Leistungen insofern erkennen läßt, als *der Täter sein Handeln entsprechend dem Opferverhalten zu modifizieren imstande ist* und mithin eine Verhaltenskorrektur zumutbar erscheinen muß.

Da eine verminderte Schuldfähigkeit auch bei Taten in starker affektiver Erregung die *Heimtücke des Vorgehens* nicht ausschließt, ist wiederum ein wahrnehmungspsychologischer Ansatz hilfreich, um zu dieser Frage Stellung zu nehmen. Natürlich ist die Qualität der Wahrnehmung der Arg- und Wehrlosigkeit des Opfers als solche nicht überprüfbar, es sind aber verläßliche Rückschlüsse indiziell dann erlaubt, *wenn im Tatgeschehen der verhaltensdeterminierende Einfluß von Wahrnehmungseindrücken in der Täter-Opfer-Interaktion erkennbar wird*, d. h. also, wenn sich der weitere Handlungsablauf nach initial durchbrechendem Affekt aus neuen Wahrnehmungseindrücken konstituiert, aus Wahrnehmungseindrücken also, die nicht nur unbestimmt-vorgestaltlich sind, sondern kognitive Leistungen bewirkten.

Da es sich, wie schon gesagt, um 2 kategorial verschiedene Beurteilungsbereiche handelt, bleibt die Frage nach der strafrechtlichen Verantwortlichkeit bei Bejahung der Voraussetzungen für das Vorliegen eines Mordmerkmals hiervon unberührt, da das Ausnutzungsbewußtsein nicht wie die Schuldfähigkeit eine graduelle Abstufung in Richtung einer Verminderung kennt. Wie auch außerhalb der typischen Affekttaten kann jemand heimtückisch, aber im Zustand verminderter Schuldfähigkeit gehandelt haben.

Zusammenfassung

Orientierungshilfen für die Beurteilung des Grades einer Bewußtseinsstörung und damit der Schuldfähigkeit sind bei einlinigen bzw. einphasigen Affekttaten zum einen der *täterorientierte, strukturell-dynamische Aspekt* der Täterpersönlichkeit in Verbindung mit der Entwicklung der Täter-Opfer-Beziehungen und der besonderen prädeliktischen Situation; zum anderen der *tatorientierte, indizielle Aspekt*, der die Tatmerkmale und das Täterverhalten bewertet. Bei komplexeren Tatabläufen unter affektiver Erregung, insbesondere aber bei Zweiphasigkeit des Tatgeschehens, wo es durch eine Auslösetat zu einer schweren Verletzung und damit Wehrlosigkeit des Opfers kommt, und erst nach einem Intervall im Rahmen einer Folgehandlung die Tötung vollzogen wird, ist bei Bejahung einer verminderten oder aufgehobenen Schuldfähigkeit nur für die Auslösetat die Frage zu prüfen, ob von einer durchgehend gleichmäßig gestörten Bewußtseinslage auszugehen ist oder nicht. Es wurde aufzuzeigen versucht, daß zur Beantwortung dieser Frage ein *wahrnehmungspsychologischer Ansatz* wichtige Aufschlüsse zu geben vermag.

Indizien für eine zumindest partielle Normalisierung von Wahrnehmungsfunktionen und das Wirksamwerden von kognitiven Leistungen ergeben sich z. B. aus der

Bewertung der Wechselwirkung zwischen Täter- und Opferverhalten etwa in Form des Überganges von einer „blindwütigen" Aggression zu einem „gezielten" Tötungsvorgang mit einem erst nach der Auslösetat herbeigeschafften Tötungswerkzeug. Die erkennbare Fähigkeit des Täters, sein Handeln entsprechend dem Opferverhalten zu modifizieren, erlaubt Rückschlüsse darauf, daß er in dieser Phase des Tatablaufs sein Verhalten an – wenn auch auf die Situation eingeengten – kognitiven Leistungen zu orientieren imstande war, was umgekehrt zwangsläufig auch die Aussage zuläßt, daß eine Verhaltenskorrektur in dieser Phase des Geschehens wegen Normalisierung der Bewußtseinslage zumutbar war. Mit anderen Worten: Während das Kennzeichen einer schweren affektiven Bewußtseinsstörung die Blockierung von Wahrnehmungsfunktionen ist, spricht der Übergang zu einem gezielten Tötungsverhalten nach initialem Affektdurchbruch für eine zumindest partielle Normalisierung der Wahrnehmung, in deren Rahmen wieder kognitive Leistungen möglich sind. Dies kann als ein verläßliches Indiz für eine Aufhellung des Bewußtseins gewertet werden. Ist daher Schuldunfähigkeit für die Auslösetat anzunehmen oder zumindest nicht auszuschließen, so sind bei der Beurteilung der Schuldfähigkeit für die Folgehandlungen solche wahrnehmungspsychologischen Aspekte wichtige Indizien für eine zumindest partielle und damit rechtlich relevante Aufhellung der Bewußtseinslage.

Da eine nur verminderte Schuldfähigkeit auch bei Taten in starker affektiver Erregung die Heimtücke des Vorgehens nicht ausschließt, ist wiederum ein solcher wahrnehmungspsychologischer Ansatz hilfreich, um zu dieser Frage Stellung zu nehmen. Natürlich ist die Qualität des Erkennens der Arg- und Wehrlosigkeit des Opfers als solche nicht überprüfbar. Es sind aber verläßliche Rückschlüsse indiziell dann erlaubt, wenn im Tatgeschehen der *verhaltensdeterminierende Einfluß von Wahrnehmungseindrücken in der Täter-Opfer-Interaktion erkennbar wird*, d. h. also, wenn sich der weitere Handlungsablauf nach initial durchbrechendem Affekt aus *neuen Wahrnehmungseindrücken* konstituiert, und zwar aus solchen, die nicht nur unbestimmtvorgestaltet sein können, sondern die aus dem Täterverhalten erkennbare *kognitive Leistungen bewirken.*

Da es sich um 2 kategorial verschiedene Beurteilungsbereiche handelt, liegt kein Widerspruch darin, sowohl die Voraussetzungen für das Vorliegen verminderter Schuldfähigkeit als auch die des Heimtückemerkmals zu bejahen. Die Unterstellung eines Ausnutzungsbewußtseins kennt keine graduelle Abstufung wie die Beurteilung der Schuldfähigkeit, wobei aber darauf zu verweisen ist, daß die *verminderte Schuldfähigkeit* nicht ein „Zwischending" zwischen voller Schuldfähigkeit und Schuldunfähigkeit ist, sondern ein *Unterfall der Schuldfähigkeit.* Es verbleibt also auch dann *bei der Schuldzuweisung*, es können sich lediglich die Rechtsfolgen ändern.

Literatur

Blau G (1989) Die Affekttat zwischen Empirie und normativer Bewertung. In Festschrift für H. Tröndle. De Gruyter, Berlin New York, S 201–218

Geilen G (1972) Zur Problematik des schuldausschließenden Affekts. In: Festschrift für R. Maurach. Müller, Karlsruhe, S 173–195

Glatzel J (1985) Forensische Psychiatrie. Enke, Stuttgart

Kretschmer E (1971) Medizinische Psychologie, 13. Aufl. Thieme, Stuttgart

Krümpelmann J (1974) Motivation und Handlung im Affekt. In: Festschrift für H. Welzel. De
    Gruyter, Berlin New York, S 327–341
Maisch H (1983) Diagnostische Urteilsbildung zur Einschätzung von Schweregraden und ihrer
    Auswirkungen für forensische Zwecke: Grundlagenprobleme, Suchrichtungen, Annäherungs-
    strategien. Monatsschr Kriminol 66: 343 ff.
Mende W (1986) Die affektiven Störungen. In: Venzlaff U (Hrsg) Forensische Psychiatrie. Fi-
    scher, Stuttgart New York, S 317–325
Rasch W (1980) Die psychologisch-psychiatrische Begutachtung von Affektdelikten. NJW 33:
    1290–1315
Rasch W (1986) Forensische Psychiatrie. Kohlhammer, Stuttgart
Rudolphi HJ (1974) Affekt und Schuld. In: Festschrift für H. Henkel. De Gruyter, Berlin New
    York, S 199–214
Salger H (1989) Zur forensischen Beurteilung der Affekttat in Hinblick auf eine erheblich vermin-
    derte Schuldfähigkeit. In: Festschrift für H. Tröndle. De Gruyter, Berlin New York, S 201–218
Saß H (1983) Affektdelikte. Nervenarzt 54: 553–572
Venzlaff U (1985) Die forensisch-psychiatrische Beurteilung affektiver Bewußtseinsstörungen –
    Wertungs- oder Quantifizierungsproblem? In: Festschrift für G. Blau. De Gruyter, Berlin New
    York, S 391–403
Wegener H (1981) Einführung in die forensische Psychologie. Wiss Buchges, Darmstadt
Witter H (1990) Unterschiedliche Perspektiven in der allgemeinen und in der forensischen Psych-
    iatrie. Springer, Berlin Heidelberg New York
Ziegert U (1987) Vorsatz. Schuld und Vorverschulden. Duncker & Humblodt, Berlin

Die Beurteilung der Amnesie bei Affekttaten

H.J. Horn

Einleitung

Vorwiegend oder ausschließlich affektbestimmte Delikte machen einen relativ hohen Anteil an der Gesamtzahl aller gegen das Leben gerichteten Straftaten aus. Nach Schreiber (1981) handelt es sich bei mehr als 25% aller Tötungsdelikte um Affekttaten. Dementsprechend häufig wird der forensisch-psychiatrisch-psychologische Gutachter bei der Frage nach der Schuldfähigkeit zur Tatzeit mit solchen Fällen befaßt, bei denen Affekte der Wut oder des Zorns oder seltener der Angst und Furcht eine mehr oder weniger große Bedeutung im Determinationsgefüge der Tat haben. Es sind keineswegs nur die auf einer langen Vorgeschichte basierenden Beziehungstaten, wie sie Rasch schon 1964 beschrieben hat. Häufiger handelt es sich um in einer ganz alltäglichen Situation entstandene Aggressionstaten, die sich unter Alkoholeinfluß aus einem eskalierenden Streit entwickelt haben oder um sthenische Kurzschluß- oder Explosivreaktionen ohne spezifische Vorgeschichte.

Einmal liegt das Schwergewicht im Determinationsgefüge einer Tat in einer krankheitsbedingten Veränderung der Affektivität, so z. B. bei einer Schizophrenie oder einer hirnorganischen Wesensänderung, ein anderes Mal in einem Schwachsinn des „Affekttäters" oder in einer schweren Persönlichkeitsstörung. In anderen Fällen spielen Intoxikationen durch Alkohol oder Drogen die entscheidende Rolle beim Entstehen und Ausagieren der Affekte.

Meistens sind es jedoch psychisch weitgehend gesunde Personen mit einem bis zur Straftat unauffälligen und strafrechtlich nicht oder nur wenig belasteten Lebenslauf.

Die psychiatrisch-psychologische Begutachtung hat sich nicht auf eine Analyse der Täterpersönlichkeit, der Tatvorgeschichte und der konstellativen Faktoren zu beschränken. Es ist auch die zumeist nur Sekunden bis Minuten dauernde „Affekttat" zu erhellen, sie möglichst randscharf abzugrenzen und die Tat mit der Täterpersönlichkeit in Beziehung zu setzen. Daraus leiten sich die Erkenntnisse ab, ob es sich überhaupt um eine Affekttat, einen mittelgradigen oder hochgradigen Affekt, gehandelt hat, der es rechtfertigen würde, ihn mit entsprechenden Konsequenzen für die Beurteilung der Schuldfähigkeit dem juristischen Begriff der „tiefgreifenden Bewußtseinsstörung" zuzuordnen.

Das Gutachten hat sich u. a. darüber auszulassen, ob eine aktuelle Provokation durch das Opfer im Sinne eines Tatanstoßes gegeben war und die Tat unmittelbar dem Auslösereiz folgte oder aber Vorbereitungshandlungen gleich welcher Art zwischengeschaltet wurden. Ob das aggressive, affektbestimmte Verhalten abrupt und rechtwinklig einsetzte und ebenso abklang, Aufmerksamkeit und Konzentration auf das

Reizobjekt fixiert und das Bewußtsein eingeengt war, eine rationale Übersicht fehlte und eine völlig planlose Anpassung an die Situation bestand, läßt sich nur dann im Sinne einer „Affekttat" interpretieren, wenn dem Untersucher diesbezügliche Äußerungen des Täters zur Verfügung stehen, er kooperativ, aussagebereit ist und keine Erinnerungslosigkeit für das Tatgeschehen geltend macht.

Erinnerungsausfälle, die nach Saß (1983) zu den sehr unsicheren Affektmerkmalen gehören, erstrecken sich in manchen Fällen auf Bruchstücke des Tatablaufs oder aber auf die gesamte Tat mit einem evtl. auslösenden Reiz, einer mehrgliedrigen Handlungskette und die Nachtatphase. Sie reichen somit von Sekunden bis Stunden. Der Täter behauptet, sich gar nicht, nur schemen- oder bruchstückhaft, verschwommen oder inselförmig an die begangene Straftat erinnern zu können. Andere Täter geben an, zeitliche, örtliche oder das Tatgeschehen nur peripher tangierende Gegebenheiten nicht wiedergeben zu können.

Rasch (1966) führt eine Palette von Gründen als Ursache für behauptete Erinnerungsausfälle an, die es vom Sachverständigen in ihrer Bedeutung für den Einzelfall darzustellen gilt:

1) Die Ereignisse wurden nicht voll wahrgenommen, weil sich die Aufmerksamkeit auf bestimmte Bereiche beschränkte.
2) Es erfolgte keine hinreichende mnestische Verankerung, z. B. wegen einer gleichzeitig bestehenden Alkoholintoxikation.
3) Zunächst bestehende Eindrücke wurden ausgelöscht, z. B. durch eine Gehirnerschütterung.
4) Erinnerungseindrücke werden vergessen.
5) Erinnerungsinhalte unterliegen dem Mechanismus der Verdrängung, d. h. sie werden abgespalten, weil sie von der Persönlichkeit im übrigen nicht akzeptiert werden können.
6) Im Strafverfahren behauptet ein Täter wahrheitswidrig, sich nicht erinnern zu können, weil er sich auf diese Weise die größten Chancen für sein Verfahren verspricht.

Der Gutachter hat zu beurteilen, ob es sich um eine Vortäuschung im Sinne der Schutzbehauptung, um psychogene oder organische Erinnerungsstörungen handelt, und die Einschätzung von Erinnerungslücken (Thomae u. Schmidt 1967; Binder 1974; Undeutsch 1974), von „inselhaften Erinnerungsresten" (Steigleder 1974; Mende 1986) oder einer „Erinnerungsverschwommenheit" (Mende 1986) vorzunehmen. Damit hängt der Aussagewert einer behaupteten totalen oder partiellen Amnesie im wesentlichen mit der Frage nach ihrem Wahrheitsgehalt zusammen (Diesinger 1977).

Erinnerungsstörungen für ein abgelaufenes Tatgeschehen werden relativ häufig vom Täter angegeben. Sie sind, wie jeder gerichtserfahrene Sachverständige bestätigen wird, keineswegs eine Rarität. Folgende Aufstellung gibt die von verschiedenen Autoren beschriebene Häufigkeit von Amnesien nach einer Straftat wieder:

Hopwood u. Snell (1933)   71%
Leitch (1948)   31%
Guttmacher (1955)   33%
O'Connell (1960)   40%
Bradford u. Smith (1979)   47%
Taylor u. Kopelman (1984)   26%
Parwatikar et al. (1985)   23%
Barbey (1990)   67%

Die Amnesie im Ermittlungs- und Strafverfahren

In einem Urteil vom 11.6.1987 (4 StR 207/87, StV 1988, 57) werden die hohen Erwartungen des Bundesgerichtshofs in die diagnostischen Möglichkeiten des Gutachters deutlich. Es heißt dort:

1) Eine nachgewiesene Erinnerungslosigkeit an die Tat – allein oder zusammen mit anderen Merkmalen – ist ein Anzeichen für eine auf einem Affekt beruhende Bewußtseinsstörung.
2) Kennzeichen möglicher affektbedingter Beeinträchtigungen der Schuldfähigkeit sind eine zeitlich eng begrenzte, totale Erinnerungslücke oder inselhaft erhaltengebliebene Erinnerungsreste.
3) Die Unterscheidung eines solchen Symptoms von Schutzbehauptungen und Ergebnissen psychischer Verdrängungsvorgänge ist schwierig und erfordert in der Regel die Einholung eines Sachverständigengutachtens.

Der Bundesgerichtshof geht somit in seinem Urteil davon aus, daß eine behauptete Erinnerungslosigkeit mit Hilfe eines Sachverständigen „nachgewiesen" werden kann. Sicher gibt es Einzelfälle, in denen eine angegebene Erinnerungslücke für den Tatzeitraum als Schutzbehauptung oder „Simulation" evident wird. Wer z. B. nach einem schuldhaft herbeigeführten Verkehrsunfall wegfahre, sich 12 h verstecke, sich anschließend der Polizei stelle und für den gesamten Zeitraum eine Amnesie anführe, habe i. allg. nur bis zum Abklingen des Blutalkoholspiegels gewartet (Venzlaff 1986). In einer Erhebung von Barbey (1990) werden 3 Täter, die für die Tatzeit eine Amnesie behauptet hatten, angeführt, die ihre diesbezüglichen Angaben nachträglich wieder zurücknahmen, wobei bei zweien dieser Täter bis zum Widerruf von einer echten Amnesie ausgegangen wurde.

Weit häufiger muß sich der Sachverständige auf dem Boden der ihm zugewiesenen Objektivität und Neutralität auf die Darstellung des Einzelfalls, der gültigen Erkenntnisse über Entstehungsbedingungen und über die Struktur der Amnesien beschränken und die Entscheidung, ob sich der Betroffene „tatsächlich" nicht erinnern kann, die Erinnerungslücke das schemenhafte oder inselförmige Erinnern „echt", „glaubwürdig" oder nur „vorgetäuscht" sei, dem Gericht überlassen, will er sich nicht in eine ihm nicht zustehende Prozeßrolle hineindrängen lassen.

Die Amnesie aus der Sicht des Sachverständigen

Das oben angeführte BGH-Urteil privilegiert ein Affektmerkmal, dessen Wert nach Saß (1983) und anderen Autoren als um so zweifelhafter anzusehen ist, je isolierter die Amnesie lediglich belastende Ereignisse betrifft und je weniger sie von anderen Befunden gestützt wird. Aufgrund der bestehenden Unsicherheiten und der Schwierigkeiten wegen fehlender verläßlicher Außenkriterien, die verschiedenen Arten der Amnesien zu unterscheiden, empfiehlt Rasch (1966), bei der Beurteilung der Schuldfähigkeit vom Untersuchten angegebene Erinnerungslücken als unzuverlässiges und zur Tatzeit nicht wirksames Symptom völlig auszuklammern. Barbey (1990) weist darauf hin, daß bei planvoller Durchführung und zeitlich lang hingezogener Tathandlung postdeliktische Erinnerungsstörungen allgemein als vorgegeben angesehen werden müssen. Sie betont, daß falsch-positive und falsch-negative „Amnesiediagnosen" auch leicht durch das theoretische Konzept des Gutachters („es paßt" oder „es paßt nicht") zustande kommen können.

Dem den Stellenwert einer behaupteten Amnesie eher negierenden Aspekt steht die Position von Undeutsch (1974) gegenüber, der die Möglichkeit einer wahrheitswidrigen schlichten Schutzbehauptung durchaus betont. Für ihn kommt es „entscheidend auf den Einsatz einer ausgeklügelten, vielschichtigen und versierten Explorationstechnik an und auf die an aussagepsychologischen Kriterien orientierte Bewertung der vom Beschuldigten gemachten Angaben". Die Analyse habe stets auf tendenziöse Elemente zu achten. Es gebe keinen Erinnerungsausfall, der so beschaffen sei, daß er auf die den Täter am stärksten belastenden Umstände eingeschränkt ist, während für kleinste und entlegenste Details, die im Sinne einer Entlastung verwertet werden sollen, ein minutiöses Gedächtnis bestehe.

Brandt (1988) sieht keine wissenschaftlich begründeten, validen und reliablen Verfahren, mit denen die Simulation einer angegebenen Erinnerungslücke nachzuweisen wäre. Schacter (1986 a, b) hat experimentell mit simulierenden Probanden versucht, Merkmale unechter Amnesien herauszuarbeiten. Er sieht nach den Ergebnissen z. Z. keine zuverlässigen diagnostischen Methoden, zumal alle Experimente den Nachteil haben, daß sie die für die Entstehung postdeliktischer Amnesien bedeutsamen motivationalen und persönlichkeitsspezifischen Faktoren nicht zu erfassen vermögen.

Für die Beurteilung der diagnostischen Verwertbarkeit einer alkoholbedingten Amnesie führen Forster u. Joachim (1975) folgende Kriterien an:

1) Es fehlt die Ereignisfixierung.
2) Es stellt sich zuerst ein Verlust der zeitlichen Ordnung, des Erinnerungsgefüges, dar (Zeiterinnerungsstörung, Zeitgitterstörung). Ereignisse werden nicht mehr in den richtigen zeitlichen Ablauf eingeordnet.
3) Die Erinnerungsstörung im Alkoholrausch zeigt Übergänge und Abstufungen zum vollen Erinnern, z. B. im Gegensatz zu den Erinnerungsstörungen nach einer Commotio. Es treten Unschärfen auf. Die Schilderung wird unklar und undeutlich. Nach Rasch (1966) imponieren die veränderten Erlebnisbedingungen in der Bewußtseinstrübung in der späteren Aussage als etwas „Unklares, Wogendes, Fluktuierendes, das dem ganzen Erleben anhaftet".

4) Die toxisch bedingte Amnesie ist durchbrochen von Gedächtnisfragmenten bzw. Erinnerungsinseln.

5) Es besteht die Tendenz des Kleinerwerdens von Erinnerungslücken in der postalkoholischen Phase aufgrund gedanklicher Rückschlüsse, Erinnerungsbemühungen, Erzählungen, Vermutungen, die das subjektive Erlebnisvakuum langsam wieder auffüllen.

Das Fehlen einer Amnesie schließe nicht aus, daß bei dem Täter im Tatzeitraum eine Bewußtseinslage bestand, die den Voraussetzungen des § 20 StGB entspricht. Damit werde, wie Forster u. Joachim (1975) betonen, das Kriterium der Amnesie für die Beurteilung der schuldmindernden Funktionen eines Alkoholrausches „praktisch wertlos". Aufschluß über die Intensität der alkoholischen Beeinträchtigung geben erst die zusätzliche Analyse der Rauschsymptomatik, der Tatsituation und des Gesamtverhaltens des Täters und der Tat-Täter-Beziehung.

Im eigenen Untersuchungsgut finden sich 4 Fälle, in denen bis zu 2 h nach der Tat der unter erheblichem Alkoholeinfluß stehende Täter telefonisch oder persönlich enge Bezugspersonen oder die Polizei informierte und die Tat eingestand. Am nächsten Tag wurden im nüchternen Zustand nur noch bruchstückhafte Erinnerungsreste behauptet. Bei Vernehmungen drängte sich der Verdacht auf, daß der Täter aus prozeßtaktischen Gründen eine Erinnerungslosigkeit nur vortäuschte, zumal auch der Vorgang der Selbstbezichtigung und Selbstanklage nicht mehr erinnert wurde.

Lassen sich derartige Verdachtsmomente ausräumen und Fremdbeeinflussungen ausschließen, so hat man es mit einem Phänomen zu tun, welches als „retardierte Amnesie" aus der Literatur bekannt ist. Danach ist das Geschehen voll präsent, solange der Rausch und die mit ihm gegebene Gestimmtheit anhalten. Eine Unterbrechung des Erlebniskontinuums im Schlaf genüge, um die Erinnerung an die Ereignisse aus dieser Episode auszulöschen (Rasch 1966; Finzen 1986). Das Konzept der „state dependent amnesia" wird nicht nur in Verbindung mit der alkoholbedingten Amnesie im amerikanischen Schrifttum diskutiert (Howard 1990). Es wird als hinreichend gesichert angesehen, daß jemand, der sich während eines Ereignisses in einer veränderten Stimmungslage befindet, eher fähig ist, sich daran zu erinnern, wenn er sich in einer äquivalenten Stimmung befindet. So zeigten Weingartner et al. (1977), daß Patienten in der manischen Phase sich an Gelerntes erinnern konnten, wenn sie sich wieder in der gleichen Stimmungslage befanden. Wenn man davon ausgeht, daß sich ein Gewalttäter zum Zeitpunkt der Tat in hoher affektiver Erregung befindet, ist die verlorene Erinnerung an das Tatgeschehen nur durch Reproduktion der gleichen Gestimmtheit zu erreichen (Howard 1990). Es läßt sich nachvollziehen, daß es sich dabei um eher hypothetische und im Rahmen forensisch-psychiatrischer Aufgabenstellungen nicht praktikable Erkenntnisse handelt.

Theoretische Grundlagen

Für das Verständnis und die Zuordnung von Erinnerungsstörungen ist es erforderlich, sich die komplexen Grundlagen des retrospektiv gerichteten Bewußtseinsvorgangs des Erinnerns zu vergegenwärtigen. Davon ausgehend, daß der wache und bewußtseinsklare Mensch ständig „erlebt", kann man sich mit Witter (1970) ein 3gliedriges Modell, welches das Einprägen, Aufbewahren und Reproduzieren von Erinnerungsmaterial beinhaltet, vorstellen.

Das unmittelbar Erlebte, welches über einen oder mehrere der fünf Sinne aufgenommen wird, prägt sich ein, indem es bei intaktem und normal funktionierendem biologischen Substrat des „Gedächtnisapparates" in der Psyche eine mehr oder minder deutliche Erinnerungsspur bildet. Eine Bewußtlosigkeit ebenso wie ein traumloser Schlaf hinterlassen eine völlige Erinnerungslosigkeit für die Dauer des betreffenden Zustandes. Es findet kein Erleben statt. Somit können auch keine Erinnerungsspuren gebildet werden. Auch das biologische Substrat betreffende Erkrankungen, degenerative Prozesse und Intoxikationen verringern die Fähigkeit zur Bildung von Erinnerungsspuren oder führen zu einer defekten Registrierung von Erinnerungsmaterial (Power 1977).

Die Fähigkeit, sich Erlebtes einzuprägen und aufzubewahren, wird von psychologischen Bedingungen maßgeblich mitbestimmt:

A) Die zielgerichtete Aufmerksamkeit, das Interesse am Erlebten, verbessern das Einprägen und Behalten. Mangel an Interesse und Müdigkeit sowie die Vorbesetzung mit Dingen, die unabhängig von der Situation sind, bedingen eine falsche oder gar keine Registrierung des Materials (Power 1977), während die Registrierung erleichtert wird, wenn vom Individuum erwartet wird, daß es gewisses Material erinnern muß.
B) Die affektive Beteiligung, mit der ein Ereignis erlebt wird, führt eher dazu, daß sich Ereignisse besser oder überhaupt einprägen. Danach wäre zu vermuten, daß sich z. B eine Provokation, Kränkung, Diffamierung und die darauffolgende affektive Entladung als affektiv besonders negativ besetztes Ereignis einprägt, sofern nicht eine alkoholische oder sonstige psychische Störung vorliegt und die Bildung einer Erinnerungsspur verhindert (Taylor u. Kopelman 1984).
C) Das Registrieren und Behalten wird entscheidend begünstigt durch die ganzheitliche Organisation des Erinnerungsmaterials und seine Integration in die Gesamtpsyche aufgrund des Vorgangs des Verstehens (Witter 1970, 1972).
    Erinnerungsmaterial als Folge der Einprägung des Erlebten wird aufbewahrt. Dabei handelt es sich nicht um einen passiven Vorgang im Sinne der Ablagerung. Selbstverständlich verblassen Erinnerungen mehr oder weniger abhängig vom Faktor der Zeit (Vergessen). Im zeitlichen Intervall zwischen der Rezeption des Materials und dem Aufrufen des Erinnerungsmaterials nimmt das Behalten ab. Dieser Vorgang ist eher früh in diesem Intervall angesiedelt als später, da Erinnerungsspuren atrophieren, wenn sie nicht gebraucht werden (Power 1977). Das gespeicherte Erinnerungsmaterial unterliegt einer ständigen Umstrukturierung, indem es durch neue Erlebnisse und Einprägungen nicht nur erweitert, sondern auch modifiziert und umgestaltet wird. Neue psychische Inhalte werden in den alten und schon seit kürzerer oder längerer Zeit vorhandenen Bestand von Wissen, Erinnerungen, Erfahrungen, Einstellungen integriert und bilden in einem „dynamischen Zusammenschluß eine neue Ganzheit" (Witter 1970, 1972).
    Besonders für affektbestimmte Gewalttaten zwischen Ehe- und Liebespartnern ohne wesentlichen Alkohol- oder Drogeneinfluß ergeben sich aus diesen Erkenntnissen folgende Überlegungen: Der Beziehungstat geht in einer großen Zahl von Fällen eine konfliktgeladene, an die Partnerin/den Partner gebundene, mit Ambitendenzen und

Ambivalenzen besetzte Vorgeschichte voraus, in der der rasche Wechsel zwischen Aversion und Appetenz, Streitigkeiten und Versöhnungen (Rasch 1964) ablesbar ist und die spezifisch partnerabhängige Entwicklung bestimmt. Bemühungen um eine Versöhnung und Reintegration der Partnerschaft mit massiven Auseinandersetzungen wechseln sich ab. Gelegentlich finden sich eindeutig parallel laufende Intentionen, in die Affekte der Wut durchaus passager einfließen können, das Verhalten aber nicht bestimmen. Geht man von einer Persönlichkeitsstruktur der Täter aus, die als eher weich und selbstunsicher, wenig durchsetzungsfähig, nicht aggressiv zu beschreiben wäre, so kann man keineswegs einer Vorstellung beipflichten, daß die Gewalttat den Intentionen des Täters entsprechen könnte. Wenn somit divergierende Bestrebungen aus der persönlichen und partnergebundenen Paargeschichte ablesbar sind, die Aggressionstat den Strebungen zuwider läuft und nicht mit den Intentionen der Persönlichkeit vereinbar ist, stellt sich die Tat als ein Ereignis dar, welches mit den schon vorhandenen Einstellungen, Strebungen und Erfahrungen der Persönlichkeit nicht vereinbar ist und somit nicht einer Interpretation im Sinne einer „neuen Ganzheit" (Witter 1970) entspricht.

Vor diesem Hintergrund muß sich der Täter mit dem aggressiven Tatgeschehen auseinandersetzen, es verarbeiten, was mit Hilfe des aus der Tiefenpsychologie bekannten Verdrängungsprozesses erfolgt. Dieser dient der inneren und äußeren Rechtfertigung und der Stabilisierung des durch die den sonstigen Strebungen der Persönlichkeit zuwiderlaufenden, labilisierten Selbstwertgleichgewichts. Die Verdrängung des realen Erlebnisses in den Bereich des Unbewußten stellt somit einen postdeliktisch entstandenen, innerpsychischen Akt dar, dessen Vorhandensein nicht auf eine Bewußtseinsstörung während des Tatgeschehens schließen läßt, obwohl beide Prozesse, sowohl die Amnesie nach einer Bewußtseinsstörung als auch die psychogene Amnesie im Sinne der Verdrängung, ineinander übergehen können.

Eine weitere Möglichkeit für das Entstehen einer psychogenen Amnesie führen Taylor u. Kopelman (1984) an, wenn sie im Sinne von Meltzer (1930) von einem „motivierten Vergessen" oder unterdrückten Erinnern sprechen. Es läßt sich belegen, daß angenehme Ereignisse eher in die Erinnerung zurückgerufen werden können als unangenehme. Schon Freud (1915/17) fand es eine unzweifelhafte Tatsache, daß unangenehme Eindrücke leichter vergessen werden.

Der Prozeß der Verdrängung läuft nicht in Sekunden oder Minuten ab, sondern bedarf eines längeren Zeitraums, so daß zunächst noch erinnerte Erlebnisinhalte aus dem unmittelbaren Tatzeitraum mit zunehmender zeitlicher Distanz zur Tat sich ausweiten, was im Gegensatz zu den Amnesien nach organischen Bewußtseinsstörungen steht.

Die Amnesie, die nach einer Bewußtseinstrübung oder Bewußtseinsstörung zurückbleibt, kann in der ersten Zeit vollständig sein, sich dann aber zurückbilden, wenn dem Kranken in einer gezielten Exploration Hilfen zur Aufhellung der Amnesie gegeben werden. In solchen Fällen ist die Amnesie nicht durch die Beeinträchtigung der Spurbildung, sondern v. a. auch durch die Unfähigkeit zu dynamischen Zusammenschlüssen bedingt, was im Hinblick auf die Lückenhaftigkeit oder Verwirrtheit des Erlebens im Verlauf der Bewußtseinsstörung einsichtig wird (Witter 1970, 1972).

Empirische Untersuchungsergebnisse

Die Notwendigkeit der Stützung durch andere Befunde (Saß 1983) eröffnet die Frage nach assoziierbaren Affektmerkmalen, nach empirisch abgesicherten, spezifischen Beziehungen zwischen der Amnesie einerseits und anderen affekttypischen Merkmalen andererseits. Damit ist keine Summierung und Auflistung von Merkmalen gemeint. Es wird im Gegenteil davor gewarnt, die Erwartung zu hegen, daß es „eine einfache Korrelation zwischen der Zahl der erfüllten Kriterien und der Schwere der affektiven Bewußtseinsstörung gibt" (Undeutsch 1974; Witter 1972; Binder 1974). Neben der stets notwendigen Analyse im Hinblick auf die Kriterien bestehe immer das Problem der Gewichtung der Merkmale, wobei keines für sich allein als ausreichender Beleg für das Vorhandensein einer rechtlich relevanten affektiven Bewußtseinsstörung genügt (Diesinger 1977). Damit stellt sich die Frage, in welcher Symptomkonstellation bzw. in Assoziation mit anderen Merkmalen der Persönlichkeit, der Tatentwicklung, des Tatgeschehens und der Nachtatphase dieses Symptom (Amnesie) mit welcher Wertigkeit zu finden ist.

Zur Beurteilung dieser Fragestellung wurden 122 Fälle von Beziehungstaten analysiert. Die Eingrenzung auf Beziehungstaten zwischen Ehe- und Liebespartnern erfolgt bewußt, weil nach empirischen Erkenntnissen von einem derartigen Untersuchungsgut am ehesten zu erwarten ist, daß hier die Affektbelastung höher und Affekttaten häufiger sind als bei anderen Kapitaldelikten und somit entsprechende Grundlagen in größerem Umfang einer Diskussion zugeführt werden können.

Die 122 für die Auswertung herangezogenen forensisch-psychiatrischen und psychologischen Gutachten betreffen nur nichtpsychotische Täter (96 Männer, 26 Frauen). 70% der Gutachten wurden vom Verfasser erstattet. Die übrigen stammen aus dem Institut für gerichtliche Psychologie und Psychiatrie des Universitäts-Klinikums des Saarlandes. Es lagen außerdem Protokolle der polizeilichen und richterlichen Vernehmungen, Zeugenaussagen sowie Urteilsabschriften vor. Die vom Verfasser erstatteten Gutachten wurden in der Hauptverhandlung vertreten, so daß sich auch aus protokollarischen Aufzeichnungen weitere Erkenntnisse ergaben. Dem Zeitfaktor im Sinne eines möglichst langen Beobachtungszeitraums wurde insofern Rechnung getragen, als in einigen Fällen die letzte Hauptverhandlung im Revisionsverfahren maximal 4 1/2 Jahre nach der Tat lag und bis zu 6 forensisch-psychiatrische Gutachten vorlagen.

Bezüglich des Tatausgangs wurde zwischen Tötung und schwerer und leichter Körperverletzung unterschieden. Als schwer wurden alle inneren Verletzungen, Schädel-Hirn-Traumen und alle Fälle, die eine operativ-chirurgische Intervention erforderten, aufgefaßt. Dem Begriff der leichten Körperverletzung wurden alle Verletzungen zugeordnet, die entweder ambulant-chirurgisch versorgt werden konnten oder keines ärztlichen Eingreifens bedurften.

Der Ausgang einer tätlichen Auseinandersetzung sagt allenfalls im Zusammenhang mit anderen Tatmerkmalen etwas über die Intensität des Affekts aus. Oft war es nur der Geistesgegenwart des Opfers, der Hilfe herbeieilender Nachbarn, rascher chirurgischer Intervention oder dem Zufall zu verdanken, daß das Opfer mit einer Körperverletzung überlebte.

Unter Berücksichtigung des oben genannten Kriteriums ergibt sich folgende Verteilung:

96 Männer

56 Fälle Tötung	(58,4%)
28 Fälle schwere Körperverletzung	(29,1%)
12 Fälle leichte Körperverletzung	(12,5%)

26 Frauen

16 Fälle Tötung	(61,5%)
6 Fälle schwere Körperverletzung	(23,1%)
4 Fälle leichte Körperverletzung	(15,4%)

Taten ohne angegebene Erinnerungsstörungen

47 männliche Täter (48,9%) und 20 Frauen (76,9%) machten weder im Ermittlungsverfahren noch bei der Begutachtung oder in der Hauptverhandlung eine Amnesie geltend.

Dabei ist insofern eine Differenzierung erforderlich, als 12 Männer (12,5%) angaben, sich an das Geschehen und das Entstehen der Auseinandersetzung präzise erinnern zu können, die Tat einräumten, sie aber als Unfall, Versehen, Folgen einer Unachtsamkeit des Opfers, als Fahrlässigkeit beim Laden und Reinigen einer Waffe oder beim Hantieren mit einem Beil bzw. mit einem Messer darstellten. In diesen Fällen war nicht zu beurteilen, ob die hinreichend bewiesene und in einigen Fällen durch Zeugen belegte Tat verdrängt oder später bewußt mit Sekundärmotivationen belegt worden war.

Von 35 Männern (36,4%) und 20 Frauen (76,9%) wurden die Tatentwicklung, der Tatentschluß, das Vorfeld der Tat und die Ausführung der Tat ohne jegliche Erinnerungsausfälle wiedergegeben. Das Geständnis entsprach den objektiven Gegebenheiten und war in einigen Fällen durch Zeugenaussagen belegbar.

Taten mit angegebenen Erinnerungsstörungen

Von 49 Männern (51,0%) und 6 Frauen (23,0%) des Untersuchungsgutes wurden Erinnerungsausfälle für das Tatgeschehen geltend gemacht. Wie von Rasch (1966) und Barbey (1990) ermittelt, waren auch in der eigenen Erhebung Männer signifikant häufiger bezüglich behaupteter Erinnerungsausfälle vertreten.

Auf der Grundlage der vorhandenen Vernehmungsprotokolle, Zeugenaussagen, der psychiatrisch-psychologischen Begutachtung und des Ergebnisses der Beweisaufnahme wird im folgenden versucht, zwischen alkoholtoxischen und psychogenen Amnesien zu differenzieren und für die Begutachtung wesentliche Kriterien für diese oder jene Form und Genese einer behaupteten Amnesie darzustellen. Für die Differenzierung zwischen psychogener und alkoholtoxischer Amnesie wurde nicht die festgestellte Blutalkoholkonzentration oder die Amnesie allein, sondern das Gesamt des eruierbaren Tatgeschehens als Kriterium gewertet.

Alkoholtoxisch bedingte Erinnerungsstörungen

18 Männer (18,7%) und 5 Frauen (19,2%), die nach der gemessenen Blutalkoholkonzentration, nach eigenen Aussagen und Angaben von Zeugen sowie nach dem Eindruck beim ersten polizeilichen Zugriff eindeutig unter Alkoholeinfluß standen, machten für die Tatzeit eine Amnesie geltend (Tabelle 1).

Tabelle 1. Die in den Fällen von alkoholtoxisch bedingter Amnesie gemessene Blutalkoholkonzentration (*BAK*)

	Männer			Frauen		
	Anzahl (n)	BAK [‰]	x̄	Anzahl (n)	BAK [‰]	x̄
Alkoholische Beeinflussung	15	1,8–2,5	2,3	5	1,8–2,7	2,2
Vollrausch	3	3,2–3,5	3,4			

Die Erinnerung an das Tatgeschehen war nur bruchstückhaft vorhanden, verschwommen oder in 3 Fällen völlig fehlend. Vorhandene Erinnerungsinseln ließen sich nur mit Mühe oder gar nicht in eine zeitliche Abfolge bringen und noch schwerer in die gesamte Situation einpassen (Zeiterinnerungsstörung). Erinnerungen blieben diffus, sehr vage und wurden zuweilen mit einer gewissen Ratlosigkeit vorgebracht. Der Beginn des Erinnerungsausfalls oder des Verschwimmens der zu erinnernden Erlebnisse ließ sich zeitlich nicht fixieren. Ein aktueller, die Tat auslösender verbaler Reiz war kaum präsent oder wurde retrospektiv in das Geschehen hineinprojiziert. Als Provokation und Förderung der konfliktbeladenen Auseinandersetzung wirkte sich aus, daß in 9 Fällen mit männlichem Täter auch das Opfer unter erheblichem Alkoholeinfluß stand.

Am Beginn der aktuellen Tatvorgeschichte fand sich häufig eine auf einen banalen Anlaß in Anwesenheit von Zeugen unter gemeinsamem Alkoholkonsum entstandene verbale Auseinandersetzung zwischen den Partnern, die später in der Zweiersituation mit gegenseitigen Beschimpfungen und Vorwürfen fortgesetzt wurde.

Speziell bei den Fällen mit männlichem Täter fand sich nach der Vielzahl der am Opfer feststellbaren Folgen unterschiedlicher Gewalteinwirkungen mit wiederholtem Wechsel der Angriffsart und des Tatwerkzeuges sowie der Lokalisation der Verletzungen ein mehrgliedriger Verlauf, der in verschiedenen Räumen und in verschiedenen Positionen der beiden Beteiligten fortgesetzt wurde. Die Dauer der Tat ließ sich nicht bestimmen. Besonders bei hoher alkoholischer Beeinflussung waren zusätzlich Folgen grober genitaler Manipulationen am weiblichen Opfer sowie eine Ausdehnung der Gewalttätigkeiten auf Gegenstände, so z. B. auf das Mobiliar der Wohnung, objektivierbar.

In den Fällen, in denen ein Vollrausch als gegeben angesehen werden mußte, erstreckte sich die behauptete Erinnerungslosigkeit über mehrere Stunden und schloß die Tatentwicklung, das Tatgeschehen selbst und die Nachtatphase ein. Der Erinnerungsausfall blieb von der Erstvernehmung bis zur Hauptverhandlung in der Ausdehnung und zeitlichen Begrenzung konstant.

Nach der Tat wurden eher verzögert dem Täter das Geschehen und dessen Folgen bewußt. In 4 Fällen wurden bis 2 h nach der Gewalttat Bezugspersonen oder die Polizei über das Geschehen informiert. Am nächsten Tag wurden dagegen nur noch verschwommene Erinnerungsreste behauptet (retardierte Amnesie).

„Affektbedingte" Erinnerungsstörung

31 Männer (32,1%) und eine Frau (3,8%) gaben für die Tat, die in 21 Fällen zum Tod und 11mal zu einer Körperverletzung des Opfers geführt hatte, nur eine lückenhafte Erinnerung oder „inselhafte Erinnerungsreste" an.

Die Tat erfolgte in 16 Fällen mittels eines zufällig in der Nähe des Täters befindlichen Messers, mit welchem bis zu 30mal gezielt auf das Opfer eingestochen wurde. 7 Männer erschossen ihr Opfer, wobei auch hier die Anzahl der ungezielten Schüsse zu erwähnen ist. 3 Männer erwürgten ihre Partnerin, 3 strangulierten sie, während 2 Frauen mit einem Stein bzw. einem Hammer erschlagen wurden. Die einzige Täterin erstach ihren Ehepartner mit 29 Messerstichen. Die Tat erfolgte mit 2 Ausnahmen in geschlossenen Räumen. In 15 Fällen waren eigene Kinder, Nachbarn oder andere Bezugspersonen Zeugen des Tatgeschehens.

Die einzige Täterin war nüchtern. Bei 13 Männern bestand eine alkoholische Beeinflussung mit Werten zwischen 0,4 und 1,4‰ (Mittelwert 1,0‰).

Der Gewalttat ging zumeist eine lange Vorgeschichte voraus, die aus dem partnerabhängigen Beziehungskonflikt ableitbar war. Damit ist die Dynamik gemeint, die in ihrer fast gleichförmigen Verlaufsgestalt schon 1964 von Rasch beschrieben wurde. Individualisierungsstrebungen der dominierenden Partnerin standen ein überhöhter Besitzanspruch und Verlassenheitsängste des Mannes gegenüber. Divergenzen in den Einstellungen und Auffassungen der Partner oder eine begründete oder unbegründete Eifersucht führten zu zunehmenden Spannungen und Verkrampfungen, die aufgrund beiderseitiger Unentschlossenheit ungelöst blieben. Es kam zu zeitweiligen Trennungen, dann wieder zu Scheinlösungen mit Hoffnung auf bessere Zeiten. Wie Rasch (1964) formuliert, wechselten Appetenz und Aversion, Versöhnungen und Zerwürfnisse in immer rascherer Folge miteinander ab. In den Tagen vor der Tat lief die Entwicklung mit Aktualisierung und Verdichtung des Konflikts gleichsam im Zeitraffertempo ab. Bestimmend waren die Ambitendenz und Ambivalenz des Täters gegenüber der Partnerin, was sich in parallelen Bestrebungen bezüglich der Reintegration einerseits und der Desintegration der Paarbeziehung andererseits darstellen ließ.

Die psychische Verfassung im unmittelbaren Vorfeld der Tat wurde fast übereinstimmend als „gespannt, erregt, verkrampft", als „hilflos und ratlos", als „ausweglos", als „ängstlich", als „neben mir stehend" oder als „ein Gefühl des Ausgeliefertseins" beschrieben. Wie Binder (1974) formuliert, bewegt sich der Täter im Vorfeld der Tat „getrieben, eingeengt, erregt, nervös und partiell desintegriert", womit das Merkmal gemeint ist, welches von Undeutsch (1957) als „Einengung der seelischen Abläufe" interpretiert wird.

Der Tat vorangehend fand zumeist eine verbale Auseinandersetzung zwischen Täter und Opfer statt, die in einem Bitten und Flehen um Versöhnung, um Rücknahme des geäußerten Trennungsentschlusses oder in Zugeständnissen und Versprechungen des Täters bestand. Damit ist die Auseinandersetzung gemeint, die im Sinne der „letzten

Aussprache" intendiert war und mit großen Hoffnungen auf eine Reintegration der Beziehung besetzt war.

Bei vorhandener Affektspannung setzte eine Äußerung des Opfers das Geschehen in Gang. Diese Äußerung bestand entweder in der Mitteilung der Endgültigkeit der Trennung oder in Drohungen bezüglich Sanktionen bei weiteren Nachstellungen. In anderen Fällen handelte es sich um unsachliche, diffamierende, kränkende, provozierende, zuweilen verhöhnende und erniedrigende Äußerungen des Opfers. In anderen Fällen war es der visuelle Eindruck vom Opfer unmittelbar vor der Tat. Es wurde ein „höhnisches Grinsen" oder ein „spöttisches Lachen" beschrieben.

Nach der Tat folgte ein „panisches Entsetzen" angesichts des getöteten oder verletzten Opfers sowie Wiederbelebungsversuche und andere Hilfsmaßnahmen sowie das Fortwerfen oder Vernichten des Tatwerkzeugs. In 2 Fällen folgte unmittelbar dem Tatgeschehen der Versuch, das verletzte Opfer durch Kompression der zugefügten Wunde zu retten, was die Ambitendenz und Ambivalenz zum Opfer auch noch in der Tatsituation dokumentierte.

In 8 Fällen mit tödlichem Ausgang zeigten sich die Täter bis zu 1 h nach der Tat in einer psychischen Verfassung, die als Emotionsstupor interpretiert wurde.

Verlaufskriterien der „affektbedingten" Amnesie

Die nach der Tat behauptete Amnesie im Sinne der Verdrängung zum Zweck der intrapsychischen Entlastung und Rechtfertigung des primär nicht intendierten aggressiven Agierens war um so klarer und intensiver erkennbar, je deutlicher sich in der spezifisch partnerbezogenen Entwicklung Ambivalenz und Ambitendenz gegenüber dem Opfer abzeichneten und je dynamischer der Beziehungskonflikt ausgetragen wurde. Die Tat stellte sich dann „der späteren Reflexion als sinnloser Zwischenfall, als nicht intendiertes Geschehen dar, zu dem keine Kausalkette hinleitet" (Rasch 1964).

Während die Erinnerung an ein unter Alkoholeinfluß abgelaufenes Tatgeschehen als „verschwommen", „vage", „diffus" beschrieben wird, finden sich nach Affekttaten im Verlauf von Beziehungskonflikten eher ausgestanzte, abgegrenzte Erinnerungslücken (Vakuen), die zeitlich auf eine eher überklare Erinnerung folgen bzw. von einer solchen abgelöst werden. „Die Erinnerung führt an den Kern der Tat heran, spart in wechselndem Umfang ein Stück aus, um nach dem eigentlichen Tatgeschehen wieder einzusetzen" (Rasch 1966).

Typischerweise ließen sich folgende Elemente im Erinnerungsverlauf erkennen:

1) Erinnert wurde mit unterschiedlichem Bedeutungsgehalt und abhängig von der intellektuellen Ausstattung und Retrospektionsfähigkeit des Täters die psychische Verfassung im unmittelbaren Vorfeld der Tat.

2) Aufmerksamkeit und Konzentration waren im Vorfeld der Tat eng auf das Opfer bezogen. Dessen Verhaltensweisen, Gesten und Bewegungen konnten fast minutiös vom Täter wiedergegeben werden. Gleichsam überklar erschien die Erinnerung an Vorbereitungen einer angekündigten oder bereits in Szene gesetzten Trennung, so z. B. das Packen eines Koffers oder das Anziehen des Mantels.

3) Die Erinnerung an eine verbale Auseinandersetzung zwischen Täter und Opfer, die in einem Bitten und Flehen um Versöhnung oder um Rücknahme des Trennungsentschlusses bestand, war ungestört vorhanden.

4) Gleichsam überklar war in Erinnerung die scheinbar oder tatsächlich das Geschehen in Gang setzende verbale Äußerung des Opfers, die entweder in der Mitteilung der Endgültigkeit der Trennung oder in unsachlichen, kränkenden und provozierenden Äußerungen bestand. In anderen Fällen erinnerten sich die Männer nur an die schroffe und ablehnende Haltung des Opfers und das Fehlen jeglicher einlenkender Äußerungen, wie man sie aus vorausgegangenen Auseinandersetzungen kannte.

Ebenso überklar erschien die Erinnerung an den visuellen Eindruck vom Opfer unmittelbar vor der Tat.

Die Provokation, die ablehnende Haltung des Opfers, dessen beleidigende Äußerungen, der visuelle Eindruck als Aktualreiz hatten in der Erinnerung der Täter eine immense Wertigkeit. Noch in der wesentlich späteren Hauptverhandlung wurde diese Erinnerung an den Auslösereiz mit hoher affektiver Beteiligung vorgebracht. Es wurde dem Aktualreiz im Rahmen der Verdrängungsarbeit bewußt oder unbewußt eine Form und Intensität zudiktiert, die der intrapsychischen Entlastung und subjektiven Rechtfertigung des eigenen aggressiven Handelns diente. Dafür spricht, daß das überlebende Opfer später zuweilen nicht die vom Täter erinnerte Provokation in dieser Form bestätigte, was andererseits wiederum mit eigener Entlastungstendenz zu begründen ist. Außerdem ist zu berücksichtigen, daß sich auch das Opfer im Tatzeitraum in einer psychischen Ausnahmeverfassung befand, die eine lückenlose Erinnerung an die gewalttätige Interaktion ausschloß oder veränderte.

5) Für das Tatgeschehen selbst wurde zumeist eine ausgestanzte mnestische Lücke angegeben. Erinnert wurde nicht die Herkunft des Tatwerkzeugs, die Anzahl der tätlichen Einwirkungen, die Zeitdauer des Geschehens, der erzielte Effekt der Einwirkungen sowie die Anwesenheit von Zeugen oder das Eingreifen Dritter.

Nur in einzelnen Fällen war ein einmaliges Schießen oder Stechen erinnerlich. Für weitere Schüsse oder Stiche wurde eine Amnesie angegeben. Gelegentlich wurden punktuell wirkende, visuelle Eindrücke wiedergegeben, die den Gesichtsausdruck, Bewegungen oder Position des Opfers betrafen, die aber nicht zum Abbruch der gewalttätigen Aktion führten.

6) Erinnert wurden nach der Tat das Bewußtwerden des Geschehens, ein darauf folgendes „panikartiges Entsetzen" angesichts des getöteten oder verletzten Opfers sowie Wiederbelebungsversuche und andere Hilfsmaßnahmen. Auch für die Hilfsmaßnahmen erschien unter dem gleichen Aspekt wie die Erinnerung an den Auslösereiz die Erinnerung überklar.

7) An die Nachtatphase bestand zumeist eine ausreichend klare Erinnerung.

Verfolgt man den Verlauf der behaupteten Erinnerungsausfälle bei den verschiedenen Gelegenheiten im Ermittlungs- und Strafverfahren, so zeigte sich in etwa 50% der Fälle eine deutliche Ausdehnung der mnestischen Lücken. Der Aktualreiz im Sinne der Provokation, Kränkung oder Beleidigung sowie das panikartige Entsetzen nach der Tat und Wiederbelebungsversuche und Hilfsmaßnahmen nahmen im Erinnerungswert eher zu. Wenn es in der Exploration gelang, Erinnerungslücken wieder zu füllen, so blieb die Amnesie für das unmittelbare Tatgeschehen in der beschriebenen Form konstant. Wurde unmittelbar postdeliktisch ein Geständnis abgelegt und Erinnerungsausfälle präzise und ausgestanzt dargestellt, so ergab sich mindestens eine Unschärfe der bisherigen Erinnerungsinseln und eine Zunahme der Vakuen, die im weiteren Verlauf auch die psychische Verfassung in der Anlaufphase der Tat einschlossen. In anderen Fällen wurde bei den polizeilichen Vernehmungen eine derartig ausgestanzte Amnesie nicht geltend gemacht. Erst später wurden mnestische Lücken angegeben, die zunächst das Tatgeschehen und das unmittelbare Tatumfeld betrafen und eine *von außen angeregte Leugnungstendenz* vermuten ließen.

Die Differenzierung zwischen Erinnerungsvakuen einerseits und Erinnerungsinseln andererseits für eine affektbestimmte Gewalttat im Sinne der Beziehungstat gibt schematisch die folgende Übersicht wieder:

Psychogene Amnesie
Erinnerung an:

            1) subjektive Befindlichkeit im Vorfeld der Tat,
            2) Aufmerksamkeit und Konzentration auf das Opfer bezogen,
            3) verbale Auseinandersetzung (z. B. „letzte Aussprache"),
            4a) tatauslösende Äußerung des Opfers,
überklar   4b) ablehnende Haltung des Opfers,
zunehmend   4c) Fehlen einer einlenkenden Reaktion,
            4d) visueller Eindruck („höhnisch-herablassend"),
            5) evtl. 1. Stich oder 1. Schuß;

Mnestische Lücken (Vakuen):

            1) Herkunft des Tatwerkzeugs,
            2) Lokalisation der Stiche, Schläge, Schüsse,
            3) Anzahl der Einwirkungen
            4) Zeitdauer
            5) Effekt der Einwirkung (Umfallen, Bewegung),
            6) Anwesenheit von Zeugen,
            7) Eingreifen Dritter;

Erinnerung an:

            1) Bewußtwerden des Geschehens („alles voll Blut"),
überklar   2) panikartiges Entsetzen,
zunehmend   3) Wiederbelebungsversuche/Hilfsmaßnahmen,
            4) Fortwerfen des Tatwerkzeuges.

Die vorangehend schematisch dargestellte idealtypische Differenzierung zwischen Erinnerungsinseln einerseits und Erinnerungsvakuen andererseits erfährt in Fällen mit zusätzlicher alkoholischer Beeinflussung des Täters bei gleicher konflikthafter Vorgeschichte insofern eine Relativierung, als die beschriebene Randschärfe nicht feststellbar ist. Bei ausreichender Introspektionsfähigkeit des Täters verschwimmen Inseln und Vakuen gleichsam. Die Begrenzungen sind weniger konturiert und undeutlicher als bei Taten eines nichtalkoholisierten Täters. Es fließen gleichsam Momente einer alkoholtoxischen Bewußtseinstrübung und solche einer psychogenen und auf Verdrängung beruhenden Amnesie ineinander, so daß in solchen Fällen differentialdiagnostische Überlegungen mit außerordentlichen Schwierigkeiten belastet sind und es zumeist dem Ermessen des Sachverständigen überlassen bleibt, welche Prioritäten er setzt.

Zur Veranschaulichung läßt sich eine Achse denken, an deren einem Ende die ausreichend abgesicherten alkoholtoxischen Bewußtseinstrübungen, am anderen Ende die rein psychogenen „affektbedingten" Amnesien stehen. Während sich die reinen Formen an den beiden Polen der Achse unschwer einordnen lassen, gibt es dazwischen eine Zone, in welcher die behauptete Amnesie mehrfach determiniert sein kann (Tabelle 2).

Tabelle 2. Die differentialdiagnostische Problemzone zwischen alkoholtoxischer Amnesie und psychogener Amnesie

Alkoholtoxische Amnesie	Differentialdiagnostische Problemzone	Psychogene Amnesie
←		→
Erinnerung verschwommen vage, diffus, fließend	Alkoholisierung bei konflikthafter Vorgeschichte	Erinnerungsinseln und Vakuen ausgestanzt, randscharf
betrifft: Tatgeschehen, Anlaufphase, Nachtatphase		nur Tatgeschehen betreffend
Ausdehnung mit der Zeit abnehmend		Ausdehnung mit der Zeit zunehmend

Eine derartige Polarisierung stellt zweifellos eine Simplifizierung des realiter wesentlich komplexeren Sachverhaltes dar, zumal andere Bedingungsfaktoren behaupteter Erinnerungsausfälle – so das Vergessen, die Schutzbehauptung, Fremdeinflüsse im Verlauf eines Verfahrens, um nur einige zu nennen – unberücksichtigt bleiben. Für die Mehrzahl der Fälle ergeben sich jedoch Möglichkeiten einer groben Orientierung bezüglich der Genese des Erinnerungsausfalls; dies besonders dann, wenn man den Zeitfaktor und die durch den Zeitablauf veränderte Struktur der behaupteten Amnesie als zusätzliche differentialdiagnostische Hilfe nutzt.

Zusammenfassung

Anhand der Gutachten, Akten und Sitzungsprotokolle von insgesamt 122 Gewalttaten zwischen Ehe- und Liebespartnern (96 männliche Täter, 26 Täterinnen) wurden die Häufigkeit, Struktur und der Verlauf behaupteter Erinnerungsausfälle für die Tat untersucht. Es wurde differenziert zwischen alkoholtoxisch bedingten Erinnerungsstörungen nach einer tatabhängigen Bewußtseinsstörung (18 Männer, 18,7%; 5 Frauen, 19,2%) und psychogenen „affektbedingten" Amnesien (31 Männer, 32,1%; 1 Frau, 3,8%), die im Sinne der Verdrängung der inneren und äußeren Rechtfertigung und der Stabilisierung des Selbstwertgleichgewichts dienen. Während sich die alkoholtoxische Amnesie als vage, diffus, fließend beschreiben läßt oder im Vollrausch sogar als totaler Erinnerungsverlust imponiert, zeigt die psychogene oder affektbedingte Amnesie insofern eine charakteristische Struktur, als speziell das Tatgeschehen ein ausgestanztes Erinnerungsvakuum darstellt.

Die psychische Verfassung des Täters im unmittelbaren Tatvorfeld und der subjektive Aktualreiz sowie spätere Hilfsmaßnahmen am Opfer bleiben überklar in Erinnerung. Sie nehmen mit der Zeit eher an Intensität zu und dienen somit auch dauerhaft der Selbstrechtfertigung und Stabilisierung des Selbstwertgefühls.

Bei den Männern mit einer „affektbedingten" Amnesie fand sich in der Vorgeschichte eine erhebliche partnerabhängige Konfliktbelastung, zuletzt ein Auf und Ab zwischen Versöhnung und Streit, zwischen Aversion und Appetenz. Bestimmend für ihr Verhalten im Vorfeld der Tat waren die Ambitendenz und Ambivalenz gegenüber dem weiblichen Opfer.

Somit waren für die Fälle mit angenommener psychogener Amnesie neben der spezifischen Tatvorgeschichte und Tatanlaufzeit die affektive Ausgangssituation, der abrupte, elementare Tatablauf ohne Sicherungstendenzen, der auf die hohe Eigendynamik des Affekts hinwies, und das Folgeverhalten des Täters von Bedeutung für die Assoziierbarkeit der Amnesie mit den sonstigen Tatmerkmalen.

Zusammenfassend lassen die Untersuchungsergebnisse die häufig behaupteten Erinnerungsausfälle für Gewalttaten als ein Phänomen erscheinen, dessen isolierte Betrachtung weder eindeutige Rückschlüsse auf eine alkoholbedingte Bewußtseinsstörung zur Tatzeit noch auf das Vorliegen oder gar die Intensität einer Affektentladung oder eindeutige Beweise für eine vorgegebene Erinnerungslücke zuläßt. Nur bei hinreichender Kenntnis der zugrundeliegenden Persönlichkeitsstruktur, der Partnerschaftsdynamik, der aktuellen Tatzeitverfassung und der Dynamik des Tatgeschehens können behauptete amnestische Lücken im Verein mit den übrigen für die Affektdelikte wesentlichen Merkmalen eine Bedeutung für die Beurteilung der Schuldfähigkeit erlangen.

Literatur

Barbey I (1990) Postdeliktische Erinnerungsstörungen. Ergebnisse einer retrospektiven Erhebung. Blutalkohol 27: 241–25

BGH 4 StR 207/87, Strafverteidiger 1988, 57

Binder S (1974) Zur Diagnostik des schuldausschließenden bzw. schuldvermindernden Affekts bei kurzschlüssigen Tötungsdelikten. Monatsschr Kriminol 57: 159–164

Bradford J, Smith SM (1979) Amnesia and homicide: the Padola case and a study of thirty cases. Bull Acad Psychiat Law 7: 219–231

Brandt J (1988) Malingered amnesia. In: Rogers R (ed) Clinical assessment of malingering and deception. Guilford, New York London

Diesinger I (1977) Der Affekttäter. De Gruyter, Berlin New York

Finzen A (1986) Die alkohol- und toxinbedingten Störungen. In: Venzlaff U (Hrsg) Psychiatrische Begutachtung. Fischer, Stuttgart, S 267–278

Forster B, Joachim H (1975) Blutalkohol und Straftat. Thieme, Stuttgart

Freud S (1915/17) Introductory lectures. Penguin, Harmondsworth

Guttmacher MS (1955) Psychiatry and the law. Grune & Stratton, New York

Hopwood JS, Snell HK (1933) Amnesia in relation to crime. J Ment Sci 79: 27–41

Howard C (1990) Amnesia. In: Bluglass R, Bowden P (eds) Principles and practice of forensic psychiatry. Churchill, Livingstone, pp 291–298

Leitch A (1948) Notes on amnesia in crime for the general practitioner. Med Press 219: 459–463

Meltzer H (1930) Individual differences in forgetting pleasant and unpleasant experience. J Educ Psychol 21: 399–409

Mende W (1986) Die affektiven Störungen. In: Venzlaff U (Hrsg) Psychiatrische Begutachtung. Fischer, Stuttgart, S 317–325

O'Conell BA (1960) Amnesia and homicide. Br J Delinqu 10: 262–276

Parwatikar SD, Holcomb WR, Menninger KA (1985) The detection of malingered amnesia in accused murderers. Bull Am Acad Psychiat Law 13: 97–103

Power DJ (1977) Memory, identification and crime. Med Sci Law 17: 132–139

Rasch W (1964) Tötung des Intimpartners. Enke, Stuttgart, S 57–67

Rasch W (1966) Das Amnesie-Problem in der forensischen Psychiatrie. In: Gerchow J (Hrsg) An den Grenzen von Medizin und Recht, Festschrift für W. Hallermann. Enke, Stuttgart, S 57–67

Saß H (1983) Affektdelikte. Nervenarzt 54: 557–572

Schacter DL (1986a) On the relation between genuine and simulated amnesia. Behav Sci Law 4: 47–64

Schacter D (1986b) Amnesia and crime. Am Psychol 41: 286–295

Schreiber HL (1981) Bedeutung und Auswirkungen der neugefaßten Bestimmungen über die Schuldfähigkeit. Neue Z Strafr 1: 46–51

Steigleder E (1968) Mörder und Totschläger. Enke, Stuttgart

Steigleder E (1974) Affekthandlungen. In: Eisen G (Hrsg) HwB der Rechtsmedizin für Sachverständige und Juristen, Bd 2. Enke, Stuttgart, S 59–71

Taylor PJ, Kopelman MD (1984) Amnesia for criminal offences. Psychol Med 14: 581–588

Thomae H, Schmidt HD (1967) Psychologische Aspekte der Schuldfähigkeit. In: Gottschaldt K, Lersch P, Sander F, Thomae H (Hrsg) Handbuch der Psychologie. Hogrefe, Göttingen, S 326–396

Undeutsch U (1957) Zurechnungsfähigkeit und Bewußtseinsstörung. In: Ponsold A (Hrsg) Lehrbuch der gerichtlichen Medizin. Thieme, Stuttgart, S 130–145

Undeutsch U (1974) Schuldfähigkeit unter psychologischem Aspekt. In: Eisen G (Hrsg) HwB der Rechtsmedizin für Sachverständige und Juristen, Bd 2. Enke, Stuttgart, S 91–115

Venzlaff U (1986) Konfliktreaktionen, Neurosen und Persönlichkeitsstörungen im Erwachsenenalter. In: Venzlaff U (Hrsg) Psychiatrische Begutachtung. Fischer, Stuttgart, S 327–358

Weingartner H, Miller H, Murphy DC (1977) Mood-state-dependent retrieval of verbal associations. J Abnorm Psychol 86: 276–284

Witter H (1970) Grundriß der gerichtlichen Psychologie und Psychiatrie. Springer, Berlin Heidelberg New York

Witter H (1972) Die forensische Beurteilung der Affektdelikte. In: Göppinger H, Witter H (Hrsg) Handbuch der forensischen Psychiatrie. Springer, Berlin Heidelberg New York, S 1023–1029

Alkohol und Affekte

H. JOACHIM

Einleitung

Seit Jahrhunderten ist dem europäischen Menschen die Erfahrung vertraut, daß der alkoholische Rausch die Gefühlswelt, das Erleben, die Affektivität verändert. Vor diesem Hintergrund mutet das ärztliche Verständnis von der Alkoholwirkung auf den ersten Anschein widersprüchlich an.

Einerseits wird der Alkoholrausch im Sinne einer exogen-toxischen Funktionsstörung der Hirnleistung als ein mit relativer Gleichförmigkeit von der Höhe der Blutalkoholkonzentrationen (BAK) abhängiges psychopathologisches Geschehen dargestellt, andererseits aber auch als ein Ereignis, das wesentlich von individuellen Faktoren bestimmt wird und geradezu als eine persönlichkeitsgebundene Reaktion erscheint (Rommeney 1952). „Jedes Individuum reagiert ... mit einer geradezu spezifischen Art des Rausches auf übermäßigen Alkoholgenuß. Am ausgesprochensten sind die Variationen auf affektivem Gebiet: gemütliche Euphorie, zornige Reizbarkeit, Rührseligkeit und Weltschmerz oder eine behaglich empfundene Gleichgültigkeit stellen die Haupttypen dar" (Heilbronner 1905).

Übereinstimmend wird der Affekt als wesentlicher konstellativer Faktor für die Entwicklung der Rauschsymptomatik und umgekehrt der Alkoholrausch für die Affektentgleisung angesehen (z. B. Rasch 1980; Lempp 1977; Saß 1983). Naheliegenderweise wurde diese wechselseitige Beziehung durch eine systematische Analyse nicht überprüft, da sie in ihrer realen Ausformung fast ausschließlich über strafbares Verhalten erfaßbar ist.

Ein starker Affekt von rechtlich relevanter Schwere entzieht sich jeder experimentellen Untersuchung, ebenso wie ein ausgeprägter Rausch, da schon aus ärztlich ethischen Gründen, aber auch aus Gründen der Praktikabilität, experimentelle Untersuchungen nicht möglich sind und ihre Ergebnisse auf die reale Tatsituation nicht übertragbar sind.

Kriminalstatistik

Die forensisch bedeutsame Wechselwirkung zwischen Affekt und alkoholischem Rausch ist gut durch die Kriminalstatistik zu belegen. Etwa 60% aller Aggressionsdelikte ereignen sich unter alkoholischer Beeinflussung, bei manchen Autoren finden sich Zahlenangaben von über 70–80% (näheres bei Göppinger 1980). Insbesondere ist eine Häufung der unter Alkoholeinfluß begangenen schweren Aggressionstaten bei den 20- bis 30jährigen zu erkennen, sie beträgt hier etwa 60% (Hallermann u. Steigleder 1968). Bei den vollendeten Tötungsdelikten jugendlicher Täter konnte in 56,8% der Fälle alkoholische Beeinflussung nachgewiesen werden, bei den versuchten Tötungsdelikten in 38,8%. „Das ist ohne weiteres verständlich, da die Alkoholwirkung zu einer heftigeren und weniger gesteuerten Reaktion Anlaß geben kann, die dann eher zum vollendeten Tötungsdelikt führt" (Lempp 1977). Derartige Zahlen lassen sich auch bei den Opfern von Tötungsdelikten finden und belegen einen der vielfach beschriebenen Aspekte der Täter-Opfer-Beziehung. Nach dem Obduktionsgut des Hamburger Rechtsmedizinischen Instituts des Jahres 1989 standen 46% der Opfer von Tötungsdelikten unter alkoholischer Beeinflussung. Der überwiegende Anteil wies Werte zwischen 1 und 3‰ auf (Kubo et al. 1991).

Soziokulturelle Aspekte

Auch soziokulturelle Studien belegen eine enge Beziehung zwischen Affekt und Alkoholrausch. Zustände der Berauschung und der Ekstase werden bewußt im Alkohol angesteuert. Im europäischen Mittelalter findet sich eine ungezwungene, von psychisch internalisierten Hemmungen nicht belastete Einstellung zum Rausch, den man um seiner selbst Willen sucht. Die relativ geringe Affektkontrolle, die den Individuen auferlegt war, bewirkte eine geringe Rauschkontrolle. Versuche, das Trinkverhalten durch Erlasse zu regeln, scheiterten und zeigen, daß im alltäglichen Verhalten selbst, wie auch in den Affektäußerungen, nur wenig individuelle Kontrolle angelegt war (Legnaro 1982).

Mit Beginn der Neuzeit (etwa seit Ende des 15. Jahrhunderts) ist ein Prozeß der Rationalisierung festzustellen, der für die nächsten Jahrhunderte europäischer Geschichte bestimmend wird. „Die nun in höherem Maße einsetzende Verwandlung zwischenmenschlicher Fremdzwänge in einzelmenschliche Selbstzwänge führte dazu, daß viele Affektimpulse weniger spontan auslebbar sind" (Elias 1976, zit. nach Legnaro 1982). Die Kontrolle der eigenen Gefühle und des eigenen Lebens gewinnt an Bedeutung, auf die Kunst der Selbstbeherrschung wird Wert gelegt. Der zunehmende Zwang zur Affektkontrolle und der beherrschten Präsentation des Selbst bleibt nicht ohne Auswirkungen auf Verhaltensweisen und Erfahrungsmodi, die gerade diese Kontrolle tendenziell außer Kraft setzen. „Bewirkt der Rationalisierungsdruck auf die Individuen ein selbstgesteuertes, ‚zivilisiertes' Verhalten, so kann das nicht ohne Folgen bleiben für den Konsum von Alkohol und für die Bewertung von Trunkenheit und Rausch als veränderte Bewußtseinszustände" (Legnaro 1982).

Mit fortschreitender Zivilisation wächst eine spezifische Form von Ängsten vor der Durchbrechung der Restriktionen, die dem zivilisierten Menschen auferlegt sind. „Das Bewußtsein wird weniger triebdurchlässig und die Triebe weniger bewußtseinsdurchlässig" (Elias 1976, zit. nach Legnaro 1982). Zur Bewältigung der hieraus resultierenden intrapsychischen Spannungen kommt dem Alkohol eine spezifische Funktion der Lockerung zu: Er erlaubt für eine bestimmte Zeit ein sonst gesellschaftlich vermiedenes Affektverhalten, löscht die damit verbundenen Ängste und kann gleichzeitig als Entschuldigungsgrund dienen. „Trinkt man also ... im Mittelalter, weil die Affekte ungehemmt sind, so in der Neuzeit, um sie zu enthemmen" (Legnaro 1982). Der Rationalisierungsschub, dem das Verhalten des Menschen der Neuzeit unterworfen ist, hat somit ambivalente Auswirkungen auf die Einstellung zu Trunkenheit und

Rausch. Einerseits ist der Rausch mit innerweltlicher Askese weitgehend unvereinbar, andererseits gewinnt er die Funktion einer psychischen Entlastung.

Diese Veränderung der Affektivität wird offenbar ganz bewußt im Alkoholkonsum angesteuert. Die gesuchten Wirkungen zielen auf eine Senkung der affektuellen Barriere zwischen den Menschen. Befragungen der Bevölkerung haben ergeben, daß 87% glaubten, daß man sich unter Alkohol in der Gesellschaft eher wohlfühlt, 77%, daß der Kontakt mit Fremden erleichtert wird und 73%, daß man unter Alkohol humorvoller und einfallsreicher reagiert (Schulz 1976)

Diese vorgegebenen Erwartungen von der Qualität des Rauscherlebens prägen offenbar manche Kurzzeiteffekte kleiner Alkoholmengen, die mehr mit dem Glauben an die Wirkung des Alkohols als mit ihr selbst zu tun haben. Zu diesen Vorstellungen gehören, daß Alkohol Aggressionen stimuliert und die sexuelle Reaktivität steigert. Bei Versuchen mit geschmacklich manipulierten Getränken reagierten die Probanden aggressiver, sexuell erregter und weniger ängstlich, so daß sich die nüchternen Probanden bisweilen genauso benahmen wie die wirklich Angetrunkenen (Lang et al. 1975; Wilson u. Lawson 1976; Wilson u. Abrams 1977).

Forensische Aspekte

Die soziokulturellen und psychopathologischen Zusammenhänge zwischen Affekt und Rauscherleben sind in der forensischen Psychiatrie wenig untersucht, wenngleich generell akzeptiert. Dies liegt offenbar an den Vorgaben des Gesetzgebers für die forensisch-medizinische Begutachtung rechtlich relevanter Bewußtseinsstörungen. Bis zur Einführung des § 330a StGB wurde die schuldmindernde Qualität der alkoholtoxischen Bewußtseinsstörung im Hinblick auf das selbstverschuldete bzw. mutwillig durch übermäßigen Alkoholkonsum herbeigeführte Geschehen wenig berücksichtigt. Ähnlich wurde mit den affektiven Ausnahmezuständen verfahren, die als nicht krankhafte Normvariante galten (Gruhle 1933). Mit der Einführung des § 330a StGB im Jahre 1933 war die Möglichkeit einer Bestrafung trotz bestehender Schuldunfähigkeit infolge des Genusses von Alkohol oder anderen berauschenden Mitteln bei Verwirklichung einer Straftat gegeben. Die Regelung gab Anlaß zur vertiefenden Untersuchung und Qualifizierung der schuldmindernden oder -ausschließenden Wirkung unterschiedlicher Formen des Alkoholrausches, was u. a. zu einer stärkeren Differenzierung verschiedener Rauschformen mit ihrer Klassifizierung in den „einfachen", den „komplizierten" und den „pathologischen" Rausch führte. Im Mittelpunkt der Betrachtung stand dabei die erregende und enthemmende Wirkung des Alkohols und die sie begleitende Störung der Affektivität als Leitsymptome der toxischen Bewußtseinstrübung.

Durchgängig ist zu erkennen, „daß den affektiven Störungen bei der Alkoholintoxikation eine erhebliche forensische Relevanz zukommt" (Athen 1986). Bei der Beurteilung der Steuerungs- und Einsichtsfähigkeit wird dem Grad der affektiven Störung und der Vorgeschichte des Affektes besondere Bedeutung beigemessen (Forster u. Joachim 1975). Inadäquate Affekte und Affektexpansionen sind häufig bei ungewöhnlichen Verlaufsformen alkoholischer Räusche beschrieben worden; auf die forensische Relevanz einer gereizt-aggressiven oder ängstlich-gespannten Grundstimmung wurde immer wieder hingewiesen.

Inwieweit jedoch die gestörte Affektivität die Bewußtseinslage primär bestimmt und krankhaft einengt oder eine vergleichbare Bewußtseinsqualität die Folge einer alkoholtoxischen Bewußtseinsstörung ist, war nie Gegenstand einer eigenen Untersuchung. *Differentialdiagnostische Kriterien der alkoholisch gestörten Affektivität oder der durch Alkohol vertieften Affektstörung stehen nicht zur Verfügung.* Die Annahme, daß sich diese beiden Befindlichkeitsstörungen bei ihrem Zusammentreffen gegenseitig verstärken, trägt zwar gängigen Erfahrungen in der forensischen Begutachtung Rechnung. Sie beinhaltet aber auch spekulative Züge, weil unterschiedliche Grade der Alkoholisierung zuwenig berücksichtigt werden oder bei mangelhafter Aufklärbarkeit des Tatgeschehens Wechselwirkungen nicht auszuschließen sind. Es wird deswegen in der vorliegenden Arbeit der Versuch unternommen, die Beziehung zwischen Affekt und Alkohol im deskriptiven Verfahren anhand bekannter Symptomatik, syndromorientiert und unter Berücksichtigung der Ergebnisse psychologischer Experimente darzustellen.

Mit der Neufassung der Tatbestandsmerkmale der Schuldunfähigkeit nach § 20 StGB im Jahre 1975 werden Affekt und Alkoholrausch einer unterschiedlichen Betrachtungsweise unterzogen. Die weitgehende Übereinstimmung darüber, daß Affektstörungen von rechtlich relevanter Schwere dem Tatbestandsmerkmal der tiefgreifenden Bewußtseinsstörung zuzuordnen sind und ein schwerer Alkoholrausch dem Merkmal der krankhaften seelischen Störung, hat offenbar dazu geführt, daß diese beiden unterschiedlichen Befindlichkeitsstörungen getrennten Betrachtungen unterworfen und lediglich als konstellative Faktoren in Beziehung gesetzt wurden.

Über die summarische Feststellung, daß die alkoholische Enthemmung dem Affekt frühzeitig zum Durchbruch verholfen hat und umgekehrt die affektive Belastung eine verminderte Alkoholtoleranz zur Folge gehabt haben konnte, reichen in der Regel die Stellungnahmen nicht hinaus. Derartige Auffassungen haben oft einen mehr spekulativen Charakter; sie dienen einer scheinbar empirisch begründbaren Beschreibung psychopathologischer Zusammenhänge, wenn die „innere Tatseite" oder das objektive Tatgeschehen in seiner psychopathologischen Dimension nicht mehr erfahrbar bzw. rekonstruierbar ist. Der Versuch, die Beziehung zwischen der Alkoholwirkung und der Affektdynamik aus forensisch-medizinischer Sich eingehender zu beschreiben, liegt somit nahe.

Die Alkoholwirkung als Ursache von Affektstörungen

In der *deskriptiv-phänomenologischen Betrachtungsweise* läßt sich eine unmittelbare Nähe der alkoholischen bzw. exotoxischen Bewußtseinsstörung zur Pathologie der affektiven Entgleisung erkennen, wenn man sich an den klassischen Darstellungen alkoholischer Räusche orientiert (vgl. u. a. Ziehen 1911; Binswanger 1935; Binder 1935). Es zeigt sich, daß die unter forensischen Bedürfnissen entwickelten Rauschkriterien eine differenzierte Beschreibung gestörter Affektivität leisten. „Tatsächlich ist die Affekthandlung durch ähnliche Merkmale charakterisiert wie abnorme Alkoholreaktionen" (Finzen 1986).

Der „einfache" Rausch

Bei der Schilderung der Bewußtseinsstörung im sog. einfachen Rausch wird häufig auf den gestörten oder gesteigerten Affekt hingewiesen. Übereinstimmung besteht darüber, daß beim *einfachen*, gewöhnlichen oder normalen Rausch das Exitationsstadium oder Erregungsstadium das zentrale Symptom ist. Es wird als Folge einer Lähmung hemmender Kontrollfunktionen verstanden (Bumke 1942), aber auch als selbständiges Erregungsstadium aufgefaßt (Kraepelin 1910, Binder 1935), da es bereits auftritt, wenn irgendwelche Lähmungserscheinungen noch zu fehlen pflegen. Es geht, ähnlich wie der akut gesteigerte Affekt, mit vegetativen Veränderungen einher, wie einer Beschleunigung der Herztätigkeit, Vertiefung der Atmung, vorübergehender Steigerung der Leistung und der Reflextätigkeit.

Auf psychischem Gebiet kann es zu einer „Leistungssteigerung einfachster Funktionen des Empfindens" kommen. Vorgegebene Erlebnisse oder Stimmungsqualitäten können hierdurch eine deutliche Akzentuierung erfahren. Häufig beeindrucken eine überstarke Ausdrucksmotorik, überstürzte Bewegungsreaktionen und ein Übermaß an primitiven Berührungsassoziationen (Kraepelin 1910). Manche Wahrnehmungen und Vorstellungen bekommen eine auffallend sinnliche Lebendigkeit. Die Grundstimmung nimmt unter Alkoholeinfluß eine stärker erregungserfüllte, heitere, übermütige Gefühlsfärbung an. Die „vitalen Antriebe" sind entsprechend gesteigert, so daß „dieser psychomotorische Drang allen etwa auflebenden Bewegungsentwürfen in vermehrtem Maße zufließt" (Binder 1935).

Die gedanklichen Funktionen und die Willensbestimmtheit sind dagegen frühzeitig gestört, eine erregende Wirkung im Sinne einer Leistungssteigerung ist nicht festzustellen. Wenn der Proband von einer raschen Auffassung und einer Bereicherung des Denkens spricht, handelt es sich regelmäßig um eine Selbsttäuschung, erklärbar durch die euphorische Grundstimmung und das Überangebot an primitiven Assoziationen (Kraepelin 1910; Rommeney 1952). Die Kraft des echten Willensentschlusses, ebenso wie die Zähigkeit des Festhaltens an ihm, ist durch Alkohol nicht gesteigert, sondern lediglich der in die Bewegungsentwürfe einfließende Antrieb (Binder 1935).

Der Alkohol kann aber auch zu einem „bipolaren Wirkungsspektrum" mit Zuständen gegensätzlicher Gestimmtheit innerhalb eines Rauschgeschehens führen (Athen 1986). Es kann sowohl zur psychomotorischen Erregung mit aggressiver Gereiztheit oder zur Dämpfung, zur Gespanntheit oder Entspannung, zu Zuwendung oder Rückzug, Enthemmung oder Stupor, Labilität oder Ausgeglichenheit, Empfindsamkeit oder Stumpfheit, Rededrang oder Schweigen, Geltungsdrang oder Selbstvorwürfen kommen. Eine aggressive Grundstimmung kann in eine depressive Symptomatik übergehen, Autoaggression in Fremdaggression. Dieser Syndromwechsel innerhalb der Alkoholintoxikation läßt sich „am besten mit einer Labilisierung der Affekte charakterisieren" (Athen 1986). Bei vielen Menschen pflegen sich ganz regelmäßig gewisse Stadien nacheinander zu entwickeln (Heilbronner 1905).

Mit ansteigender Blutalkoholkonzentration (BAK) tritt die eigentliche Trunkenheit auf. Pharmakodynamisch handelt es sich um den Beginn des Lähmungsstadiums mit Benommenheit, die sich zunächst als Verlust der Selbstkontrolle äußert (Jahrreiss 1933). Die sekundäre Kontrolle ist nicht mehr in der Lage, sich bis zum Ich-Zentrum „zurückzuwenden", so daß das Selbsterleben sich zu verdunkeln beginnt, während das Gegenstandsbewußtsein noch erhalten bleibt. Das Bewußtsein der Subjekt-Objekt-Spaltung beginnt zu verschwimmen (Jaspers 1965). „Ist die Verdunkelung des Selbsterlebens allzu ausgeprägt, so wird der Rausch nicht mehr als beglückend, sondern eher als quälende Depersonalisation erlebt" (Binder 1935).

Die Erlahmung der intellektuellen Funktionen führt schließlich zu einer Enthemmung der primitiven, egozentrisch orientierten Affekte und zu triebhaften Reaktionen (Binder 1935). In dieser Phase pflegen sich die Betrunkenen am rücksichtslosesten und unbekümmertsten zu benehmen und zu egozentrischen Affektaufwallungen zu neigen. Sie werden laut und prahlerisch und geraten bei Widerstand leicht in Zorn.

Mit zunehmender Bewußtseinsstörung wird der Zustand gesteigerter Erregung und Enthemmung immer mehr durch eine allgemeine Lähmung der psychophysischen Funktionen abgelöst. In dieser späten Rauschphase treten träge Pupillenreaktionen, Nystagmus, Artikulationsschwierigkeiten, Ataxie und Koordinationsstörungen auf. Die sinnliche Empfänglichkeit schlägt in das Gegenteil um, die Grundstimmung nimmt einen schlaffen gleichmütigen Charakter an, die reaktiven Affekte und Triebspannungen verschwinden, es kommt zum Bild des „immer stiller werdenden Zechers" (Binder 1935). Wenngleich die Grundstimmung ganz unterschiedlich sein kann, pflegt die Erregung doch nie zu einer extremen Stärke anzuschwellen; speziell kommen Angststimmungen im gewöhnlichen Rausch nicht vor (Heilbronner 1905; Binder 1935).

Geeignete konstellative Faktoren können schon bei geringerer BAK über eine Minderung der Alkoholtoleranz zu ausgeprägten Bildern der Berauschung führen. Krankheiten, insbesondere Epilepsien, Alkoholintoleranz bei Hirntraumatikern, bei manchen Psychopathen und bei chronischen Alkoholikern, ferner Ermüdung, Hunger, Hitzeeinwirkung, sexuelle Erregung, Infektionen und insbesondere eine gestörte Affektivität zu Beginn des Alkoholkonsums (Konfliktbelastungen, besondere Verstimmungszustände) kommen in Betracht.

Der „komplizierte" Rausch

Die Nähe der Alkoholwirkung zur affektiven Entgleisung ist beim quantitativ abnormen oder „komplizierten" Rausch sehr deutlich. Hier tritt eine erhebliche Bewußtseinsstörung sehr rasch, evtl. schon bei mittlerer BAK auf. Es kommt ziemlich brüsk zu schweren, situativ inadäquaten Erregungszuständen mit Hemmungsverlust, „so daß die Ungebundenheit in den egozentrischen Affektreaktionen ... nicht selten extreme Grade erreicht" (Binder 1935). Infolge des schweren Erregungszustandes bilden sich die allgemeinen Lähmungserscheinungen erst sehr viel später heraus und werden von immer neuen aufflackernden Erregungsstößen durchbrochen. Meist ist die „äußere Haltung" (Binder 1935) vollkommen erschüttert. Die Grundstimmung ist durch eine besondere Gereiztheit gekennzeichnet, die den dauernden Stimmungshintergrund des gesamten Erlebens bildet und von einem psychomotorischen Entladungsdrang begleitet wird. Über Affektirradiationen kann es zum Durchbruch von Impulshandlungen und zur Irradiation reaktiver Zornaffekte kommen, die für den komplizierten Rausch geradezu kennzeichnend sind.

Fallbeispiel: Ein Student, der sich nach einer mehrtägigen Folge von Verbindungsfesten mit der Bahn nach Hause begab, hatte am fraglichen Tag keinen Alkohol getrunken und war gezwungen, in der Bahnhofsgaststätte einer norddeutschen Kleinstadt auf den Anschlußzug zu warten. Er benutzte diese Zeit, um etwa 4 Glas Bier zu trinken, wobei sich leichte ataktische Störungen einstellten, was den Wirt veranlaßte, ein weiteres Glas Bier nicht mehr auszuschenken, zumal die Sperrstunde erreicht war. Hierauf geriet der Student in einen starken Erregungszustand, beschimpfte den Wirt, warf mit dem Bierglas nach ihm und tobte schließlich seine Zerstörungswut an dem Mobiliar des zu dieser Zeit leeren Gastraums aus. Der eingreifenden Ortspolizei gelang es nur mit Mühe, den um sich Schlagenden zu fesseln und in die Ausnüchterungszelle zu sperren, wo er noch weiter randalierte. Die Berechnung der Tatzeit-BAK ergab einen maximalen Blutalkoholspiegel um 1,8‰ und einen Mindestwert um 1,2‰. Ausgenüchtert konnte sich der Student nur schwach an die Ereignisse erinnern. Er will sich zu Beginn des Alkoholkonsums müde gefühlt haben.

Das Gericht nahm eine abnorme Alkoholreaktion an, ein fahrlässiges Verschulden dieses Zustands war nicht ersichtlich, da der sonst alkoholgewöhnte Student in diesen Zustand bei einem BAK-Wert von nur 1,2‰ geraten sein konnte. Es erfolgte Freispruch.

Es gehört sehr häufig zu solchen abnormen Alkoholreaktionen, daß zufällig vorhandene Personen beleidigt werden und schwere Gewalthandlungen, umfangreiche Zerstörungen und starkes Toben beobachtet werden. Dies hängt mit der gereizten Grundstimmung, andererseits mit der lähmenden Wirkung des Alkohols auf die intellektuellen Funktionen zusammen. „Auf diesen Zustand ist auch die häufig beobachtete Tatsache zurückzuführen, daß abgespaltene Erlebniskomplexe gewissermaßen in ein Überdruckstadium geraten und in direkte Impulshandlungen nach außen durchschlagen" (Binder 1935). Als Folge einer derartig schweren affektiven Persönlichkeitserschütterung im komplizierten Rausch können Primitivreaktionen handlungsbestimmend werden (Kretschmer 1963).

Vielfach handelt es sich jedoch nicht um ein blindes Wüten ohne Bezug auf irgendein reales Objekt, wie es im pathologischen Rausch oft der Fall ist. Eifersucht ist häufig Motiv solcher Gewalttaten. Ferner ist zuweilen eine hysterische Ausgestaltung der Symptome mit der hierfür typischen Bezogenheit auf den Zuschauer zu beobachten. Das Handeln erhält eine Note der Absichtlichkeit, des Sichhineinsteigerns; es wird „Affekt gepumpt", um den Erregungszustand noch eindrucksvoller zu gestalten, oder es werden Schwächen zur Schau gestellt, um bei der Umgebung Mitleid zu erregen, das heulende Elend wird hysterisch übersteigert.

Eine besondere Verlaufsform stellt der sog. Affektschock dar. Im Zustand gesteigerter Erregung kann ein plötzlicher Schreck oder eine aufschießende maximale Wut das Bild schlagartig verändern und kollapsartig in sich zusammenbrechen lassen; der Betrunkene verfällt in einen soporösen Zustand.

Andererseits fällt häufig eine besondere psychomotorische Unruhe mit unterschiedlicher Alkoholwirkung auf Psyche und Motorik auf. Während die Motorik noch ungestört erscheint, stehen die schweren psychischen Veränderungen ganz im Vordergrund. Diese Inkongruenz zwischen psychischen und körperlichen Symptomen kann dazu verleiten, die Alkolwirkung zu gering einzuschätzen, was bei forensisch relevanter Schwere der psychischen Alteration zu vergeblichen Versuchen Anlaß geben kann, die Motivation des Täters aufzuhellen.

Ist durch den Alkoholnachweis an einer Blutprobe die Ursache der Bewußtseinsstörung erkannt, so tritt das Problem des Verschuldens dieses Zustandes im Sinne

des § 323a StGB auf. Die gängige Praxis, die für den Tatzeitpunkt in Frage kommende maximale BAK bei der Begutachtung zugrunde zu legen, kann fragwürdig, wenn
nicht fehlerhaft sein, wenn der Mindestwert von so geringer Höhe ist, daß dem Beschuldigten nicht mehr nachzuweisen ist, daß er mit einem Rauschzustand von der
festgestellten Schwere hätte rechnen können oder müssen.

Der „pathologische" Rausch

Als eine sehr seltene Form des alkoholischen Rauschs gilt der „pathologische"
Rausch. Binder (1935) hat als das Leitsymptom dieser Rauschform die anfallsartig
schnell eintretende, schwere Bewußtseinsstörung mit besonderem Verlust der „Orientierung in der Situation" angesehen. Im pathologischen Rausch ist die realitätsgemäße
Auseinandersetzung durch Affekte, Wahnideen, Halluzinationen, Einengung oder
Zerfall des Erlebens grundlegend gestört. Das Realitätsbewußtsein ist vollständig
aufgehoben. Das Handeln des Menschen hat etwas Blindes, Irreales, Phantastisches,
aus der Umweltsituation nicht mehr objektiv Verständliches, für den Außenstehenden
nicht mehr Einfühlbares.

Es können dämmerzustandsartige Bilder auftreten, die, wenn sie von einem ausgeprägten Affekt getragen werden, auch als Affektdämmerzustände bezeichnet wurden
(Binder 1935). Es handelt sich um außerordentlich intensive Wut- und Angstaffekte,
die zusätzlich das alkoholbedingte dämmrige Bewußtsein psychogen noch weiter ein-
engen. Nicht das psychogene Element, sondern der Alkohol ist jedoch die wesentliche
Ursache, was allerdings manchmal erst über die Blutalkoholbestimmung und über
eine „fehlende Vorgeschichte" in Erfahrung zu bringen ist, wenn bei dem Betroffenen
vergleichbare Zustände im nüchternen Zustand nicht zu beobachten waren. Die Motorik ist häufig nicht beeinträchtigt, so daß auch von daher die Situation leicht verkannt werden kann.

Die akut einsetzende ängstliche Verstimmung, der Realitätsverlust, die blinden
Angriffs-, Abwehr- oder Fluchttendenzen kennzeichnen das Bild ebenso wie das ter-
minale Schlafgeschehen, aus dem die Betroffenen mit einer ausgedehnten Amnesie zu
erwachen pflegen.

Die Grundstimmung des einfachen Rauschs ist meistens die Euphorie, die des
komplizierten Rauschs die Gereiztheit und die des pathologischen Rauschs die Angst.
Hier erscheint das Handeln bisweilen nur noch von Affekt erfüllt und enthält kein ge-
genständliches Erleben mehr. Es kann auch ein rein motorisches Erscheinungsbild des
vermehrten diffusen Antriebs auftreten, das von speziellen richtungsgebenden Triebspannungen oder Affekten unabhängig ist und deswegen kaum noch als Handlung,
sondern eher als bloßer Bewegungsüberschuß imponiert. Solche abgespaltenen automatisierten Hyperkinesen haben Ähnlichkeit mit katatonen Erscheinungen und sind
deswegen auch als katatone Räusche bezeichnet worden (Mueller 1930).

Die akzentuierend-katalysierende Alkoholwirkung

Um forensischen Bedürfnissen einer stärkeren Differenzierung der Alkoholwirkung
gerecht zu werden, hat Rasch (1966) tatwirksame Rauschzustände unterschieden und
insgesamt 6 typische Zustandsbilder beschrieben:

1) Die euphorische Auflockerung, wie sie sich im Rahmen des Gesellschaftsrausches mit heiterer Grundstimmung einzustellen pflegt.
2) Die depressiv-dysphorische Verstimmung, die als Unverträglichkeitsreaktion aufgefaßt wird. Depressive Verstimmung und mürrische Reizbarkeit mit Tendenz zur aggressiven Entladung sind zu beobachten. Die Handlungen muten oft motivlos und nicht mehr einfühlbar an.
3) Die *akzentuierend-katalysierende Reaktion* als Folge einer Vertiefung der vorgegebenen Grundstimmung. Insbesondere affektive Störungen aus Konfliktbelastungen werden aktualisiert und ausgelebt. Begünstigend ist häufig die Tatsache, daß es mit dem Konfliktpartner zu einem gemeinsamen Genuß von Alkohol kommt und auch das Verhalten des Opfers durch Alkohol beeinflußt wird.
4) Die toxische Reizoffenheit als hirnorganisches Korrelat der Bewußtseinsstörung. Straftaten resultieren aus dem spezifischen Aufforderungscharakter der äußeren Situation, so daß alle Arten der Kriminalität vorkommen. Alkoholgenuß über viele Stunden oder Tage mit Schlafentzug und unregelmäßiger Nahrungsaufnahme sind häufig vorausgegangen.
5) Das ungerichtete Handlungsbedürfnis. Es ähnelt dem Zustand der toxischen Reizoffenheit, ist aber durch größere Eigenantriebe gekennzeichnet. Es stellt sich Umtriebigkeit von mehr organisch dranghaftem Gepräge ein, es kann zu Sachbeschädigungen, Einbruchdiebstählen oder Brandstiftung kommen. Manchmal sind die Verhaltensmuster wie eingeschliffen und bestimmen immer wieder das Handeln im Rausch.
6) Aus der üblichen Psychopathologie der Alkoholwirkung herausfallende, seltene alkoholbedingte Ausnahmezustände, die als Rauschdämmerzustände bezeichnet werden.

Eine derartig an der forensischen Fragestellung orientierte Differenzierung der Rauschsymptomatik hat den Vorteil, daß die krankhafte Bewußtseinsstörung in ihrem konkreten Zusammenhang mit dem strafrechtlich bedeutsamen Verhalten gesehen wird (Forster u. Joachim 1975).

Bei einer Charakterisierung tatrelevanter Rauschzustände ist die akzentuierend-katalysierende Alkoholreaktion auf den Affekt von besonderer Bedeutung. Bei einer bis zum Platzen geladenen Grundstimmung kann es zu schweren Affektdelikten im Rausch kommen (Derwort 1964).

Fallbeispiel: Der Fall einer typisch akzentuierenden Wirkung des Alkohols auf eine vorgegebene abnorme Affektlage war der eines 45jährigen Maurers, der sich als Heimatvertriebener in seiner Freizeit in der Peripherie einer norddeutschen Großstadt ein Eigenheim errichtet hatte. Er hatte geheiratet; aus der Ehe waren 2 Kinder hervorgegangen, die sich im schulpflichtigen Alter befanden, als sich die Ehe „auseinanderlebte", vorwiegend wohl, weil die Frau als Serviererin in den Abend- und Nachtstunden, der Mann zu den üblichen Tageszeiten arbeitete. Es kam zu häufigeren verbalen Auseinandersetzungen mit Versöhnungsversuchen von Seiten des Mannes. Die Konfliktbelastung und Zerrüttung der Ehe konnte über Monate vor Nachbarn und den Kindern verborgen gehalten bleiben, bis es am Tattag zu einer heftigen Auseinandersetzung kam, als die Frau beabsichtigte, zusammen mit den Kindern auszuziehen. Der Streit gipfelte in einer regelrechten Schlägerei, wonach die Frau mit beiden Kindern das Haus verließ. Während der Schlägerei hatte sich der Täter einen Parierbruch des rechten Unterarms zugezogen und begab sich mit dieser Verletzung im Zustand schwerer Verstimmung zu seinem Nachbarn, der ihm zur Beruhigung Bier und Korn anbot. Nach Genuß mehrerer Flaschen Bier und einiger Gläser Korn kehrte er in sein Haus zurück und legte in den Kleiderschränken Feuer, steckte seine Arbeitsjacke, die Maurerkelle und einen der beiden Arbeitsschuhe – den anderen vergaß er – in eine Tasche, verließ das Haus und begab sich auf den Weg zum Bahnhof. Nach etwa 1/2 h kehrte er zurück und beobachtete die Feuerwehr beim Löschen des Brandes. Anschließend stellte er sich und wurde sofort inhaftiert. Eine etwa 2 h nach der Tat entnommene Blutprobe wies eine BAK von 1,2‰ auf. Es erfolgte Anklage wegen vorsätzlicher Brandstiftung. Der Gutachter konnte zeigen, daß die akute alkoholische Beeinflussung die schwere Verstimmung akzentuiert hatte. Da bei den üblichen Trinkgewohnheiten des Maurers anzunehmen war, daß er solche Alkoholwerte gut vertragen konnte, wurde ein fahrlässiges Verschulden der rechtlich relevanten Alkoholisierung vom Gericht nicht angenommen. Es erfolgte Freispruch. Besondere Bedeutung wurde der Bewußtseinseinengung durch den starken Zornaffekt des Alkoholisierten mit der Disposition zu Kurzschlußhandlungen beigemessen. „Der Impuls scheint hierbei nicht mehr durch den Filter der Gesamtpersönlichkeit gemildert zu werden und manifestiert sich in einer Handlung, welche als die nächstliegende Reaktion für den Affekt, für die Gesamtpersönlichkeit aber als sinnloseste gelten kann. Es fällt eine minimale einseitige Zielorientierung und eine ebenso einseitige Mittelorientierung auf" (Thomae u. Schmidt 1967).

Der besondere forensisch-medizinische Aspekt der Unfallflucht

Ein besonderes Problem wirft die Beurteilung von Unfallflüchtigen auf, weil hier plötzlich und unerwartet ein als bedrohlich erlebtes Geschehen die Bewußtseinslage belastet, während gleichzeitig Reaktionen gefordert werden, die in solchen Situationen selbst von psychisch stabilen Kraftfahrern eine besondere Willenskraft verlangen. Bei derartigen Ereignissen kann es zu impulsiven „Augenblickshandlungen" (Hirschmann 1960) kommen, die sich bei vorbestehendem Affektdruck durchsetzen und sich in Angst- und Fluchtreaktionen mit dranghafter psychomotorischer Entladung und Verlust der Selbstschutzmechanismen manifestieren.

Unter Alkohohleinfluß ist infolge der Wahrnehmungsstörungen, der gestörten Umstellungsfähigkeit (Vigilanzstörung) und der Kritikminderung jedoch die Beeindruckbarkeit reduziert. Der oft behauptete psychogene Schock (psychogene Dämmerzustand) ist auszuschließen, wenn die Flucht zielstrebig verwirklicht und die später festgestellte BAK erheblich ist. Spezielle Schwierigkeiten können jedoch auftreten, wenn die BAK nicht annähernd genau, z. B. bei längeren Rückrechnungszeiten, zu bestimmen ist.

Im Fall eines 19jährigen Lehrlings mit beginnender Alkoholabhängigkeit wird die Problematik deutlich:

Freiwillig wurde eine Entwöhnungskur, entfernt von der alleinerziehenden Mutter und der Freundin, in einer Suchtklinik begonnen. Nach etwa 2 Wochen stationären Aufenthalts trat eine schwere depressive Verstimmung auf. Der Patient verließ die Station heimlich und trank in einer Gaststätte in unklaren Mengen Bier und Korn, anschließend beging er einen PKW-Diebstahl, um nach Hause zu fahren. Unterwegs erlitt er einen schweren Unfall mit Totalschaden des PKWs, wurde aber selbst nicht wesentlich verletzt und lief vom Unfallort querfeldein davon. Nach etwa 3–4 h kehrte er erschöpft, verstört und verschmutzt in die Klinik zurück. Seine Erinnerung an das Tatgeschehen war lückenhaft.
In der etwa 6 h nach dem Unfall entnommenen Blutprobe war eine BAK von 0,7‰ nachzuweisen. Die Rückrechnung führte unter Berücksichtigung unklarer Resorptionsverhältnisse zu einer Tatzeitkonzentration von mindestens 1,1‰ und maximal 2,1‰. Im Hinblick auf die Vorgeschichte der Tatzusammenhänge entschuldigte der Angeklagte die Unfallflucht glaubhaft durch eine Panikre-

aktion, bei der dem Wert von 1,1‰ eine nur untergeordnete Bedeutung zuzukommen schien. Ein Freispruch nach § 20 StGB (tiefgreifende Bewußtseinsstörung) war in Betracht zu ziehen; bei einer Tatzeitkonzentration von 2,1‰ könnte jedoch auch eine „Rauschtat" im Sinne des § 323a StGB vorliegen. Da der Angeklagte einem Jugendlichen gleichzustellen war, wurde eine Erziehungsmaßnahme angeordnet. Die Problematik der forensisch-medizinischen Begutachtung rückte in den Hintergrund.

Alkohol und Affekt im psychologisch-psychiatrischen Experiment

Auf der Grundlage psychologisch-psychiatrischer Experimente finden sich z. T. widersprüchliche Beschreibungen affektiver Grundbefindlichkeiten nach Alkoholgabe. Wird im Blindversuch die vorgefaßte Einstellung des Probanden zum Alkohol ausgeschaltet, können gleichwohl manische Zustandsbilder mit Euphorie, eine zum Angenehmen hin veränderte Befindlichkeit, Lebhaftigkeit, Geschwätzigkeit, Rededrang und ein gesteigertes Bewegungsbedürfnis beobachtet werden (Newman 1935). Personen mit neurotischen oder psychotischen Störungen reagieren mit sehr starker emotionaler Instabilität und einer deutlichen Labilisierung und Akzentuierung der vorbestehenden psychischen Störungen. Eine verstärkte affektive Labilität und Impulsivität war mit Hilfe projektiver Testverfahren nach intravenöser Verabreichung von Alkohol im Doppelblindversuch ebenfalls feststellbar (Mayfield u. Allen 1967).

Mayfield u. Allen (1967) beschrieben aber auch eine von ihnen als palliativ bezeichnete Wirkung des Alkohols. Sie fanden bei vergleichenden Untersuchungen an Gesunden, depressiven Patienten und Alkoholikern, daß sich der Zustand der Depressiven „dramatisch" änderte und als deutliche Verbesserung der Stimmungslage empfunden wurde, während bei den anderen nur leichte Veränderungen eruierbar waren. Alle Probanden zeigten sonst keine gravierenden Auffälligkeiten, allenfalls leichte Gehstörungen. Die Blutalkoholwerte lagen zwischen 0,4 und 0,8‰. Nach Auffassung der Autoren werden „affects" am stärksten durch Alkohol beeinflußt, wenn sie sich als zuvor gestört (disordered) erweisen. Die euphorisierende Wirkung des Alkohols war eher schwach. Die Veränderung der Grundstimmung wurde mittels der Clyde-Mood-Skalen in Fragebogentechnik erfaßt.

Mit Hilfe einer computerisierten Auswertung von geeigneten Skalen des „Minnesota Multiphasic Personality Inventory" (MMPI) wurden eigene Versuche durchgeführt (Joachim u. Weinzierl, unveröffentlicht). Die Probanden (30 männliche Studenten im Durchschnittsalter von 25 Jahren) konnten innerhalb von 1 1/2–2 h alkoholische Getränke nach Belieben zu sich nehmen. Die Alkoholwerte lagen bei durchschnittlich 1,2‰ zu Beginn des Tests (Ende des Trinkens) und 1,6‰ bei Testende.

Trotz z. T. stark ansteigender BAK zeigten die Probanden auffallend wenig Trunkenheitssymptome, die nie stark ausgeprägt waren. Die zur Bearbeitung der Formulare benötigte Zeit war im Nüchternversuch nicht kürzer als im Alkoholversuch und betrug durchschnittlich 2 h.

Unter Alkohol stiegen die Skalenwerte für Angst, gehemmtes, defensives Verhalten, Spannung, Reizbarkeit/Ruhelosigkeit, gestörte Emotionalität und Hostilität an. Dagegen schienen sich egozentrische, ehrgeizige, aber auch sozial umgängliche, anpassungsfähige, kontaktfreudige Grundhaltungen unter Alkohol ebenso wie Aktivität, Zielstrebigkeit und Unternehmungslust zu verlieren. Eine offenbar (testbedingte?) mißtrauische und argwöhnische Grundhaltung blieb erhalten. Die Unterschiede der Alkoholwirkung ließen eine Einteilung in 5 Gruppen zu:

1) Eine Gruppe bleibt unter Alkohohleinfluß testpsychologisch stabil. Es handelt sich um 7 von 30 Probanden (23%). Eine Veränderung der Grundstimmung war im Test nicht erfaßbar, obwohl die Probanden Symptome wie Euphorie oder Dysphorie milderer Ausprägung zeigten. – Es verwundert nicht, daß es Bennett et al. (1969) nicht gelang, im Alkoholexperiment mit geringen BAK-Werten zwischen 0,3 und 0,9‰ bei den Versuchspersonen aggressives Verhalten zu provozieren. –
2) Bei einer Gruppe von 3 Probanden (10%) war es zu einer deutlichen Stabilisierung der Bewußtseinslage und Grundstimmung gekommen. Der Begriff Stabilisierung soll hier das Zurücktreten einzelner Züge und die Tendenz zu Normwerten bezeichnen. So zeigte z. B. eine Versuchsperson eine Nivellierung der depressiven Ausgangslage und bezeichnete sich als offener und kontaktfreudiger.
3) Diese Gruppe umfaßt wiederum 3 Versuchspersonen mit im Nüchterntest bereits krankhafter Wertekonstellation, die unter Alkoholeinfluß akzentuiert wurde. Einzelne Skalenwerte erreichten den Krankheitsbereich, wobei eine Betonung der ängstlichen Grundstimmung mit Introversion, Mißtrauen und Realitätsverlust überwogen.
4) Als umfangreichste Gruppe ließen sich 16 Versuchspersonen (53%) zusammenfassen, die Veränderungen aufwiesen, die von den Nüchternbefunden her nicht zu erwarten waren. Ihr Testprofil war überwiegend durch Ängstlichkeit, Realitätsverlust und Mißtrauen gekennzeichnet.
5) Das Testprofil einer Versuchsperson änderte sich, trotz hoher Alkoholwerte (BAK zu Testbeginn 1,54‰, bei Testende 2,05‰), nicht, es blieb stabil und wies im Nüchterntest wie im Alkoholversuch stark pathologische Züge auf. Dieser Proband darf als Ausnahmefall gelten, der sehr wahrscheinlich häufiger Alkohol konsumierte.

Raff et al. (1978) fanden eine unklare dysphorische Reaktion bei nur geringen Blutalkoholwerten zwischen 0,4 und 0,8‰. Das subjektive Befinden durch Spontanprotokollierung und Anwendung von Polaritätsprofilen zur Obiektivierung von Stimmungsänderungen wurde im Doppelblindversuch überprüft. Die Ergebnisse standen im Widerspruch zu der erwarteten Wirkung geringer Alkoholmengen.

Akzentuierende Effekte geringer Alkoholmengen (0,4 g/kg KG) sahen Keane u. Lisman (1980) bei männlichen Versuchspersonen in einer Untersuchung mit der Absicht, den enthemmenden Effekt von Alkohol bei sozial ängstlichen Probanden in der Begegnung mit einer unbekannten weiblichen Versuchsperson nachzuweisen. Die „social anxiety" wurde durch Alkohol verstärkt. Die alkoholisierten Probanden verkürzten ihre Kontakte zu den weiblichen Partnern um 75%. Offenbar war die Alkoholdosis zu gering.

Zusammenfassend ist im psychologisch-psychiatrischen Experiment unter Laborbedingungen im Alkoholversuch eine auf die realen Bedingungen des Erlebens übertragbare Affektdynamik wohl nicht zu erfassen. Offenbar lassen sich aber bestimmte Reaktionstypen unterscheiden (eigene Versuche). Phasenhaft wird eine deutliche

Affektlabilität mit schmerzlichen Erfahrungen und Emotionen durchlebt (Tamerin u. Mendelson 1969).

Affektdynamik und alkoholbedingte Bewußtseinsstörung

Eine Analyse der Affektdynamik kann angesichts der zahlreichen Publikationen kompetenter forensischer Psychiater, welche sich mit der Beschreibung affektiver Ausnahmezustände befaßt haben, nicht geleistet werden. Eine zusammenfassende kritische Darstellung und Würdigung findet sich bei Saß (1983). Durchgehend wird die Auffassung vertreten, daß sich eine typische, in mehreren Phasen verlaufende Vorgeschichte bei schweren Affekten findet und auf die Disposition zur Affektentgleisung bei bestimmten konstellativen Faktoren, insbesondere beim Alkohol, hingewiesen. Den Autoren imponierten immer wieder Phänomene, die als Einengung der seelischen Abläufe und des Wahrnehmungsfeldes, als Bewußtseinseinengung, als Mißverhältnis zwischen Tatanstoß und Reaktion oder als Störung der Sinn- und Erlebniskontinuität beschrieben wurden. Blindheit, Unzweckmäßigkeit, Planlosigkeit finden sich als Indikatoren einer grundlegend gestörten Orientierung und „einer Störung der primärsten Funktionen des Bewußtseins" (Undeutsch 1965).

Hiervon sind die Affekthandlungen zu unterscheiden, bei denen die Zielorientierung durchaus gegeben ist, jedoch ist zugleich mit der Normorientierung die Orientierung an den Mitteln gestört oder unterbrochen (Undeutsch 1974). „Eine besonders schmerzliche erneute Berührung des Wundenkomplexes löst eine wohl zum Aktualanlaß inadäquate, dem Ladungszustand des Spannungsfeldes aber gegebenenfalls durchaus adäquate Affektexplosion aus" (Haddenbrock 1966). Die Reihe solcher elementaren Affektentladungen reicht von der primitiven Flucht- und Versagensreaktion (blindes Weglaufen, Fahrerflucht, Suizid oder erweiterter Suizid) bis zu allen möglichen Aggressionen (exzessives Schimpfen, Beleidigungen, Sachbeschädigungen, Körperverletzungen, Tötungsdelikte).

Schilderungen derartiger Affektmanifestationen finden sich in fast identischer Form bei der Beschreibung der abnormen und der pathologischen Rauschzustände wieder. Gleiches gilt für die Beurteilungskriterien der Affektstärke von Undeutsch (1974), wenn die Inkonstanz des Verhaltensstils, die fehlende Persönlichkeitsadäquanz oder die Orientierungsmängel erwähnt werden. Eine weitgehende Überdeckung mit schweren alkoholbedingten Verstimmungszuständen scheint erreicht, wenn die „explosive Diathese nur in alkoholischen Rauschzuständen" vorkommt (Hirschmann 1960).

Die konstellativen Faktoren des starken Affekts sind denen der schweren Alkoholreaktion vergleichbar. Erschöpfung, Übermüdung, Erkrankungen, Schlafentzug, Rekonvaleszenz, berufliches Versagen, Arbeitsplatzverlust, Arbeitslosigkeit etc. kommen in Frage.

Auch die Persönlichkeitszüge des zu schweren affektiven Entgleisungen neigenden Menschen scheinen Ähnlichkeit mit denen zu haben, die zu unkontrolliertem Alkoholkonsum, zu schweren alkoholischen Reaktionen und zur Alkoholabhängigkeit disponiert sind. Diese Menschen werden häufig als emotional weniger differenziert, selbstunsicher, egozentrisch, introvertiert und leicht erregbar beschrieben. Ihre Persönlichkeitsmerkmale lassen sich über das Neurotizismusschema von Eysenck (1965) recht gut definieren.

Es charakterisiert diesen Tätertyp, daß sein Handeln ambivalent bleibt. Die Tat erscheint bisweilen als faktische Lösung, die keiner inneren Entscheidung entspricht (Rasch 1964).

Im Unterschied zu den affektiven Entgleisungen bei kompliziert verlaufenden Räuschen ist jedoch beim reinen Affektgeschehen immer die typische Vorgeschichte eruierbar, mit der phasenhaften Entwicklung der konfliktreichen Partnerbeziehung (Hallermann 1963; Rasch 1980; Saß 1983). Die Analyse der Tat ist allerdings äußerst schwierig und von Lehrmeinungen und persönlichen Erfahrungen des Gutachters weitgehend abhängig. „Ob man im einzelnen Fall den zufällig letzten Anlaß nennt oder die schon vorliegende Disposition, ob man das gelten läßt, was angegeben wird oder das, was man von ihm glaubt, ob man den Angehörigen dieses oder jenes Motiv glaubt, das alles ist von großer Willkür" (Gruhle 1933).

In neuerer Zeit sind Ausschlußkriterien der Schuldunfähigkeit katalogartig erarbeitet worden (Saß 1983). Diese Kriterien scheinen teilweise auch für die Beurteilung schwerer Rauschzustände geeignet zu sein. Die aggressiven Vorgestalten in der Phantasie des Täters (Stumpfl 1961), die Ankündigung der Tat, der komplexe Handlungsablauf, eine detailreiche Erinnerung oder die erhaltene Introspektionsfähigkeit können auch als Ausschlußkriterien der Schuldunfähigkeit bei alkoholisierten Tätern gelten. Bei einer derartigen Auflistung von Kriterien besteht jedoch die Gefahr, daß die Eigendynamik des Tatgeschehens und ihr Stellenwert in der lebensgeschichtlichen Entwicklung des Täters nicht mehr gesehen wird.

Eine weitgehende Kongruenz zwischen Affekttat und abnormer Alkoholreaktion scheint bisweilen bei den Aggressionshandlungen gegen Ersatzopfer gegeben zu sein.

In den von Rasch (1964) beschriebenen 4 Fällen ereigneten sich die Taten nach starkem, oft mehrere Tage andauerndem Alkoholkonsum – in einem Fall wird eine Tatzeit-BAK von 3,5‰ als geschätzter Wert angegeben –, in einem Fall nach suizidaler Einnahme von Tabletten. Allen Fällen war ein erhebliches Schlafdefizit gemeinsam. Es liegt auf der Hand, daß die von der Vorgeschichte und vom äußeren Geschehen her als Affekttaten qualifizierbaren Ereignisse im Sinne einer abnormen Alkoholreaktion oder medikamentös-toxischen Bewußtseinstrübung interpretierbar sind. Das Opfer rückte mehr zufällig im entscheidenden Augenblick in den Gesichtskreis des Täters. Seiner Gestimmtheit entsprechend wird es zum Ventil seiner Aggression. In der ungeplant eingetretenen Situation, die das Opfer dem Täter sozusagen darbietet, kann sich das bereitliegende Handlungsschema wieder Geltung verschaffen und die Situation mit der Tötung komplettieren (Rasch 1964).

Die Parallelen zum abnormen Rausch, bei dem der konstellative Faktor einer vorgegebenen affektiven Belastung schlagartig die Bewußtseinslage im Sinne eines situativ inadäquaten Affektdurchbruchs mit schwerer aggressiver Entgleisung bestimmt, liegen auf der Hand. Je nach Beschreibung der „Affektdynamik" und der Bewertung der Alkoholwirkung werden bei der Begutachtung derartiger Tatverläufe die juristischen Konsequenzen bezüglich des Schuldvorwurfs unterschiedlich ausfallen.

Die von einem Zustand starker Alkoholisierung getragene affektive Entgleisung unterscheidet sich jedoch ganz wesentlich von dem forensisch relevanten starken

Affekt (Affekttat) durch das bei letzterem immer noch vorhandene Verbundensein von affektivem und kognitivem Erleben.

Die Beziehung von konkret materiellem Erleben im Affekt zu dem viel abstrakteren „Gefüge von Relationen des Denkens bleibt erkennbar", wenngleich das Doppelsystem dieser beiden Instanzen zugunsten des Affekts stark verlagert ist und damit die Begegnung mit der Umwelt über das Partizipieren, Kommunizieren und Adaptieren reduziert ist (Ciompi 1989).

Beurteilungsschwierigkeiten besonderer Art treten auf, wenn der Affekt bewußt ausgelebt wird. Das ubiquitär verfügbare Rauschmittel Alkohol erweist sich in dieser Situation als bewährtes Mittel mutwilliger Affektentlastung. Der konkrete Rausch ist jedoch nicht planbar, so daß es über die alkoholische Bewußtseinsstörung entweder zum massiven Durchbruch des Affekts kommt oder aber affektives Erleben im Rausch verebbt. Solche Verläufe sind forensisch von Bedeutung, wenn sich ein Zustand verminderter Schuldfähigkeit einstellt und fahrlässiges oder vorsätzliches Verschulden zu beurteilen ist. Ein mutwilliges Sichentlassen in den Affekt ließe sich auch über die Konstruktion der vorverlegten Schuld erfassen (actio libera in causa), wenn an dem primären Tatentwurf und an dem Vorsatz, sich dem Affekt zu überlassen – ihn auszuleben – keine Zweifel bestehen.

Zahlreiche Menschen (insbesondere Psychopathen) erleben jedoch unter Alkoholeinfluß eine Art emotionaler Nivellierung bzw. affektiver Entlastung (Entlastungstrinker); es kommt zum Abbau gefährlicher affektiver Spannungen über die habituellen Trinkrituale im vertrauten Milieu.

Pathophysiologische Mechanismen

Dem Alkohol wird primär ein andauernder „depressant effect" auf das zentralnervöse System zugeschrieben, den er zunächst offenbar nicht auf die Hirnrinde, sondern auf die tieferen Abschnitte, insbesondere auf das retikuläre aktivierende System (RAS) ausübt. Hierdurch wird die integrative Rolle des RAS auf die unterschiedlichen Funktionen von Hirnrinde, Thalamus und Hypothalamus gestört bzw. z. T. aufgehoben. Spinalreflexe scheinen wesentlich stabiler und weniger störbar als die Funktionen des Hirnstamms, insbesondere die der Formatio reticularis zu sein (Ischido 1962, Joachim 1976). Eine Destabilisierung der Affektivität unter Alkoholeinfluß könnte Folge einer Dämpfung der Zwischenhirnanteile der Formatio reticularis sein, was zur Folge hat, daß die Hirnrinde (Bewußtsein) stärker durch die Erregungsimpulse von Thalamus und Hypothalamus bestimmt wird (Ivanitskii u. Turova 1966). Gleichzeitig schießen stärkere exzitatorische Impulse von Seiten des limbischen Systems auf Thalamus und Hirnrinde ein, was andererseits zu einer Reduzierung der Aktivität der Hirnrinde führt, so daß die gesamte Bewußtseinslage zu einer stärkeren Emotionalität hin verlagert ist (McLean 1955). Die Steuerung emotionaler Impulse durch kognitive Funktionen ist auf diese Weise frühzeitig unter Alkoholeinfluß störbar.

Eigene Experimente mit dem Orbicularis-oculi-Reflex (OOR) ergaben (Joachim 1976), daß schon bei niedriger BAK im Bereich von 0,2–0,3‰ die 2. Phase der Reizantwort des OOR deutlich gedämpft ist [die 1. Phase des Reflexes (OORI) bleibt bis zu Werten von 0,8‰ stabil]. Da es sich hierbei um den Reizerfolg der polysynaptischen Schleife des Reflexbogens handelt, die über die ventralen Kerne des Thalamus läuft, liegt ein „depressant effect" durch Alkohol auf diese Kernregion nahe, was eine Reduzierung der Erregungseinflüsse auf die Assoziationsfelder der Hirnrinde erklären könnte. Auf diese Weise läßt sich schon nach sehr kleinen Alkoholdosen *eine Lockerung des Assoziationsgefüges mit Änderung der Stimmungslage und Störung der willkürlichen Verfügbarkeit gedanklicher Inhalte* erwarten. Helmholtz bemerkte zutreffend, daß „die kleinsten Mengen alkoholischer Getränke günstige Einfälle zu verscheuchen scheinen".

Es ist vorstellbar, daß über eine Lockerung des assoziativen Erlebnisgefüges Bewußtseinsinhalte an Erlebnisqualität verlieren bzw. eine gewisse Neutralisierung erfahren können, was den zitierten Testergebnissen im MMPI entspricht. Hierdurch wird z. B. das Entlastungs- oder Konflikttrinken gut erklärt. Derselbe Mechanismus kann aber auch zu einer Überwertigkeit wieder anderer Bewußtseinskomplexe und *zu dranghaften Handlungsimpulsen* führen, wenn wirksame Gegenvorstellungen nicht mehr mobilisierbar sind. Realitätsverlust, Verstiegenheit des Denkens bei subjektiv unklarer Grundstimmung mit einer Disposition zu Affektdurchbrüchen sind zu erwarten. Die im Nüchternzustand beherrschbaren Impulse können unter Alkohol frühzeitig Handlungsqualität erlangen. „Es besteht ein augenscheinliches Unvermögen des Denkens, dem Tun zu folgen" (Luthe 1988). Eine ungeordnete Impulslage kann bei mittlerer Alkoholisierung eine Inkonstanz des Verhaltensstils gut erklären (Undeutsch 1974; Athen 1986). Bei stärkerer Alkoholisierung wird das Handeln immer deutlicher von primitiven Impulsen getragen und verliert an Erlebnisqualität; subjektiv scheint es nach Abklingen des Rauschs kaum nachvollziehbar. Das Bewußtsein von der Eigenbefindlichkeit im Rausch ist verlorengegangen.

Enge Beziehungen zwischen den psychologischen und neurophysiologischen Hypothesen über Affektmechanismen werden deutlich. Arnold (1960) konnte z. B. im psychologischen Experiment nachweisen, daß Emotionen das zielgerichtete Handeln zerstören. Sie zog daraus den Schluß, daß eine starke Emotion den Organismus auf eine niedrigere Funktionsebene zwingt. Hirnrinde und Hirnstamm müssen offenbar als Funktionseinheit und Substrat für den Mechanismus der emotionellen Erregung angesehen werden (v. Wyss 1938). Unter diesem Aspekt ist der starke Affekt auch als Zustand funktionaler Dekortisation bezeichnet worden (Darrow 1950). Im EEG ließ sich eine vermehrte θ-Wellenproduktion bei Versuchspersonen mit starkem Affekt nachweisen, die mit einer *dranghaften Entladungstendenz* verbunden war. Es zeigte sich sehr deutlich eine dynamisch-destruktive Wirkung auf den kognitiven Auffassungsverlauf (Becker 1972, zit. nach Undeutsch 1974). Die Quelle der θ-Wellenausbrüche wird im Kerngebiet des Thalamus vermutet. Es scheint, als kommt es über unspezifische, retikuläre Aktivierungssysteme, die über die Wachzentren des Thalamus und Hypothalamus laufen, zu Erregungszuständen mit einer Art Abkoppelung der intellektuellen Schichten.

Andererseits können sich die rationalen und affektiven Schichten immer stärker bis hin zu einer Bewußtseinseinengung mit Fokussierung auf einen eingeengten, aber um so mehr affektgetönten Erlebnisbereich verbinden. Der reine Affekt zeigt somit, wenngleich reduziert, Bewußtseinsqualität; der Affekt, der durch einen stärkeren Grad der Trunkenheit ausgelöst ist, läßt diese Eigenschaft häufig weitgehend vermissen. Er ist vielmehr durch ein „Zerbröckeln" des Assoziationsgefüges gekennzeichnet, weswegen er sich scheinbar richtungslos entlädt. Die Vorgeschichte ist häufig „leer", das Verhalten des Täters motivisch unklar (de Boor 1966).

Zusammenfassung

1) Die klassische Einteilung der Rauschformen orientiert sich u. a. wesentlich an dem Grad der Affektstörung, über die häufig Qualität und Schweregrad der unterschiedlichen Rauschformen beschrieben werden. Die sich auf dem Boden der alkoholbedingten Bewußtseinsstörung manifestierenden starken Affekte lassen sich wie folgt beschreiben:

Schwere alkoholbedingte Affektentgleisungen bestehen, wenn ein Mißverhältnis zwischen Anlaß und Stärke der Verstimmung im Sinne eines inadäquaten Affekts erkennbar ist und wenn in der „affektiven" Vorgeschichte kaum Erlebniskontinuität zur alkoholbedingten Affektentgleisung besteht, die Vorgeschichte „leer" ist.

Bei alkoholischen Affektentgleisungen besteht eine Relation zwischen der Amnesie und der Höhe der BAK. Sie ist nicht wie beim reinen Affekt lakunar auf das Tatgeschehen begrenzt, sondern mit Erinnerungsinseln durchsetzt. Es besteht keine Erinnerung an die eigene Befindlichkeit. Die Handlungsabläufe sind ohne Erlebnisqualität (das assoziative Erlebnisgefüge ist verlöscht). Bei den schweren alkoholbedingten Affektentgleisungen besteht ein ungerichtetes Entladungsbedürfnis mit starker psychomotorischer Erregung.

Zwischen der Höhe der BAK und der Stärke der Bewußtseinsstörung bestehen bei dem durch Alkohol ausgelösten Affektgeschehen kaum Relationen. Individuelle Toleranzschwankungen können wesentliche Ursache dieser Affektstörungen sein und werden durch konstellative Faktoren (Übermüdung, Krankheit etc.) begünstigt. Die Höhe der BAK ist jedoch für die Beurteilung des schuldhaften (fahrlässigen oder vorsätzlichen) Sich-Betrinkens im Sinne des § 323a StGB von Bedeutung. Bezüglich ihrer Schwere und Qualität ist die affektive Entgleisung im Rausch als ein nicht vorhersehbares Ereignis zu bezeichnen.

Affektspannungen werden auch häufig im alkoholischen Rausch nivelliert bzw. abgebaut.

Ein bewußtes „Sich-Entlassen-in-den-Affekt" mit Hilfe des Alkohols ist in Betracht zu ziehen. Im soziokulturellen Bedingungsgefüge besteht bei den europäischen Völkern eine enge Beziehung zwischen Affektbewältigung und Trinkverhalten.

2) Das Affektgeschehen des „Nüchternen" ist dagegen durch die folgenden Merkmale gekennzeichnet:

Es findet sich eine typische Vorgeschichte. Der Zusammenhang zur „Normalpsychologie" ist nirgends zerrissen.

Häufig besteht Erinnerung an die eigene Befindlichkeit und Motivation. Der Affekt ist mit Erlebnisfragmenten besetzt (kognitiv beladen).

Amnesien (Erinnerungsstörungen) sind fast immer auf das Tatgeschehen beschränkt und oft psychogen über eine Verdrängung subjektiv unerträglicher Erlebnisinhalte zu erklären.

Ein mutwilliges Sich-Entlassen in den Affekt ist zu diskutieren, ebenso wie ein mutwilliges Sich-Berauschen bei vorbestehendem Affektdruck.

3) Wenn eine *mittlere BAK* von etwa 1–2‰ auf einen Zustand trifft, in dem die psychischen Energien zur Bewältigung des *vorbestehenden Affektdrucks* weitgehend aufgebraucht sind, kann es zu abnormen Zustandsbildern im Sinne eines komplizierten Rauschs kommen.

Sehr häufig besteht die Rauschwirkung in einem akzentuierend-katalysierenden Effekt auf die vorbestehende Affektspannung.

Bei bestimmten Personen besteht eine Disposition zur affektiven Entgleisung ebenso wie zu alkoholischem Mißbrauch.

Konstellative Faktoren (Krankheit, Übermüdung etc.) und die Disposition der Primärpersönlichkeit sind wesentliche diagnostische Kriterien des Affekts ebenso wie der abnormen Alkoholreaktion.

Literatur

Arnold MB (1960) Emotion and personality, vol 1 u. 2. Columbia Univ Press, New York

Athen D (1986) Syndrome der akuten Alkoholwirkung und ihre forensische Bedeutung. Springer, Berlin Heidelberg New York

Bennett RM, Buss AH, Carpenter JA (1969) Alcohol and human physical aggression. 9. J Stud Alcohol 30 (4): 870–876

Binder H (1935) Über alkoholische Rauschzustände. Schweiz Arch Neurol Psychiat 35 1–55

Binswanger H (1935) Klinische und charakterologische Untersuchungen an pathologisch Berauschten. Z Ges Neurol Psychiat 152: 703–737

Bleuler E (1972) Lehrbuch der Psychiatrie, 12. Aufl. Springer, Berlin Heidelberg New York

Bumke O (1942) Lehrbuch der Geisteskrankheiten. 5. Aufl. Bergmann, München

Caspers H (1958) Die Beeinflussung der corticalen Krampferregbarkeit durch die aufsteigenden Reticulärsysteme des Hirnstammes. Z Ges Exp Med 129: 582–600

Ciompi L (1989) Affektlogik. 2. Aufl. Klett-Cotta, Stuttgart

Darrow CW (1950) A new frontier: Neurophysiological effects of emotion of the brain. In: Feelings and Emotions. The Moosehaert Symposium. McGraw-Hill, New York Toronto London, S 247–267

De Boor W (1966) Bewußtsein und Bewußtseinsstörung. Springer, Berlin Heidelberg New York

Dembo T (1931) Ärger als dynamisches Problem. Psychol Forsch 15: 1–144

Derwort A (1964) Die strafrechtliche Verantwortung des Rauschtäters. Kriminalbiol Gegenwartsfragen 6: 70–82

Eysenck HJ (1965) Persönlichkeitstheorie und psychodiagnostische Tests. Diagnostica 11: 3–27

Finzen A (1986) Die alkohol- und toxinbedingten Störungen. In: Venzlaff U (Hrsg) Psychiatrische Begutachtung. Fischer, Stuttgart New York, S 267–278

Forster B, Joachim H (1975) Blutalkohol und Straftat. Thieme, Stuttgart

Göppinger H (1980) Kriminologie, 4. Aufl. Beck, München

Gruhle HW (1933) Affekthandlungen. In: Elster A; Lingemann H (Hrsg) Handwörterbuch der Kriminologie, 1. Aufl. De Gruyter, Berlin Leipzig, S 9–12

Haddenbrock S (1966) Medizinisch-psychiatrisches und (oder) psychologisches Kriterium der strafrechtlichen Zurechnungsfähigkeit (Schuldfähigkeit). Psychol Rundsch 17: 1–12

Hallermann W (1963) Affekt, Triebdynamik und Schuldfähigkeit. Dtsch Z f ges gerichtl Med 53: 219–229

Hallermann W, Steigleder E (1968) Alkohol und Strafrecht. Monatsschr Kriminalbiol Strafrechtsreform 51: 104–115

198   H. Joachim

Heilbronner K (1905) Die strafrechtliche Begutachtung der Trinker. Marhold, Halle
Helmholtz H von, zitiert aus: Hoppe H (1904) Die Tatsachen über den Alkohol. Calvary, Berlin
Hirschmann J (1960) Fahrerflucht: Schreck- und Panikreaktionen. Kriminalbiol Gegenwartsfragen 4: 44–56
Hirschmann J (1964) Zur Kriminologie der akuten Alkoholpsychosen. Kriminalbiol Gegenwartsfragen 6: 55–69
Ivanitskii AM, Turova ZG (1966) Alcohol intoxication as a case of dissociation between electrophysiological and behavioral criteria. Psychopharmacol Abstr 6:574
Ishido T (1962) Effects of alcohol on the central nervous system observed through spinal reflex activities. J Leg Med 16: 241–32
Jahrreiss W (1933) Alkoholismus. In: Elster A, Lingemann H (Hrsg) Handwörterbuch für Kriminologie. De Gruyter, Berlin Leipzig.
Jaspers K (1965) Allgemeine Psychopathologie, 8. Aufl. Springer, Berlin Göttingen Heidelberg
Joachim H (1976) Das Verhalten des Orbicularis-oculi-Reflexes in den verschiedenen Phasen der Alkoholisierung. Blutalkohol 13: 111–131
Keane TM, Lisman SA (1980) Alcohol and social anxiety in males: behavioral, cognitive, and physiological effects. J Abnorm Psychol 89 (2): 213–223
Kraepelin E (1910) Psychiatrie, 8. Aufl. Barth, Leipzig
Kretschmer E (1963) Medizinische Psychologie, 12. Aufl. Thieme, Stuttgart
Kubo SJ, Dankwarth G, Püschel K (1991) Blood alcohol concentrations of sudden unexpected deaths and non natural death. Forens Sci Int 52: 77–84
Lang AR, Goeckner DJ, Adessor VJ, Marlatt GA (1975) Effects of alcohol on aggression in male social drinkers. J Abnorm Psychol 84: 508–518
Legnaro A (1982) Alkoholkonsum und Verhaltenskontrolle – Bedeutungswandel zwischen Mittelalter und Neuzeit in Europa. In: Völger G, Welck K (Hrsg) Rausch und Realität – Drogen im Kulturvergleich. Rowohlt, Hamburg, S 93–114
Lempp R (1977) Jugendliche Mörder. Huber, Bern Stuttgart Wien
Luthe R (1988) Forensische Psychopathologie. Springer, Berlin Heidelberg New York
Mayfield D, Allen D (1967) Alcohol and affect: a psychopharmacological study. J Psychiat 123: 1346–1351
McLean PD (1955) The limbic system („visceral brain") and emotional behavior. Arch Neurol Psychiat (Chicago) 73: 130–134
Mueller B (1930) Zur Terminologie und forensischen Beurteilung alkoholischer Rauschzustände. Dtsch Z Ges Gerichtl Med 14: 296–324
Newman HW (1935) Alcohol injectes intravenously. Am J Psychiat 91: 1343–1352
Papez JW (1937) A proposed mechanism of emotion. Arch Neurol Psychiat (Chicago) 38: 725–743
Raff G, Staak M, Schubing G (1978) Zur Methodik der Objektierung von alkoholbedingten Stimmungsänderungen. Blutalkohol 15: 241–251
Rasch W (1964) Tötung des Intimpartners. Beiträge zur Sexualforschung 31. Enke, Stuttgart
Rasch W (1966) Qualität und Erlebnisstörung forensisch relevanter Rauschzustände. Blutalkohol 3: 583–590
Rasch W (1980) Die physiologisch-psychiatrische Beurteilung von Affektdelikten. NJW 33: 1390–1395
Rommeney G (1952) Ungewöhnliche Formen des Alkoholrausches. Dtsch Z Ges Gerichtl Med 41: 277
Saß H (1983) Affektdelikte. Nervenarzt 54: 557–572
Schulz W (1976) Funktionen des Trinkens für das Individuum. In: Antons K, Schulz W (Hrsg) Normales Trinken und Suchtentwicklung. Hogrefe, Göttingen, S 87–105
Stumpfl F (1961) Motiv und Schuld. Deuticke, Wien
Tamerin JS, Mendelson JH (1969) The psychodynamics of chronic inebriation: observations of alcoholics during the process of drinking in an experimental group setting. Am J Psychiat 125: 886–899
Thomae H, Schmidt HD (1967) Psychologische Aspekte der Schuldfähigkeit. In: Undeutsch U (Hrsg) Forensische Psychologie. Hogrefe, Göttingen, S 326–396
Undeutsch U (1957) Zurechnungsfähigkeit bei Bewußtseinsstörung. In: Ponsolt A (Hrsg) Lehrbuch der gerichtlichen Medizin. Thieme, Stuttgart, S 130–145

Undeutsch U (1965) Forensische Psychologie. In: Sieverts R (Hrsg) Handwörterbuch der Kriminologie. De Gruyter, Berlin, S 205–231

Undeutsch U (1974) Schuldfähigkeit unter psychologischem Aspekt. In: Eisen G (Hrsg) Handwörterbuch der Rechtsmedizin. Enke, Stuttgart, S 91–115

Wilson GT, Abrams D (1977) Effects of alcohol on social anxiety and physiological arousal: cognitive versus pharmacological processes. Cogn Ther Res 1: 195–210

Wilson GT, Lawson DM (1976) The effects of alcohol sexual arousal in women. J Abnorm Psychol 85: 489–497

Wyss WH von (1938) Grundformen der Affektivität. Karger, Basel

Ziehen T (1911) Psychiatrie, 4. Aufl. Hirzel, Leipzig

Über die Schuldfähigkeit von Affekttätern

H.-J. Rauch

Eingrenzung des Themas

Das Thema dieser Abhandlung ist die Beurteilung der Schuldfähigkeit des nicht psychisch kranken Einzeltäters. Nicht berücksichtigt wird die Frage, wie die Schuldfähigkeit der einzelnen Mitglieder einer emotional aufgeheizten Masse zu beurteilen ist, die Delikte begehen, etwa die Teilnehmer einer Massendemonstration, die Schaufensterscheiben zerschlagen oder PKWs anzünden. Nicht berücksichtigt werden Affekttaten von an einer endogenen oder exogenen Psychose oder einer organischen Hirnkrankheit oder einer sonstigen Krankheit mit zerebralen Auswirkungen Leidenden. Der Ausprägungsgrad ihrer Krankheit bildet die Grundlage für die Beurteilung ihrer Schuldfähigkeit. Diese Abgrenzung ist, soweit ich es übersehe, in der Diskussion über den Affekttäter üblich. Nur Steigleder (1974) macht hierin eine Ausnahme. In Übereinstimmung mit dem Herausgeber beschränke ich mich in diesem Beitrag darauf, meine Ansicht über die Schuldfähigkeit des Affekttäters darzulegen und zu begründen, verzichte auf einen historischen Rückblick und zitiere vornehmlich diejenigen Autoren, die sich an der aktuellen Diskussion dieses Themas beteiligt haben.

Definition der Begriffe Affekt und Affekttat

Affekt wird in Lehr- und Handbüchern der Psychiatrie und Psychologie überwiegend als eine starke oder heftige Gemütsbewegung oder Gefühlswallung von kurzer Dauer definiert, die mit körperlich-vegetativen Begleiterscheinungen einhergeht, so, um nur einige Beispiele zu nennen, von Peters (1984), Rasch (1986), Ehrhardt (1956), Spoerri (1970) und Meili (1971). Die kurze Dauer des Affekts unterscheidet ihn nach Peters (1984) von der Leidenschaft, bei der es sich um ein vom Gefühl getragenes starkes und anhaltendes „Streben nach etwas" handelt und aus der sich ein Affekt entwickeln kann.

Ein Problem für die Beurteilung der Schuldfähigkeit stellt nur der so definierte Affekt dar. Es ist unbestritten und wird von den meisten Autoren hervorgehoben, daß es sich bei einem Affekt um eine normalpsychologische Erscheinung handelt [Anmerkung: Lediglich Jung (1959) machte eine Ausnahme, als er einmal formulierte, nur die Engländer und die Buddhisten wüßten, daß jeder Affekt pathologisch sei]. Emotionale Reaktionen – ein Begriff, der die Affekte umfaßt – begleiten unser tägliches Leben, sie beeinflussen unser Verhalten fördernd oder hemmend, sie steuern unsere Aufmerksamkeit und bestimmen, welche unserer unzähligen täglichen Wahrnehmungen eine solche Bedeutung haben, daß sie für kürzere oder längere Zeit im Gedächtnis ge-speichert werden.

Tiefenpsychologische Affektdefinition

Von sog. Tiefenpsychologen und manchen tiefenpsychologisch orientierten forensisch tätigen Psychiatern werden dem Affekt allerdings andere Merkmale zugeschrieben. Entsprechend ihrer Theorie, nach der sich die Mehrzahl der psychischen Vorgänge im Unbewußten abspielt, verlegen sie auch das Auftreten und Wirken der Affekte in das Unterbewußtsein. Auch eine sehr starke affektive Spannung könne daher vom Indivi-duum nicht bemerkt werden, und weil sie sein äußeres Verhalten, sein Agieren, nicht beeinflußt, auch von seiner Umgebung nicht wahrgenommen werden, bis es zu einem nicht kontrollierbaren Durchbruch des Affekts komme, der zu einer vorübergehen-den schwersten Erschütterung oder gar Zerstörung der Persönlichkeit führe. Sie ver-nachlässigen dabei die tägliche Erfahrung, daß man sich seiner Stimmung und seines Affektzustandes bewußt ist, zumindest bewußt werden kann, wenn auch die Intro-spektionsfähigkeit unterschiedlich ist und die Verbalisierung des eigenen Gemützu-standes undifferenzierten Persönlichkeiten Schwierigkeiten bereitet. Die Unmöglich-keit, die immateriellen und unanschaulichen psychischen Vorgänge anders als mit Bildern zu beschreiben, verführt manche Autoren dazu, die Metapher als Realität zu nehmen und die psychischen Abläufe für identisch mit den an ihrem physikalischen Modell zu beobachtenden zu halten.

Es kommt dabei zu grotesken sprachlichen Entgleisungen, die v. a. dazu dienen sol-len, die Dynamik des Affektgeschehens eindrucksvoll zu veranschaulichen. So spricht Rothacker (1948), der ein von geologischen Vorstellungen bestimmtes Persönlich-keitsmodell entworfen hat, von Schichtenverwerfungen, von vulkanartigen Durch-brüchen des Affekts, und behauptet dann, das Bild aufgebend, daß es dadurch zu Trümmerformen des Verhaltens komme, die Gesamtpersönlichkeit ein Vabanque-Spiel treibe und die Ich- und Es-Kontrolle ausgeschaltet seien. Nicht einmal die emo-tionale, sondern auch die unter ihr liegende Tiefenperson agiere dann in ungetrübtem Zustand. Es liege ein Desperadoverhalten der Gesamtpersönlichkeit vor, das bis in die animale Schicht hinunterreiche.

Auch andere Autoren, die sich um die Exkulpierung von Affekttätern bemühen, bedienen sich bei der Beschreibung der Affektwirkung einer solchen dramatischen Sprache. Erinnert sei nur an das Bild von der Kurzschlußreaktion, die alle Sicherun-gen durchbrennen läßt, oder des Affektstaus, der zum Dammbruch führt, oder des Funkens (das Reizwort), welcher das Gasgemisch (die angestauten Affekte) explodie-ren läßt. Es stört sie und ihre Nachahmer nicht, daß die meisten dieser Bilder schief sind, den wirklichen Affektablauf nicht widerspiegeln, denn z. B. bei einem Kurz-schluß, der die Sicherung durchbrennen läßt, ist keine Energie mehr im Netz und auch dem Überlaufen eines Gefäßes, ausgelöst durch den letzten Tropfen, fehlt jede Dyna-mik, während das Bild doch versinnbildlichen soll, daß dann der „Affektsturm", ein Ausdruck für das höchste dynamische Potential, ausbricht.

Der Versuch, die Ausdrucksmittel zu analysieren, mit deren Hilfe der Affektablauf dargestellt wird, stellt keine pedantische Wortklauberei dar, er weist darauf hin, daß die Definition der Begriffe „Affekt", „Emotion", „Antrieb" durch diese Autoren ebenso widerspruchsvoll ist wie die verzeichneten Bilder, derer sie sich zur Illustration bedienen.

Eigene Definition des Affektbegriffs

In der kurativen Psychiatrie hat die Unterscheidung zwischen Affekt und Emotion und Leidenschaft für die Diagnostik und Therapie praktisch keine Bedeutung. In der forensischen Psychiatrie, bei der es darum geht, festzustellen, ob und wenn ja unter welchen Bedingungen eine affektive Erregung elementare psychische Funktionen des Täters wie die Wahrnehmung seiner Selbst, seiner Handlung und seiner Umgebung beeinträchtigt, ist es aber notwendig, den Begriff des Affekts genauer zu definieren und ihn v. a. von seiner Vorstufe, der normalen alltäglichen Emotion, abzugrenzen. Da eine solche Definition eine Hilfe für die Beurteilung der Schuldfähigkeit von Affekttätern sein soll, hat sie praktisch nur für die sog. sthenischen, angeblich kriminogenen Affekte wie Zorn, Wut, Haß Bedeutung, welche die psychischen Kräfte aktivieren. Angst und Verzweiflung können zwar ebenfalls stimulierend wirken, lähmen aber in der Regel die seelischen Kräfte. In welche der beiden Richtungen sich diese Affekte auswirken, hängt von der Persönlichkeit ab. Unter dem Begriff Affekt verstehe ich eine heftige emotionale Reaktion von großer Intensität und kurzer Dauer, die das Bewußtseinsfeld einengt, das Bewußtsein aber nicht trübt, also keine krankhafte Bewußtseinsveränderung verursacht, den Realitätsbezug nicht beeinträchtigt und keine „echte" Amnesie hinterläßt. Die Merkmale chronisch, unbewußt und pathologisch gehören nicht zur Definition des Affekts.

Weitere Merkmale des normalen Affekts

Die Umsetzung der affektiven Erregung in Bewegung, z. B. das Fortlaufen (aus dem Feld weichen), wenn sich die Erregung im Verlauf eines Streits entwickelt, oder das Wegwerfen eines Werkzeugs aus Ärger über sich selbst, weil man mit einer schwierigen Arbeit nicht zurechtkommt, sind Mittel, die Erregung unter Kontrolle zu bekommen und sich vom Affektdruck zu befreien. Die Ablenkung der Affektdynamik auf ein anderes Zielobjekt ist nur möglich, weil der Erregte seine Erregung wahrnimmt. Die Fähigkeit zur Selbstbeobachtung verschwindet auch in der Erregung nicht. Der psychisch gesunde Mensch spürt seine innere Erregung, die sich in der Regel in motorischer Unruhe äußert. Er erkennt auch seine Stimmungstönung, ob es sich um eine freudige Erwartungsspannung handelt oder die Erwartung einer unangenehmen Auseinandersetzung, die ihn verärgert und seine Unruhe auslöst. Der Affekt ist eine reaktive Gemütsbewegung, das Steigen der Erregung ist ein Produkt der Wechselwirkung zwischen zwei oder mehr Akteuren. Wegen freundlichen Entgegenkommens des anderen kann ein ärgerlicher Affekt verfliegen, während enttäuschendes Verhalten des anderen die freudige Erwartung in Ärger, sogar Zorn umschlagen läßt.

Die höchste affektive Erregung überfällt nicht plötzlich und unerwartet einen emotional ausgeglichenen Menschen, der nichts davon spürt, welche Konflikte und Machtkämpfe sich angeblich im unbewußten Anteil seiner Psyche zwischen den einzelnen Seeleninstanzen abspielen, so daß er deshalb den Erregungsansturm nicht kontrollieren kann und, ohne es zu wissen und ohne es zu wollen, aggressiv wird, wie es der für beeindruckende Formulierungen besonders begabte Kretschmer (1963) behauptet hat. (Anmerkung: Er arbeitet mit solchen Begriffen wie chronischer unbewußter Affekt oder Antrieb, der sich aus den stammesgeschichtlich älteren seelischen Schichten unter Umgehung des Filters der Persönlichkeit in Handlung umsetzt; er behauptet, daß der größte Teil psychischer Vorgänge, z. B. die Erlebnisverarbeitung und die Motivationsbildung, dem Individuum unbewußt bleiben, und daß es daher nicht fähig sei, das Ziel und den Sinn seiner eigenen Strebungen und Handlungen zu erkennen, mit der Folge, daß es für sein soziales, asoziales oder antisoziales Verhalten nicht verantwortlich ist. Damit vertritt er die Auffassung der psychoanalytisch-tiefenpsychologischen Anthropologie, die mit dem Menschenbild des Gesetzgebers, der eine gewisse, wenn auch nicht uneingeschränkte Entscheidungsfreiheit des Menschen voraussetzt, nicht vereinbar ist.)

Bewertung der Affekttat und des Affekttäters

Bewertung durch den Gesetzgeber

Affekttat und Affekttäter sind primär kriminologische Begriffe. Bei Affekttaten handelt es sich in der Mehrzahl um Aggressionsdelikte gegen Personen, einschließlich solcher, die sich auf verbale Aggression beschränken. In Übereinstimmung mit der psychologischen Lehrmeinung erkennt der Gesetzgeber an, daß es sich bei dem Affekt als Sonderfall einer Emotion – von der er sich nur durch seine starke Intensität, also quantitativ und nicht qualitativ unterscheidet – um ein normales psychisches Phänomen handelt, so daß von einer Affekttat nicht ohne weiteres auf eine psychische Störung des Täters zu schließen ist. Die Bestimmung des § 213 StGB, nach der einem Totschläger (der durch eine schwere Provokation des Opfers zum Zorn gereizt sich unmittelbar zu der Tat hat hinreißen lassen) mildernde Umstände zugestanden werden, weil ihm unter diesen Umständen nicht zugemutet wird, sich zu beherrschen, ohne psychiatrische Begutachtung und ohne Feststellung einer verminderten Schuldfähigkeit, bestätigt diese Auffassung. Der Gesetzgeber faßt also auch eine sehr starke affektive Erregung nicht als krankhafte oder einer Krankheit in ihrer Auswirkung gleichzusetzende psychische Störung auf.

Der Grund für die Gewährung mildernder Umstände unter den Bedingungen des § 213 StGB ist wahrscheinlich darin zu sehen, daß eine solche affektive Reaktion zwar vom rechtlichen Standpunkt aus nicht zu billigen ist, von der Allgemeinheit jedoch in vielen Fällen als vielleicht überschießend, aber verständlich und im Grunde auch als gerechtfertigt empfunden wird. In manchen Gesellschaften, z. B. in Venezuela, geht die soziale Billigung einer gewalttätigen Affektreaktion so weit, daß sie legalisiert wird. Der betrogene Ehemann, der seine Ehefrau und deren Liebhaber in flagranti überrascht und auf der Stelle tötet, bleibt straffrei.

Von der Auffassung des Gesetzgebers abweichende forensisch-psychiatrische Bewertung

Weder naturwissenschaftlich orientierte Psychologen noch Psychopathologen klassifizieren die affektive Erregung als pathologisches Phänomen. Trotzdem bemühen sich als psychiatrische Gerichtssachverständige bekannte Autoren, und nicht nur solche, deren wissenschaftliche Bedeutung mehr in der Quantität als in der Qualität ihrer literarischen Veröffentlichungen liegt, sondern auch der sonst so kritische Witter (1987), die affektive Erregung als psychisches Phänomen zu beschreiben, das zwar – „nicht Fisch nicht Fleisch" – selber nicht krankhaft oder Symptom einer Krankheit ist, aber die gleiche Symptomatologie einer Krankheit aufweist und die Persönlichkeitsstruktur des Täters ebenso wie eine Krankheit erschüttert oder gar zerrüttet. Man vermeidet zwar die Bezeichnung „krankhafte seelische Störung" und bedient sich verschleiernder Bezeichnungen – Witter (1987) spricht z. B. von einem psychoseähnlichen Zustand. Welche andere Bezeichnung als „psychisch krank" soll man aber für einen Menschen wählen, der nicht weiß, was er tut, warum er es tut, welche Folgen sein Tun nach sich zieht, oder der durch irgend einen inneren Antrieb gezwungen wird, das zu tun, was er nicht will? In der Tat behandeln auch die forensischen Psychiater den Affektdelinquenten als psychisch schwer gestört, denn sie pflegen ihm den „Schutz des § 20 oder § 21 StGB" zu gewähren, meist wegen Bewußtseinsstörung. Als weiteres Argument für die Schuldunfähigkeit des Täters wird die angebliche Persönlichkeitsfremdheit der Tat einbezogen. Weiterhin wird auf das Mißverhältnis zwischen der – angeblichen – provokativen Äußerung des Opfers und der Reaktion des Täters hingewiesen sowie auf die Sinnlosigkeit der Tat.

Bedeutung des Bewußtseinszustands des Täters zur Tatzeit für die Beurteilung der Schuldfähigkeit

Ein Erinnerungsausfall für die Zeit der Tat wird von Affekttätern oft behauptet. Diese Behauptung kann der Gutachter nicht unbesehen übernehmen. Er muß prüfen, ob es sich um ein „Sich-nicht-erinnern-Können" oder um ein „Sich-nicht-erinnern-Wollen" handelt. Ein echter Erinnerungsausfall würde das Vorliegen einer Bewußtseinsstörung im klinischen Sinne bedeuten und damit Schuldunfähigkeit des Täters zur Zeit der Tat. Man darf diese Behauptung des Täters nicht, so wie Rasch (1986), mit der Begründung beiseite schieben, eine amnestische Lücke sei unwichtig, denn sie habe zur Tatzeit nicht bestanden. Es ist selbstverständlich, daß eine Erinnerungslücke zur Tatzeit nicht bestanden haben kann, eine Erinnerung weist immer nach rückwärts, das mindert aber ihre diagnostische Bedeutung nicht.

Mit einer genauen Anamneseerhebung, mit einer eingehenden neurologischen Untersuchung, unter Einsatz von Laboratoriumsmethoden und ggf. einer internistischen Untersuchung ist zu klären, ob der Proband an einer neurologischen oder internistischen Krankheit leidet, die erfahrungsgemäß mit anfallsweisen Bewußtseinsstörungen einhergeht. Bei leerer Anamnese und negativen körperlichen Untersuchungsbefunden muß sich der Gutachter auf die psychiatrischen Untersuchungsmethoden, die Exploration und die Verhaltensbeobachtung, die Analyse des Tatverlaufes, der Biographie, der Täterpersönlichkeit konzentrieren.

Phänomenologie der „affektiven Bewußtseinsstörung"

Die Erinnerungslücke wird von dem Täter meist so beschrieben, daß er sich in einer Auseinandersetzung mit seinem Opfer befand, daß dieses eine Bemerkung gemacht habe, die ihn aufs Tiefste gekränkt habe, daß daraufhin sein Bewußtsein plötzlich ausgesetzt habe, und er plötzlich wieder zu sich kam, das Opfer, aus Stichverletzungen blutend, vor sich liegen sah und er selbst ein blutiges Messer in der Hand hatte. Manche Täter geben auch an, daß sie beim Aussetzen des Bewußtseins nur noch „rot gesehen" hätten oder daß sie ihre Umgebung nur noch verschwommen wahrgenommen hätten, daß sie sich aber an die Aggressionshandlung selbst nicht erinnern könnten.

Obwohl die meisten Täter nach der Tat behaupten, sie hätten nicht die Absicht gehabt, ihr Opfer zu verletzen oder zu töten, und obwohl sie sich angeblich an den Verlauf der Tat nicht erinnern, bestreitet kein Affekttäter seine Täterschaft. Niemals habe ich gehört, daß ein Dritter die Tat während ihrer Bewußtlosigkeit begangen haben müsse. Das Verhalten der Täter nach der Tat ist unterschiedlich, manche bemühen sich um die Rettung ihres Opfers, manche bleiben apathisch am Tatort und lassen sich widerstandslos festnehmen, andere entfernen sich vom Tatort. Eine solche Form einer amnestischen Lücke, bildlich gesprochen wie ausgestanzt, mit ebenso plötzlicher Rückkehr des Bewußtseins – wobei die Handlungsfähigkeit während der Bewußtseinsstörung erhalten bleibt ohne Unterbrechung des Sinnzusammenhangs –, wird bei organisch bedingten krankhaften Bewußtseinsstörungen nicht beobachtet. Bei den krankhaft bedingten Bewußtseinsstörungen, die schlagartig einsetzen, ist der Betroffene nicht mehr handlungsfähig. Er erinnert sich hinterher nicht daran, für eine gewisse Zeitspanne das Bewußtsein verloren zu haben, er hat den Bewußtseinsverlust selber nicht erlebt.

Ein wichtiges Kriterium für die Unterscheidung zwischen einer durch eine krankhafte Bewußtseinsstörung hervorgerufenen und einer psychogenen Erinnerungslücke besteht darin, daß die krankhafte Bewußtseinsstörung den Probanden gewissermaßen überfällt ohne Rücksicht auf die Situation, in der er sich befindet, während der psychogene Erinnerungsausfall immer einen Sinnkomplex umfaßt. Nicht erinnert wird die Angriffshandlung, das Schießen mit der Pistole, das Stechen mit dem Messer, während das Stichwort, das die gewalttätige Reaktion auslöste, genau erinnert wird.

Verdrängung als Erklärung für die affektbedingte Amnesie

Bei der Behauptung, sich an die Tat nicht zu erinnern, während die Täterschaft selbst nicht bestritten wird, handelt es sich nach meiner Ansicht um die Verdrängung einer moralisch belastenden Erinnerung, die es dem Täter erlaubt, seine meist hohe Selbsteinschätzung, seine Vorstellung vom Wert seiner Persönlichkeit aufrecht zu erhalten und Schuldgefühle nicht aufkommen zu lassen. Unter Verdrängung verstehe ich eine bewußte seelische Aktivität, eine Entscheidung, die unter dem Motto steht: „Ich als sittlich hochstehender Mensch, der gesetzliche und soziale Normen grundsätzlich anerkennt, kann eine solche Tat, die meinen Wertvorstellungen nicht entspricht und die meinen willentlichen und gefühlsmäßigen Einstellungen zum Opfer zuwiderläuft, nur im Zustand geistiger Verwirrung begangen haben".

Analyse der Täteräußerung zum Bewußtseinsausfall

Analysiert man die Angaben des Täters, wie er den Tatverlauf erlebt hat, so deutet die Standardschilderung „plötzlich sah ich nur noch rot" an, daß eine der Hauptfunktionen des Bewußtseins, die Fähigkeit, den eigenen inneren Zustand wahrzunehmen, nicht völlig ausgefallen war. Seine Aussage „ich hörte alles wie von Ferne" oder „ich bemerkte nichts von dem, was um mich herum vorging", beschreibt eine Einengung, aber keine völlige Verdunklung des Bewußtseinsfeldes. Bei intelligenten und gefühlsmäßig differenzierten Leidenschaftstätern, die über ihr eigenes Verhalten erschrocken sind und darunter leiden, daß sie sich so weit haben hinreißen lassen, gelingt es meist, die amnestische Lücke aufzuhellen, während sich bei primitiven Affekttätern der Umfang des Erinnerungsverlustes ausweitet und manchmal auch die ersten polizeilichen Vernehmungen umfaßt, in denen sie, noch aufgewühlt von ihrer Tat, den äußeren Tathergang und ihre Gefühle geschildert hatten.

Zur Technik der Untersuchung ist zu sagen, daß es sinnvoll ist, sich den Tatverlauf mehrfach schildern zu lassen und sich nicht mit den ersten, oft knappen und inhaltsarmen Darstellungen zu begnügen sowie auf der Klärung von Unstimmigkeiten und Widersprüchen auch unter Hinweis auf frühere Aussagen zu bestehen. Dadurch wird die Exploration nicht zu einem kriminalpolizeilichen Verhör, wie Alternativpsychiater den nach ihrer Ansicht zu konservativ eingestellten Psychiatern vorgeworfen haben.

Analyse des Tatverlaufs

Ein wichtiges Hilfsmittel, die Bewußtseinslage des Täters zuverlässig zu beurteilen, ist die Analyse des Tatverlaufs. Je komplexer die Handlung war, um so sicherer kann man eine Bewußtseinsstörung des Täters ausschließen. Zur Veranschaulichung dessen, was damit gemeint ist, ein Beispiel:

Ein Mann, der auf dem Höhepunkt einer Auseinandersetzung, in der seine Frau ihm erklärte, sie würde sofort das Haus verlassen und zu ihrem Freund ziehen, aus der Küche, in der die Auseinandersetzung stattfand, in das Schlafzimmer rennt und aus seiner Nachttischschublade seine Pistole holt, die er nur ausnahmsweise dort aufbewahrt hatte, während ihr gewöhnlicher Aufbewahrungsort der Küchenschrank war, in die Küche zurückrennt und seine Frau mit mehreren Schüssen tötet, muß bei klarem Bewußtsein gewesen sein, auch wenn er behaupte, sich an diesen Tatverlauf nicht erinnern zu können. Er reagierte nicht unmittelbar auf die Provokation seiner Frau, etwa indem er sie würgte, sondern er besorgte sich erst das Instrument, mit dem er seine Absicht, seine Frau zu töten, durchführen wollte. Der „Bewußtseinsstrom" war bei ihm nach der Provokation durch seine Ehefrau nicht unterbrochen. Er erinnerte sich, daß die Waffe nicht, wie sonst üblich, im Küchenschrank lag, sondern daß er sie – aus nicht einleuchtenden Gründen, auf die hier nicht eingegangen zu werden braucht – in der Schublade seines Nachttisches aufbewahrte. Während der Zeit von einigen Sekunden, die er für das Holen der Waffe brauchte, schwand das Ziel dieser Handlung nicht aus seinem Bewußtsein. Er bemerkte, daß die Waffe gesichert war und entsicherte sie, ehe er gezielt schoß. Der gesamte Handlungsablauf, das Holen der Waffe aus einem anderen Zimmer, das Entsichern und das Zielen, war nur bei ständiger bewußter Kontrolle durchführbar.

In solchen Fällen komplexer Handlungen ist die Rede von den automatisierten Bewegungsabläufen, von den bereitliegenden Handlungsmustern, die reflexartig durch einen Außenreiz ausgelöst, automatisch ohne Kontrolle des Bewußtseins ablaufen und daher nicht erinnert werden können, unhaltbar. Es gibt zwar einfache angeborene Bewegungsschemata (wie z. B. das Suchen der Brustwarze des Neugeborenen, das Greifen des Säuglings nach Gegenständen, die in sein Gesichtsfeld geraten, das Gehen), die aber im Laufe der Entwicklung von Willenshandlungen überformt werden, da sie der jeweiligen aktuellen Situation angepaßt werden müssen, ähnlich wie die sog. Instinkthandlungen der Tiere.

Über völlig automatisierte Bewegungsabläufe verfügt der Mensch nicht. In seinem Leben erlernt er zahlreiche Bewegungsprogramme, die er in seinem, nennen wir es motorischen Gedächtnis speichert und die es ihm ermöglichen, komplizierte Bewegungsabläufe auszuführen, ohne bei jedem Einzelschritt den nächsten Schritt überlegen zu müssen, und auf die er seine Aufmerksamkeit nicht zu richten braucht. Sie stehen aber doch unter der Kontrolle des Bewußtseins, so daß jede Abweichung von dem erlernten Bewegungsschema bemerkt wird und korrigiert werden kann. Um diese Bewegungsschemata einsatzfähig zu erhalten, müßten sie ständig geübt werden. Ich habe aber noch keinen Affekttäter begutachtet, der von solchen Einübungen berichtete. Man kann sie auch nicht einem Täter unterstellen, der in seinem Beruf mit dem Tatwerkzeug arbeitet, etwa einem Metzger. Nicht alle Autoren, die von dem automatischen Ablauf einer Affekttat sprechen, meinen anscheinend, daß sich eine sog. automatische Handlung völlig unbewußt vollziehe, sie meinen vielmehr wie Janzarik (1985), daß nicht bei jedem Unterabschnitt eines Handlungskomplexes eine neue Entscheidung über den weiteren Fortgang getroffen werden müsse. Es wird daher auch der widersprüchliche Terminus halbautomatisch benutzt. Damit wollen sich offensichtlich diese Autoren ein Hintertürchen aufhalten, durch welches die Bewußtheit hereinschlüpfen kann, wenn ein Tatablauf so beschaffen ist (z. B. Unterbrechung des Tatablaufs durch Reaktion des Täters auf Außenreize), daß er, für jedermann erkenntlich, nicht ohne Kontrolle des Bewußtseins durchgeführt werden konnte.

Die Affekthandlung ist kein Reflex

Von manchen Autoren wird eine Affekttat als reflexartige Handlung bezeichnet, als eine unwillkürliche Reaktion, die nicht vom Bewußtsein kontrolliert werde. So schildert z. B. Hoche (1934) ein Fallbeispiel von Gross, der auf seinem nächtlichen Heimweg an einer Wirtschaft vorbeiging, aus der ein Betrunkener hinausgeworfen wurde und auf ihn fiel, dem er ohne Überlegung eine kräftige Ohrfeige gegeben habe. Gross nannte das eine reflexartige Reaktion, tatsächlich war es aber eine bewußt intendierte Handlung. G. hatte die aktuelle Situation erfaßt, hatte sie aber falsch beurteilt und das zufällige und ungewollte Auf-ihn-Fallen des Betrunkenen für einen Angriff gehalten, den er mit einer gezielten Abwehrhandlung beantwortete.

Ein Reflex ist ein neurologischer Begriff. Er kann zweckmäßig sein, aber er hat kein Ziel und ist deswegen keine Handlung, auch wenn manchmal dieser Eindruck erweckt wird. Wenn z. B. ein ungeschickter Untersucher bei der Auslösung des Patellarsehnenreflexes von dem emporschnellenden Fuß des Patienten getroffen wird, wird aus dieser Reflexbewegung keine Handlung, auch nicht dadurch, daß sie von dem wachen Patienten bemerkt, erlebt wird. Ebensowenig sind die Abwehrbewegungen eines Komatösen, die durch den Einstich der Injektionsnadel ausgelöst werden, Handlungen.

Der Umstand, daß die Reaktion auf den provokativen Reiz innerhalb von Bruchteilen von Sekunden erfolgte, stuft eine solche Reaktionshandlung nicht auf die Reflexebene zurück. Die Entscheidung über die Art der Abwehrmaßnahme im Fall Gross, etwa die Wahl zwischen einer Ohrfeige und einem Stoß, braucht nur Bruchteile von Sekunden.

Die Bestätigung dafür liefert der Sport. Ein Fechter muß sich in Bruchteilen von Sekunden entscheiden, wie er dem Angriff seines Gegners begegnet, durch Parieren oder durch Ausweichen. Hinterher kann er sich an den Verlauf des Gefechtes erinnern, er weiß, wann er die Lücke in der Deckung des Gegners erspähte, die ihm einen Treffer ermöglichte. Er erinnert sich auch, welchen Fehler er machte, als ihn der Gegner traf. Die Behauptung, der rasche Durchbruch des Affekts mache es dem Affekttäter unmöglich, sich an den Tatablauf zu erinnern, ist also psychologisch nicht begründet. Die hohe affektive Erregung beschleunigt den Ablauf der psychischen Vorgänge und engt zugleich das Bewußtseinsfeld ein, was gleichbedeutend ist mit einer Konzentration der Aufmerksamkeit auf die Person, welche die Erregung ausgelöst hat, und auf das eigene Reagieren und Handeln. Ein solches außergewöhnliches Erlebnis prägt sich besonders deutlich und besonders tief im Gedächtnis ein, weil es von großer Bedeutung ist. Die Annahme, der Täter könne ein solches ungewöhnliches Erlebnis vergessen, widerspricht allen Erkenntnissen, die die Psychologie für das Funktionieren des Gedächtnisses erarbeitet hat.

Gibt es eine typische abnorme seelische Entwicklung zum Affektausbruch?

Da man auch für den Höhepunkt der affektiven Erregung keine Bewußtseinsveränderung feststellen kann, die geeignet wäre, das Gefüge der Persönlichkeit, wenn auch nur vorübergehend, zu erschüttern, so daß wichtige psychische Funktionen ausfallen, hat man den Schwerpunkt der Beurteilung von der kurzen Zeitspanne der höchsten Erregung auf die Entwicklung, den allmählichen Aufbau des außergewöhnlich starken Affekts gelegt (Rasch 1980, 1986). Rasch behauptet, daß schon lange vor der Affektexplosion eine pathologische Entwicklung v. a. depressiver Art zu beobachten sei, auf welche der Begriff „schwere seelische Abartigkeit" des § 20 StGB zutreffe und welche die Annahme einer Schuldunfähigkeit rechtfertige. Bei den von ihm aufgelisteten Verhaltensauffälligkeiten handelt es sich aber nicht um Symptome, deren Bedeutung darin liegt, daß sie auf einen sich im körperlichen Bereich abspielenden Krankheitsprozeß hinweisen bzw. daß sie der Ausdruck eines solchen Krankheitsprozesses sind, sondern um Verhaltensveränderungen, wie sie von zahlreichen psychisch gesunden Personen in einer Lebenskrise oder Konfliktsituation geboten werden, die unspezifisch ist und nicht gesetzmäßig oder wenigstens in der Regel zu einem affektiven Ausbruch führt, die also keine Prognosestellung in dem Sinne ermöglicht, daß man das Auftreten eines höchsten Erregungszustandes voraussagen könnte.

Persönlichkeitsfremdheit einer Affekttat

Es trifft zwar zu, daß Frustration zu aggressivem Verhalten motivieren kann, Frustration führt aber mindestens ebenso häufig zu Resignation. Die angelegte Persönlichkeitsstruktur, modifiziert durch soziale und kulturelle Einflüsse, durch erlebte Erfahrungen, bedingt die Art, in der das Individuum auf ein psychisches Trauma reagiert, sich mit ihm auseinandersetzt. Die Tendenz zu aggressivem Verhalten ist ein Persönlichkeitsmerkmal, das z. B. bei dem Persönlichkeitstyp des reizbaren oder explosiven Psychopathen das Verhalten dominiert und deswegen weder ihm noch den Personen, mit denen er zusammentrifft, verborgen bleibt. Er wird daher von einem Zornesausbruch nicht überrascht, er ist seiner Persönlichkeit nicht fremd. Die Möglichkeit, sein Verhalten als den sozialen Normen zuwiderlaufend zu erkennen, ist auch im Zustand höchster Erregung nicht geringer als bei den anderen, psychisch ebenfalls nicht kranken „Rechtsgenossen". Er unterscheidet sich von ihnen nur dadurch, daß seine Reizschwelle niedriger ist, seine Erregung leichter „anspringt", nicht aber in der Auswirkung der Erregung auf seine Bewußtseinslage. Grundsätzlich ist keine Handlung eines psychisch gesunden Menschen persönlichkeitsfremd. Sie kann so erscheinen, weil der Täter bis jetzt noch nicht so gehandelt hat; er hat nicht so gehandelt, weil er sich noch nicht in einer Situation befunden hat, in der sich seine Disposition zu einer solchen Reaktionsweise manifestieren konnte. Das Argument Raschs (1980, 1986), bei einer Affekthandlung schalte die höchste Erregung das Bewußtsein aus, sie müsse deswegen als persönlichkeitsfremd gewertet werden, ist also nicht stichhaltig.

Sinnlosigkeit der Affekthandlung

Eine persönlichkeitsfremde Tat wäre eo ipso auch sinnlos für den Täter, denn sie entspräche nicht seinen Wünschen und Vorstellungen. Sinnlosigkeit wird aber auch unabhängig von Persönlichkeitsfremdheit als Beweis für die Bewußtseinsstörung des Täters vorgebracht. Es wird argumentiert, daß der Täter die geliebte Person, die sich von ihm trennen will, die er aber für sich behalten oder zurück haben will, durch ihre Tötung endgültig verliert. Soweit es gelingt – und das ist mit Geduld fast immer möglich – den Täter zu bewegen, eingehend über seine Gefühlsbeziehungen zu dem späteren Opfer von Beginn der Bekanntschaft an bis zum tragischen Ende zu berichten, geht aus seinen Äußerungen fast immer hervor, daß die Liebe in Haß umgeschlagen ist, daß Rachsucht, gekränkter Stolz, der Gedanke „wenn ich sie schon nicht mehr haben kann, soll kein anderer sie besitzen" oder „sie hat mein Leben ruiniert, sie soll dafür bezahlen" die Motive bildeten, so daß die Tat als Strafe, Vergeltung usw. für den Täter einen Sinn in sich birgt. Für diese Motivation spricht auch, daß die Tat immer als Reaktion auf die endgültige Absage des Opfers erfolgt, die den bis dahin noch zweifelnden und hoffenden Täter überzeugt, daß seine Bemühungen vergeblich bleiben. Mit der Bezeichnung einer Tat oder eines Verhaltens als sinnlos sollte man zurückhaltend sein. Taten und Verhaltensweisen, die rational gesehen keinen Sinn erkennen lassen, entlasten den Täter von einem Gefühlsdruck und bringen ihm Genugtuung und Befriedigung, die er auf andere Weise nicht erreichen könnte.

Affekt als Besonnenheitsstörung

Manche Psychiater, z. B. Glatzel (1985), umgehen die Schwierigkeit, die darin liegt, daß aufgrund der Analyse des Tatablaufs und des Täterverhaltens auch in der höchsten affektiven Erregung keine Bewußtseinsstörung im klinischen Sinne vorlag, da die Orientierung in der Situation und die Fähigkeit des Täters, auf Änderung der Situa-

Alleinzuständigkeit des psychiatrischen Sachverständigen

Die früher selbstverständliche Kompetenz des psychiatrischen Sachverständigen für die Begutachtungen von Affekttätern wird in zunehmendem Maße von Psychologen und Juristen bestritten (Blau 1989a, b; Wolff 1983; Ehrhardt 1956). Sie berufen sich darauf, daß Affekttäter in aller Regel gesund seien, daß ihr – pathologischer – Bewußtseinszustand psychologische Ursachen habe und daß eventuelle Krankheitssymptome auch von einem erfahrenen Psychologen erkannt und beurteilt werden könnten. Auch Ärzte – hier seien als Beispiele Rasch (1986) und Glatzel (1985) genannt – vertreten den Standpunkt, daß bei einem Affektverbrechen zur Begutachtung ein Psychologe hinzugezogen werden sollte. Diese Forderung ist nicht berechtigt. Jede Begutachtung der Schuldfähigkeit ist auf die Erkennung oder den Ausschluß von psychischer Krankheit gerichtet. Diese Aufgabe vermag kein Psychologe zu leisten, er ist weder durch seine Ausbildung im Studium (eine kontrollierte Weiterbildung nach dem Diplomexamen gibt es für Psychologen nicht) noch durch seine praktische Tätigkeit dafür gerüstet. Näheres habe ich schon früher dargelegt (Rauch 1984):

Der Psychologe hat keine praktische Erfahrung in der Diagnostik und Behandlung von psychisch Kranken, wie sie nur durch den täglichen Umgang mit solchen Patienten gewonnen werden kann, denn auch wenn er in einer psychiatrischen Institution beschäftigt ist, hat er dort Spezialaufgaben auf beschränkten Gebieten. Er verfügt auch nicht über Forschungsmethoden, die denen des Psychiaters überlegen sind. Die Fragwürdigkeit der projektiven Testverfahren und der sog. Fragebogentests als Instrument zur Erfassung der Persönlichkeit wird von erfahrenen Psychologen zugegeben. Diese Tests zeigen, wenn überhaupt, ein Bild der aktuellen Persönlichkeit. Die forensische Begutachtung erfolgt immer ex post, es gibt keine spezielle psychologische Methode, insbesondere keine Testmethode, mit deren Hilfe man sich ein Bild von dem psychischen Zustand eines Täters zu einem bestimmten Zeitpunkt der Vergangenheit, zur Tatzeit, machen kann. Auch die Tatsache, daß es sich bei den sog. Affekttätern durchweg um psychisch gesunde Menschen handelt, macht die Zuziehung eines Psychologen nicht erforderlich und rechtfertigt nicht die Tendenz, die Begutachtung von Affekttätern vorzugsweise Psychologen zu übertragen. Affekttaten werden auch von psychisch Kranken und von im klinischen Sinn bewußtseinsgestörten Tätern begangen. Man denke an die Eifersuchtstaten Schizophrener oder an im Alkoholrausch begangene Gewalttaten. Diese Taten werden aber nicht als Affektdelikte registriert, sondern als Taten von Geisteskranken oder als Rauschtaten. Aus der Gesamtheit der Affekttäter werden diejenigen selektiert, bei denen keine krankhafte psychische Störung und keine krankhafte Bewußtseinsstörung diagnostiziert worden ist und die man, da kein anderes Merkmal zur Verfügung steht, als Affekttäter bezeichnet. Für diese diagnostische Aufgabe ist nur der erfahrene Psychiater kompetent. Kein auf seinem Gebiet noch so erfahrener „Psychowissenschaftler" kann sie mit der linken Hand so nebenher erledigen wie auch schon vorgeschlagen worden ist. Man denke nur an die erforderliche körperliche, insbesondere neurologische Untersuchung und an die Bewertung körperlicher Befunde.

Die Erfassung der Persönlichkeitsstruktur und die Bewertung ihrer krankheitsbedingten Veränderung gehört zu den diagnostischen Aufgaben des psychiatrischen Sachverständigen (Rauch 1958). Für die Beurteilung der Schuldfähigkeit des „reinen Affekttäters", um den es hier geht, (also eines Täters, bei dem eine krankhafte psychische Störung irgendwelcher Art durch die psychiatrische Untersuchung ausgeschlossen worden ist), bedarf es keiner zusätzlichen psychologischen Testung. Weil die Schuldfähigkeit nur für den Zustand höchster affektiver Erregung bezweifelt wird, hat die Analyse der Persönlichkeitsstruktur und der Biographie, der aktuellen sozialen, beruflichen und familiären Situation, die Feststellung von Sozialisationsdefekten, die Aufspürung von Frustrationserlebnissen, die Aufdeckung angeblich unbewußter seelischer Konflikte usw., also alles was die Psychologen als ihre Domäne betrachten, sowieso kein Gewicht. Insofern als diese Lebensumstände für die Beurteilung der Schuld Bedeutung haben können, hat die Strafverfolgungsbehörde die Fakten zu sammeln. Die Wertung erfolgt durch den Richter. Ob aber der Richter auf diesem seinem ureigenen Kompetenzbereich (Strafzumessung) die Beratung durch einen Laien in Anspruch nehmen will, muß ihm überlassen bleiben. Der psychologische Sachverständige würde dann auf einer anderen, höheren Entscheidungsebene zugezogen werden, auf der der psychiatrische Sachverständige, der sich ausschließlich zur Schuldfähigkeit, auf keinen Fall zur Schuld des Täters, äußern soll, nichts zu suchen hat.

Zusammenfassung

Als Ergebnis meiner Ausführungen stelle ich folgende Richtsätze zur Beurteilung der Schuldfähigkeit psychisch gesunder Affekttäter auf:

1) Ein Affekt ist ein normales psychisches Phänomen. Charakteristisch für die Bewußtseinslage bei jedem Affekt ist die Einengung des Bewußtseinsfeldes durch die Konzentration der Aufmerksamkeit auf die Person und den Vorgang, welche die Affektreaktion auslösen.
2) Auch bei einer heftigen affektiven Erregung fehlen die Symptome der „klinischen", krankheitsbedingten Bewußtseinsstörung wie zeitliche, örtliche, situative Desorientierung, Unterbrechung des Bewußtseinsstroms und des Sinn- und Motivationszusammenhangs.
3) Es besteht kein Grund anzunehmen, der Täter habe während der Tatausführung die „Natur" seiner Handlung (das, was er tat) oder seine Intention (was er mit der Tat erreichen wollte) wegen gestörten Bewußtseins nicht erkennen können.
4) Die affektive Erregung läuft bewußt ab. Das Individuum spürt seine Erregung und kennt ihren Grund. Die durch den Affekt motivierte Tathandlung wird vom Individuum gesteuert. Bei der Annahme eines aus dem Unbewußten und daher für das Individuum nicht kontrollierbaren unwiderstehlichen Antriebs handelt es sich um eine Spekulation, die sich durch keine medizinischen oder psychologischen Befunde oder sonstige Fakten begründen läßt.
5) Auch die höchste affektive Erregung eines psychisch gesunden Menschen schafft nicht die Voraussetzungen zur Anwendung der Paragraphen 20 oder 21 StGB. Die Schuldfähigkeit des Täters wird durch sie nicht beeinträchtigt.
6) Die Beurteilung der Schuld des Täters ist alleinige Aufgabe des Richters. Dazu gehört die Frage, ob ihm in der Tatsituation Beherrschung zumutbar war.

Literatur

Blau G (1989a) Methodologische Probleme bei der Handhabung der Schuldfähigkeitsbestimmungen des Strafgesetzbuches aus juristischer Sicht. Monatsschr Kriminol Strafrechtsreform 72: 71–77

Blau G (1989b) Die Affekttat zwischen Empirie und normativer Bewertung. In: Jescheck HH, Vogler T (Hrsg) Festschrift für Herbert Tröndle. De Gruyter, Berlin, S 210–218

Bresser HP (1983) Schuldfähigkeit und Schuld. In: Kerner, Göppinger, Streng (Hrsg) Festschrift für H. Leferenz. C.F. Müller, Heidelberg, S 429–440

Bresser HP (1987) Der nosologische Ansatz in der forensischen Psychiatrie. In: Witter H (Hrsg) Der psychiatrische Sachverständige im Strafrecht. Springer, Berlin Heidelberg, S 80–93

Burchard JM (1987) Lehrbuch der systematischen Psychopathologie. UTB

Ehrhardt HE (1956) Zur Problematik der forensischen Beurteilung von Affekthandlungen unter Alkoholeinfluß. In: Kleist K (Hrsg) Richter und Arzt. Reinhardt, München, S 59–65

Ehrhardt H, Villinger W (1961) Forensische und administrative Psychiatrie. In: Gruhle HW, Jung R, Mayer-Gross W (Hrsg) Psychiatrie der Gegenwart, Bd 3. Springer, Berlin Heidelberg, S 181–350

Glatzel J (1985) Forensische Psychiatrie. Der Psychiater im Strafprozeß. Enke, Stuttgart

Grosbüsch G (1981) Die Affekttat. Enke, Stuttgart

Herbart JF (1882) Lehrbuch zur Psychologie. 3. Aufl. (1. Aufl. 1816). Hamburg, Leipzig

Hoche A (1934) Grundzüge einer allgemeinen gerichtlichen Psychopathologie. In: Handbuch der gerichtlichen Psychiatrie. 3. Aufl. Springer, Berlin Heidelberg, S 349

Janzarik W (1985) Klinische und forensische Konsequenzen des strukturdynamischen Ansatzes. In: Janzarik W (Hrsg) Psychopathologie und Praxis. Enke, Stuttgart, S 79–97

Jung CG (1958) „Nationalcharakter" und Verkehrsverhalten. Zentralbl Verkehrsmedizin 4: 131–133

Kretschmer E (1963) Medizinische Psychologie. 12. Aufl. Thieme, Stuttgart

Lenckner T (1972) Strafe, Schuld und Schuldfähigkeit. In: Göppinger, Witter H (Hrsg) Handbuch der Forensischen Psychiatrie. Springer, Berlin Heidelberg, S 3–286

Meili R (1971) Affekt. In: Arnold W, Eysenck HJ, Meili R (Hrsg) Lexikon der Psychologie, Bd 1, 1. Aufl. Herder, Freiburg Basel Wien, S 26

Peters UH (1984) Wörterbuch der Psychiatrie und medizinischen Psychologie, 3. Aufl. Urban & Schwarzenberg, München Wien Baltimore, S 7

Rasch W (1980) Die psychologisch-psychiatrische Beurteilung von Affektdelikten. NJW 33: 1309 ff

Rasch W (1986) Forensische Psychiatrie. Kohlhammer, Stuttgart

Rauch HJ (1958) Schuldfähigkeit nach dem Entwurf zum Strafgesetzbuch. NJW 11: 2089–2092

Rauch HJ (1984) Nochmals Kompetenzstreit zwischen Psychiatrie und Psychologie. NStZ S 497

Rothacker E (1948) Die Schichten der Persönlichkeit. 4. Aufl (1. Aufl 1921). Bouvier, Bonn

Saß H (1985) Handelt es sich bei der Beurteilung von Affektdelikten um ein psychopathologisches Problem? Fortschr Neurol Psychiat 53: 55–62

Spoerri Th (1970) Kompendium der Psychiatrie, 6. Aufl. Akad Verlagsges, Frankfurt

Steigleder E (1974) Affekthandlungen. In: Eisen E (Hrsg) Handwörterbuch der Rechtsmedizin, Bd 2. Enke, Stuttgart, S 59–71

Sörring GE (1953) Besinnung und Bewußtsein. Thieme, Stuttgart

Venzlaff U (1990) Methodik und praktische Probleme der Begutachtung. In: Frank C, Harrer D (Hrsg) Der Sachverständige im Strafrecht. Springer, Berlin Heidelberg, S 11–21

Witter H (1987) Die Beurteilung der Schuldfähigkeit bei Belastungsreaktionen, Neurosen und Persönlichkeitsstörungen am Beispiel der Affektdelikte. In: Witter H (Hrsg) Der psychiatrische Sachverständige im Strafrecht. Springer, Berlin Heidelberg, S 185–200

Wolff N (1983) Gutachterliche Kompetenz bei der Klärung der Schuldunfähigkeit oder: der Streit zwischen Psychiatrie und Psychologie. NStZ 12: 537–540

Zutt J (1943) Über die polare Struktur des Bewußtseins. Nervenarzt 16: 145

Affekt und Schuldfähigkeit: ein psychopathologischer Lösungsvorschlag

H. Saß

Vorbemerkung

Aus Wut, Zorn oder Leidenschaft, aus Kränkung, Trauer oder Angst in eine heftige affektive Erregung zu geraten und aus dieser heraus mit hoher Aggressivität zu handeln oder reagieren, stellt eine ubiquitäre menschliche Verhaltenstendenz dar, die sich, geringfügig modifiziert durch kulturell-zivilisatorische Überformungen, zu allen Zeiten und in allen Gesellschaften auffinden läßt. Dies geht schon auf instinktgebundene Verhaltensradikale im Tierreich zurück, in denen die arterhaltende Funktion rituell kontrollierter aggressiver Selbstbehauptung zur Sicherung von Rang und Revier deutlich wird (vgl. Hippius u. Saß 1990). Eher noch beim in der Instinktausstattung reduzierten Menschen als bei den höheren Säugetieren beobachten wir die Überschreitungen sozial angemessener Gewaltanwendung, die ein Verfehlen der adaptiven Regulationsfunktion von Aggressivität darstellen. Dies geschieht in aller Regel nach genau aufweisbaren Deformierungen des situativen oder des individuellen Gefüges. Die Verletzung der in der Gemeinschaft akzeptierten Grenzen spontaner oder reaktiver Aggressivität ruft zum Schutz des Zusammenlebens normerhaltende Strafmaßnahmen hervor, doch wird in vielen Rechtsgemeinschaften die heftige Gemütserregung als Grund zur Milderung der sonst üblichen Sanktionen angesehen. Mitursächlich dafür mag zumindest in archaischen Gemeinschaften gewesen sein, daß die offenbar tief in der anthropologischen Matrix verankerte Inklination zur affektiven Entzügelung auch einen Selektionsvorteil mit sich brachte, wenn es in primordialen Kampf- und Bedrohungssituationen zu einer maximalen Mobilisierung der Kräfte durch Entbinden aggressiver Impulse kam.

Affektdelikte, wie solche Taten trotz zutreffender Kritik genannt werden (vgl. Saß, S. 1 in diesem Band), besser vielleicht als affektiv akzentuierte Delikte bezeichnet (Janzarik, S. 59), können also nahezu als Ausdruck einer anthropologischen Konstante gelten. Dennoch stellen sie in der Regel tragische soziale Zwischenfälle dar und sind gleichermaßen Objekt mitfühlender Aufmerksamkeit wie auch schauernden Sensationsinteresses. Als Gegenstand der Strafgerichtsbarkeit bringen sie die forensischen Disziplinen in immer wieder umstrittene Grenzsituationen gutachterlicher und richterlicher Kompetenz. Wissenschaftliche Erkenntnisfortschritte im Sinne kausalgesetzlicher Erklärungen und allgemein gültiger Lösungsvorschriften kann es für die Affektdeliktsproblematik nicht geben. In der normativ vorgehenden Rechtswissenschaft wie in der vermittelnd tätigen, die individuelle Lebenswirklichkeit erläuternden Begutachtung aus psychiatrischer und ergänzend aus psychologischer Sicht ist vordringlich immer noch die Klärung der konzeptionellen Ausgangsbasis, sodann eine möglichst genaue Beschreibung der Phänomene und schließlich die rationale Offenlegung und Begründung der für die Beurteilung wegleitenden Gesichtspunkte. Ein Richtig oder Falsch nach dem Muster tatsachenwissenschaftlicher Beweisführung ist aus Sicht der menschenkundlichen Wissenschaften bei der Erfassung und Bewertung der Beweggründe menschlichen Verhaltens in Konfliktsituationen, wie sie bei Affekttaten vorliegen, ebensowenig vorstellbar und wünschenswert wie eine objektive Skalierung von Störungen der Einsichts- und Steuerungsfähigkeit.

Dennoch wird sich jede Generation von Rechtswissenschaftlern und Gutachtern erneut und getragen vom Impetus, allgemeingültige Lösungen zu finden, mit den forensischen Grundfragen von Schuld, Schuldfähigkeit und Strafe bei Affekttaten auseinandersetzen müssen, wie überhaupt ein wesentlicher Anteil der Arbeit in Geistes- und Gesellschaftswissenschaften nicht neuen Entdeckungen dient, sondern der Sicherung und zeitgemäßen Adaptierung vorhandenen Wissens sowie der Offenhaltung des Horizonts. So zielen auch die Bemühungen dieses Beitrags und des gesamten Bandes vorwiegend auf eine Vertiefung des Problembewußtseins um die Affektdeliktsfrage vor dem Hintergrund tradierter und vielleicht einiger neuer Perspektiven.

Die Entwicklung der Merkmalskataloge und ihre Grenzen

Ähnliche Ziele verfolgten vorausgegangene Arbeiten zur tiefgreifenden Bewußtseinsstörung, zu den Affektdelikten und zu einem psychopathologischen Referenzsystem (Saß 1983a, b; 1985a, b). Ein erster, konventioneller methodischer Zugang lag in der synoptischen Analyse der wichtigsten Gesichtspunkte, die sich in der Literatur wie in der eigenen forensischen Erfahrung beim Umgang mit Affektdelikten herauskristallisiert hatten. In einem zweiten, vertiefenden Schritt wurden übergeordnete phänomenologische und strukturelle Besonderheiten der Affektdelikte herausgearbeitet, die sich aus der systematischen Analyse des Materials ergeben hatten. Ein in dieser expliziten Form neuer Weg wurde mit der Aufstellung zweier detailliert erläuterter Merkmalssammlungen beschritten, die bei der Bearbeitung eines Affektdeliktsfalles zur Gliederung der Informationsfülle und zur systematischen Bearbeitung des Materials dienen sollten. Erst aus heutiger Rückschau wird deutlich, daß dieses methodische Vorgehen durchaus zeitgebundenen Einflüssen aus der damals aktuellen Diagnostikforschung in der Psychiatrie unterlag (Saß 1987).

Zweifel an der Zuverlässigkeit diagnostischer Einschätzungen hatten zur Entwicklung fester Regeln der Beurteilung in weitgehend formalisierten Klassifikationssystemen geführt, die klare diagnostische Algorithmen aus exakt definierten Ein- und Ausschlußkriterien enthielten. Ähnlich wie in der psychiatrischen Diagnostik war auch in der forensischen Begutachtung und hier noch verstärkt durch die mit der Strafrechtsreform von 1975 verbundenen Änderungen eine empfindliche Verunsicherung der Beurteilungsnorm entstanden. Da für die „tiefgreifende Bewußtseinsstörung" und die „schwere andere seelische Abartigkeit", die als neue Kategorien unter die für die Schuldfähigkeit relevanten seelischen Störungen aufgenommen worden waren, das medizinische Krankheitsmodell nicht mehr ohne weiteres als konzeptioneller Bezugsrahmen dienen konnte, gab es eine störende Unsicherheit und Widersprüchlichkeit in der forensisch-psychiatrischen wie psychologischen Begutachtung.

Der 1983 eingeschlagene Lösungsweg zur Beurteilung von Affektdelikten bediente sich z. T. der von der Diagnostikforschung entwickelten Prinzipien. Nicht ganz un-ähnlich den Ein- und Ausschlußregeln der psychiatrischen Klassifikationssysteme wurden 2 Kataloge von Merkmalen zusammengestellt, die für oder gegen die Annah-me einer tiefgreifenden Bewußtseinsstörung mit relevanten Auswirkungen auf das Steuerungsvermögen eines Affekttäters sprechen konnten. Allerdings sollten die Merkmalssammlungen, wie dezidiert erklärt, aber häufig übersehen wurde, keines-falls als skalierbare Meßgrößen und isoliert über die Beurteilung entscheidende Krite-rien angesehen werden. Statt dessen wurde bei allen Beschreibungen der Konzeption immer wieder neu auf die Gefahren eines reduktionistischen Umgangs und auf die Notwendigkeit einer umfassenden Analyse mit Berücksichtigung von Biographie, Persönlichkeit, spezifischer Vorgeschichte des Einzelfalls und aktueller Tatsituation hingewiesen, um den in der alltäglichen Anwendung stets naheliegenden Tendenzen zur Verkürzung auf einen kochbuchartigen Kriterienkatalog, wie es übrigens auch der allgemeinpsychiatrischen Diagnostik droht (vgl. Saß 1990), entgegenzuwirken. Die Merkmalskataloge sollten eine indizielle, nicht metrisierende Funktion haben und keineswegs die differenzierte Analyse des Einzelfalls ersetzen.

Die vorgeschlagene Konzeption und insbesondere die Merkmalssammlungen haben sich in der täglichen Begutachtungspraxis weitgehend durchgesetzt und sind im psychiatrischen und im rechtswissenschaftlichen Schrifttum eingehend und kontro-vers diskutiert worden (u. a. Foerster 1984; Glatzel 1986; Witter 1987; Ziegert 1987; Schorsch 1988; Krümpelmann 1990; Rösler 1991). Ein Ergebnis der mehrjährigen Er-probung in der Praxis und der wissenschaftlichen Diskussion war die zustimmende Kommentierung und Übernahme der Kataloge in das juristische Schrifttum durch die Arbeit von Salger in der Festschrift für Tröndle (1989). Allerdings begegnet auch in diesem Beitrag das Problem einer pragmatischen Verkürzungstendenz, bei der die Gefahr besteht, die auf eine gesamthafte Beurteilung gerichtete Konzeption der Ori-ginalarbeit durch Reduzierung auf 2 verknappte Kriterienkataloge letztendlich zu verfälschen. Zuzustimmen ist deshalb jenen kritischen Hinweisen, die ebenfalls die Notwendigkeit einer möglichst umfassenden Betrachtung des Einzelfalls betonen (z. B. Rasch 1993), Äußerungen also, die an die eigenen Ausführungen von 1983 und 1985 anknüpfen könnten, gäbe es nicht die im forensischen Diskurs manchmal etwas polemische, aus kritischem Affekt resultierende Tendenz zu einseitiger Rezeption.

Eine andere, auf die Methodik der Diagnostikforschung gestützte Beschäftigung mit den vorgeschlagenen Merkmalskatalogen galt der empirisch quantifizierenden Überprüfung von Einzelkriterien wie von syndromatologischen Merkmalsverbänden. Beim Versuch, die Interrater-Reliabilität nach dem Muster der bei der Entwicklung psychologischer Testverfahren benutzten Gütekriterien zu bestimmen, fanden sich unterschiedliche, insgesamt aber überwiegend befriedigende Werte für Reliabilität und Validität (Rösler 1991; Rösler et al., S. 114 f. in diesem Band). In einer von Steller betreuten Diplomarbeit von Dannenberg (1988) ergaben sich dagegen niedrige Werte für die Interrater-Reliabilität bei der Frage, wieviel Bedeutung die einzelnen Merk-male für die Diagnose einer durch heftige Affekterregung bedingten „tiefgreifenden Bewußtseinsstörung" haben. Rasch (1993) nahm diese methodisch allerdings von einem verengten Blickwinkel ausgehenden Ergebnisse zum Anlaß, um seine Skepsis gegenüber einer kriteriologischen Betrachtung zu untermauern.

Gegenüber möglichen Fehlinterpretationen in Literatur und Rechtsprechung sei noch einmal auf die genau umgrenzte Funktion der entwickelten Merkmalskataloge hingewiesen. Keineswegs bieten sie nach Muster eines psychodiagnostischen Instrumentariums skalierbare Kriterien, die, etwa im Sinne von Schöch (1983), in einem Summenwert den Entscheidungsprozeß pro oder contra tiefgreifende Bewußtseinsstörung und Schuldfähigkeit regulieren sollen. Es handelt sich vielmehr um heuristische Kristallisationspunkte im Untersuchungsgang und um eine systematische Hilfe bei der Sichtung und Ordnung der großen Informationsfülle, die im Laufe der umfangreichen Begutachtungsuntersuchung bei Affektdelikten zusammengetragen werden muß. Ihre abschließende Bewertung in einer gestalthaft ausgerichteten Beurteilung erfordert mehr als ein elementaristisches Abfragen von Einzelkriterien, auch wenn für die Gewinnung einer solchen Gesamtschau bislang über das reine Postulat hinaus keine operationalisierbaren Verfahren vorgeschlagen worden sind.

Methodisch überwiegt weiterhin die von positivistischen Empirikern zwar kritisierte, beim gegenwärtigen Wissensstand jedoch unumgängliche Einbettung der Beurteilung in einen letztlich subjektiven, von Eindrücken und Prägungen durch den individuellen Einstellungs- und Erfahrungshintergrund nie ganz freien Gesamteindruck. Dieser braucht sich allerdings dann nicht den Vorwurf der Beliebigkeit und Willkür gefallen zu lassen, wenn seine wesentlichen konstituierenden Elemente beispielsweise mit den genannten Merkmalssammlungen offen dargelegt und in ihrer Wertigkeit erörtert werden, um sodann die Interpretation der Einschätzung am intersubjektiven Evidenzgefühl messen zu lassen. Dabei kann der forensische Diskurs jedenfalls dann als Regulativ dienen, wenn die gutachtliche Auffassung in der Hauptverhandlung einen kritischen Diskussionsprozeß durchlaufen muß. Diesem Diskurs einen die Verständigung erleichternden begrifflichen und formalen Rahmen zu geben, stellt die wesentliche Funktion der Merkmalskataloge dar, nicht mehr, aber auch nicht weniger.

Angesichts der weiten Akzeptanz der vorgeschlagenen Merkmalskataloge für die Beurteilung der Affektdelikte erscheint vordringlicher eine Beschäftigung mit ihren Grenzen als eine erneute Rechtfertigung, dies auch um zugleich allfälligen reduktionistischen Tendenzen bei der praktischen Anwendung entgegenzuwirken. Deshalb sei im folgenden ein Fallbeispiel dargestellt, das trotz der Strukturierbarkeit des Materials anhand des vorgeschlagenen Verständigungsrahmens die Bedeutung einer vertieften Einzelfallanalyse jenseits der isolierten Kriterien unterstreicht. Dabei bedeutet der Aufweis der Komplexität der Beurteilungsproblematik keineswegs ein Plädoyer für die Aufgabe, sondern vielmehr für die Erweiterung des vorgeschlagenen Orientierungsrahmens. Am Ende werden daher die psychopathologischen, psychodynamischen und psychosozialen Brückenglieder zwischen individueller Befundlage und überindividuell gültigen Beurteilungsgrundsätzen erörtert, wobei als methodischer Rahmen das Prinzip des psychopathologischen Referenzsystems dient.

Kasuistik

Im sog. *Armbrustschützenfall* (BGH 4 StR 321/87, Strafverteidiger 10/87: 434) ging es um die Tötung eines dem Angeklagten unbekannten Tatopfers durch einen 26jährigen Mechaniker (s. auch Schlothauer 1988). Als Motiv für dieses zunächst unverständliche

Verhalten wurde vom Täter und im Urteil des ersterkennenden Landgerichtes untergründige Wut in Zusammenhang mit einer Kränkung durch Untreue seiner damaligen
Freundin angenommen.

Zum engeren Tatgeschehen hieß es in den *Urteilsfeststellungen*, daß der Angeklagte am 13.8.1986
in mehreren Gaststätten Alkohol trank und außerdem eine mit Haschisch gefüllte Pfeife rauchte.
Am 14.8.1986 wurde er gegen 1.30 Uhr in einen Streit mit ihm fremden Personen verwickelt, bei
dem er 2mal ins Gesicht geschlagen wurde, sich jedoch beherrscht verhielt. Etwa um 2.30 Uhr trat
er die Heimfahrt an, wobei er sein Fahrzeug ohne Schwierigkeiten führen konnte. Vor dem Anwesen seiner Freundin sah er ein fremdes Motorrad und vermutete (wie sich später herausstellte, zutreffend), daß ein anderer Mann bei ihr übernachtete. Er geriet in einen Zustand von Enttäuschung, Verärgerung und Wut, auch fühlte er einen Überdruß, sein Leben wie bisher fortzufüh-
ren.
    In seiner Wohnung bemerkte er seine Armbrust. Dieses mit einem Zielfernrohr versehene
Schußgerät entwickelt eine beträchtliche Durchschlagskraft; bei früheren Schießübungen hatte er
aus einer Entfernung von mehr als 60 m ein 70 x 70 cm großes Zielobjekt sicher getroffen. Er
nahm nun die Armbrust und 4 mit scharfen Metallspitzen versehene Jagdpfeile aus dem Schrank.
Die Frage seiner Mutter, was er damit wolle, beantwortete er mit der Bemerkung „nichts". Er verließ, noch immer voller Erregung und Wut, das Haus und versuchte, seine innere Spannung dadurch zu lösen, daß er seine Armbrust lud und einen Pfeil auf die Rückleuchte des vor dem Haus
seiner Freundin stehenden Motorrads schoß. Dadurch verminderte sich seine Erregung aber
nicht wesentlich. Er wollte seinen Arbeitsplatz kündigen, fühlte sich aber wegen seiner Erregung
außerstande, das Kündigungsschreiben abzufassen. Deshalb fuhr er gegen 6 Uhr zur Wohnung
seiner Großmutter, weckte sie und forderte sie auf, für ihn ein Schrfftstück zu verfassen, ohne daß
er allerdings verständlich zum Ausdruck bringen konnte, welchen Inhalt das Schreiben haben sollte. Ihr Versuch, ihn durch beschwichtigendes Zureden zu beruhigen, verstärkte die anhaltende
Erregung. Er verließ ihr Haus und schoß einen Pfeil in die Tür ihres Schrankes, um sie einzu-
schüchtern. Er fuhr zurück zum Haus der Mutter und bemerkte gegen 6.15 Uhr davor zwei Männer, die darauf warteten, zu ihrer Arbeitsstelle gefahren zu werden. Er hielt sein Fahrzeug unmittelbar hinter zwei in der Nähe der Männer abgestellten Kraftfahrzeugen an.
    Immer noch erfüllt von Wut über das treulose Verhalten seiner Freundin hatte sich dies Gefühl
bei dem Angeklagten in ein allgemeines Haßempfinden und Bedürfnis nach wahlloser Aggression
gesteigert. Diesem Drang folgend entschloß er sich spontan, einen der ihm völlig unbekannten
Männer zu töten. Er entsicherte die bereits gespannte Armbrust, legte durch das geöffnete Seiten-
fenster auf einen der Männer an, schaute durch das Zielfernrohr, richtete die Waffe so aus, daß die
Stirn des Mannes im Fadenkreuz des Zielfernrohrs zu sehen war, und betätigte den Abzug. Der
Mann wurde unterhalb des linken Auges tödlich getroffen. Der Angeklagte sprang mit einem lau-
ten Schrei aus seinem Fahrzeug und ging – mit einem Pfeil oder Messer bewaffnet – auf den neben
dem tödlich Getroffenen stehenden Mann zu, der in eine Lagerhalle flüchtete. Der Angeklagte
lief davon, machte sich nach etwa 15 min auf einem Hof bemerkbar und veranlaßte die Bewohne-
rin, die Polizei zu verständigen. Eine um 7.43 Uhr entnommene Blutprobe ergab eine BAK von
1,25‰.

Das Landgericht verurteilte ihn wegen Totschlags zu 12 Jahren Freiheitsstrafe. Eine
erhebliche Beeinträchtigung der Schuldfähigkeit wurde verneint. Dabei bezog das
Landgericht sich v. a. auf jene Teile des psychiatrischen Gutachtens, in denen das Vorliegen einer toxischen Bewußtseinsstörung abgelehnt wurde. Als Beurteilungskrite-
rium wurde auf den Realitätskontakt des Angeklagten hingewiesen, der im Tatzeitraum zeitlich, örtlich und in bezug auf die Zielrichtung seines Handelns voll orientiert
gewesen sei und eine längere Wegstrecke mit seinem Fahrzeug ohne Ausfallserscheinungen zurückzulegen vermochte. Für das weitere Kriterium einer Erinnerungslücke,
so führte das Urteil aus, bestünden keine Anhaltspunkte. Als 3. und wichtigstes Beur-

tion sinnvoll zu reagieren, nachweisbar nicht gestört war, dadurch, daß sie behaupten, der Begriff „tiefgreifende Bewußtseinsstörung" im Text des § 20 StGB bedeute Störung der Besonnenheit, also der höchsten Reflexionsstufe des Bewußtseins. Da bei einer Besonnenheitsstörung nach Glatzel (1985) die Orientierung in Zeit, Ort, Person und Situation erhalten bleiben, kann es sich bei ihr nicht um eine tiefgreifende Bewußtseinsstörung handeln, wie sie vom Gesetzgeber als Voraussetzung für Ex- oder Dekulpation gefordert wird. In den Protokollen der großen Strafrechtsreformkommission, die sich mit den Exkulpationsvoraussetzungen beschäftigt hat, kann man die Definition des Begriffes „tiefgreifende Bewußtseinsstörung" als Besonnenheitsstörung nicht finden.

Nach Herbart (1816, zit. nach Störring, 1953) ist Besonnenheit die Gemütslage des Menschen in der Überlegung. Nach Zutt (1943) befindet sich der besonnene Mensch in einer Mittellage des Bewußtseins.

Nach einem Umkehrschluß fehlt also dem Menschen, wenn er sich nicht in einer Mittellage des Bewußtseins befindet, sondern in einem gehobenen emotionalen Zustand, die Besonnenheit, ohne daß die Funktionen des, wie Störring (1953) es ausdrückt, Primitivbewußtseins gestört wären. Störring betont vielmehr den Unterschied zwischen Besinnung (Besonnenheit) und Bewußtsein. Auch Glatzel (1985) sagt, daß bei einer Besonnenheitsstörung die Basisfunktionen des Bewußtseins, die 4 Dimensionen der Orientierung in Zeit, Ort, Persönlichkeit und Situation, nicht beeinträchtigt seien. Es ist daher nicht nachzuvollziehen, daß eine sog. Besonnenheitsstörung (die Bezeichnung Störung für einen normalpsychologischen Vorgang ist nach meiner Ansicht unangebracht) bei der forensischen Begutachtung in eine tiefgreifende Bewußtseinsstörung umdefiniert wird.

Kompetenzen

Unterschiedliche Inhalte des juristischen und des psychiatrischen Bewußtseinsbegriffs

Der Gesetzgeber hat die Freiheit, juristische Begriffe zu definieren, die Rechtssprechung, sie zu interpretieren. Diese Freiheit sollte aus sachlichen Gründen eingeschränkt werden, wenn Begriffe aus anderen Wissenschaftsbereichen, deren Inhalt dort bestimmt ist, wie z. B. der Begriff „Bewußtseinsstörung" in der Psychopathologie, als Rechtsbegriffe verwendet werden. Es stiftet Verwirrung, wenn ein Begriff wie „Bewußtseinsstörung" in der Jurisprudenz (Fehlen der Besonnenheit) und in der Medizin (Fehlen der Orientierung) unterschiedliche Bedeutungen hat. Wenn die in der Psychopathologie als Bewußtseinsstörung bezeichnete psychische Verfassung in der forensisch-psychiatrischen Begutachtung unter den Rechtsbegriff „krankhafte seelische Störung" eingeordnet werden soll, ist der Rechtsbegriff „Bewußtseinsstörung" als eine der Voraussetzungen zur Exkulpation überflüssig.

Das Bewußtsein des „normalen" gesunden Menschen befindet sich nicht immer in seiner Mittellage. Es ist vielmehr ständig gewissen Schwankungen unterworfen, ohne daß die Persönlichkeit dadurch erschüttert würde (Saß 1985).

teilungskriterium hieß es zur affektiven Ansprechbarkeit zur Tatzeit, es habe sich an mehreren Begebenheiten gezeigt, daß der Angeklagte die Ereignisse nicht nur wahrnehmen, sondern auch auf der gefühlsmäßigen Ebene einordnen und bewerten konnte. Der Umstand, daß ein sinnvoller Grund für seine gegen einen völlig fremden Menschen gerichtete Tat dem Angeklagten nicht klargeworden sei, spreche nicht gegen eine bewußte, unter Überwindung der inneren Hemmungsschranke begangene Tatausführung. Übernommen wurde die Äußerung des Sachverständigen, daß den Fragen der Motivation keine wesentliche Bedeutung für die Beurteilung der Schuldfähigkeit zukomme. Eine dezidierte Erörterung einer affektbedingten Bewußtseinsstörung unterblieb.

Dieses Urteil hob der BGH auf Revision des Angeklagten wie der Staatsanwaltschaft hin aufgrund von Sachrügen auf und stellte u. a. fest, die Ausführungen der Strafkammer zur inneren Tatseite seien widersprüchlich. Das Landgericht hatte Zweifel gehabt, ob der Angeklagte die Arg- und Wehrlosigkeit seines Opfers bewußt erfaßt hatte und hatte dabei die Blutalkoholkonzentration von etwa 1,8‰ erörtert. Dabei waren Gesichtspunkte berücksichtigt worden, die auf ein „kopfloses" Verhalten hindeuteten, nämlich, daß „der Angeklagte den Tatentschluß innerhalb von Sekunden gefaßt hat und ihm somit für Überlegungen wenig Zeit blieb" und daß er in einem „durch Erregung, Alkoholbeeinflussung und Übernächtigung" gekennzeichneten, außergewöhnlichen psychischen Zustand gewesen sei. Deswegen hatte das Landgericht es für möglich gehalten, der Angeklagte habe den Begleitumständen der Tat keine „geistige Aufmerksamkeit gewidmet und somit die Umstände, die die Arg- und Wehrlosigkeit seines Opfers ausmachten, nicht .... bewußt erfaßt". Abweichend davon hatte das Landgericht bei Erörterung der Schuldfähigkeitsfrage festgestellt, „daß die Fähigkeit des Angeklagten, die Ereignisse nicht nur wahrzunehmen, sondern sie auch auf der gefühlsmäßigen Ebene des Erlebens einzuordnen und zu bewerten, im Tatzeitraum vorhanden war". Ein weiterer hier nicht darzustellender Aspekt zur Frage der Mordmerkmale betraf die in den Augen des BGH widersprüchliche Argumentation des Landgerichts zur eventuellen Provokation des Angeklagten durch das Tatopfer und eine eventuell zu konstatierende Mordlust. Jedenfalls wies der BGH darauf hin, daß die Umstände, die das Landgericht veranlaßt haben, die Mordmerkmale der Heimtücke und des niedrigen Beweggrundes zu verneinen, dafür sprechen könnten, daß die psychische Verfassung des Angeklagten zur Tatzeit als affektbedingte erhebliche Bewußtseinsstörung zu charakterisieren sei.

Für die neue Hauptverhandlung wies der Senat darauf hin, dem Gesamtzusammenhang der Urteilsgründe sei zu entnehmen, daß die Strafkammer die Frage der Beeinträchtigung der Schuldfähigkeit ausschließlich unter dem Gesichtspunkt einer toxischen Bewußtseinsstörung geprüft habe, näher liege aber die Möglichkeit einer Beeinträchtigung aufgrund einer nicht pathologischen affektbedingten „tiefgreifenden Bewußtseinsstörung", womit sich das angefochtene Urteil nicht auseinandergesetzt habe. Eine im Urteil zitierte Äußerung des Sachverständigen, wonach eine „Affektentladung ... von weit größerem Zerstörungspotential getragen gewesen wäre", erwies sich bei Berücksichtigung der Folgen der Tat als unverständlich. Nicht auszuschließen erschien dem BGH, daß der Angeklagte sich in einer außergewöhnlichen inneren Verfassung einem Ersatzopfer zugewandt habe, oder daß er, was der vom Landgericht gehörte Gutachter als tiefenpsychologische Deutungsmöglichkeit für naheliegend erachtet hatte, „die freigesetzte Aggressivität auch gegen sich selbst richtete und darauf abzielte, die Zukunftsmöglichkeiten seines eigenen Lebens selbst zu zerstören". Der BGH benannte eine Reihe von Indizien, die für ein Handeln im Zustand eines nicht unerheblichen Affektes sprachen, nämlich einerseits sein Verhalten vor der Tat und andererseits die Symptome, die für einen Affektabbau nach der Tat sprachen, etwa ein lauter Schrei nach der tödlichen Schußabgabe, die kurze Flucht, das Selbststellen durch Herbeirufen der Polizei sowie die als fassungsloses Erstaunen über die Tat bezeichneten Äußerungen: „Das war Absicht", „Wahnsinn, Wahnsinn". (Übrigens waren im LG-Urteil genau diese Äußerungen als Beleg dafür gewertet worden, daß der Angeklagte seine Tat klar überschaut und in ihren Zusammenhängen begriffen hatte).

Hinsichtlich der in den Merkmalskatalogen enthaltenen Aspekte bieten die referierten Urteile und Gutachten hinreichendes Material. Es sei hier darauf verzichtet, die einzelnen Items der für und gegen eine tiefgreifende Bewußtseinsstörung mit forensischer Relevanz sprechenden Merkmalskataloge, die in diesem Band wiederholt aufgeführt sind, erneut zu erörten (vgl. Saß 1983). Der Leser wird feststellen, daß sie z. T. auf die vorliegende Kasuistik nicht anwendbar sind (beispielsweise fehlt die typische Vorgeschichte einer Affekttat), z. T. aber erscheinen sie durchaus zwiespältig in ihrer Interpretierbarkeit, wie sich ja auch in den divergierenden Bewertungen bestimmter Items durch Landgericht und BGH zeigt. Insofern bietet dieser Fall ein gutes Beispiel dafür, daß eine elementaristische Handhabung der Merkmalskataloge unzureichend ist. Deshalb hatte die erneute Begutachtung v. a. auf die Gewinnung eines psychopathologischen Gesamtzusammenhangs zu achten.

Psychopathologische Interpretation des Falls

Die eigene gutachtliche Untersuchung ergab familienanamnestisch keine Belastung mit psychiatrischen Erkrankungen im engeren Sinne, jedoch bestimmte Verhaltensauffälligkeiten beim Vater, die auf eine emotional labile, impulsive Persönlichkeit hindeuteten, etwa ein Mißbrauch von Alkohol und Medikamenten sowie heftige Auseinandersetzungen mit der damaligen Ehefrau, Tätlichkeiten und Verwüstungen der Wohnung. Bei der Mutter bestanden Hinweise auf eine psychovegetative Störbarkeit, z. B. habe sie früher an Asthma gelitten, sei psychisch labil und habe in den letzten 15 Jahren viel Alkohol getrunken. Die eigene medizinische Vorgeschichte bot mit einem Asthmaleiden, das in den letzten Jahren geringer geworden sei, ebenfalls einen Anhaltspunkt für eine psychovegetative Labilität. Auf psychopathologischem Gebiet war die Anamnese frei von Verdachtsmomenten für ernstere Geistes- und Nervenkrankheiten. Körperliche, neurologische, psychopathologische, elektroenzephalographische und testpsychologische Befunde boten keine Hinweise für eine relevante körperliche oder psychische Störung. Ein gelegentlich betriebenes Haschischrauchen und ein v. a. um das 17./18. Lebensjahr etwas vermehrter, inzwischen jedoch seltener Alkoholkonsum hatten keine Schädigungen des zentralen und peripheren Nervensystems und keine Suchtkrankheit erzeugt.

Einer vertieften Betrachtung wert für das Verständnis des ansonsten recht rätselhaften Tatgeschehens erschienen uns einige Besonderheiten in Lebensgeschichte und Persönlichkeitsbild. Eine frühe Schwierigkeit, die das Selbstwertgefühl des Probanden überdauernd und komplexhaft belastet haben dürfte, lag in der familiären Herkunft und der Unsicherheit des Vaterbildes. Vom ersten Ehemann der Mutter, der ansonsten in der Entwicklung des Probanden keine größere Rolle spielte, trug er seinen Namen. Der leibliche Vater war ein US-amerikanischer Soldat, der in der Erinnerung des Probanden durchweg positiv dargestellt wurde, obwohl er durch Auseinandersetzungen mit der Mutter und ihrer Familie, durch Tätlichkeiten und Alkoholkonsum auch erhebliche Unruhe in die früheren Lebensjahre des Probanden gebracht hatte. Im Gespräch nahm der Proband den leiblichen Vater gewissermaßen gegen die übrige Familie und v. a. gegen die als dominierend erlebte Großmutter in Schutz, die den Vater wegen seiner Andersartigkeit ausgegrenzt hätten. Impulsive und gewalttätige Verhaltensweisen, zu denen auch der Proband gelegentlich neigte, sollen bei den Konflikten zwischen Vater und Mutter eine große Rolle gespielt haben, was dem Probanden von der Mutter auch einmal vorgeworfen wurde, als er ihr gegenüber in vergleichbarer Weise wie der Vater tätlich geworden war. Zum dritten Ehemann der Mutter, seinem Stiefvater, hatte der Proband ein zunächst ablehnendes und später distanziertes Verhältnis gehabt. 1981 war die Abstammungs- und Namensfrage noch einmal aufgeworfen und sogar gutachtlich untersucht worden, wobei der Bericht des Probanden, der erst bei dieser Gelegenheit Klarheit über seine Abstammung bekommen hatte, untergründig einen deutlichen Ärger über die von der Mutter verschuldete familiäre Unsicherheit erkennen ließ. Entsprechend entstand bei der psychiatrischen Untersuchung der Eindruck, daß für den Probanden Fragen des Eigenwertes, der Individualität und der Autonomie eine besondere Rolle spielten. Eine etwas forciert stolze Haltung und sein hoher Anspruch an sich selbst hinsichtlich Leistung, beruflichen Fortkommens und Selbständigkeit mochten psychologisch auch im Dienste eines gewissen Kompensationsversuchs angesichts einer Beschämung über die nicht makellose Herkunft stehen.

Außer diesen mehr für die innere Biographie bedeutsamen Umständen lag eine zweite Belastung für die Persönlichkeitsentwicklung im äußerlich unruhigen Lebensgang. Nicht nur die männlichen Bezugs- und Identifikationsfiguren wechselten, sondern auch Mutter und Großmutter lösten sich in der Betreuung des Kindes ab, das durch mehrere Umzüge einen wiederholten Umgebungswechsel erlitt. Auch dies mag für die Ausbildung eines stabilen Lebensgrundgefühls und einer vertrauensvollen Bindungsfähigkeit ungünstig gewesen sein. Andererseits wurde der Junge liebevoll und von der Großmutter auch verwöhnend aufgezogen, wobei er gerade den von ihr ausgehenden engen Familienzusammenhalt durchaus kritisch sah, zumal er darauf das Hinausdrängen und den Verlust des Vaters zurückführte. Insbesondere die direktive und manipulierende Art der Großmutter im familiären Umgang, die er schon seit langem als süßlich und falsch empfunden habe, wurde offenbar bei der Begegnung in der Tatnacht noch einmal aktualisiert und trug nach seinen Worten beträchtlich zur weiteren Steigerung seiner Wut bei, ein Geschehen, das nur bei Berücksichtigung der jahrelangen Vorgeschichte im genannten Sinne verstehbar wird.

Als Folge solch problematischer Entwicklungsbedingungen, zu denen eine konstitutionelle Belastung der Persönlichkeitsanlagen mit labilen Zügen von seiten der Mutter und mit impulsiv-aggressiven Reaktionsbereitschaften von seiten des Vaters hinzutreten mag, wies der Lebensgang des Probanden seit dem Heranwachsendenalter eine Reihe krisenhafter Zuspitzungen auf. Daran wurde ein spannungsvolles Persönlichkeitsgefüge mit erheblicher Kränkbarkeit und einem zuweilen nur mühsam beherrschten aggressiven Potential deutlich. So hatte es einen befremdlichen Vorfall bei der Bundeswehr gegeben, wo der Proband mit einer eigentümlichen Mischung aus Aggressivität, Eigenwilligkeit, sturer Beharrlichkeit und egozentrischer Überbewertung der eigenen Sehweise in ein Disziplinarvergehen geraten war. Starke explosible Züge, die durch Alkohol gebahnt waren, trugen einige häusliche Auseinandersetzungen mit Tätlichkeiten gegen die Mutter, die zum Auszug von zu Hause und einem etwas rebellisch wirkenden Leben ohne festen Wohnsitz führten. Auf untergründige Autoritätsprobleme und eine Neigung zu forcierter Selbstbehauptung wiesen auch wiederholte Reibungen mit der Polizei und ein in Ärger und Trotz begründetes Verkehrsdelikt hin. Ebenso hatte es im Vorfeld der Tatnacht eine empfindliche Reaktion des Probanden bei einer Polizeikontrolle gegeben, die erneut Rivalitäts- und Autoritätsprobleme sowie ein betontes Bedürfnis nach männlicher Selbstbehauptung anzeigten.

Trotz dieser biographischen Besonderheiten waren Persönlichkeitsbild und soziale Anpassung nicht gravierend gestört. Der Proband zeigte eine gute Intelligenz, Tatkraft und Zielstrebigkeit, so daß er beruflich eine sehr gute Anstellung bei einer Montagefirma gefunden hatte und mit außergewöhnlicher Einsatzbereitschaft tätig war, die enormen Ehrgeiz, Leistungswillen und Durchhaltevermögen erkennen ließ. Im zwischenmenschlichen Bereich zeigte er sich als ein etwas stolzer und eigensinniger Mensch, doch waren Fähigkeiten zu Kontakt, Einordnung und auch sexuelle Beziehungen nicht wesentlich beeinträchtigt. Insgesamt imponierte er vom Temperament her als energisch, vital und zu starkem Engagement fähig. Die Gemütsseite der Persönlichkeit erschien spannungsvoll, wobei trotz Bemühens um äußere Beherrschtheit eine emotionale Labilität bei erhöhter Kränkbarkeit, Impulsivität und Aggressivität auffiel. Charakterlich war er gekennzeichnet durch Neigung zu Eigensinn und Trotz, eine gewisse Rigidität, Kränkbarkeit, Autonomiestreben und ein forciertes Selbstbewußtsein. Besondere Schwierigkeiten, die allerdings üblicherweise nicht störend wurden, lagen in einigen komplexhaften Bereichen der Biographie, an denen er übernachhaltig festhielt und die affektiv hoch besetzt waren. Thematisch ging es dabei um das Verhältnis zu männlicher Autorität und Rivalität sowie um die unklare Herkunft und das Verhalten der Mutter zu wechselnden Männern. Die innere Brisanz dieses Komplexes für den betont stolzen, auf Fortkommen und soziale Anerkennung ausgerichteten jungen Mann spiegelten sich etwa auch in hochgespannten Zukunftsplänen von Heirat und Studium, die vorbewußt mit dem Bestreben zusammenhängen mochten, den unverschuldeten Makel einer Herkunft als „Bastard", so sein eigener Ausdruck, zu heilen. Vor diesem Hintergrund dürfte es von besonderer Bedeutung gewesen sein, daß am Tatwochenende mit der Freundin eigentlich eine Aussprache über gemeinsame Zukunfts- und Studienpläne vorgesehen war.

Neben diesen durch langfristige Entwicklungen bedingten Konstellationen gab es einige aktuelle Elemente des Tatzeitraums, die für das Verständnis der prima vista rätselhaften Verhaltensweisen bedeutsam waren. Die psychophysische Ausgangsverfassung war nach einer vorangegangenen 3wöchigen Periode intensiver Arbeitsbelastung durch Übermüdung, Erschöpfung und Überreiztheit gekennzeichnet. In früheren Zeiten hatte er bei Gelegenheiten dieser Art eine Entspannung mit Haschisch und Alkohol versucht, was jedoch dieses Mal nicht gelungen sei. Hinzu kamen eine Reihe von Zwischenfällen an diesem Wochenende, die zwar in ihrem Gewicht ganz unterschiedlich waren, in der Summation ihrer Auswirkungen auf die innere Verfassung des sowieso überreizten Probanden jedoch ein relevantes Ausmaß erreicht haben konnten. Am Beginn stand nach anstrengender nächtlicher Heimfahrt das überraschende und Argwohn erregende Verhalten der Freundin, die ihn, entgegen früherer Verabredung und mit fadenscheinigen Gründen, bei seiner Ankunft nicht in ihre Wohnung ließ. Dieser Vorfall hat ihn offenbar in den nachfolgenden 28 h bis zur Tat immer wieder beschäftigt. Mehrmals hinterließ er bei verschiedenen Personen Nachrichten für die Freundin, wie sie ihn telefonisch oder persönlich erreichen könne, auch fragte er bei verschiedenen Stellen nach, ohne daß ein Kontakt zustande kam und eine Erklärung für ihr Verhalten erfolgte. Diesen enttäuschenden, kränkenden, Ärger bereitenden Umständen war angesichts der übernachhaltigen Wesensart des Probanden erhebliche Bedeutung zuzumessen.

Zusätzlich ist die Wirkung von Alkohol und Haschisch zu berücksichtigen, wobei eine BAK zur Tatzeit in der Größenordnung von maximal 1,7‰ und eine etwa 12 h vor der Tat gemeinsam mit Bekannten gerauchte Portion Haschisch bekannt waren. Beiden toxischen Einflüssen wurde auch von rechtsmedizinischer Seite weder einzeln noch in ihrem Zusammenwirken besondere Bedeutung zugemessen, zumal schwerere Ausfallserscheinungen auch von Zeugen in der Tatnacht nicht beobachtet worden waren. Dennoch erschienen Alkohol und Haschisch im Verein mit Erschöpfung und Übermüdung als konstellative Faktoren geeignet, eine weitere Verschiebung der psychischen Reaktionsbereitschaft in Richtung auf Dysphorie, gesteigerte Impulsivität und mangelnde Kontrolle bewirkt zu haben. Hinzu kam ein reichlicher Genuß von Kaffee in den Stunden vor der Tatnacht, der eine Stimulierung und Unruhe bewirken konnte.

Bemerkenswert ist die Kontrollfähigkeit noch beim Vorfall im Festzelt gegen 2 Uhr, bei dem der Proband beherrscht reagierte und einer massiven Schlägerei aus dem Wege ging. Dennoch meinte er, daß zu dieser Zeit eine Mobilisierung seines Antriebs eingesetzt habe, wie er es auch von anderen Gelegenheiten bei Alkoholgenuß kannte. Als er auf der anschließenden Heimfahrt vor dem Haus der Freundin ein fremdes Motorrad sah, dürfte dies eine Wiederbelebung der eifersüchtig-gekränkten Gedanken angesichts ihres abweisenden Verhaltens in der Vornacht und eine Verstärkung der dysphorischen Grundstimmung mit sich gebracht haben. Die nun gefaßte Absicht, aus dem Haus der Mutter Kleidung zu holen und ohne festes Ziel wegzufahren, erscheint zumindest zu dieser Stunde und ohne vermittelnde Motivationsglieder als erster Bruch im bislang nahtlos nachvollziehbaren Geschehen dieser Nacht. Bezeichnenderweise schilderte der Proband, etwa ab diesem Zeitpunkt beginne die Erinnerung sich zu vermischen, im Kopf sei alles „drunter und drüber" gegangen, die negative Stimmung habe sich wieder aufgebaut. Selbst bei Berücksichtigung nicht ganz tendenzfreier nachträglicher Überformung bekommen der Bericht des Probanden und die objektivierbaren Fakten ab dem Besuch der – moralisch von ihm abgewerteten – Mutter einen befremdlichen, rätselhaften, partiell desorganisierten Charakter. Plausibel und unter Berücksichtigung des Persönlichkeitsbildes einfühlbar erscheint, daß er sich ab dieser Zeit innerlich wieder stark mit dem Frauen- und Eifersuchtsthema beschäftigte und auf dem Weg zum Haus der Freundin eine sich steigernde Wut verspürte. Als Beleg für die gestiegene affektive Spannung und eine Mobilisierung aggressiver Tendenzen ist die Mitnahme der Armbrust anzusehen, die, sofern man seinen Angaben folgt, noch ohne eine personell gerichtete Vorstellung erfolgte. Am Haus der Freundin kam es dann – eine handlungsbekräftigte Vorgestalt i. S. von Janzarik (s. S. 66 in diesem Band) – zu dem symbolträchtigen Schuß auf ein fremdes, für ihn fraglich (bei nachträglicher Prüfung auch tatsächlich) einem Nebenbuhler gehörendes Motorrad, dessen Rückauge zerstört wurde.

Wenn die Beschwichtigungsversuche von Mutter und Großmutter eine paradoxe, nämlich die Erregung steigernde Wirkung hatten, so erscheint dies vor dem Hintergrund der ambivalenten Gefühlseinstellung zu diesen Frauen nicht unplausibel. Es muß von einer Aktualisierung früherer negativer Affekte und Impulse ausgegangen werden, die bei der Mutter an Themen von Zuverlässigkeit und Treue, bei der Großmutter an Fragen der Bevormundung geknüpft waren. Auf eine inzwischen hochgradige affektive Erregtheit weist nicht nur die Tatsache hin, daß er beim Verlassen des großmütterlichen Hauses einen grob in ihre Richtung gehenden, allerdings einen Schrank treffenden Schuß abgab, sondern auch die Reaktion der Frau, die voller Schrecken über diese Begegnung und Angst vor dem Kommenden bei der Mutter anrief, um diese vor dem Sohn zu warnen. Zur Annahme einer hochgradigen affektiven Erregung stehen – im Gegensatz zu den Ausführungen des ersten Urteils – die äußere Orientiertheit und eine gewisse Zielgerichtetheit des Verhaltens nicht im Widerspruch, zumal etwa das Vorhaben, zu dieser Tageszeit von einer anderen Person einen Brief über den Kündigungsentschluß an den Chef schreiben zu lassen, sehr merkwürdig erscheint und eine innere Ausnahmeverfassung anzeigt. Sie hat allerdings nicht das Bild eines durchgängigen Erregungssturms angenommen, sondern es kam zu einer eigenartigen Fluktuation zwischen äußerlich relativ geordneten Handlungsabschnitten einerseits und mehr oder weniger unsinnig und plötzlich einschießenden Impulsen aggressiver Art andererseits.

Ähnliche Diskrepanzen bietet die anschließende Fahrt zum Haus der Mutter und als Kulmination die Tat mit tödlichem Armbrustschuß gegen ein – unbekanntes – männliches Aggressionsopfer. Noch als ein durch Routine eingespielter Handlungsablauf ist das – handlungstechnisch gut bewältigte – Führen des Fahrzeugs und das Abstellen auf dem Parkplatz beim Anwesen der Mutter anzusehen. Nicht rekonstruierbar war, welche Überlegungen und Absichten während dieser Tätigkeiten im Kopf des Angeklagten vorhanden waren. Er selbst gab hierfür ein Fehlen von Erinnerung an. Der dann plötzlich und ohne erkennbare situative Provokation erfolgte Schuß auf einen der beiden dort stehenden Männer – handlungstechnisch wiederum perfekt ausgeführt – erscheint vollends als ein nicht verständlich ableitbares Geschehen. Er mag zwar in den allgemeinen affektiven Hintergrund einer aggressiv-gereizten Gemütsverfassung eingebettet sein, doch erscheint die konkrete Ausformung der Handlung gerade zu dieser Zeit und gegen diesen Mann beliebig, planlos und ohne kognitiv erfaßbaren situativen Zusammenhang. Allenfalls zu vermuten, dem Täter aber nicht zugänglich war, daß dieses zufällige Ersatzopfer (Hallermann 1963) als Projektionsfigur zum Abreagieren der einem männlichen Rivalen geltenden Aggressivität diente. Interessanterweise wurde übrigens für die konkreten Handlungselemente der Schußabgabe, die durch lange Einübungen in früherer Zeit als vertraute Schemata bereitlagen, eine recht exakte Erinnerung angegeben, wie im ersten Landgerichtsurteil zitiert ist. Nicht zugänglich erschienen dagegen die inneren Abläufe und v. a. die motivationalen Hintergründe des äußerlich zielgerichteten, versierten Vorgehens. Derartiges hat auch Joachim (s. S. 180 f. in diesem Band) beschrieben als fehlende Erlebnisqualität der Handlungsabläufe mit Lockerung oder Verlust des assoziativen Erlebnisgefüges. Diese eigentümliche Dissoziation des Erinnerungsvermögens mit unterschiedlicher Qualität hinsichtlich innerer und äußerer Handlungsaspekte steht in Nähe zu anderen dissoziativen Phänomenen und mag als weiterer Ausdruck für eine psychische Ausnahmeverfassung gelten.

Das unmittelbare Nachtatgeschehen trug einen mehr instinkthaft-reaktiven Charakter, zunächst als unmittelbare Verteidigungshandlung bei einem vom Angeklagten vermeinten Angriff durch den zweiten Mann auf sich selbst. Hier entstand bei Rekonstruktion in der Hauptverhandlung der Eindruck einer affektgetragenen Situationsverkennung mit ebenfalls dissoziativen Elementen. Zu einem raschen Affektabbau kam es bei der anschließenden Weglaufreaktion, die wohl mehr als Folge eines primitiven Fluchtreflexes bei überstarker Erregung und Angst zu interpretieren ist denn als Wunsch, eine Entdeckung zu vermeiden. Das wenige Minuten danach erfolgte Aufsuchen einer fremden Person mit Offenbarung der Tat und Aufforderung, Polizei und Hilfe zu holen, spricht für eine nun wieder intakte Erfassung der äußeren Situation und eine emotionale Vergegenwärtigung der abgelaufenen Tat. Dem motivischen Hintergrund stand er wohl weiterhin ratlos gegenüber, ausgedrückt mit der zitierten Äußerung: „Wahnsinn", hier als umgangssprachliche Bezeichnung für das Einbrechen eines unverstehbaren, aus den situativen Zusammenhängen herausfallenden Geschehens.

Trotz vieler vom gängigen Schema der Tötung eines Intimpartners (vgl. Rasch 1964) abweichender Elemente war insgesamt doch von einem Affektdelikt im Rahmen einer Eifersuchts- und Trennungsproblematik zu sprechen. Zwar handelt es sich nicht um eine lang hingezogene Beziehungskrise, doch spielen Eifersucht, Kränkung und reaktive Wut die entscheidende Rolle bei dem Entstehen einer hohen affektiven Erregung, den befremdlichen Handlungen im Vorfeld der Tat und schließlich bei der Tötungshandlung gegen ein fast beliebig erscheinendes Aggressionsopfer. Keineswegs wird die Annahme einer derartigen hohen affektiven Erregung deshalb unplausibel, weil es mangels eines konkreten Interaktionspartners in der letzten Phase vor der Tat nicht zu einer heftigen Streitsituation kam oder weil neben desorganisiert erscheinenden Elementen auch geordnete Handlungsteile vorkamen. Zumindest auf einer imaginativen Ebene dürfte, wie auch der Schuß auf das Motorrad des Nebenbuhlers vor dem Haus der Freundin anzeigt, vor der Tat eine innere Auseinandersetzung mit der vermuteten Untreue der Partnerin und mit anderen komplexhaft beladenen weiblichen Personen, nämlich den biographisch belasteten Figuren von Mutter und Großmutter, abgelaufen sein.

Grundlage für den anzunehmenden affektiven Ausnahmezustand war die spannungsvolle Primärpersönlichkeit mit ihrer Disposition zu impulsiv-aggressiven Reaktionen insbesondere dann, wenn affektiv stark beladene, komplexhafte Themen der Biographie aktualisiert werden. Hierzu zählen rivalisierende Autoritätsprobleme mit Männern, die auf das Verhältnis zur Mutter und Großmutter zurückgehende Ambivalenz gegenüber Frauen, eine Beschämung über die unklare Herkunft und kompensatorisch ein Streben nach Korrektheit und Aufstieg, letzteres mit der Person der nun untreu gewordenen Freundin verbunden. Ergänzend für die Entstehung der hohen affektiven Erregung und eines eigenartig dissoziierten psychischen Zustandes mit verminderter innerer Impulskontrolle bei relativ gut erhaltenen äußeren Handlungsfertigkeiten waren die konstellativen Faktoren zu berücksichtigen, also der Genuß von Alkohol, Haschisch und Kaffee, ferner psychophysische Erschöpfung am Ende einer langen Arbeitsperiode und einer Nacht ohne Schlaf. Die wichtigsten Indizien für die angenommene massive affektive Erregung mit Beeinträchtigung der Desaktualisierungsfähigkeit für aggressive Impulse lagen außer in den Beobachtungen von Mutter und Großmutter im befremdlichen, einen verstehbaren Kontext und Motivationshintergrund sprengenden Charakter des Verhaltens vor und während der Tat sowie im unmittelbaren Nachtatverhalten.

Demgegenüber waren allerdings im Gesamtzusammenhang auch solche Gesichtspunkte zu berücksichtigen, die gegen eine völlige Desintegration der psychischen Funktionen zur Tatzeit sprechen. Bereits im Vorgutachten war auf weitgehend intakte Gedächtnisleistungen, die im groben erhalten gebliebene situative Orientiertheit, die allgemeinen Handlungsfertigkeiten und eine gewisse Reflexionsfähigkeit des Probanden vor und nach der Tat hingewiesen worden. Allerdings waren wohl für die unmittelbaren Tötungshandlungen und die dahin führenden intrapsychischen Abläufe keine begleitende Reflexion von Gefühlen und Motiven möglich bzw. eruierbar. Der Erinnerungstätigkeit, die im übrigen in einer dem Sachverständigen plausiblen Weise berichtet wurde, haftete bei aller Korrektheit in der äußeren Handlungsrekonstruktion eine fehlende Wahrnehmung der inneren Beweggründe an und mit dieser Dissoziation eben doch eine deutliche Störung der psychischen Funktionen.

Zusammengefaßt führten die – im 2. LG-Urteil übernommenen – gutachtlichen Überlegungen zur Annahme einer relevanten Veränderung der Bewußtseinstätigkeit und erheblichen Beeinträchtigung des Steuerungsvermögens zur Tatzeit, nicht jedoch einer Aufhebung. Aus psychopathologischer Sicht waren entscheidend dafür die Persönlichkeitsvorbedingungen und ihre Entwicklung in der Biographie, die komplexhaften psychodynamischen Hintergründe des Tatgeschehens und die in der Tatnacht beobachteten Verhaltensauffälligkeiten. Alles zusammen bot hinreichende Anhaltspunkte für die Annahme einer Tatbegehung aus gestörter Bewußtseinstätigkeit heraus, am ehesten zu verstehen als dissoziative Störung mit Desintegration des psychischen Feldes und der geordneten strukturell-dynamischen Zusammenhänge.

Vor dem Hintergrund der mit dem Sachverständigen erörterten, vermutlich deutlich gestörten psychischen Verfassung zur Tatzeit erfolgte auch die vom BGH auferlegte erneute Diskussion der Mordmerkmale durch das LG. Das Vorliegen von Mordlust wurde verneint, weil dieses ein Motiv verlange, das aber gerade nicht festgestellt wurde. Bezüglich der Heimtücke befand sich das vom Angriff überraschte Opfer zwar objektiv in einem Zustand der Arg- und Wehrlosigkeit, doch bestanden bezüglich der inneren Tatseite Zweifel, ob der Angeklagte dies bewußt erfaßt und diese Situation auch bewußt ausgenutzt hatte. Die Kammer vermochte unter Zugrundelegung der hochgradigen Erregung des Angeklagten und einer nicht auszuschließenden Desintegration im psychischen Bereich nicht mit Sicherheit zu verneinen, daß auch hinsichtlich des Vorliegens der Mordmerkmale eine Ausnahmesituation und ein „kopfloses" Verhalten (vgl. BGH in NJW 1983: 1037) vorgelegen hatte. Der Angeklagte wurde wegen Totschlags bei Zubilligung des § 21 StGB zu 9 Jahren Freiheitsstrafe verurteilt, eine Entscheidung, die nach Revision durch die Verteidigung vom BGH bestätigt wurde (4 StA 78/89).

Zum psychopathologischen Referenzsystem

Hinsichtlich der für Affektdelikte entwickelten Merkmalskataloge waren – wie gezeigt wurde – in diesem Fall eine Reihe von typischen Elementen auffindbar, aber auch atypische Gesichtspunkte. Eine Lösung lediglich durch Überprüfung der für und gegen die Annahme einer tiefgreifenden Bewußtseinsstörung sprechenden Merkmale war aber unzureichend. Zusätzlich erforderlich waren Überlegungen zur Persönlichkeitsentwicklung und die Herausarbeitung komplexhaft beladener biographischer Konstellationen, ohne deren Aktualisierung die Entstehung der heftigen, zur dissoziativen Desintegration führenden affektiven Erregung nicht verstehbar wäre. Insofern zeigt die Fallgeschichte über die Erfassung der Einzelkriterien hinaus erneut die Bedeutung einer umfassenden Gesamtwürdigung biographischer, persönlichkeitsmäßiger und tatbezogener Aspekte, wie dies bei Vorstellung der Merkmalskataloge gefordert worden war. Wesentlich ist nicht die Aufzählung dieser oder jener Einzelkriterien, sondern ihre Bewertung in einem *psychopathologischen* Gesamtzusammenhang. Für unsere Konzeption der Schuldfähigkeitsbeurteilung ist ein die Integration der Einzelbefunde ermöglichender Bezugsrahmen die notwendige Ergänzung der Merkmalskataloge. Dieser Notwendigkeit entspricht die Konzeption eines Referenzsystems, die als Lösungsstrategie für die mit der Strafrechtsreform und den dabei neu eingeführten Kategorien der Schuldfähigkeitsparagraphen entstandenen Schwierigkeiten entwickelt worden war (Saß 1983a, 1985b, 1991).

Das Prinzip des psychopathologischen Referenzsystems beruht auf dem Vergleich der vorliegenden psychischen Phänomene und psychosozialer Merkmale mit dem breiten psycho(patho)logischen Erfahrungshintergrund von den krankhaften seelischen Verfassungen, die mit hohem Evidenzcharakter den markantesten Typus psychischer Störung ausmachen. Die Einschätzung der seelischen Phänomene und der psychosozialen Auswirkungen geschieht vor dem Hintergrund biographischer Kenntnisse von langen Verläufen in gesunden und kranken Entwicklungsstadien des Lebens, von Reaktionsweisen unter konflikthaften Belastungen, von den Einflüssen durch therapeutische Bemühungen und durch natürliche Reifungs- und Alterungsschritte. Entgegen einem häufigen Mißverständnis in der forensischen Diskussion und auch in manchen Beiträgen dieses Bandes (vgl. Krümpelman, S. 18 f.; Ziegert, S. 43 f.) bedeutet das psychopathologische Vorgehen keine Beschränkung der Beurteilungsbasis auf pathologische psychische Erscheinungen. Die Psychopathologie gründet vielmehr auf dem gesamten Erfahrungsbereich über die pathologischen und die normvarianten seelischen Phänomene sowie über das damit kontrastierende gesunde Seelenleben.

Im psychopathologischen Referenzsystem gilt als zentrale, für die Orientierung maßgebliche Gruppe das Gebiet der krankhaften seelischen Störungen, von Krümpelmann (1976) als „Kernkategorie" und „Höhenmarke" der Schuldfähigkeitsuntersuchung bezeichnet. Die in den klinischen Kerngebieten psychischer Störungen vorliegende Symptomatologie, die Auswirkungen auf Erleben und Verhalten, die Verlaufsgestalten einschließlich prodromaler und residualer Veränderungen sowie die Dauerverfassungen psychischer Gestörtheit und die psychoreaktiven und psychosozialen Auswirkungen und Verarbeitungsweisen sind in aller Breite untersucht. Mit diesem allgemeinen psychologischen Wissen über psychische Erkrankungen steht ein empirisch reichhaltiger, gut gesicherter Orientierungsrahmen für alle Erscheinungen gestörten Seelenlebens zur Verfügung. Hält man die psychopathologische Betrachtungsweise frei von ätiopathogenetischen Postulaten, so finden sich symptomatologisch-syndromatologisch eine Vielzahl von Beziehungen zwischen den psychiatrischen Erkrankungen im engeren Sinne und den Übergangsbereichen zu abnormen und schließlich gesunden Verfassungen, wie sie etwa bei Neurosen, Psychopathien, Triebstörungen, Intoxikationen, abnormen Affekterregungen und anderen Ausnahmeverfassungen vorkommen. Auch psychoreaktive Störungen, seelische Fehlentwicklungen, Symptom- und Charakterneurosen oder Fehlhaltungen der Persönlichkeit müssen, wenn sie forensische Relevanz besitzen sollen, mit empirisch zugänglichen Veränderungen der geistig-seelischen Funktionen und davon bewirkten Einflüssen auf das Verhalten einhergehen. Dies äußert sich in Verstimmungen, Störungen des Antriebs, des Denkens, des Fühlens, des Willens, des sozialen Kontaktes, der privaten und beruflichen Rollenerfüllung, der Triebdynamik oder in anderen psycho(patho)logisch faßbaren Befunden, für die in aller Regel Entsprechungen bei den verschiedenen Schweregraden und Verlaufsstadien der psychiatrischen Erkrankungen im engeren Sinne auffindbar sind. Dabei wird in der Beurteilung keine Bindung an Fragen der Krankhaftigkeit vorgenommen, vielmehr tritt an die Stelle der somatologischen die psycho(patho)logische Beurteilungsnorm. Bei ihr wird – mit weitestmöglicher Unabhängigkeit vom ätiologischen Aspekt – eine in klinischer Empirie abgestützte Schweregradeinschätzung der Auswirkungen auf das seelische Erleben und Befinden sowie auf das soziale Verhalten vorgenommen. Der Unterschied zum Ansatz Schneiders (1950) liegt in der Befreiung von dem Somatosepostulat, das unserem ätiopathogenetischen Wissensstand nicht entspricht und zumindest bei ideologischer Zuspitzung Anlaß zu mancherlei Mißverständnis der forensisch-psychiatrischen Position bot.

Bei der Beurteilung einer „tiefgreifenden Bewußtseinsstörung", wie sie bei den sog. Affektdelikten vorkommen kann, werden entsprechend dem Prinzip des psychopathologischen Referenzsystems die psychischen Störungsphänomene im Umfeld des Tatgeschehens verglichen mit dem gesamten Spektrum psycho(patho)logischer Erfahrungen über Veränderungen der Affektivität und des Bewußtseins. Gerade wegen des engen Zusammenhangs zwischen den fließend ineinander übergehenden Zuständen pathologisch gestörter, normvarianter und gesunder Bewußtseinstätigkeit liefern die Kenntnisse von den krankhaften Bewußtseinsstörungen einen empirisch gut gesicherten Bezugsrahmen auch für die Einschätzung der nicht aus krankhafter Ursache entstandenen Bewußtseinsveränderungen und ihrer Auswirkungen auf die geistig-seelischen Funktionen. Zwar ist der eigentliche Tatzeitpunkt empirisch wenig zugänglich, doch können auf dem Höhepunkt der Ausgangslage für Affektdelikte wichtige psychopathologische Phänomene vorhanden sein, etwa depressive Verstimmungen unterschiedlichster Färbung, Somatisierungssymptome, Angst, Suizidalität, Reizbarkeit, Konzentrationsstörungen, vegetative Dysregulationen, Schlafstörungen etc. (Hoff, s. S. 95 f.). Darüber hinaus gibt es Beispiele dafür, wie die Symptomatologie bei organisch bedingten oder psychogenen Dämmerzuständen prototypisch für den Vergleich mit affektiv bedingten Bewußtseinsstörungen herangezogen werden können (Mende 1986). Wollte man indes die Orientierung bei der Beurteilung der Bewußtseinstätigkeit und ihrer Störungen, die für die Schuldfähigkeit Bedeutung haben sollen, nicht mehr an der psycho(patho)logischen Empirie vornehmen, so ginge jeder verläßliche Bezugsrahmen verloren. Weder der von Rasch (1980) vorgeschlagene „sozial-strukturelle Krankheitsbegriff" (vgl. Saß 1985a) noch die versuchte Nutzung eines aus Arbeitspsychologie und Handlungstheorie stammenden Entscheidungsmodells können, wie letztlich auch das Fallbeispiel von Steller (s. S. 132 f.) zeigt, bislang eine plausiblere Beurteilungsbasis liefern.

Aufgrund der schwierigen Probleme, die mit der Schuldfähigkeitsfrage bei Affektdelikten aufgeworfen werden, muß das psychopathologische Referenzsystem verschiedene Aufgaben erfüllen. Auf die Defizienzen in der logischen Struktur der Schuldfähigkeitsparagraphen, die sich aus dem zweistufigen Aufbau und aus der doppelten Quantifizierung (bei Affektdelikten durch „tiefgreifend" und „erheblich") ergeben, wurde wiederholt hingewiesen. Zu ihrer Überwindung hat Krümpelmann in seinem Beitrag zu diesem Band (s. S. 21) das Vorgehen mit der Methode des hermeneutischen Zirkels vorgeschlagen. Tatsächlich wird man um einen sich rückkoppelnden Wechsel in den unterschiedlichen Argumentationsebenen der psycho(patho)logischen und der rechtswissenschaftlichen Kategorienebenen nicht herumkommen. Allerdings muß gerade bei einem solchen Ausfüllen offener Fragen durch einen hermeneutischen Dialog auf eine vorschnelle Festlegung durch Postulate und absolute Aussagen verzichtet werden. Ein Beispiel dafür wäre das Somatosepostulat mit der Forderung eines pathologischen Prozesses als Voraussetzung für die Erwägung einer „tiefgreifenden Bewußtseinsstörung" bei Affektdelikten, wie es bei Rauch (s. S. 200 f.), nicht jedoch bei Anwendung des hier vorgestellten psychopathologischen Referenzsystems geschieht. Ebenso erforderlich wäre der Verzicht auf kategorische Feststellungen etwa Krümpelmanns (s. S. 31), wonach die Affekttat in die Nähe einer naturnotwendigen Komplettierung eines äußeren Wirkungszusammenhangs mit aufgehobener Fähigkeit zur Abwägung und Steuerung rückt. Beim gegenwärtigen Kenntnisstand fehlen die Begründungsmöglichkeiten für derartige Tatsachenfeststellungen.

Ausblick

Die künftige Forschung könnte sich vielmehr auf eine Problemanalyse richten, bei der v. a. die devianten, schließlich zur Tat disponierenden Strukturierungs- und Entscheidungsprozesse im Vorfeld affektiv unterlegter Gewalttaten zu untersuchen sind. Über die bislang vorhandenen deskriptiven Elemente zur Ausgangssituation bei Affektdelikten hinaus wären also die persönlichkeitsstrukturellen und dynamischen Vorbedingungen, die schließlich zur Tatentscheidung als Gegenbegriff zur automatischen Komplettierung führen, weiter aufzuklären, wofür sich Ansätze etwa in den psychopathologischen Arbeiten dieses Bandes finden (vgl. Janzarik, S. 57 f.; Hoff, S. 95 f.; Kröber, S. 77 f.; Saß, S. 1 f.). Auch in der über die Registrierung bestimmter Items der Merkmalskataloge hinausgehenden psychopathologischen Analyse im Armbrustschützenfall ist die Rekonstruktion eines psychopathologischen Gesamtzusammenhangs mit seinen psychostrukturellen, dynamischen und schließlich tatsituativen Aspekten versucht worden.

Bislang wurde die Funktion des psychopathologischen Referenzsystems v. a. auf den symptomatologisch-syndromatologischen Vergleich von Schweregraden psychischer Gestörtheit innerhalb der unterschiedlichen Kategorien bezogen (Saß 1991).

Schwerer zu leisten und weitgehend Zukunftsaufgabe ist der Versuch, auch für die Erfassung und Bewertung des psychopathologischen Gesamtzusammenhangs, wie es kasuistisch versucht wurde, den konzeptionellen Rahmen stärker zu formalisieren. Eine ähnliche Aufgabe formuliert Krümpelmann (s. S. 40), wenn er am Ende seines Beitrages für eine interdisziplinäre Kooperation plädiert und insbesondere auf den noch sehr geheimnisvollen Zusammenhang von Tatbereitschaft und Tatentladung hinweist, also gerade jenes Gebiet der prädeliktischen Ausgangslage, das auch nach psychopathologischer Auffassung zentrale Bedeutung für die Schuldfähigkeitsfrage beim Affektdeliktsproblem besitzt. Dabei muß derzeit durchaus offen bleiben, welche Konsequenzen eine bessere theoretische und empirische Durchdringung der zum Delikt führenden Entscheidungs- und Handlungsabläufe für die Schuldfähigkeitsfrage hätte. Dies ist – hoffentlich interdisziplinäre – Zukunftsmusik.

Für heute gilt, daß klassische Affektdelikte zu allermeist ein Ausnahmegeschehen in menschlichen Extremsituationen darstellen. Ihrer gerechten Behandlung im Strafverfahren kann die subtile Beschreibung der psychischen Verfassung im Vorfeld und während der Tat möglicherweise dienlich sein und dem Richter bei der Abwägung helfen, was an Beherrschung zu fordern war und welches Maß an Schuld das Scheitern bedeutet. In vielen Fällen bieten die seelisch zermürbenden Entwicklungen im Vorfeld der Tat Lösungsmöglichkeiten über krankheitswertige Veränderungen aus dem Bereich der „schweren anderen seelischen Abartigkeit" (Rasch 1980; Janzarik, S. 71 in diesem Band). Will man ohne das Vorliegen einer krankhaften oder krankheitswertigen seelischen Ausnahmeverfassung allein die affektive Erregung zum Anlaß für die Schuldfähigkeitsfrage nehmen, so fordert die Systematik der Schuldfähigkeitsparagraphen für Beschreibung und Bewertung der psychischen Auswirkungen einen Bezugsrahmen, wie ihn Merkmalskataloge und das vorgeschlagene Referenzsystem liefern. Verzichtet man ohne überzeugende Alternative auf diese psychopathologisch, nicht somatologisch verstandene Verankerung im Konzept seelischer Störungen, so geht das Fundament der Schuldfähigkeitsuntersuchung verloren.

Literatur

Dannenberg U (1988) Kriterienorientierte Systematik für die forensische Begutachtung von Affekthandlungen – Entwicklung und Evaluation eines Merkmalssystems. Forschungsber DFG-Projekt Ste 313/2 II/45, Univ Kiel

Foerster K (1984) Sind die Probleme bei der Beurteilung sog. „Affektdelikte" nun gelöst? Nervenarzt 55: 385

Frisch W (1989) Grundprobleme der Bestrafung „verschuldeter" Affekttaten. Z Gesamte Strafrechtswiss (ZStW) 101: 538 ff

Glatzel J (1986) Bemerkungen zu den Arbeiten von Saß. Affektdelikte. Nervenarzt 57: 736–737

Hallermann W (1963) Affekt, Triebdynamik und Schuldfähigkeit. Dtsch Z Gesamte Gerichtl Med 53: 219–229

Hippius H, Saß H (1990) Konstitutionelle Grundlagen von Aggressivität und Destruktivität: Psychobiologische und psychopathologische Aspekte zur Gewaltbereitschaft. In: Rolinski K, Eibl-Eibesfeld I (Hrsg) Gewalt in unserer Gesellschaft. Duncker & Humblot, Berlin, S 87–102

Krümpelmann J (1976) Die Neugestaltung der Vorschriften über die Schuldfähigkeit durch das Zweite Strafrechtsreformgesetz vom 4. Juli 1969. Z Gesamte Strafrechtswiss (ZStW) 88: 6 ff

Krümpelmann J (1990) Die strafrechtliche Schuldfähigkeit bei Affekttaten. Recht Psychiat 8: 150 ff

Mende W (1986) Die affektiven Störungen. In: Venzlaff U (Hrsg) Forensische Psychiatrie. Fischer, Stuttgart New York, S 317–325

Rasch W (1964) Tötung des Intimpartners. Enke, Stuttgart

Rasch W (1980) Die psychologisch-psychiatrische Beurteilung von Affektdelikten. NJW 33: 1309 ff

Rasch W (1993) Zweifelhafte Kriteriologien für die Beurteilung der tiefgreifenden Bewußtseinsstörung. NJW 1993: 757–761

Rösler M (1991) Zur kriteriengeleiteten Erfassung von Affektdelikten. Nervenarzt 62: 49–54

Salger H (1989) Zur forensischen Beurteilung der Affekttat im Hinblick auf eine erheblich verminderte Schuldfähigkeit. In: Jescheck H, Vogler T (Hrsg) Festschrift für Herbert Tröndle zum 70. Geburtstag. De Gruyter, Berlin, S 201–218

Saß H (1983a) Affektdelikte. Nervenarzt 54: 557–572

Saß H (1983b) Die tiefgreifende Bewußtseinsstörung gemäß den §§ 20, 21 StGB – eine problematische Kategorie aus forensisch-psychiatrischer Sicht. Forensia 4: 3–23

Saß H (1985a) Handelt es sich bei der Beurteilung von Affektdelikten um ein psychopathologisches Problem? Fortschr Neurol Psychiat 53: 55–62

Saß H (1985b) Ein psychopathologisches Referenzsystem zur Beurteilung der Schuldfähigkeit. Forensia 6: 33–43

Saß H (1987) Die Krise der psychiatrischen Diagnostik. Fortschr Neurol Psychiat 55: 355–388

Saß H (1990) Operationalisierte Diagnostik in der Psychiatrie. Nervenarzt 61: 255–258

Saß H (1991) Forensische Erheblichkeit seelischer Störungen im psychopathologischen Referenzsystem. In: Schütz H, Kaatsch HJ, Thomsen H (Hrsg) Medizinrecht – Psychopathologie – Rechtsmedizin. Festschrift für Günter Schewe. Springer, Berlin Heidelberg New York, S 266–281

Schlothauer R (1988) Anmerkung zu BGH 4 StR 321/87. Strafverteidiger 2: 59–60

Schneider K (1950) Die psychopathischen Persönlichkeiten, 9. Aufl. (1. Aufl. 1923). Deuticke, Wien

Schöch H (1983) Die Beurteilung von Schweregraden schuldmindernder oder schuldausschließender Persönlichkeitsstörungen aus juristischer Sicht. Monatsschr Kriminol Strafrechtsreform 2: 333–343

Schorsch E (1988) Affekttaten und sexuelle Perversionstaten im strukturellen und psychodynamischen Vergleich. Recht & Psychiatrie (R&P) 6: 10–19

Witter H (Hrsg) (1987) Die Beurteilung der Schuldfähigkeit bei Belastungsreaktionen, Neurosen und Persönlichkeitsstörungen am Beispiel der Affektdelikte. In: Der psychiatrische Sachverständige im Strafrecht. Springer, Berlin Heidelberg New York, S 175–200

Ziegert U (1987) Vorsatz, Schuld und Vorverschulden. Duncker & Humbolt, Berlin

Sachverzeichnis

Springer-Verlag und Umwelt

Als internationaler wissenschaftlicher Verlag sind wir uns unserer besonderen Verpflichtung der Umwelt gegenüber bewußt und beziehen umweltorientierte Grundsätze in Unternehmensentscheidungen mit ein.

Von unseren Geschäftspartnern (Druckereien, Papierfabriken, Verpackungsherstellern usw.) verlangen wir, daß sie sowohl beim Herstellungsprozeß selbst als auch beim Einsatz der zur Verwendung kommenden Materialien ökologische Gesichtspunkte berücksichtigen.

Das für dieses Buch verwendete Papier ist aus chlorfrei bzw. chlorarm hergestelltem Zellstoff gefertigt und im pH-Wert neutral.